DIE BESTEN STELLPLÄTZE AN DER DEUTSCHEN NORDSEEKÜSTE

Wohnmobilstellplatz Am Halbmond, Friedrichstadt 18

Der Stellplatz ist ruhig, aber zentral gelegen. Von hier kann man gut das reizende Friedrichstadt besuchen. Der Platzwart hält den Platz in Schuss, es gibt eine überdachte Ver- und Entsorgungsmöglichkeit und Restaurants in fußläufiger Entfernung (s. S. 38).

400wn-gg

401wn-gg

35 Naturhafen, Neufeld

Hier am Jachthafen fühlt man sich herzlich willkommen. Die Vorzüge des Platzes sind die schöne, ruhige Lage an den Salzwiesen, der freundliche Betreiber, eine gepflegte Duschmöglichkeit, Gasthöfe in der Nähe und die gute Anbindung an Radwege (s. S. 66).

Drei Eichen, Jade 106

Es ist wie Ankommen bei alten Freunden. Inge und Gerold sind die sehr herzlichen Gastgeber auf Drei Eichen. Zuerst bekommt der Gast eine Tasse Kaffee und bei einem gemütlichen Klönschnack viele hilfreiche Tipps für den Besuch der Region (s. S. 179).

402wn-gg

403wn-gg

142 Tjücher Moortun, Marienhafe

Schon im 14. Jh. fand in Marienhafe der Pirat Störtebeker Zuflucht. In unseren Tagen ist es der Wohnmobiltourist, der hier im Naherholungsgebiet auf einem Stellplatz eine gute, sichere Unterkunftsmöglichkeit für sich und sein Gefährt findet (s. S. 235).

Am Deich, Ditzum 153

Ein gepflegtes Sanitärgebäude, der freundliche Platzwart, der Brötchenservice, das kleine, malerische Dörfchen mit guten Einkehrmöglichkeiten, Fahrradwege in die Region: alles gute Gründe, um den Stellplatz von Ditzum zu besuchen (s. S. 257).

404wn-gg

DIE SCHÖNSTEN LANDSCHAFTEN

405wn-gg

Langwarder Groden

Die einzigartige Möglichkeit, trockenen Fußes den Wechsel von Ebbe und Flut zu erleben, gibt es im Langwarder Groden. Auf Bohlenwegen spaziert man direkt hinein in das faszinierende Naturschauspiel Wattenmeer und kann mit Glück sogar Robben beobachten (s. S. 175).

407wn-gg

Hamburger Hallig

Der Besuch einer Hallig gehört unbedingt zu einem Nordseeurlaub dazu. Diese Marschinseln werden bei Sturmflut überschwemmt und nur die Warften mit ihren Häusern bleiben auf dem Trockenen. Ein gutes Beispiel dafür ist die Hamburger Hallig (s. S. 21).

409wn-sn

Altes Land

Das Alte Land ist nicht während der Blüte von 10 Millionen Obstbäumen ein kleines Paradies. Durch die Obstplantagen, entlang der Elbe oder an alten Bauernhöfen vorbei zu radeln und dazwischen Obst direkt vom Bauern zu genießen, das ist wahre Entschleunigung (s. S. 100).

408wn-gg

Strand Schillig

Der Dünenstrand in Schillig ist sicherlich einer der schönsten Badeplätze der Region. Der feine weiße Sandstrand ist eine Rarität an der Festlandküste. Es ist eine Wohltat, hier zu baden oder in der frischen Nordseeluft am Strand entlang zu schlendern (s. S. 204).

406wn-gg

Krummhörn

Typisch Ostfriesland, das ist die Krummhörn mit den 18 Warfendörfern, dem Campener und Pilsumer Leuchtturm, der Manningaburg und der Mühle Rysum. Die Landschaft ist gut durch ein Fahrrad-Knotenpunktsystem erschlossen. Einfach losradeln (s. S. 237)!

DIE SEHENSWERTESTEN ORTE

Friedrichstadt

Dass das reizvolle Friedrichstadt von holländischen Einwanderern erbaut wurde, sieht man auf den ersten Blick. Die malerischen Häuser, die Grachten und die *gezelligen* Bewohner erinnern sehr an unser Nachbarland (s. S. 36).

410wn-gg

Stade

Stade, die lebhafte alte Hansestadt an der Schwinge, hat viel zu bieten. Hier auf dem Fischmarkt oder an der Wasser West in einem der Freiluftrestaurants zu sitzen, die interessanten Kirchen zu besuchen oder zu shoppen, das hat schon was ganz Besonderes (s. S. 102).

411wn-gg

Greetsiel

Wie eine große, sehr lebendige Puppenstube wirkt das Städtchen Greetsiel mit den kleinen Häusern, den schmalen Gassen, den Zwillingsmühlen, den schnuckeligen Lokalen und der Flaniermeile rund um den historischen Hafen (s. S. 237).

412wn-gg

Leer

Wer schon einmal die Friesland-Krimireihe gesehen hat, war bestimmt von der pittoresken Stadtkulisse von Leer begeistert. Das Flair der Hafenstadt mit der gelungenen Mischung von historischen und modernen Gebäuden zieht viele Besucher in seinen Bann (s. S. 248).

413wn-gg

Bremen

Wer kennt sie nicht, die Bremer Stadtmusikanten? Aber wie sieht es mit dem alten Schnoorviertel, der eleganten Böttcherstraße, der Weserpromenade Schlachte und dem bunten Ostertorviertel aus? Einfach mal nach Bremen fahren und selbst erleben (s. S. 145)!

086wn-gg

DIE SCHÖNSTEN ROUTEN AN DER DEUTSCHEN NORDSEEKÜSTE

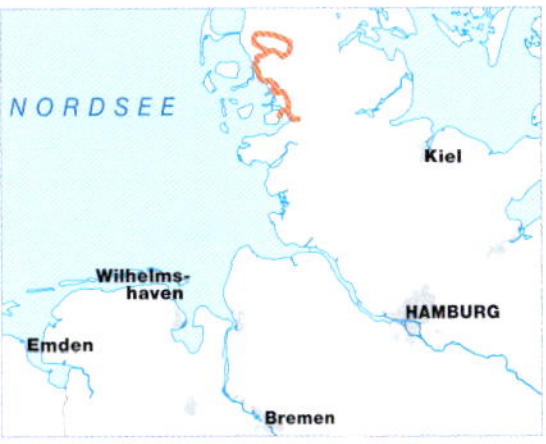

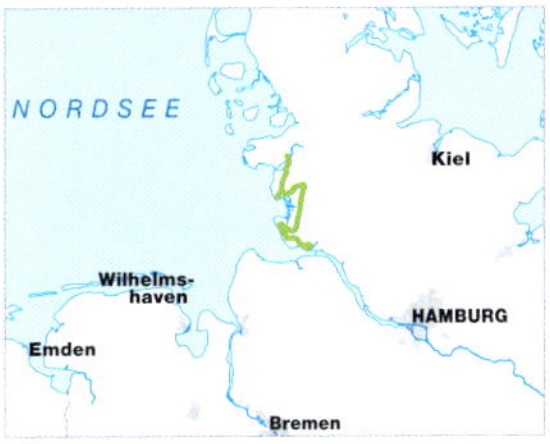

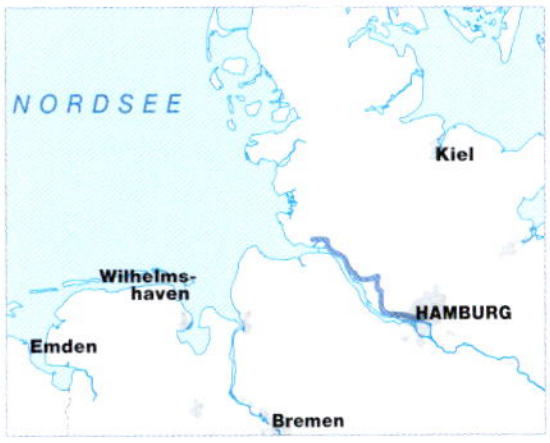

Spaziergang über den Meeresboden bei Ebbe (Foto: 532wn-gg)

NORDSEE
Kiel
Wilhelms-
haven
HAMBURG
Emden
Bremen

NORDSEE
Kiel
Wilhelms-
haven
HAMBURG
Emden
Bremen

NORDSEE
Kiel
Wilhelms-
haven
HAMBURG
Emden
Bremen

NORDSEE
Kiel
Wilhelms-
haven
HAMBURG
Emden
Bremen

NORDSEE
Kiel
Wilhelms-
haven
HAMBURG
Emden
Bremen

VORWORT

003wn-gg

Weit ist der Himmel über dem flachen Land und die schaumartigen Wolkengebilde türmen sich auf und werden vom aufkommenden Wind in alle Richtungen zerstreut. Schier unendlich erscheint das Wattenmeer bei Ebbe, wenn sich am Horizont Meer und Himmel berühren. Flach ist das Land, dessen Küstenregionen in Jahrhunderte dauerndem Kampf dem Meer abgerungen wurden. Eine Landschaft von herber Schönheit, die die UNESCO 2009 zum Weltnaturerbe deklariert hat, erwartet den Reisenden.

Das ist aber noch nicht alles! Es gibt tausend gute Gründe, eine der interessantesten Landschaften Deutschlands zu besuchen. Und sicher wird es Ihnen ebenso ergehen wie mir: einmal Nordsee reicht gar nicht, man kommt immer wieder. Mancher mag sich jetzt denken: Nordsee, das ist doch dort, wo das Wetter immer schlecht, wo häufig das Meer weg ist, wo ständig der Sturm heult und wo die wortkargen Friesen lieber unter sich bleiben würden?

Beginnen wir beim Wetter. Es ist keinesfalls schlechter als irgendwo anders in Deutschland. Im Gegenteil: der ständige Wind, oft nur eine schwache Brise, sorgt dafür, dass sich eine Schlechtwetterfront nicht festsetzt, sondern weiterzieht. Ich habe selbst schon wochenlangen Sonnenschein an der Nordsee erlebt, aber noch nie wochenlange Regenfälle. Die Nordseeregion ist ein Urlaubsparadies für aktive Menschen – und das sind wir Wohnmobilfahrer schließlich! Das flache Land mit seiner unendlich anmutenden Weite ist wie geschaffen für stundenlange Wanderungen und Radtouren, wenig anstrengend und urgesund, füllt man doch seine Lungen mit würziger Seeluft. Von mir ausgearbeitete Fahrrad- und Wandertouren führen Sie zu den schönsten Plätzen an der Küste und im Hinterland. Blitzsaubere, gepflegte Sand- und Grünstrände laden zum Baden im Meer ein und sind ein Eldorado für Surfer und Kitesurfer. Und sollte der Wettergott einmal ungnädig oder gerade Ebbe sein, warten in Strandnähe viele Badelandschaften mit Wellnessoasen, Saunen und Riesenrutschen.

Meine Leser will ich besonders auf die Möglichkeit einer Reise während der ruhigen Wintermonate hinweisen. Spaziergänge am vereisten Wattenmeer, begleitet vom Geschnatter der gefiederten Wintergäste, danach Einkehr in eine gemütliche Teestube – ein ganz besonderes, eindrucksvolles Erlebnis. Die Stellplätze sind überwiegend geöffnet, Wasser und Strom fließen!

Zahlreiche Museen, Informationszentren und Naturparks erzählen uns von der Geschichte der Seefahrt, vom Brauchtum der Küstenbewohner, von der Landgewinnung durch Eindeichung des Meeres und von der Vielfalt der Natur. In einigen Regionen lassen sich im Frühjahr und im Herbst Abertausende von Zugvögeln beobachten. Von etlichen Häfen fahren Touristenschiffe hinaus zu den Sandbänken, auf denen sich die Seehunde in der Sonne aalen. Bei einer Wattwanderung wird man über die Vielzahl kleiner und kleinster Lebewesen staunen, die man sonst nie beachten oder zu Gesicht bekommen würde. Verträumte kleine Dörfer mit reetgedeckten Bauernkaten, mondäne Seebäder, einige der bedeutendsten Hochseehäfen der Welt, malerische Kleinstädte und natürlich die Hansestädte Hamburg und Bremen mit ihrem breit gefächerten Kulturangebot warten darauf, bei einer Nordseetour entdeckt zu werden.

Für Kinder und Senioren wird durch die Tourismusvereine mit speziellen Programmen sehr gut gesorgt. Spielscheunen, spannende Museumspädagogik, spezielle Wattwanderungen und Themenbootsfahrten lassen bei Jung und Alt, auch bei Schietwetter, keine Langeweile aufkommen.

Seeluft macht hungrig. Welch ein Genuss ist es, fangfrischen Fisch oder Nordseekrabben in der Womoküche zuzubereiten, abgerundet mit dem herrlichen Gemüse, das man frisch beim Bauern aus dem Hinterland erstanden hat. Oder man lässt die Bordküche kalt und besucht eines der zahlreichen guten, bodenständigen Lokale oder auch hin und wieder eines der vornehmen Gourmetrestaurants. Übernachtet wird auf einem der vielen Camping- und Wohnmobilstellplätze, die von den Urlaubsorten angeboten werden. Man kann ohne Übertreibung behaupten, dass die Nordseetouristiker ein Herz für Wohnmobilfahrer haben. Man findet entlang der gesamten Küstenlinie und im Hinterland eine ausgezeichnete Wohnmobilinfrastrukur.

Nicht zuletzt sei ein Aspekt erwähnt, der für einen gelungenen Urlaub nicht unwichtig ist. Der oft als rauer Geselle beschriebene Friese oder der als hochnäsiger Hanseate deklarierte Norddeutsche ist ebenso ein Vorurteil, wie das der putzsüchtigen schwäbischen Hausfrau, die jeden Tag Kehrwoche macht. Meine Erfahrungen im Umgang mit den Menschen an der Nordseeküste waren durchweg positiv. Sie sind nicht geschwätzig, aber höflich, sie sind überaus hilfsbereit und freundlich. Beim Boßeln auf offener Straße, bei einem Kohl- und Pinkelessen, im Landcafé bei Kaffee und Kuchen oder bei einem Pharisäer (einem Kaffee mit Zucker, Rum und Sahnehaube, siehe auch Seite 25) wird man schnell feststellen, dass man bei einem fröhlichen, warmherzigen Menschenschlag seine Ferien verbringt und sich bald wie zu Hause fühlen.

Ich habe mich beim Verfassen des vorliegenden Wohnmobil-Tourguides bemüht, Ihnen möglichst alle Facetten eines Nordseeurlaubes nahezubringen und in zahlreichen Exkursen über Hintergründe zu informieren. Den Geruch von Meer, Salz, von gebratenem Fisch, von der reinen, frischen Luft kann dieser Tourguide leider nicht vermitteln. Dazu müssen Sie selbst hinfahren und dazu kann ich Sie nur ermuntern. Ich verspreche Ihnen: Sie werden es nicht bereuen.

Ihre Gaby Gölz

Die Recherche zu der aktuellen Auflage dieses Buches fand während der Einschränkungen wegen der **Covid-19-Pandemie** statt. Es ist daher nicht auszuschließen, dass das eine oder andere im Buch erwähnte Geschäft oder Restaurant diese Krise wirtschaftlich nicht überlebt hat und Sie vor geschlossenen Türen stehen. Bitte teilen Sie solche Erfahrungen wie auch alle anderen Hinweise auf Veränderungen dem Verlag mit, damit alle Leser über den Update-Service zum Buch darüber informiert werden können.

DIE REGION ENTDECKEN

ÜBERSICHT

Vier Bundesländer – Schleswig-Holstein, Hamburg, Niedersachsen und Bremen – bilden die deutsche Nordseeküste von der dänischen bis zur holländischen Grenze. In neun aneinandergefügten Routen führt Sie dieses Buch entlang der Küste, aber auch zu sehr interessanten Zielen im Landesinneren. Die Hansestädte Hamburg und Bremen bieten eine Fülle von kunsthistorisch interessanten Bauwerken und eine Vielzahl kultureller Angebote. Beide haben zentrumsnahe Stellplätze und machen so einen Besuch für Wohnmobilfahrer unkompliziert.

Am 26. Juni 2009 wurde das Wattenmeer als eines der größten küstennahen und gezeitenabhängigen Feuchtgebiete der Erde von der UNESCO als Weltnaturerbe anerkannt. Eine geführte Wattwanderung oder eine Bootsfahrt unter sachkundiger Leitung gehört unbedingt zu einem Nordseeurlaub dazu. Nur so versteht man das faszinierende Zusammenspiel dieses einzigartigen Ökosystems. Viele sehr gut aufbereitete, mit vielen Mitmach-Stationen versehene Museen findet man entlang der Routen. Sie geben Einblick in Kultur, Natur und in das Leben in vergangenen Zeiten an der deutschen Nordseeküste. Wie schwierig der stetige Kampf gegen die Unbilden des Meeres war, erfährt man ebenso wie alles über Deichbau, Landgewinnung, Schifffahrt und Fischfang.

Der idyllische Hafen, in den täglich die Krabbenkutter einlaufen, existiert neben dem supermodernen Containerhafen, in dem die riesigen Frachtschiffe aus aller Welt anlegen.

Die gute, gesunde Luft macht den Kopf frei und öffnet ihn für neue Eindrücke und Kreativität. Vielleicht ein Grund, warum sich gerade hier sehr viele Künstler niedergelassen haben. Friedrichskoog und Dangast sind zwei Dörfer mit jeweils einer großen Künstlerkolonie, deren Mitglieder sich weit über die Grenzen der Region einen Namen gemacht haben. In Emden haben Eske und Henri Nannen mit der wunderbaren Kunsthalle ein Podium für Künstler wie Nolde, Macke und Kirchner geschaffen. Ein großer Fundus an historischen Orgeln, besonders von Arp Schnitger, ist in Dorfkirchen in Ostfriesland versteckt. Weitere Schätze sind die Münstermann-Altäre, kunstvoll geschnitzte Meisterwerke aus dem 17. Jh.

Windmühlen, zum Teil noch voll funktionsfähig, wurden liebevoll restauriert und so der Nachwelt erhalten. In vielen werden im Sommer Backtage veranstaltet, an denen man Brot und Kuchen aus frisch gemahlenem Korn genießen kann. Melkhäuser und Landcafés sind ebenfalls eine Besonderheit der Region. Ein Melkhus ist eine Raststation auf einem Bauernhof, die Milch, Eis, Quark, Kuchen und Kaffee für den hungrigen Gast bereithält. Im Landcafé werden von „Landfrauen" selbstgebackene Kuchen und Torten in urgemütlicher Atmosphäre wie zu Urgroßmutters Zeiten kredenzt.

Die faszinierende Landschaft der deutschen Nordseeküste erkundet man am besten zu Fuß oder mit dem Fahrrad. So kommt man auf gut ausgeschilderten Wegen den freundlichen Menschen und der Natur richtig nahe. Überall schallt dem Besucher ein freundliches „Moin" entgegen, das man gerne mit dem Gegengruß „Moin" erwidert.

HINWEISE ZUR BENUTZUNG

STELL- UND CAMPINGPLÄTZE

In diesem Wohnmobil-Tourguide wird eine breite Auswahl der in der Region verfügbaren Stell- und Campingplätze mit allen wichtigen Angaben beschrieben. Darüber hinaus listen einschlägige Apps und Stellplatzführer weitere Übernachtungsmöglichkeiten auf. Die Nichterwähnung in unserem Buch bedeutet nicht, dass ein Platz nicht mehr existiert oder eine geringe Qualität aufweist.

EINTRITTSPREISE UND ÖFFNUNGSZEITEN

Bei den Eintrittspreisen wird zuerst der Preis für Erwachsene, dann für Kinder und, wenn angeboten, der für Familien angegeben: z. B. 10/4/12 €. Bei Freizeitbädern und Saunalandschaften sind, sofern nicht anders vermerkt, im Buch die Tageskartenpreise angegeben.

Die Angaben im Buch zu den Öffnungszeiten sind immer einschließlich der genannten Monate gemeint (April–September bedeutet 1. April bis 30. September).

HINWEIS FÜR GROSSE WOHNMOBILE

Wenn im Text darauf hingewiesen wird, dass der Platz, die Zufahrt oder die Fahrstrecke für große Wohnmobile nicht geeignet ist, sind damit Fahrzeuge mit mehr als 8 m Länge und 3 m Höhe gemeint.

ABKÜRZUNGEN

- VE Ver- und Entsorgung

GPS-KOORDINATEN

Alle GPS-Daten in diesem Buch sind als **geografische Koordinaten** (Breite/Länge; Lat./Lon.) in Dezimalgrad (hddd.dddd) angegeben, also z. B. 53.54616, 9.96076. Die erste Angabe zeigt den Wert für die nördliche Breite (° N), die zweite den für die östliche Länge (° O) an. Alle modernen GPS-Geräte akzeptieren die Schreibung als Dezimalgrad, gegebenenfalls muss das Eingabeformat in den Einstellungen des Gerätes aber erst ausgewählt werden. Einige Geräte verlangen möglicherweise statt des Punktes ein Komma als Trennzeichen.

Das **Kartendatum** ist WGS84.

UMRECHNUNG DER KOORDINATEN

Wenn Sie die GPS-Angaben **von Dezimalgrad in Dezimalminuten** (dd° mm,mmm') umrechnen müssen, so beachten Sie bitte, dass ein Grad 60 (nicht 100!) Minuten hat. Die Angaben in Dezimalgrad können daher nicht einfach durch Kommaverschiebung in Dezimalminuten umgewandelt werden! 53.54616° N sind nicht 53° 54,616'N, sondern 53° 32.770'N. Wer dies nicht beachtet, erhält beträchtliche Fehler. Ein Datenkonverter wie z. B. www.geoplaner.de erleichtert die Umrechnung beträchtlich.

NUTZUNG DER GPS-KOORDINATEN

Wer ein GPS-Gerät oder Navigationssystem benutzt, das Koordinaten-Eingaben akzeptiert, der kann sich direkt zu den jeweiligen Punkten führen lassen. Praktisch alle GPS-Handgeräte bieten diese Möglichkeit, während manche Navigationssysteme nur Eingaben von Adressen akzeptieren – und Park- oder Stellplätze haben nicht immer eine Adresse. Einige **Internet-Kartendienste oder Routenplaner** wie GoogleMaps™ (http://google.de/maps) zeigen nach Eingabe der geografischen Daten den gesuchten Punkt an, auf Wunsch mit Satellitenansicht und an vielen Stellen mit StreetView-Funktion.

KOORDINATEN ZUM DOWNLOAD

Die **GPS-Koordinaten der Stell- und Campingplätze im Buch** können auf der Verlags-Homepage www.reise-know-how.de von der Artikelseite dieses Buches unter der Rubrik Datenservice als Waypoint-Liste heruntergeladen werden.

Benötigt Ihr Gerät ein **anderes Datenformat als kml oder gpx,** kann die Umrechnung beispielsweise unter www.routeconverter.de oder www.gpsvisualizer.com erfolgen.

SERVICE FÜR MOBILGERÄTE

Durch Einscannen des QR-Codes auf dem Umschlag bzw. die Eingabe der Internet-Adresse **www.reise-know-how.de/wohnmobil-tourguide/nordsee21** wird ein für den mobilen Einsatz optimierter Internet-Dienst aufgerufen. Damit kann die Lage der Stell- und Campingplätze auf einer Karte und die Route dorthin angezeigt werden. Außerdem können darüber Updates nach Redaktionsschluss aufgerufen werden.

Voraussetzung ist eine Datenverbindung über das Mobilfunknetz oder WLAN.

ROUTE 1

NORDFRIESLAND – WO SICH MEER UND HORIZONT BEGEGNEN

001wn-gg

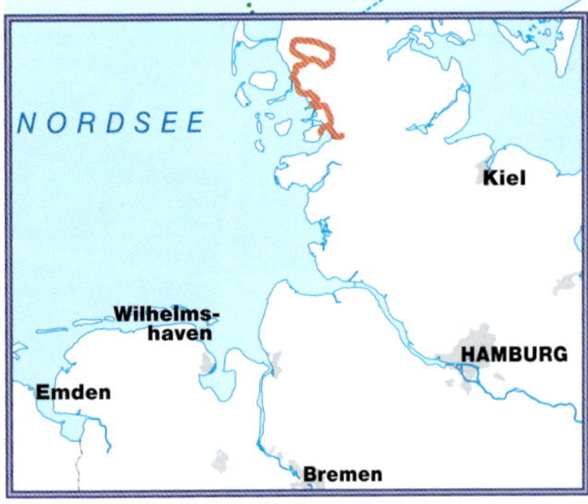

⊡ *Vorseite: Am Hafen von Schlüttsiel (s. S. 20) gibt es Fisch vom Kutter direkt in die Womoküche*

Strecke:

Niebüll (s. S. 14) – **Rundfahrt in den nördlichsten Teil von Nordfriesland** (60 km, s. S. 14) – **Hamburger Hallig** (31 km, s. S. 21) – **Bredstedt** (8 km, s. S. 23) – **Nordstrand** (19 km, s. S. 25) – **Husum** (11 km, s. S. 29)

Streckenlänge:

ohne Abstecher ca. 69 km
mit Abstecher ca. 129 km

ROUTENÜBERSICHT

Die Fahrt entlang der deutschen Nordseeküste beginnt im äußersten Norden von Nordfriesland, nahe der dänischen Grenze. Hier, wo das Land flach und das Essen deftig ist, die Deiche hoch und die Menschen wortkarg, aber überaus freundlich sind, wird sehr viel für den Wohnmobiltouristen getan. Viele Wohnmobilstellplätze, häufig direkt hinterm Deich, stehen zur Verfügung. Vorzüglich lässt sich Nordfriesland mit dem Rad erkunden. Zahlreiche sehr gut ausgeschilderte Radwege führen auf kleinen, ruhigen Nebenstraßen durch die ebene Landschaft. Nur wenn eine „steife Brise" weht, wird es anstrengend auf dem Rad. Jedoch nicht nur das Festland, auch die Halligen und das Weltnaturerbe Wattenmeer wollen erkundet werden. Überall in den Häfen werden lohnenswerte geführte Wanderungen und Schiffsfahrten zur Watterkundung angeboten. Hier erfährt man alles über das einzigartige Ökosystem des Wattenmeeres. Für ornithologisch Interessierte sind besonders die Monate April, Mai, August und September relevant, wenn hier unzählige Vögel auf ihrer Reise Station machen. Wer es mondäner haben möchte, fährt am besten mit dem Rad nach Sylt und trifft dort in Kampen vielleicht sogar einen mehr oder weniger prominenten Mitmenschen.

Welch ein Gefühl wäre es wohl, mit diesem alten Segler die Wellen zu kreuzen?

NIEBÜLL

Route 1 beginnt in Niebüll ganz in der Nähe der dänischen Grenze. Niebüll ist mit seinem zentrumsnahen Stellplatz sehr gut für einen Fahrradausflug nach Sylt geeignet. In der verkehrsberuhigten Hauptstraße kann man einkaufen, Kaffee trinken und bummeln. Das Friesische Museum ist in einem gegen Sturmfluten besonders gut geschützen „uthlandriesischen Langhaus“ untergebracht. Das Innere vermittelt einen Einblick in friesische Wohnkultur und Lebensweise vom Anfang des 20. Jh. Die nähere Umgebung und das berühmte Nolde-Museum erkundet man auf der unten beschriebenen Wohnmobilrundfahrt oder auch auf der Fahrradtour.

Sehenswertes

› **Friesisches Museum,** Osterweg 76, Tel. 0175 4146185, www.friesisches-museum.de, geöffnet: Juni–Sept. tägl. 14–16 Uhr, Eintritt: 2/1 €

Information

› **Dagebüll-Niebüll Touristik,** Bahnhofstr. 6, 25892 Niebüll, www.nordfrieslandtourismus.de, Tel. 04661 941015, geöffnet: Mo.–Fr. 7.50–16.30 Uhr, Sa. 8.50–14.30 Uhr, Juni–Sept. auch So. 8.50–14.30 Uhr. Im Raum des Gastes im Rathaus gibt es ebenfalls Prospektmaterial.

RUNDFAHRT IN DEN NÖRDLICHSTEN TEIL VON NORDFRIESLAND

(Niebüll – Leck – Ladelund – Süderlügum – Nolde-Museum – Neukirchen – Niebüll 60 km)

Bei dieser Rundfahrt durch die Landschaft Karrharde kommt man sehr nah an die Grenze zu Dänemark. Die **Karrharde** mit Wald, Wiesen, Mooren und Heideflächen ist von herber Schönheit.

Man fährt von Niebüll auf der B5 und dann auf der B199 ins Marktstädtchen **Leck.**

Es lockt Wohnmobilreisende mit einem schön angelegten Stellplatz ❸, einem Erlebnisbad mit 90-Meter-Rutsche, Dampfbad, Kindererlebniswelt und einer großzügig gestalteten Saunalandschaft. Im Zentrum des freundlichen Luftkurortes stehen die alte Apotheke und die sehenswerten reetgedeckten Fischerhäuser. Vom Parkplatz am Tiergehege (GPS 54.76128, 8.97659) aus kann man auf dem historischen Ochsenweg entlangspazieren. Diese bereits seit der Bronzezeit bestehende Handelsstraße bekam im 18./19. Jahrhundert ihren Namen wegen der hier zu den Viehmärkten von Husum und Hamburg durchziehenden Ochsentrecks. Tief

414wn-gg

❶ Marktplatz, Niebüll

GPS 54.78836, 8.82427

Separater, abgegrenzter Teil eines großen Parkplatzes beim Busbahnhof und Hallenbad, zentrumsnah, WC in der Nähe, nicht ganz ruhig durch angrenzenden Pkw-Parkplatz. **Lage/Anfahrt:** Richtung Parkplatz Zentrum Niebüll fahren, ausgeschildert; **Platzanzahl:** 25; **Untergrund:** Rasen; **Service:** Strom (18 Anschlüsse), Trinkwasser (winterfest), Abwasser, Chemie-WC, WLAN; **Preise:** 5 €/Fahrz., Strom 1 €/8 Std., Ver-/Entsorgung je 1 €/70 l; **Geöffnet:** frei zugänglich; **Kontakt:** Marktplatz, 25899 Niebüll, Tel. 04661 941013

eingegraben in den sandigen Boden sieht man noch heute gut den Verlauf.

Von Leck über Achtrup (mit mächtiger Windmühle) sind es 14,5 km nach **Ladelund** mit seiner KZ-Gedenkstätte. Nur sechs Wochen bestand dieses Außenlager des Konzentrationslagers Hamburg-Neuengamme und doch kamen mehr als 300 der über 2000 Häftlinge ums Leben. Die Gefangenen mussten schwerste Zwangsarbeit beim Ausheben des Friesenwalls leisten, bekamen wenig oder keine Nahrung und waren den Repressionen des Lagerkommandanten und seiner Gehilfen ausgesetzt. Dieser Ort des Gedenkens, aber auch der Versöhnung und Information wurde in Ladelund schon in den 1950er-Jahren geschaffen.

Einen Ort für Spaß und Freude hat Ladelund auch noch zu bieten: das herrliche Naturbad mit einem schönem Stellplatz für Wohnmobile (4).

Durch die flache Landschaft nimmt die Route Kurs auf **Süderlügum.** Wer unterwegs einen familiär geführten Stellplatz sucht, biegt in Westre nach Ellhöft ab ((2)). Die vielen Einkaufsmöglichkeiten in Süderlügum sind besonders bei Dänen sehr beliebt.

Im Ort folgt man den Straßenschildern „Neukirchen" und dann den Hinweisschildern zum **Nolde-Museum** in Seebüll. Direkt an der

Fahrradtour von Niebüll zum Nolde-Museum

Länge: *38 km*

Start: *Stellplatz Niebüll (1)*

Vom Stellplatz kommt man auf der Lornsen- und dann auf der Marktstraße zur Kreuzung mit der Hauptstraße. Hier nicht rechts in die Fußgängerzone, sondern links abbiegen. Immer geradeaus wird die Hauptstraße zur Uhlebüller Straße. An der großen Kreuzung mit der Klanxbüller Straße fährt man weiter geradeaus Richtung ***Bosbüll.*** *Vorbei an einem großen* ***Wind- und Solarpark*** *geht die Fahrt weiter bis kurz vor einen Bahnübergang. Bei der zweiten Warnbake fährt man links auf dem asphaltierten Gotteskoog (Hinweisschilder: Klanxbüll-Neukirchen) an Wiesen und Feldern entlang. Nach 2 km, an der Einmündung in eine Straße, geht es nur 100 m nach rechts und dann gleich nach links (Fahrradhinweisschild Klanxbüll). Nun fährt man immer dem Schild mit dem Fahrradsymbol folgend, bis sich kurz hinter einem Bauernhof die Straße teilt. Jetzt nicht mehr auf dem Fahrradweg weiter, sondern nach rechts auf dem Wasserlebener Weg weiterfahren. Dieser mündet bei einem Bushäuschen in eine Straße mit Fahrradweg. Auf diesem nach rechts fahrend kommt man zu einer Kreuzung, an der man nach rechts auf den Süderdeich Richtung Neukirchen rollt. Man durchquert* ***Neukirchen*** *und biegt hinter dem Gasthof Fegetasch nach rechts ab (hier ist der Besuch des frei zugänglichen Deichmuseums empfehlenswert) und erreicht Hörn. In der Ortsmitte rechts abbiegen (Revtofweg) und weiter einige Kilometer, bis links ein Schild auf den* ***Badeplatz Hülltoft Tief*** *hinweist. Nach 300 m kommt man zu einem netten kleinen See, an dem man sich herrlich erfrischen kann.*

Weiter auf dem Revtofweg ist nach wenigen Minuten das ***Nolde-Museum*** *erreicht. Nach dem Museumsrundgang wieder zurück auf der Straße geht es nun immer geradeaus. An der nächsten großen Kreuzung mit Stoppschild geradeaus Richtung* ***Süderlügum.*** *Man durchradelt Wimmersbüll bis zur Einmündung in die Bahnhofstraße und biegt hier nach rechts ab Richtung* ***Humptrup*** *(Fahrradweg Niebüll). Wenn man bei der Humptruper Kirche nach links fährt (Kjerstraße), kommt man nach* ***Uphusum.*** *Bei der Einmündung in Uphusum rechts und gleich wieder nach links fahren, nun auf einer Straße ohne Fahrradweg an einem Silo der Raiffeisenbank vorbei zunächst nach* ***Holm*** *und dann nach* ***Bosbüll.*** *Kurz nach dem Ortsschild von Bosbüll nach rechts schwenken und man erreicht kurz darauf die schon von der Hinfahrt bekannte Strecke. Auf dieser ist man nach 5 km wieder in* ***Niebüll.***

008wn-gg

Grenze zu Dänemark ließ Emil Nolde (1867–1956) in den Jahren 1927 bis 1937 nach eigenen Entwürfen ein Wohn- und Atelierhaus für sich und seine Frau Ada errichten. Hierher zog er sich zurück, als er von den Nationalsozialisten als „entarteter Künstler" geächtet und mit einem Berufsverbot belegt wurde. Hier entstanden auch seine sogenannten „ungemalten Bilder", ungefähr 1300 kleinformatige Aquarelle.

Jährlich wechselnde Ausstellungen geben Einblicke in das künstlerische Werk dieses bedeutenden Expressionisten. Der üppige Garten mit vielen Blumen, Teich und Gartenhaus wurde vom Künstlerpaar selbst angelegt. Der Gartenweg zeichnet die Initialen des Paares „A" und „E" nach.

Nolde blieb trotz seines Berufsverbots bis zum Zusammenbruch des Dritten Reichs Anhänger des NS-Regimes, weshalb seine Rolle in der Nazi-Zeit heute kritisch gesehen wird.

Vom Nolde-Museum geht es vorbei am Badeplatz Hülltoft-Tief gut ausgeschildert nach **Neukirchen.** Der Ort hat bei seinem Sportplatz und dem schönen Freibad einen Stellplatz für Wohnmobile ausgewiesen ❺.

Von Neukirchen nimmt man die L6 und L8 zurück nach Niebüll. Wer jetzt noch einen tollen Übernachtungsplatz benötigt, macht einen Umweg über **Emmelsbüll-Horsbüll** ❻.

Sehenswertes

› **KZ-Gedenk- und Begegnungsstätte Ladelund,** Raiffeisenstr. 3, 25926 Ladelund, Tel. 04666 1272, www.kz-gedenkstaette-ladelund.de, geöffnet: Di.–Fr. 10–16 Uhr, Sa./So. 14–16 Uhr, Eintritt: frei, um eine Spende wird gebeten

› **Nolde Stiftung Seebüll mit Nolde-Museum,** Seebüll 31, 25927 Neukirchen, GPS 54.88157, 8.77536, Tel. 04664 983930, www.nolde-stiftung.de, geöffnet: März–1. Nov. 10–18 Uhr, Eintritt: 6/3/12 €, Kinder bis 12 Jahre frei

Erlebenswertes für die ganze Familie

› **Erlebnisbad Leck,** Am Stadion 3, www.erlebnisbad-leck.de, geöffnet: Mi.–Fr. 6.30–13 und 15–20, Sa./So. 10–18 Uhr, Sauna 10.30–13 und 15–20, Sa./So. 11–17.30 Uhr, Eintritt: 1½ Std. 4/2,50 €, 2 Std. Sauna 7 €

› **Spaziergänge im Langenberger Forst bei Leck,** GPS 54.76128, 8.97659. Ausgeschilderte Rundwege zwischen 3,4 und 6,7 km Länge auf einer eiszeitlichen Endmoräne durch den größten Wald in Schleswig-Holstein. Karten mit Erläuterungen gibt es kostenlos bei der Touristinformation in Leck.

Information

› **Tourist Information Leck,** Hauptstr. 31, 25917 Leck, Tel. 04662 775000, www.tourismus-leck.de, geöffnet: Mo.–Fr. 10–12 Uhr

Gastronomie

› **Landgasthof Fegetasch,** Osterdeich 63–65, 25927 Neukirchen, http://fegetasch.de, Tel. 04664 202, geöffnet: Di., Do.–So. 11.30–14 und tägl. 17.30–21 Uhr. Fisch-, Schnitzel- und Steakvariationen, aber auch vegetarische Gerichte, Spezialität: frischer Aal, Kohlbüfett.

› **Gasthof Südwesthörn,** Südwesthörner Str. 9, 25924 Emmelsbüll-Horsbüll, Tel. 04665 983688, geöffnet: 11–14 und 17–21 Uhr, Di. und Okt.–März auch Mi.geschl. Sehr zu empfehlende Fischgerichte. Freundlicher Service, direkt beim Stellplatz ❻.

› **Berger's,** Dorfstr. 28, 25917 Enge-Sande, www.bergers-landgasthof.de, geöffnet: ab 17.30 Uhr. Kleines, gemütliches Restaurant mit sehr guten Speisen aus frischen, regionalen Zutaten. Etwas außerhalb von Leck.

Auf der Rundfahrt im hohen Norden an der dänischen Grenze

Parken

P 1 Badeplatz Hülltoft-Tief, GPS 54.88051, 8.76366. Herrlicher Badesee mit Sandstrand. Auf dem kleinen Parkplatz können zwei Wohnmobile bis 7 m Länge über Nacht stehen. Hunde sind hier nicht erlaubt!

P 2 Schwimmbad Süderlügum, GPS 54.87460, 8.90329. Auf dem befestigten Parkplatz sind Stellplätze ohne VE ausgewiesen, auf diesen kann man kostenlos übernachten.

2 Udo's Stellplatz, Ellhöft

GPS 54.88450, 8.95920

Privater Stellplatz mit WC/Dusche in sehr schöner, ruhiger Lage. Sehr familiäre Aufnahme. **Lage/Anfahrt:** in Ellhöft ausgeschildert; **Platzanzahl:** 3; **Untergrund:** Wiese; **Service:** Strom, Trinkwasser; **Preise:** 8 €/Fahrz.; **Geöffnet:** ganzjährig; **Kontakt:** Am Wald 1, 25923 Ellhöft, Tel. 01716248364

3 Reisemobilhafen am Erlebnisbad, Leck

GPS 54.76744, 8.98182

Separater Platz beim Erlebnisbad, schöne und ruhige Lage, ins Zentrum 900 m; großzügige Stellplätze auch für Womos bis 10 m Länge. **Lage/Anfahrt:** in Leck von der B199 rechts ins Süderholz abbiegen, ausgeschildert; **Platzanzahl:** 20; **Untergrund:** Wiese/Pflaster; **Service:** Strom, Trinkwasser (winterfest), Abwasser, Chemie-WC; **Sicherheit:** beleuchtet; **Preise:** 7,50 €/Fahrz., Strom 0,50 €/1 kWh, Wasser 1 €/80 l, Duschen im Bad 2 €; **Geöffnet:** frei zugänglich; **Kontakt:** Am Stadion 3, 25917 Leck, Tel. 04662 775000, https://reisemobilhafen-leck.de

415wn-gg

4 Naturbad, Ladelund

GPS 54.84914, 9.03589

Stellplätze auf einer Wiese direkt am herrlichen Naturbadesee mit Sprungturm, ruhige Lage, in der Saison Sanitär, Kiosk, Imbiss, bei Regen weicher Untergrund, Zentrum 1 km. **Lage/Anfahrt:** von Achtrum im Ort rechts und dann beim Frischemarkt links abbiegen, ausgeschildert mit Naturbad; **Platzanzahl:** 10; **Untergrund:** Wiese; **Service:** Strom, Trinkwasser, Abwasser, Chemie-WC; **Preise:** 10 €/Fahrz. alles inklusive. Dusche und WC im Freibad (nur in der Saison); **Geöffnet:** ganzjährig; **Kontakt:** 25926 Ladelund, Stato, Tel. 04666 745, www.ladelund.de; Naturbad von Juni bis 31. August täglich von 13 bis 20 Uhr geöffnet

416wn-gg

417wn-gg

5 Haus der Vereine, Neukirchen

GPS 54.86596, 8.73356

Ausgewiesener Teil eines Parkplatzes beim Sportplatz und Schwimmbad, Lage ruhig (außer bei Fußballspielen), für Fahrzeuge bis 6,50 m. **Lage/Anfahrt:** am Ortsende Richtung Klanxbüll links zum Schwimmbad abbiegen, ausgeschildert; **Platzanzahl:** 10; **Untergrund:** Pflaster; **Service:** Trinkwasser, Chemie-WC; **Sicherheit:** beleuchtet; **Preise:** kostenlos; **Geöffnet:** frei zugänglich; **Kontakt:** Kirchenweg, 25927 Neukirchen

418wn-gg

6 Badedeich, Emmelsbüll-Horsbüll

GPS 54.79687, 8.66055

Traumplatz direkt hinterm Deich mit Badestelle, WC, Hundeauslauf, Strandkörben, Imbiss (Do.–Di. 15–19 Uhr, leckere Fischteller, Hotdogs, Eis und Getränke), Restaurant Südwesthörn in der Nähe. Geringe Lärmbelästigung durch Schöpfwerkmotor. **Lage/Anfahrt:** von Neukirchen über Klanxbüll, Emmelsbüll, Horsbüll, ausgeschildert; **Platzanzahl:** 3, unbedingt einhalten, da Naturschutzgebiet (Strafe!); **Untergrund:** Rasengitter; **Service:** Strom, Trinkwasser, Chemie-WC; **Preise:** kostenlos, um Spende wird gebeten, Strom 0,50 €/kWh, Wasser 1 €; **Geöffnet:** frei zugänglich (im Winter WC geschl.); **Kontakt:** 25924 Emmelsbüll-Horsbüll, Horsbüllerstraße, www.emmelsbuell-horsbuell.net

INFORMATIONEN ZUM BESUCH VON SYLT

Sylt ist für Wohnmobile **nur mit Einschränkungen empfehlenswert.** Freies Stehen ist auf der gesamten Insel strikt verboten. Zudem transportiert der Zug „Sylt Shuttle" seit 2015 nur noch Fahrzeuge bis 6 m Länge, 2,70 m Höhe, 2,20 m Breite und 3 t Gesamtgewicht. Diese Einschränkung gilt, da sich mehrmals Dachluken und Panoramafenster von transportierten Fahrzeugen während der Fahrt gelöst haben. Aktuelle Infos unter www.syltshuttle.de.

Wer also mit seinem großen Wohnmobil nach Sylt möchte, muss die Syltfähre vom dänischen Havneby/Rømø nach List nehmen. Infos findet man unter www.syltfaehre.de. Die Hin- und Rückfahrt mit einem Wohnmobil kostet bei einer Länge von 6 bis 8 m 128,20 €, bei einer Länge von 8 bis 10 m 143,70 €. Aufgrund der relativ teuren Überfahrt und den auf Sylt bestehenden Einschränkungen empfiehlt sich ein Besuch mit dem eigenen

Wohnmobil nur, wenn man für einige Zeit auf der Insel bleiben will.

Wer die Insel nur für einen Tag erkunden möchte, dem sei die nachfolgende Fahrradtour empfohlen, die zu den schönsten Plätzen des Eilandes führt. Die Bahn verkehrt zwischen Niebüll und Westerland und bietet Fahrradtransport an. Zu den Hauptverkehrszeiten 6–9 u. 16–18 Uhr kann es eng werden und da Kinderwagen und Rollstuhlfahrer Vorrang haben, muss man eventuell auf den nächsten Zug warten (Reservierung für Fahrräder nicht möglich). Wer kein eigenes Rad dabei hat, kann unter www.bahn.de/mietrad-sh ein Mietrad (auch E-Bike) buchen.

Sehenswertes

› **Sylt Museum,** Am Kliff 19, 25980 Keitum, Tel. 04651 31669, http://soelring-museen.de, geöffnet: April–Okt. Mo.–Fr. 10–17, Sa./So. 11–17,

Fahrradtour von Westerland nach Morsum und Kampen

Länge: *ca. 35 km, mit Kampen ca. 47 km*
Start: *Bahnhof von Westerland*

Mit einem Zug der Nord-Ostsee-Bahn geht die Reise in 36 Min. über den ***Hindenburgdamm*** *(genannt nach Reichspräsident Paul von Hindenburg 1847–1934) von Niebüll nach* ***Westerland.*** *Vom Bahnhofsvorplatz in Westerland fährt man nach rechts in die Kirchstraße und kommt nach ca. 150 m auf die Keitumer Chaussee, die auf beiden Seiten von Radwegen gesäumt wird. Immer geradeaus streift man zuerst die Gemeinde* ***Tinnum,*** *bevor nach kurzer Fahrt* ***Keitum*** *erreicht ist. Am Ortseingang beim großen Kreisverkehr hält man sich links in die Munkmarscher Chaussee. Ihr folgt man bis zur sehenswerten* ***Kirche St. Severin*** *aus dem 13. Jh. Ihr Kirchturm aus dem 15. Jh. diente bis ins 19. Jh. als Gefängnis. Hinter der Kirche weist der ausgeschilderten Radweg entlang der Küste ins Zentrum von Keitum mit seinen wunderschönen reetgedeckten Nordfriesenhäusern. Besuchenswert ist das an der Strecke liegende* ***Sylter Heimatmuseum*** *(s. oben). Seine Eingangspforte wird umrahmt von zwei gewaltigen Unterkieferknochen eines im Februar 1995 auf Sylt gestrandeten Finnwales. Der Radweg verläuft nun zwischen Küste und Bahndamm, vorbei an saftigen Salzwiesen, nach* ***Morsum.*** *In Morsum kann man beim Hinweisschild zum Bahnhof zu einer Besichtigungsrunde durch das hübsche Dorf abbiegen. Die eigentliche Route verläuft weiter geradeaus zum Naturschutzgebiet* ***Morsum-Kliff.*** *Man radelt bis zum Informationszentrum, die letzten Meter geht es zu Fuß auf einem Holzbohlenweg durch herrliche Heidelandschaft zum Kliff. Das Morsum-Kliff ist in seinem geologischen Aufbau einmalig in Europa und zeugt von fünf Millionen Jahren Erdgeschichte. Es ist insgesamt 1800 m lang und bis zu 21 m hoch. Vom Informationszentrum fährt man zurück auf dem Nösistig und überquert auf einer Brücke die Bahnlinie. Dahinter biegt man nach links in die erste Straße mit dem Namen „Zum Wäldchen" ab und radelt an der ersten darauf folgenden Abzweigung nach rechts Richtung Golfplatz. Immer geradeaus erreicht man den Deich. Ihm folgt man nach rechts auf dem Deichweg immer dem Meer entlang bis zum* ***Rantum-Becken.*** *Das Rantum-Becken ist eines der artenreichsten Vogelschutzgebiete Deutschlands. Von Rantum aus führt die Hörnumer Straße zurück nach Westerland.*

Wer noch mehr von der Insel sehen möchte und noch über genügend Kondition verfügt, fährt auf ausgeschilderten Radwegen nordwärts durch Wenningstedt nach Kampen. Das kleine Kampen ist der wohl exklusivste Ort von Sylt. Edle Boutiquen, Galerien und Juweliere offerieren alles, was angesagt und teuer ist. Auch die Natur bietet einen Superlativ: die ***Uwe-Düne,*** *mit 52 m die höchste Sylter Erhebung. Für die Rückfahrt nach Westerland nimmt man denselben Weg wie bei der Hinfahrt.*

Literaturtipp

In „Der Schimmelreiter" von Theodor **Storm** *wird die Geschichte von Hauke Haien, einem Kleinbauern, der es zum Deichgraf gebracht hat, erzählt. Er baut unter den misstrauischen Augen der Bevölkerung einen neuartigen Deich und der Hauke-Haien-Koog entsteht. Mitte des 18. Jh. war das Leben an der Küste geprägt von Aberglauben und Misstrauen gegenüber Neuerungen, sodass Hauke Haien letztendlich scheitert.*

Nov.-März Do.-So. 11-15 Uhr, Eintritt: 5/2 €. Das Museum zeigt die Inselgeschichte bis 1850. Das Altfriesische Haus gibt einen Eindruck in die Sylter Wohnkultur um 1800.

Information

› **Info-Center Westerland,** Friedrichstr. 44, 25980 Westerland, Tel. 04651 998340, www.insel-sylt.de, geöffnet: Mo.-Fr. 9-17, Sa. 10-17, So. 12-17 Uhr, Okt.-Apr. nur bis 16 Uhr und So. geschlossen.

Gastronomie

› **Café Ingwersen,** Terpstig 76, 25980 Sylt/OT Morsum, Tel. 04651 823342, www.ingwersen-sylt.de, geöffnet: 8-18 Uhr. Bäckerei, Konditorei mit einem hübschen Gartencafé, in dem sich die leckeren Kuchen und Torten genießen lassen.

Nachdem man nun einiges von Niebüll aus erfahren oder erradelt hat, führt Route 1 auf der L7, L6 und L9 nach **Dagebüll,** das sich in zwei Teile teilt: **Dagebüll Kirche** und **Dagebüll Hafen.** Die reetgedeckten Häuser rund um die stolze Kirche bilden ein schönes Ensemble. Vom Hafen legen die Fähren zu den Inseln Föhr und Amrum ab. Auch einige der interessanten Wattwanderungen mit Birgit und Dr. Walther Petersen-Andresen starten hier.

Der Stellplatz hinterm Deich bei GPS 54.72678, 8.69425 darf nur eine begrenzte Anzahl an Wohnmobilen aufnehmen und ist meist belegt. Wer will, kann ja sein Glück trotzdem versuchen.

Erlebenswertes für die ganze Familie

› **Wattwanderungen-Halligerlebnis,** Treffpunkt Dagebüllmole vor dem Strandhotel oder am Fähranleger Schlüttsiel, Tel. 04667 466, www.wattwanderung.eu, geöffnet: Mitte April-Okt., 6-30 € je nach Tour. Die Wattwanderungen mit den Diplom-Biologen Birgit Andresen und Dr. Walther Petersen-Andresen sind lehrreich, unterhaltsam und fachkundig. Es gibt verschiedene Angebote, teilweise auch in Kombination mit Schiffsfahrten oder Kinderwanderungen.

Information

› **Touristen-Info Dagebüll,** Nordseestraße 1, 25899 Dagebüll, www.nordfrieslandtourismus.de, Tel. 04667 95000, geöffnet: Juni-Aug. Mo.-Fr. 9-17, Sa. 9.30-12.30, Sept.-Mai Mo.-Fr. 9-12.30 Uhr

Weiter auf der Küstenstraße L191 ist nach 8 km der **Hafen Schlüttsiel** erreicht. Im gläsernen Turm bekommt man neben einigen Infos kostenlos ein herrliches Panorama über den Hauke-Haien-Koog. Sehr empfehlenswert ist die 19 km lange **Hauke-Haien-Fahrrad-Route** mit interessanten Einblicken in das Leben am Rand der Nordsee. Eine Infotafel zur Fahrstrecke befindet sich am Turm.

Ein besonderes Erlebnis ist der Aufenthalt auf einer Hallig. Von Schlüttsiel aus hat man die Möglichkeit, mit der Fähre auf Halligen überzusetzen. Die **Fähre MS Hilligenlei** fährt zuerst die Hallig Hooge an und anschließend Langeneß; Rundfahrten mit Erläuterungen bietet die **MS Rungholt.**

Erlebenswertes für die ganze Familie

› **Fähre zu den Halligen Hooge und Langeneß,** Abfahrt am Fähranleger in Schlüttsiel, Büro: Auf der Mole, 25899 Dagebüll, Tel. 04681 800. Die MS Hilligenlei fährt von Schlüttsiel in 1:15 Std. nach Hooge und in 1:45 Std. nach Langeneß. Die genauen Abfahrtszeiten bitte unter der oben genannten Telefonnummer oder online unter www.faehre.de buchen.

⊡ *Am Grünstrand von Dagebüll*

› **Halligenmeerfahrten mit der MS Rungholt,** Abfahrt an der Mole in Schlüttsiel, Büro: Westerweg 4, 25899 Galmbüll, www.halligmeerfahrten.de, Tel. 04667 367. Fahrten zu den Halligen und den Seehundbänken, genaue Termine telefonisch oder im Internet erfragen.

Parken

P 3 **Beim Hafen Schüttsiel,** GPS 54.68343, 8.75665, 5 €/24 Std., Strom möglich, WC in der Nähe, Lage relativ ruhig (Straße). Übernachtung möglich.

gg-um600

1958 begann man mit der Eindeichung des 1200 Hektar großen **Hauke-Haien-Koog.** Seinen Namen erhielt er vom Deichgrafen Hauke Haien aus der Novelle „Der Schimmelreiter“ von Theodor Storm. Bei diesem Projekt stand erstmals nicht die Landgewinnung im Vordergrund, sondern die Schaffung von Speicherraum für Wasser aus dem Binnenland. Die Speicherbecken entwickelten sich mit ihrem Schilfröhrich zu einem wertvollen Lebensraum für brütende und rastende Vögel wie Gänse, Enten, Schwäne, Tüpfelrallen, Rohrweihen oder Blaukehlchen. Auf Parkplätzen links und rechts der Straße kann man Fotostopps einlegen.

Hinter dem Vogelschutzgebiet Hauke-Haien-Koog schwenkt die Straße landeinwärts nach **Ockholm.** Auf der Weiterfahrt immer der Beschilderung Hamburger Hallig nach, landet man bald auf dem Parkplatz beim Amsinck-Haus.

HAMBURGER HALLIG

(31 km – km 31)

Wie eine Halbinsel ragen die Salzwiesen der **Hamburger Hallig** vor dem Sönke-Nissen-Koog in das Wattenmeer. Ihr Ursprung geht auf die Jahre 1624–1628 zurück, als das gesamte Vorland im Nordosten von Alt-Nordstrand von den Brüdern Amsinck, zwei Hamburger Kaufleuten, zur Landgewinnung eingedeicht wurde. Genannt nach ihren Besitzern, entstand so der Amsinck-Koog. Die zweite

7 Kirchwarf, Ockholm

GPS 54.66534, 8.82863

Stellplatz an Wiesen angrenzend, schöne und ruhige Lage, sehr herzliche Besitzer, große Duschen mit WC (unisex), Spülbecken, Waschmaschine, Trockner; **Lage/Anfahrt:** in Ockholm links der Straße, ausgeschildert; **Platzanzahl:** 5; **Untergrund:** Wiese; **Service:** Strom, Trinkwasser (winterfest), Abwasser, Chemie-WC; **Preise:** 9 €/Fahrz. inkl. 2 Pers., Strom 2 €; **Geöffnet:** ganzjährig; **Kontakt:** M. Hansen, Bäderstr. 6, 25842 Ockholm, Tel. 04674 96097

419wm-gg

Weltnaturerbe Wattenmeer

Im Juni 2009 hat die UNESCO das Wattenmeer als weltweit größtes Ökosystem seiner Art in die Liste des ***Weltnaturerbes*** *aufgenommen. Das Gebiet erstreckt sich von der holländischen Insel Texel bis nach Sylt über eine Fläche von 10.000 km². 10.000 verschiedene Einzeller, Pilze, Tiere und Pflanzen leben in diesem System und sind perfekt an den Gezeitenrhythmus angepasst.*

Das Wattenmeer ist eine noch sehr junge Landschaft. Die Entwicklung begann in der letzten Eiszeit und ist bis heute noch nicht abgeschlossen. Immer wieder kann man erleben, wie die natürliche Dynamik die Landschaft in kürzester Zeit verändert. Die unter dem Einfluss der Gezeiten entstandene Landschaft ist einzigartig in der Welt. Wattströme, Priele, Seegraswiese, Muschelbänke, weiches Watt, Salzwiesen und Dünen bilden ein einzigartiges ***Ökosystem. Seehunde*** *und* ***Kegelrobben*** *ziehen hier ihre Jungen auf und sonnen sich nach der Jagd auf den vorgelagerten Sandbänken.* ***Schweinswale*** *und* ***kleine Tümmler*** *durchpflügen mit ihren dreieckigen Rückenfinnen die Meeresoberfläche (nicht zu verwechseln mit einer Haiflosse). Jedes Jahr nutzen Millionen* ***Wasser- und Wattvögel*** *das Wattenmeer zur Rast auf ihrem Weg zur Überwinterung in den Süden oder zu den Brutgebieten im Norden.*

Gehen Sie behutsam mit dieser einmaligen Natur um und hinterlassen Sie nichts als Ihre Fußspuren! Bei einer geführten Wattwanderung erhält man fachkundige Einblicke in das Ökosystem Wattenmeer. Für Kinder werden spezielle Wanderungen mit kindgerechter Aufbereitung der Materie angeboten.

010wn-gg

Das Weltnaturerbe Wattenmeer

Halligen

Marschinseln im Wattenmeer von Nordfriesland nennt man ***Halligen.*** *Sie sind Festlandreste, die nach schweren Sturmfluten übrig geblieben sind. Da eine Hallig im Gegensatz zu einer Insel keine Eindeichung hat, wird sie bei Sturmfluten regelmäßig überschwemmt. Die Höfe sind deshalb auf sogenannten* ***Warften oder Wurten*** *erbaut. Dies sind 4–5 m hohe künstliche Erdhügel, auf denen Mensch und Tier einigermaßen sicher vor den Unbilden des Meeres sind.* ***Sommerdeiche*** *schützen auf einigen Halligen zusätzlich vor den Gezeitenüberflutungen.*

Trinkwasser *gibt es auf den Halligen nicht, deshalb muss das Regenwasser in einer* ***Zisterne*** *gesammelt werden. Seit den 1960er-Jahren werden einige Halligen vom Festland über Frischwasserleitungen versorgt. Die immer wieder vom Meer überschwemmten* ***Salzwiesen*** *dienen dem Vieh als Weide und geben dem Lammfleisch seinen besonderen Geschmack.*

Die Haupteinnahmequelle der Insulaner ist heutzutage der ***Fremdenverkehr.*** *So manche Hallig meldet „Land unter“ nicht wegen einer einsetzenden Flut, sondern wegen der zahllosen Tagesbesucher.*

8 Amsinck-Haus, Hamburger Hallig

GPS 54.61502, 8.87246

Stellplätze beim Informationszentrum Amsinck-Haus direkt hinter dem Deich in schöner und ruhiger Lage, Dusche, WC, Waschmaschine, Fahrradverleih. **Lage/Anfahrt:** den Straßenschildern zur Hamburger Hallig folgen; **Platzanzahl:** 6; **Untergrund:** Wiese; **Service:** Strom, Trinkwasser (winterfest), öffentliches WC im Haus; **Preise:** 7 €/Fahrz., Strom 2 €; **Geöffnet:** ganzjährig; **Kontakt:** Sönke-Nissen-Koog 36a, 25821 Reußenköge, Tel. 04671 927154,

016wn-gg

große **Mandränke,** die schwere Sturmflut von 1634, zerstörte Alt-Nordstrand mit dem Amsinck-Koog zu großen Teilen. Trotz vieler Bemühungen konnte der Deich des Amsinck-Kooges nicht erhalten werden und zurück blieb nur noch eine Hallig, die seither Hamburger Hallig genannt wird. Seit 1875 besteht eine feste Verbindung zum Festland, auf der man zu Fuß oder mit dem Rad die Hallig erkunden kann.

Die Hamburger Hallig mit ihren riesigen **Salzwiesen** gilt als einer der wichtigsten geschützten Lebensräume für Brut- und Rastvögel und wird vom Naturschutzbund NABU betreut. Hier rasten u. a. Ringel- und Weißwangengänse, Pfuhlschnepfen, Kiebitzregenpfeifer und Alpenstrandläufer im April und Mai und dann wieder im August und September. Sehr freundlich und kompetent erhält man Auskunft vom Naturschutzwart in seinem leuchtend weißen Haus auf dem Schafberg, auf halbem Weg zum Halligkrog. Immer wieder stößt man unterwegs auf hilfreiche **Hinweistafeln,** die Flora und Fauna der Hallig erklären, auch ein **Salzwiesen-Lehrpfad** wurde angelegt.

An der Spitze der Halbinsel steht auf einer Warft der reetgedeckte **Halligkrog,** in dessen Gaststube man gemütlich rasten kann (Hunde dürfen nicht in die Gasträume). Von hier aus werden von Juni bis Anfang September auch spezielle Wattwanderungen für Kinder angeboten.

Im **Amsinck-Haus** 8 auf dem Festland gibt es weitere Informationen zur Hamburger Hallig und für 2 € stehen Leihfahrräder für die Halligtour bereit.

Nur 8 km sind es über die Reußenköge nach Bredstedt.

BREDSTEDT

(8 km – km 39)

„800 m bummeln, shoppen und am Freitag das vielfältige Angebot des Wochenmarktes genießen“: so wirbt Bredstedt für sich und seinen großen **Marktplatz.** Ein schöner Blickfang ist hier das mit einem Türmchen geschmückte Gebäude der Spar- und Leihkasse.

Wem der Sinn mehr nach einem geruhsamen kurzen Spaziergang steht, folgt den Schildern vom Marktplatz zum Mühlenteich. Auf einem bequemen Weg schlendert man einmal rund um den See.

Erlebenswertes für die ganze Familie

› **Erlebnisfreibad Bredstedt,** Süderstraße, Tel. 04671 3183, www.bredstedt.de/erlebnisbad, geöffnet: Mai–Anfang September täglich 13–19 Uhr, Sommerferien 11–20.30 Uhr, Eintritt: 5/3/10 €. 25 m-Becken, Wildwasserkanal, Rutsche etc.

420wn-gg

❾ Schwimmbad, Bredstedt

GPS 54.61241, 8.97163
Ausgewiesene Plätze in zentraler Lage beim Sportzentrum. WC ausgeschildert hinterm Fitnessstudio. **Lage/Anfahrt:** in Bredstedt den Hinweisschildern zum Schwimmbad folgen; **Platzanzahl:** 4; **Untergrund:** Asphalt; **Service:** Strom; **Preise:** kostenlos, Strom 1 €/2 kWh; **Geöffnet:** frei zugänglich; **Kontakt:** Süderstr., 25821 Bredstedt

Fahrradtour ab Bredstedt bzw. Amsinck-Haus und Ockholm

Länge: *ca. 40 km, mit Hamburger Hallig 48 km*
Start: *Stellplatz in Bredstedt* ❾ *(auch von Stellplatz* ❼ *und* ❽ *möglich).*

Vom Stellplatz radelt man auf der Süderstraße bis zum Marktplatz. Von hier über die Hohle Gasse in die Gerichtsstraße, der Beschilderung zur ***Hamburger Hallig*** *folgend. Am Ortsende von Bredstedt folgt der Radweg dem Mittelkoogsweg. Wenn man auf eine Querstraße trifft, geht es nach links zum* ***Amsinck-Haus*** *(Einstieg vom Stellplatz* ❽*). Wer will, kann hier einen Abstecher zur Hamburger Hallig unternehmen (hin und zurück 7 km, Beschreibung s. S. 21). Vom Amsinck-Haus führt der Radweg entlang der Meer abgewandten Seite des Deiches bis zum südlichen Ausläufer des* ***Hauke-Haien-Koogs.*** *Hier wechselt er über die Deichkrone und man radelt 12 km bis zum* ***Fährhaus Schlüttsiel.*** *Ihm gegenüber entdeckt man das* ***Informationszentrum Hauke-Haien-Koog,*** *das dem Besucher das* ***Vogelschutzgebiet*** *des Koogs erklärt. Beim Infozentrum folgt man noch ca. 200 m der Straße nach* ***Dagebüll,*** *bevor es rechts abgeht auf den Damm zwischen Nordbecken und Mittelbecken des Hauke-Haien-Koogs. Auf ihm und später links des Bongsieler Kanals durchquert man die beeindruckende Kooglandschaft mit einzelnen Gehöften und begegnet dabei einer Unzahl von Schafen. Der Radweg schwenkt nun links vom Kanal weg, bis er ihn in einem großen Rechtsbogen auf einer kleinen Brücke überquert. Man folgt dabei immer den Hinweisschildern nach* ***Ockholm*** *(Einstieg vom Stellplatz* ❼*). Am Horizont erkennt man schon die Rotoren des Windparks von* ***Bordelum.*** *Bei der Einmündung in eine Querstraße geht es links nach* ***Ockholm,*** *hier ist das Ziel Bredstedt bereits ausgeschildert. Hinter Ockholm durchquert man die kleinen Dörfer Sterdebüll, Ebüll und Bordelum. Am Ortsende von Bordelum biegt der Radweg rechts ab nach Bredstedt, das man nach 2 km erreicht. Immer geradeaus kommt man zum Markt, von hier über die Süderstraße zurück zum Ausgangspunkt am Wohnmobilstellplatz.*

012wn-gg

Information

› **Tourist-Info Bredstedt,** Markt 29, 25821 Bredstedt, Tel. 04671 5857, www.nordseeurlaub.sh, geöffnet: Juni–Aug. Mo.–Fr. 9–17 Uhr, Sa. 9–12.30 Uhr, Sept.–Mai Mo.–Fr. 9–12.30 Uhr

10 Drelsdörper Krog, Drelsdorf

GPS 54.60516, 9.03792

Plätze hinter einem guten Restaurant (Mi. Ruhetag) in relativ ruhiger Lage (Straße angrenzend); **Lage/Anfahrt:** Direkt am Dorfanfang von Bredstedt her; **Platzanzahl:** 3; **Untergrund:** Wiese; **Service:** Strom, Trinkwasser; **Preise:** 7 €/Fahrz. inkl. Strom; **Sicherheit:** beleuchtet; **Geöffnet:** ganzjährig; **Kontakt:** Dorfstr. 2, 25853 Drelsdorf, Tel. 04671 3013

Bredstedt verlässt man auf der B5 Richtung Husum und biegt nach 10 km in Hattstedt nach Nordstrand ab.

NORDSTRAND

(19 km – km 58)

Bei der großen Mandränke (schwere Sturmflut) im Oktober 1634 zerbrachen die Deiche der fruchtbaren Insel Nordstrand. Über 6000 Menschen ertranken, ihr Vieh und das gesamte Hab und Gut wurden ins Meer gerissen. Das Meer nahm sich große Teile der Insel und zurück blieben Pellworm, Nordstrandischmoor, die Hamburger Hallig und das heutige Nordstrand. Die Überlebenden wanderten meist zum Festland ab. Ab 1652 kamen neue Siedler, hauptsächlich aus Flandern und Brabant zum Deichbau. Ihnen gelang es, neue **Kooge** (durch Eindeichung entstandenes Marschland) zu gewinnen. Anfang des 20. Jh. wurde Nordstrand durch einen Damm mit dem Festland verbunden.

Typisch Nordstrand, das sind die schöne, intakte Natur mit ihren Salzwiesen, auf denen unzählige Schafe grasen. Die traumhafte Lage inmitten des Weltnaturerbes Wattenmeer, an drei Seiten vom Meer umgeben mit

Pharisäer

Ein sehr beliebtes Getränk, wenn nicht sogar das Nationalgetränk der Nordfriesen ist der ***Pharisäer,*** *ein Kaffee mit Zucker, Rum und Sahnehaube. Um die Entstehung dieses beliebten, gehaltvollen Getränks ranken sich Legenden. Eine Version sei hier erzählt: Bei der Kindstaufe auf einem Bauernhof bei Nordstrand war auch der örtliche Pastor zu Kaffee und Kuchen geladen. Es war allgemein bekannt, dass der Seelenhirte ein strenger Gegner von Alkoholgenuss war. Eigentlich kein Problem, da der Pastor die gesellige Runde immer sofort nach dem Kaffeeklatsch verließ und so der gemütliche Teil der Feier beginnen konnte. Nur dieses Mal gefiel es ihm leider zu gut und langsam kam Unruhe unter den Gästen auf. Da hatte der Kindsvater und Gastgeber die zündende Idee. Er ließ weiter Kaffee servieren, allerdings wurde erwärmter Rum dazugegeben und das ganze – um den Rumgeruch zu überdecken – mit einer dicken Schicht geschlagener Sahne (wahrscheinlich aus Schafsmilch) abgedeckt. Das ging einige Zeit gut. Die Gesellschaft wurde immer ausgelassener, doch der Pastor merkte nichts. Bis es in der Küche, in der auch fleißig dem gehaltvollen Getränk zugesprochen wurde, zu einer folgenreichen Verwechslung kam und dem Pfarrer ebenfalls ein alkoholisch aufgewerteter Kaffee serviert wurde. Dieser probierte und erkannte sofort den „geistigen" Inhalt. Empört beschimpfte er den Bauern und die ganze Festgemeinschaft als „Pharisäer".*

Der Name blieb erhalten und auch heute noch genießt man das köstliche, Seele und Körper erwärmende Getränk gerne.

Hier das Rezept: Man füllt eine große Tasse mit gutem, starkem Kaffee und süßt ihn nach Geschmack. Dazu gibt man vorgewärmten Rum nach Gusto und deckt das ganze mit einer dicken Schicht geschlagener Sahne ab. Nicht umrühren, sondern den heißen Kaffee durch die kühle Sahnehaube hindurch schlürfen.

den schönen Badestellen **Fuhlehörn** und **Nordstrand.** Die vielen Aktivitäten, die vom Rad- und Inlinerfahren über Wattwandern, Kutschfahrten zur Hallig und Bootsfahrten bis zum Surfen und Angeln reichen. Salzlamm, saftig und zart und natürlich der **Pharisäer** (s. S. 25), der hier 1872 durch Pastor Bleyer seinen Namen bekam. Die gelungene Mischung lässt viele Urlauber immer wieder hierher kommen.

Nordstrand hat drei Stell- bzw. Campingplätze, die gut mit dem Womo zu erreichen sind, den übrigen Teil der Halbinsel sollte man am besten per Rad erkunden. So kommt man überall ohne Parkplatzsorgen hin. Die unten beschriebene Radtour beginnt beim **WoMoLand** ⓬ und streift auch den **Campingplatz Margarethenruh** ⓭, sodass man die Runde auch ab hier beginnen kann. Die Sehenswürdigkeiten, Einkaufstipps und Ein-

Fahrradtour Nordstrand

Länge: *30 km*

Start: *WoMoLand Nordstrand ⓬ oder Einstieg bei Camping Margarethenruh ⓭ oder Nordstrandcamping ⓫*

Vom Womoland radelt man zurück zur Hauptstraße und inseleinwärts, bis kurz darauf rechts der Süderquerweg abbiegt. Auf diesem immer geradeaus, durch den Deich und dann nach ca. 800 m links auf dem Elomsharder Weg weiterfahren. Bei der Kreuzung mit einer Hauptstraße geht es nun links (Jebeweg). Wenn der Radweg sich oben auf einem kleinen Hügel teilt, fährt man nach rechts hinunter und auf dem Radweg an der Straße entlang. Bei der nächsten Kreuzung links Richtung Süderhafen abbiegen (Tegelistraat ohne Fahrradweg). Vorbei an der ***Süderhafen Töpferei*** *mit ihren kunstvollen Gegenständen ist bald die* ***Engel-Mühle*** *von Süderhafen mit dem Mühlencafé erreicht.*

Nach einer gemütlichen Rast biegt man hinter der Mühle auf der Straße nach rechts und fährt am Campingplatz Margarethenruh ⓭ vorbei bis zum Ortsausgangsschild von Süderhafen. Kurz dahinter sieht man das Sträßchen „An de Wehl", auf dem man nun 4 km fährt. Beim „Dreisprung" nach rechts abbiegen (Schild: Kurverwaltung) und auf dem Damm bis zum Inselkaufhaus in ***Neukoog*** *radeln. Links auf dem Herrendeich geht es immer geradeaus. Man sollte beim alt-katholischen St.-Theresia-Dom eine kurze Besichtigungspause einlegen. 1870 wurde beim 1. Vatikanischen Konzil die Unfehlbarkeit des Papstes als Glaubenslehre festgelegt. Wer sich damit nicht abfinden konnte, dem drohte der Ausschluss von den Sakramenten. Diese abgewiesenen Gläubigen gründeten daraufhin eigene alt-katholische Gemeinden. Im Innern des Doms sind die schönen Malereien, die seit 1972 unter Denkmalschutz stehen, sehr sehenswert.*

Wieder zurück auf dem Rad hält man sich bei der nächsten Straße links („Süden") und dann kurz vor dem Deich rechts und radelt so auf den Teilort ***Westen*** *zu. Jetzt ist es keine Schwierigkeit mehr, die Strecke zu finden, denn es geht zum* ***Badestrand Fuhlehörn*** *(hier startet die* ***Kutschfahrt zur Hallig Südfall****). Auf der Weiterfahrt Richtung Fährhafen rollt man an der* ***Vogelkoje Nordstrand*** *(Führungen 15. Mai–30. Sept. Mi./So. um 11 Uhr) vorbei zum Fährhafen Strucklahnungshörn (Start der* ***Halligfahrten mit der MS Adler****).*

Auf einem Rradweg mal links, mal rechts der Straße rollt man kurz darauf in ***Norderhafen*** *ein. Ab dem Gasthof Halligblick längs des Deichs geht es nun zügig auf dem Kiefhuck entlang. Weiter auf dem Osterdeich, bis der Neue Weg nach links abzweigt. Auf diesem immer geradeaus, bis man auf den Hamburger Deich stößt. Auf dem wird nur ganz kurz gefahren und dann geht es gleich wieder nach links hinunter Richtung* ***Elisabeth-Sophien-Koog*** *(siehe Nordstrandcamping ⓫). Man durchradelt auf einem schmalen Sträßchen Wiesen und Felder, bis die Straße in den Hüttenweg einmündet. Jetzt nach rechts und schon bald ist man auf der von der Hinfahrt bekannten Strecke und erreicht rasch den Stellplatz.*

kehrmöglichkeiten von Nordstrand werden auf der Tour beschrieben.

Erlebenswertes für die ganze Familie

- **Wattfahrten zur Hallig Südfall,** Nordstrand Fuhlehörn Westen 93, Tel. 04842 300, www.suedfall.de/kutschfahrten.htm. Anmeldung zur Kutschfahrt ist unter o. g. Telefonnummer erforderlich, April–Okt. täglich gezeitenabhängig.
- **Adler-Schiffe,** Hafen Strucklahnungshörn, Tel. 04651 9870888, www.adler-schiffe.de. Fahrten zu den Halligen, Wattwanderungen kombiniert mit Bootsfahrten, Seehundbänke bieten die Adler-Schiffe an. Genaue Termine und Abfahrtszeiten kann man telefonisch erfragen oder im Internet nachsehen.

Information

- **Nordstrand Tourismus,** Schulweg 4, 25845 Nordstrand, Tel. 04842 454, www.nordstrand.de, Öffnungszeiten siehe Website

Gastronomie

- **Café „Glück Zu" Engel-Mühle,** Süderhafen 15, Tel. 04842 214, geöffnet: Di.–So. 7–17 Uhr. Kaffeegarten, in dem auch Frühstück und Mittagstisch angeboten werden. Zum Mitnehmen findet man Kuchen und Torten in der Bäckerei. Probieren: Windbeutel!
- **Fisch-Bistro,** Norderhafen 26, Tel. 04842 397, www.kolles-fisch-bistro.de, GPS 54.50637, 8.82840. Andreas Kolle bietet eine große Auswahl an frischem und geräuchertem Fisch, zum Essen direkt im Bistro und auch zum Mitnehmen.

Einkaufen

- **Süderhafen Töpferei,** Tegelistraat 22, Tel. 04842 587, www.suederhafen-toepferei.de, geöffnet: Mo.–Sa. 12–18 Uhr, So. 14–18 Uhr, Weihnachten–Ostern Mo.–Fr. 12–18 Uhr. Hier findet man wunderschöne Gebrauchs- und Dekorationskeramik, die die Landschaft Nordfrieslands widerspiegelt. Schon alleine die liebevoll dekorierte Ausstellung im Garten und in der Werkstatt ist einen Besuch wert.

Parken

P 4 **Badeplatz Fuhlehörn,** GPS 54.48635, 8.82063, mit schönem Grünstrand

11 Campingplatz Elisabeth-Sophien-Koog

GPS 54.51529, 8.57448

Gepflegter Platz in sehr schöner, ruhiger Lage direkt am Deich mit Badestelle, WC, Dusche, Brötchenservice, Imbiss. Gutes Restaurant in der Nähe (Wattwurm). **Lage/Anfahrt:** in Elisabeth-Sophien-Koog ausgeschildert; **Platzanzahl:** 40; **Untergrund:** Wiese; **Service:** Strom, Trinkwasser, Abwasser, Chemie-WC, WLAN; **Preise:** 9 €/Fahrz., 5 €/Pers., Strom 2,90 €/kWh,

Wattwanderungen auch für Senioren und Menschen mit Handicap

Christine Dethleffsen, Tel. 04671 6614, www.watt-wandern.de. Verschiedene Wanderungen und Treffpunkte (Amsinck-Haus, Fuhlehörn u. v. a.). Die überaus freundliche und kompetente Wattführerin und Physiotherapeutin Christine Dethleffsen bietet u. a. ausdrücklich Wattwanderungen für Menschen an, die bei einer „normalen" Tour nicht mitkönnen. Wenn man ein kleineres oder größeres Handicap hat, sollte man sich in die erfahrenen Hände von Frau Dethleffsen begeben, selbst Rollstuhlfahrer können mit einem speziellen Rollstuhl an der Tour teilnehmen. Ausgewählte Strecken auch für Rollatorfahrer. Anmeldung unter der oben genannten Telefonnummer notwendig.

013wn-gg

421wn-gg

⑫ WoMoLand, Nordstrand

GPS 54.51784, 8.93225

Gepflegte, parzellierte Plätze in sehr schöner und ruhiger Lage direkt am Deich, Brötchenservice, WC, Dusche. Sehr nette, hilfsbereite Betreiber. In der Saison Mi. und Sa. Grillabend. **Lage/Anfahrt:** nach dem Damm auf Nordstrand angekommen gleich rechts abbiegen, 600 m zum Platz, ausgeschildert; **Platzanzahl:** 40; **Untergrund:** Schotterrasen, Wiese; **Service:** Strom, Trinkwasser (winterfest), Abwasser, nur Toiletten ohne Chemie dürfen entsorgt werden; **Preise:** 7 €/Fahrz., 4,50 €/Pers., inkl. Dusche, WC, Ver- und Entsorgung, Strom 0,60 €/kWh, Kurtaxe 1–2,20 €; **Sicherheit:** umzäunt, beleuchtet, bewacht; **Geöffnet:** Ostern–Ende Oktober, Dezember–Mitte Januar; **Kontakt:** Michael Knecht, Axel Betram, Norderquerweg 2, 25845 Nordstrand, Tel. 04842 473, www.womoland-nordstrand.com

422wn-gg

⑬ Camping Margarethenruh, Nordstrand

GPS 54.46939, 8.91008

Kleiner, ruhiger Platz im Garten eines Hauses, Dusche, WC. **Lage/Anfahrt:** über den Damm nach Nordstrand, dann hinter dem Gasthof Pohnshallig links nach Süderhafen abbiegen, der Platz liegt an dieser Straße links und ist ausgeschildert; **Platzanzahl:** 14; **Untergrund:** Schotterrasen; **Service:** Strom, Trinkwasser (winterfest), Abwasser, Chemie-WC, WLAN; **Preise:** 8,50–9,50 €/Fahrzeug, 4,50–5,50 €/Person, Kurtaxe 1–2,20 €, Strom 3,30 €, Hund 2,20 €; **Geöffnet:** ganzjährig; **Kontakt:** Familie Paulsen, Süderhafen 8, 25845 Nordstrand, Tel. 04842 8553, www.camping-nordstrand.de

Kurtaxe 1–2,20 €, Hund 2,50 €; **Sicherheit:** umzäunt, beleuchtet, bewacht; **Geöffnet:** Ostern–4. Oktober; **Kontakt:** Elisabeth-Sophien-Koog 17, 25845 Nordstrand, Tel. 04842 8534, www.nordstrand-camping.de

Immer an der Waterkant entlang geht es über Schobüll, eines der wenigen Dörfer ohne Deich und mit freiem Blick zum Meer, weiter nach Husum.

HUSUM

(11 km – km 69)

„Doch hängt mein ganzes Herz an dir, du graue Stadt am Meer; der Jugend Zauber für und für ruht lächelnd noch auf dir, auf dir, du graue Stadt am Meer."
(„Die Stadt" von Theodor Storm, 1831)

Ganz und gar nicht grau, sondern in vielerlei Farben spiegeln sich die Häusergiebel Husums im Wasser des Binnenhafens. Die 23.000 Einwohner zählende Heimatstadt Theodor Storms zeigt sich lebensfroh und gastfreundlich. Unzählige Restaurants, Kneipen, Cafés und Bistros säumen den Binnenhafen und den Markt.

Vom Park- oder Stellplatz 14 am Außenhafen kommt man durch eine Fußgängerunterführung in den **Binnenhafen.** Entlang der Hafenstraße liegen noch einige alte Kähne vor Anker, darunter das **Restaurantschiff Nordertor.** Von der Schiffsbrücke am Ende des Hafenbeckens wendet man sich nach rechts in den Zingel Damm, wo das **Schifffahrtsmuseum Nordfriesland** angesiedelt ist. Seine Hauptattraktion ist das Wrack eines über 400 Jahre alten Lastenseglers, das 1996 sehr gut erhalten aus dem Watt geborgen wurde. Außerdem wird eine umfangreiche Sammlung wertvoller Schiffsmodelle präsentiert.

Wieder ein Stück zurück zweigt rechts die Ludwig-Nissen-Straße ab, die zum **Nordfriesland Museum Nissenhaus** führt. Der Stiftungs- und Namensgeber Ludwig Nissen wanderte 1872 von seiner Heimatstadt Husum nach Amerika aus, wo er es tatsächlich vom Tellerwäscher zum Millionär brachte. Das Museum beschäftigt sich umfassend mit dem Thema Mensch und Meer an der Nordseeküste und zeigt außerdem eine der größten Sammlungen amerikanischer Kunst außerhalb Amerikas. Für Kinder sind die interaktiven Modelle und der Wasserspielplatz ein Anziehungspunkt.

Über die Herzog-Adolf-Straße und die Süderstraße kommt man zum im 19. Jahrhundert angelegten großzügigen **Marktplatz,** in dessen Mitte die Bronzestatue der Tine steht, das Wahrzeichen Husums. Die **Tine,** eine Fischersfrau in Holzschuhen (von 1902), erinnert an zwei Wohltäter der Stadt: an Catharina Asmussen und Friedrich Woldsen.

⊼ *Die malerische Hafenkulisse von Husum*

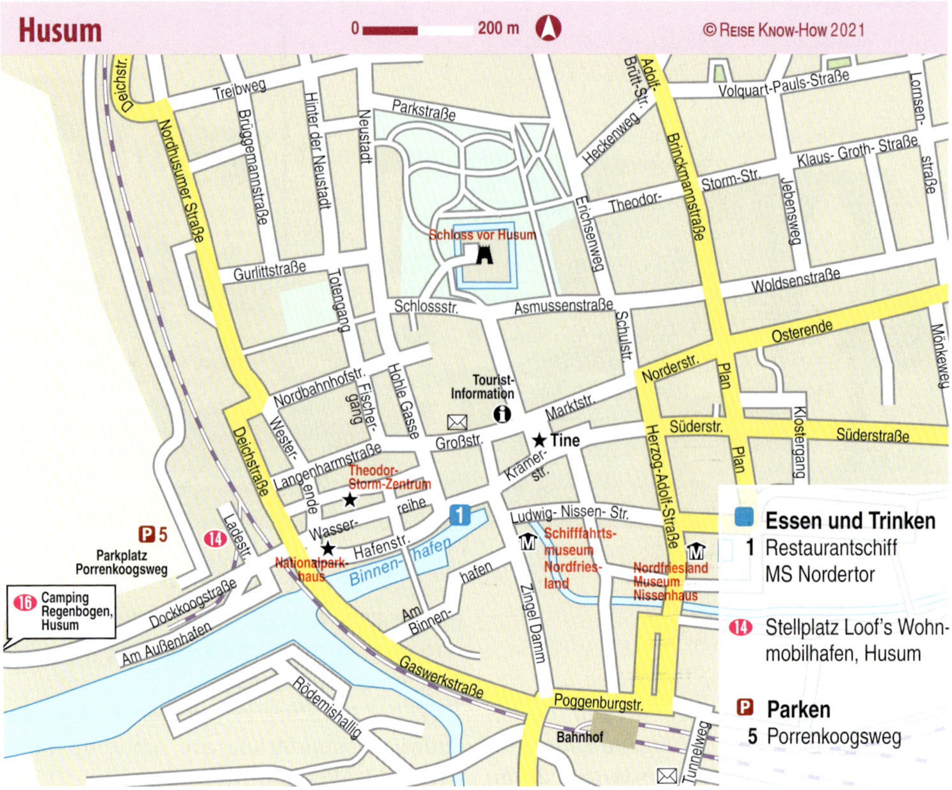

Neben dem alten **Rathaus** von 1601 führt durch einen Torbogen der Schlossgang zum Backstein-Renaissancebau des **Schlosses vor Husum.** Seinen Namen hat das Schloss, weil es im späten 16. Jahrhundert vor den Stadttoren Husums erbaut wurde. Ein besonderes Kleinod sind die manieristischen Prachtkamine von Henni Heidtrider aus dem 17. Jahrhundert. Im Südflügel findet man das **Pole Poppenspäler Museum.** Wertvolle Unikate bekannter Marionetten-Werkstätten und vieles mehr gilt es zu entdecken. Im Frühling blühen im Schlosspark, der im englischen Landschaftsgartenstil gestaltet ist, über vier Millionen Krokusse.

Zurück am Markt geht man nach rechts in die Großstraße mit zahlreichen Geschäften. An ihrem Ende nach links in die Hohle Gasse und dann nach rechts in die Wasserreihe kommt man bei Hausnummer 31 zum **Theodor-Storm-Zentrum.** Hier wohnte der berühmteste Sohn Husums von 1866 bis 1880. Eine Dauerausstellung zeigt sein Leben und Wirken. Im „Poetenstübchen“ schrieb er unter anderem seine „Gedichte über die Heide“ und „Pole Poppenspäler“. Bemerkenswert sind auch das Treppenhaus im Stil eines Althusumer Bürgerhauses, der Schreibtisch an dem Storm den „Schimmelreiter“ vollendete und der Hausgarten. Er hat heute noch die Grundstruktur wie zu Lebzeiten des großen Dichters.

Wieder zurück am Binnenhafen lohnt sich noch ein Besuch der, auch für Kinder interessanten, Naturkundeausstellung im **Nationalparkhaus.**

Wer noch mehr von der Stadt sehen möchte, kann den Husumer Kulturpfad abschreiten. Eine kostenlose Broschüre hierzu ist in der Touristeninformation erhältlich.

Sehenswertes

- **Schifffahrtsmuseum Nordfriesland,** Zingel 15, www.schiffahrtsmuseum-nf.de, Tel. 04841 5257, geöffnet: täglich 10–17 Uhr, Eintritt: 4/2 €
- **Nordfriesland Museum Nissenhaus,** Herzog-Adolf-Str. 25, www.museumsverbund-nordfriesland.de, Tel. 04841 2545, geöffnet: 15. Juni–15. Sept. tägl. 10–17 Uhr, 16. Sept.–14. Juni Di.–So. 11–17 Uhr, Eintritt: 5/2 €, Kinder bis 12 Jahre frei
- **Schloss vor Husum,** König-Friedrich V-Allee, www.museumsverbund-nordfriesland.de, Tel. 04841 8973130, geöffnet: März–Okt. Di.–So. 11–17 Uhr, Nov.–Febr. Sa./So. 11–17 Uhr, Eintritt: 5/2 €
- **Theodor-Storm-Zentrum,** Wasserreihe 31–35, Tel. 04841 8038630, www.storm-gesellschaft.de, geöffnet: April–Okt. Di.–Fr. und So. 14–17 Uhr, Sa. 11–17 Uhr, Nov.–März Di./Do./Sa. 14–17 Uhr, Eintritt: 4/3/10 €
- **Nationalparkhaus,** Hafenstr. 3, geöffnet: Mo.–Sa. 10–17 Uhr, So. 13–17 Uhr, Eintritt: frei

Information

- **Tourist-Information Husum,** Großstraße 27, 25813 Husum, Tel. 04841 89870, www.husum-tourismus.de, geöffnet: April–Okt. Mo.–Fr. 9–18 Uhr, Sa. 10–16 Uhr, Nov.–März Mo.–Fr. 9–17 Uhr, Sa. 10–16 Uhr

Literaturtipp

*In **Theodor Storms „Pole Poppenspäler"** erzählt der Autor, indem er Erlebnisse aus seiner eigenen Familie einfließen lässt, über den Kontakt der Küstenbewohner mit dem „fahrenden Volk".*

Es ist die Geschichte vom Drechslermeistersohn Paul und der hübschen, schwarzhaarigen Lisei, Tochter eines Puppenspielers aus Süddeutschland.

Gastronomie

- **Restaurantschiff MS Nordertor,** Binnenhafen, Tel. 04841 779496, www.ms-nordertor.de, geöffnet: Mo.–Sa. ab 12 Uhr, So. 10 Uhr, Okt.–März Mo./Di. Ruhetag. Auf einem historischen Schiff aus dem Jahr 1936 findet man ein gemütlich eingerichtetes Restaurant mit guter einheimischer Küche. Die Spezialitäten des Hauses sind Fischgerichte und Labskaus.

Parken

P 5 **Parkplatz Porrenkoogsweg,** GPS 54.47491, 9.04132, Dockkoogstraße. Großer, gebührenfreier Parkplatz, zentrumsnah, hinter dem Stellplatz Loof's Womohafen.

14 Loof's Wohnmobilhafen, Husum

GPS 54.47469, 9.04231

Einfacher Platz auf dem Hof einer Fischhandlung in ausreichender, lauter, aber zentrumsnaher Lage. WC, Dusche. **Lage/Anfahrt:** in Husum Richtung Hafen über die Bahngleise fahren und gleich rechts zum Platz abbiegen, der Platz ist ausgeschildert; **Platzanzahl:** 40; **Untergrund:** Schotter; **Service:** Strom, Trinkwasser, Abwasser, Chemie-WC; **Sicherheit:** beleuchtet; **Preise:** 12 €/Fahrzeug (davon 2 € als Verzehrgutschein im Fischimbiss), jeder weitere Tag 10 €, Strom 3 €, Wasser 1 €, Dusche 0,50 €; **Geöffnet:** ganzjährig; **Kontakt:** Porrenkoogsweg 7, 25813 Husum, Tel. 04841 2034

423wn-gg

⑮ Camping Seeblick, Husum

GPS 54.50920, 9.0008

Platz in schöner, ruhiger Lage mit Meerblick ohne Deich. Saubere Sanitäranlage. 5 km nach Husum (Bus). **Lage/Anfahrt:** in Husum Richtung Hafen, über die Bahngleise und gleich rechts zum Platz, ausgeschildert; **Platzanzahl:** 80; **Untergrund:** Wiese; **Service:** Strom, Trinkwasser, Abwasser, Chemie-WC, WLAN; **Sicherheit:** beleuchtet; **Preise:** 9,50–12 €/Fahrz. 5,50–6,50 €/Pers., Strom 2,40 €, Hund 1,80–2,20 €; **Geöffnet:** Ende März–Ende Okt.; **Kontakt:** Nordseestraße 35, 25813 Husum, Tel. 04841, www.camping-seeblick.de

⑯ Camping Regenbogen, Husum

GPS 54.47854, 9.01130

Ein separater Platz für Reisemobile bei einem Campingplatz in der Nähe des Strands, mit WC und Dusche, Waschmaschine und Trockner. Kein Schatten, Parkplatz angrenzend. 3 km bis ins Zentrum. **Lage/Anfahrt:** in Husum ausgeschildert; **Platzanzahl:** 25; **Untergrund:** Rasen; **Service:** Trinkwasser, Abwasser, Chemie-WC; **Preise:** 12–15 €/Fahrz., Tiere 4 €; **Geöffnet:** Mitte Apr.–Ende Okt.; **Kontakt:** Dockkoogstr. 17, 25813 Husum, Tel. 04841 9397960, www.regenbogen.ag

Kleine Hilfe zum besseren Verständnis lokaler Begriffe

Blanker Hans	*Bezeichnung für die vom Sturm aufgepeitschte Nordsee*
Boje	*schwimmende Fahrwassermarkierung, auch Tonne genannt*
Buhne	*ins Meer hineingebauter Wall aus Steinen, Beton oder Holz, der die Kraft der anrollenden Wellen reduziert*
Ebbe	*Niedrigwasser*
Fething	*Regenwassersammler auf den Halligen, in denen das Vieh getränkt wird*
Flut	*Hochwasser*
Geest	*vom niederdeutschen gest („unfruchtbar"), so wird der sandig-lehmig-steinige Boden genannt*
Gezeiten	*vom Mond abhängiger Wechsel von Ebbe und Flut*
Granat	*Nordseekrabben*
Halligen	*nicht eingedeichte kleine Inseln im Wattenmeer, bei Flut teilweise überspült*
Heuler	*junge Seehunde, die von ihrer Mutter getrennt wurden*
Klönen	*ein gemütlicher Plausch*
Knicks	*sehr dichte Strauchreihen auf den Feldfluren, die den Boden vor Erosion durch den Wind schützen*
Köm	*Schnaps*
Koog	*durch Eindeichung entstandenes Marschland, wird auch Polder genannt*
Marsch	*fruchtbares Land, entstanden aus verlandetem Fluss- und Meeresboden. Nährstoffreich und feucht ist er ideal als Ackerboden.*
Pricke	*Seezeichen im Watt aus dünnen Baumstämmen*
Priele	*tiefe Wasserrinnen im Watt, nur bei Ebbe sichtbar*
Reet	*getrocknetes Schilf, um Häuser zu decken*
Siel	*Siele sind Durchlassbauwerke im Seedeich, die sich bei Flut durch Wasserdruck schließen und so das Einströmen von Salzwasser ins Binnenland verhindern. Bei Ebbe öffnen sie sich zum Meer hin, um das Abfließen des Binnenwassers ins Meer zu ermöglichen.*
Warft/Wurt	*künstliche Hügel, auf denen die Höfe zum Schutz vor Überflutung gebaut wurden*

ROUTE 2

DIE HALBINSEL EIDERSTEDT UND DIE HOLLÄNDERSTADT FRIEDRICHSTADT

024wn-gg

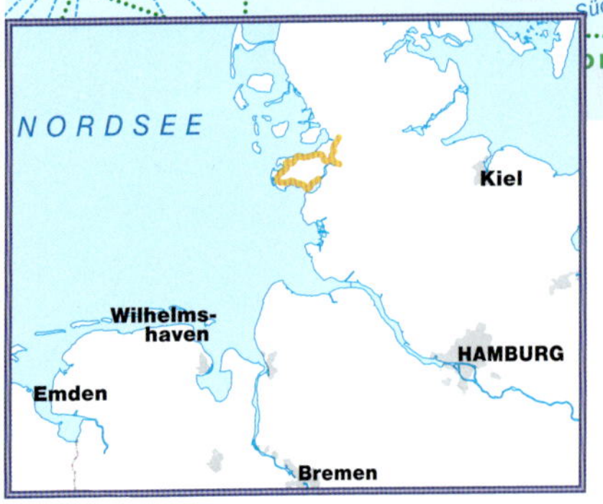

Vorseite: In Tönning (s. S. 45) – Straßenjacht trifft Wasserjacht

Strecke:

Husum (s. S. 29) – **Friedrichstadt** (18 km, s. S. 36) – **St. Peter-Ording** (49 km, s. S. 41) – **Tönning** (27 km, s. S. 45)

Streckenlänge:

ca. 94 km

ROUTENÜBERSICHT

Weit streckt sich die Halbinsel Eiderstedt in das schleswig-holsteinische Wattenmeer hinaus. Geschützt durch Deiche, auf denen unzählige Schafe grasen, trotzt sie den Unbilden des Meeres. Filmreife Kulissen sind die Pfahlbauten am breiten Strand von St. Peter-Ording und der auf vielen Prospekten verewigte Leuchtturm von Westerhever. In dem der Sage nach vom Teufel selbst erbauten „Roten Haubarg" in Witzwort kann man ohne Angst vor dem gehörnten Höllenfürst einkehren. Das heutzutage darin untergebrachte Restaurant kocht allerdings „teuflisch gut". Das kleine Tetenbüll hat sich den Charme eines Marschdorfs bis heute bewahrt. Eine kleine Zeitreise macht der Besucher im Kolonialwarenladen Haus Peters. Das Eidersperrwerk ist ein mächtiges Bollwerk gegen das Eindringen von Sturmfluten in die Eiderniederungen. Tönning, ein idyllisches Städtchen, hat neben seiner malerischen Häuserfront am Hafen ein ganz modernes Museum, das Multimar-Wattforum. Friedrichstadt begeistert jedes Jahr viele Besucher. Die wunderschönen Giebelhäuser wurden von holländischen Glaubensflüchtlingen im Stile ihrer Heimat erbaut und wenn man mit dem Boot eine Grachtenfahrt unternimmt, fühlt man sich in die Niederlande versetzt.

Buntes Treiben am Strand von St. Peter-Ording (s. S. 41)

424wn-gg

⑰ Wohnmobilhafen, Rantrum

GPS 54.43346, 9.12783

Schöner Platz in ruhiger Lage beim beheizten Freibad, sehr hilfsbereite Platzwartin, gepflegte Dusche, WC, Brötchenservice. Laden im Ort, ideal, um mit dem Rad Husum zu besuchen. **Lage/Anfahrt:** Von der B5 nach Rantrum abbiegen, 7 km zum Platz, ausgeschildert; **Platzanzahl:** 10; **Untergrund:** Schotter; **Service:** Strom, Trinkwasser (winterfest), Abwasser, Chemie-WC, WLAN; **Preise:** 10 €/Fahrz. inklusive Strom, WC, Dusche, beheiztes Freibad, Ver-/Entsorgung, WLAN; **Sicherheit:** umzäunt, beleuchtet; **Geöffnet:** ganzjährig; **Kontakt:** 25873 Rantrum, Lagedeich, Tel. 0171 5114317 Gemeinde Rantrum

Von Husum (Route 1, s. S. 29) aus kommt man über die B5 und dann die B202 nach Friedrichstadt. Unterwegs empfängt **Rantrum** seine Wohnmobilisten sehr herzlich mit einem guten Stellplatz ⑰.

FRIEDRICHSTADT

(18 km – km 18)

Grachten und typisch holländische Architektur – die Holländerstadt Friedrichstadt ist etwas ganz Besonderes. Vor 400 Jahren kamen Glaubensflüchtlinge aus den Niederlanden hierher, brachten ihren Baustil, ihre Kultur und auch ihren Glauben mit. So entstand die Stadt der Toleranz, in der Lutheraner, Katholiken, Mennoniten, Juden und Remons-

Friedrichstadt: reizvoll auch im Winter

202wn-gg

tranten friedlich und harmonisch miteinander leben. Kirchen aller fünf Glaubensrichtungen finden sich heute noch im Stadtbild und können im Rahmen einer Führung besichtigt werden. Mehr zur Geschichte von Friedrichstadt erfährt man im **Stadtmuseum Alte Münze.** Schon allein das aufwendig verzierte Renaissancegebäude ist sehenswert.

Der Stadtpaziergang führt entlang der von pittoresken Giebelhäusern gesäumten **Prinzenstraße.** Einen Blick sollte man unbedingt auf das 1637 vom Kaufmann und Remonstratenprediger Paludanus erbaute Haus Nr. 28 mit der prächtigen Rokokotüre werfen. Eine Kuriosität ist die in der Hausfront eingemauerte Kanonenkugel. Die traf das Haus bei der Beschießung 1850 im Schleswig-Holsteinischen Krieg. Die Prinzenstraße mündet in den weitläufigen **Marktplatz** mit seiner romantischen Treppengiebelhäuserfront. Besonders fotogene Motive bieten sich von der Brücke über die Gracht zurück zum Martkplatz und hinunter auf die vielen voll besetzen Ausflugsboote. Die Gaststätte Holländische Stube ist im Neberhaus, einem nach dem Eisenwarenhändler Heinrich Neber benannten Wohnhaus aus der Gründerzeit der Stadt, untergebracht. Im 17. und 18. Jh. war das Haus auch Wohnhaus der bedeutenden Mennonitenfamilie Owens, von der viele Ratsherren und Bürgermeister der Stadt abstammen.

Sehenswertes

› **Stadtmuseum Alte Münze,** Am Mittelburgwall 23, Tel. 04881 87422 (Museum) oder 1511 (Büro), www.friedrichstadt.de, geöffnet: Juni–Sept. Di.–So. 11–17 Uhr, April/Mai/Okt. Di.–So. 12–16 Uhr, Eintritt: 3,50 €, Kinder bis 16 Jahre frei. Gezeigt wird die Geschichte von Friedrichstadt mit ihrer religiösen Vielfalt.

Erlebenswertes für die ganze Familie

› **Grachtenfahrten mit der Prinzenlinie,** Abfahrt Am Deich/Fürstengraben (Stell- und Parkplatznähe), Büro: Prinzenstr. 33, Tel. 04881 937597, www.grachtenfahrt.de, geöffnet: April–Okt. ab 11 Uhr stündlich, wenn 8 Personen zusammen sind. Fahrt: 10/5 €. Einstündige Fahrt durch die Grachten.

› **Modellbahn-Zauber,** Brückenstr. 18, Tel. 04881 938858, www.modellbahn-zauber.de, geöffnet: April–Okt. tägl. 11–17 Uhr, Eintritt: 7,50/5/19 €. Kinder und das Kind im Manne stehen staunend vor der 100 m² großen Modelleisenbahnanlage, alles im Maßstab 1: 87, Spur HO.

⊡ *Mit einem Boot schippert man gemütlich auf den Grachten von Friedrichstadt*

019wn-gg

Information

- **Tourismusverein Friedrichstadt,** Am Markt 9, 25840 Friedrichstadt, Tel. 04881 93930, www.friedrichstadt.de, geöffnet: Mai–Sept. Mo./Di./Do./Fr. 10–17 Uhr, Mi./So. 10–14 Uhr (Sept. So. geschl.), Sa. 10–16 Uhr, April/Okt. Mo./Di./Do./Sa. 10–16 Uhr, Mi./Fr. 10–14 Uhr, Nov.–März Sa. geschl. Hier beginnen auch die geführten Stadtspaziergänge (Ostern–Okt. tägl. 11 Uhr, Kosten: 6/4/18 €).

Gastronomie

- **Meeresküche Metzner,** Prinzenstraße 40, Tel. 04881 1553, http://meereskueche-metzner.de. Ob ein Fischbrötchen auf die Hand oder ein Gericht im Restaurant: Hier werden Fischliebhaber verwöhnt.

Einkaufen

- **Friedrichstädter Kaffee-Kontor,** Am Markt 8, Tel. 04881 936738, www.kaffee-nf.de. Vielfältige Kaffeesorten, zum Teil auch mit Aromen angereichert, z. B. Kaffee mit Haselnüssen, Vanille, Eierlikör, Tiramisu, Schoko-Mint, ungewöhnliche Marmeladen wie Hanf-Erdbeere, Feige-Rosa Pfeffer, Weißwein-Chili, Erdbeer-Schoko. Auch wegen der altertümlichen Präsentation und der vielen historischen Gebrauchsgegenstände rund um den Kaffee lohnenswert.

Parken

- P **6 Am Deich,** GPS 54.37389, 9.08640, 8–18 Uhr gebührenpflichtig
- P **7 An der Eider,** GPS 54.33254, 8.99542, Lunden-Wollersum. Sehr schöne Lage bei einer Badestelle, kostenlos. Übernachtung möglich.

Man verlässt Friedrichstadt wieder auf derselben Straße, auf der man gekommen ist. Bei der Einmündung in die B5 fährt man nun nach links Richtung Heide und biegt nach 2 km nach rechts Richtung Witzwort ab. Durch Witzwort hindurch an der Kirche St. Marien (erbaut im 15. Jh. und mit 1898 angefügtem Chor) vorbei geht es bis zum von Wiesen und Feldern umgebenen **Roten Haubarg.** Der Sage nach vom Teufel selbst erbaut, steht das malerische, reetgedeckte Gasthaus heute dem Gourmet offen. Haubarg bedeutet „eine Stätte zum Aufbewahren von Heu" – so wurden die typischen Bauernhäuser auf **Eiderstedt** früher genannt. In einem Haubarg lebten Menschen und Tiere unter einem Dach und in der Mitte des Ständerhauses lagerte das Heu. Der Zusatz „Rot" kommt von den roten Dachpfannen des um 1647 erbauten Gebäudes. In dieser Zeit war ein mit Ziegeln

425wn-gg

18 Wohnmobilstellplatz Am Halbmond, Friedrichstadt

GPS 54.37190, 9.08762

Sehr schöner, gepflegter Platz, teilweise parzelliert, zentrumsnah, Dusche, WC, überdachte, vorbildliche Ver-/Entsorgung, Brötchenservice, Gasverkauf, Hundespielplatz. **Lage/Anfahrt:** Richtung P3 fahren und dann rechts zum Platz, der ausgeschildert ist; **Platzanzahl:** 50; **Untergrund:** Kies, Wiese; **Service:** Strom, Trinkwasser (winterfest), Abwasser, Chemie-WC, WLAN; **Preise:** 15 €/Fahrzeug inklusive WC, Entsorgung, Strom 0,60 €/kWh, Wasser 1 €/100 l, Dusche 1 €; **Sicherheit:** umzäunt, beleuchtet; **Geöffnet:** ganzjährig; **Kontakt:** Halbmond 5, 25840 Friedrichstadt, Tel. 04881 937048, www.wohnmobilstellplatz-friedrichstadt.de

⑲ Nordseecamping zum Seehund, Simonsberg

GPS 54.45490, 8.96997

Separater Platzteil eines komfortablen Campingplatzes in schöner, ruhiger Lage direkt am Deich. Imbiss, Schwimmteich, Mini-Markt. **Lage/Anfahrt:** von Witzwort Richtung Roter Haubarg und daran vorbei bis Simonsberg fahren, ab hier ausgeschildert. Schmale Zufahrt auf den letzten 2 km; **Platzanzahl:** 20; **Untergrund:** Schotterrasen; **Service:** Strom, Trinkwasser, Abwasser, Chemie-WC, WLAN; **Sicherheit:** umzäunt; **Preise:** 29–41 €/Fahrz. inkl. 2. Pers. und Strom, Pauschale vor der Schranke 21–29 €/Fahrz. inkl. 2 Pers., Strom, Hund 5 €; **Geöffnet:** Ostern–Okt.; **Kontakt:** Lundenbergweg 4, 25813 Simonsberg, Tel. 04841 3999, www.nordseecamping.de

426wn-gg

gedecktes Dach noch wesentlich teurer und deshalb viel seltener als ein Reetdach. Nicht nachweisbar ist das Gerücht, der Haubarg wäre Mitte des 18. Jh. abgebrannt und neu aufgebaut worden. Heute ziert den Roten Haubarg ein riesiges Reetdach. Nach dem Essen kann man das angeschlossene kleine Museum besuchen und Wohnmobilisten dürfen kostenlos auf dem Parkplatz übernachten.

Gastronomie

› **Roter Haubarg,** Sand 5, 25889 Witzwort, www.roterhaubarg.de, Tel. 04864 845, geöffnet: März–Okt. Di.–So. 11–21, Nov.–Febr. Mi.–So. 11–21 Uhr. Große Auswahl an Fisch- und vegetarischen Gerichten. Historisches Gasthaus mit rustikalen Räumen und idyllischer Terrasse. Bei Einkehr einmalige Übernachtung auf dem einfachen Parkplatz ohne V/E möglich.

⑳ Festwiese, Witzwort

GPS 54.40018, 8.98656

Platz in ruhiger Ortsrandlage, Laden im Ort. **Lage/Anfahrt:** In Witzwort hinter der Kirche, ausgeschildert; **Platzanzahl:** 5; **Untergrund:** Asphalt; **Service:** Strom, Trinkwasser; **Preise:** kostenlos inkl. Strom und Wasser; **Geöffnet:** ganzjährig; **Kontakt:** 25889 Witzwort, Glockensteg. Anmeldung beim Markt Treff

Über Oldenswort kommt man ins reizende **Tetenbüll.** Die 600 Einwohner zählende Gemeinde im Herzen der Halbinsel Eiderstedt hat sich noch viel Ursprüngliches eines Marschdorfes bewahrt. Besuchenswert ist das **Haus Peters,** ein historischer Kolonialwarenladen aus dem Jahr 1820. Neben dem eigentlichen Verkaufsraum können auch die noch weitgehend originalgetreu eingerichteteten Wohn- und Schlafräume sowie die Küche besichtigt werden.

Sehenswertes

› **Haus Peters,** Dörpstraat 16, 25882 Tetenbüll, Tel. 04862 681, www.hauspeters.info, geöffnet: Jan., Febr., Nov., Dez. Fr.–So. 13–17, März–Okt. Di.–So. 13–18 Uhr, Eintritt: frei

Gastronomie

› **Café im Theatrium,** Karkenstraat 13, 25882 Tetenbüll, Tel. 04862 2011383, www.cafe-theatrium.tetenbuell.com, geöffnet: April–Okt. tägl. 14–18 Uhr, Nov.–März Mi.–So. 14–18 Uhr

523wn-sn

Durch weite Salzwiesen wandert man 2,5 km auf den weiß-rot geringelten Leuchtturm mit den beiden markanten Leuchtturmwärterhäusern zu. Er ist 41,50 m hoch und steht mit den beiden baugleichen Häusern auf einer vier Meter hohen Warft, befestigt mit 127 dicken Eichenpfählen. Nur jeweils 12 Personen dürfen gleichzeitig auf den 157 Stufen den Turm besteigen. Deshalb ist eine vorherige telefonische Reservierung unbedingt anzuraten.

Einkaufen

› **Friesische Schafskäserei,** Am Kirchdeich 8, 25882 Tetenbüll, www.friesische-schafskaeserei.de, Tel. 04862 348, geöffnet: Mo.–Fr. 10–18 Uhr, Sa. 10–14 Uhr, Hofführungen Mai–Okt. Di./Fr. 15 Uhr, Juli/Aug. auch Do. 15 Uhr

Route 2 führt weiter zum **Leuchtturm von Westerhever.** Dieser auf vielen Prospekten und Postkarten verewigte Turm ist im Sommer ein beliebtes Ziel von Touristen.

Sehenswertes

› **Westerheversand Leuchtturm,** Tel. 04865 1206, www.westerhever-nordsee.de, geöffnet: Ostersonntag–Okt. geführte Besichtigungen Mo./Mi./Sa. jeweils um 10, 11, 13, 14, 15, 16 Uhr, Eintritt: 6/3 € (erst ab 8 Jahre für Kinder erlaubt). Karten gibt es nur am Info-Hus am Parkplatz Ahndelweg 4 und nicht am Leuchtturm! Parkplatz gebührenpflichtig.

Der Leuchtturm von Westerhever mit den beiden baugleichen Wärterhäusern

Küstenschutz

Seit ca. 1000 Jahren wird die Nordseeküste durch ***Deiche*** *geschützt. Zunächst wurden um einzelne Dörfer und ihre Felder einfache* ***Ringdeiche*** *angelegt. Ab dem 13. Jh. war beinahe die gesamte Küstenlinie mit zur Seeseite hin steilen Deichen befestigt. Sie waren allerdings schwach und wurden regelmäßig bei starker* ***Sturmflut*** *überspült, durchweicht und brachen häufig.*

Sogenannte ***Deichgrafen*** *waren für die Instandhaltung und für den Neubau dieser Küstensicherung zuständig. Die Bauern der angrenzenden Äcker mussten die Arbeiten beim Deichbau erledigen. Der damals gebräuchliche Spruch: „Wer nicht will dieken, de mut wieken" heißt übersetzt: „Wer nicht beim Deichbau hilft, muss weichen". In* ***Theodor Storms „Der Schimmelreiter"*** *baut der Hauptprotagonist Hauke Haien eine neue, zur See hin flachere Deichform. Sein visionärer Bau hält der bald darauf einsetzenden mächtigen Sturmflut stand. Die alten Deiche allerdings brechen und seine Familie ertrinkt, daraufhin stürzt sich auch Hauke Haien in die tosende See.*

Heute werden die Deiche breiter und zum Meer erheblich flacher gebaut. Auf einen Sandkern wird Kleieboden aufgetragen und in diesen Gras eingesät. Schafe weiden im Sommer darauf, fressen das Gras ab und verfestigen gleichzeitig mit ihren Hufen den Deichboden.

Doch schon droht wieder Gefahr. Durch die Klimaerwärmung und das damit verbundene Abschmelzen der Polkappen könnte der Meeresspiegel bis zum Jahr 2100 um bis zu 1,4 m steigen und damit würden die heutigen Deiche zu niedrig sein.

022wn-tzs©Tourismus-Zentrale St. Peter-Ording

Einkaufen

› **Schäfermarkt Hinz,** Deichstr. 4, 25881 Westerhever, Tel. 04865 9013910, geöffnet: März–Okt. tägl. 11–18 Uhr, Nov./Dez. nur Sa./So. Alles vom Schaf direkt vom Erzeuger: Schafskäse, Lammwurst, Lammfrikadellen, Lammburger, Felle und außerdem Kaffee und Kuchen.

Hinter Westerhever fährt man einfach den Straßenschildern nach und erreicht bald St. Peter-Ording. Wer zwischendurch noch eine entspannte Pause braucht, hält im Landcafé éclair an.

Gastronomie

› **Landcafé éclair,** Koogstr. 57, Tümlauer Koog, www.landcafe-eclair.de, Do.–Di. 9.30–18 Uhr, Okt.–März Do.–Mo. 13–18 Uhr, Nov. geschlossen. Im urigen Gastraum oder im Obstgarten werden Frühstück, kleine Mittagsgerichte oder hausgemachte Kuchen serviert.

Strandleben in St. Peter-Ording

ST. PETER-ORDING

(49 km – km 67)

2011 feierten die berühmten **Pfahlbauten** am längsten und breitesten Sandstrand der Nordseeküste ihr einhundertjähriges Jubiläum und haben als Wahrzeichen von St. Peter-Ording auch heute noch eine große Attraktivität. Sie beherbergen Restaurants, DLRG-Stationen und Aufenthaltsräume für Badegäste. Das Nordseeheil- und Schwefelbad lockt Jahr für Jahr viele begeisterte Touristen an. Der 12 km lange und bis zu 2 km breite, feinsandige **Strand** ist ein Eldorado für Sonnenanbeter, Schwimmer, Kitesurfer und Strandsegler. Er hat an fünf Badestellen von lebendig und sportlich bis zu ruhig und abgeschieden für jeden Gast das richtige Plätzchen zu bieten.

St. Peter-Ording zieht sich über mehrere Kilometer vom südöstlichen Ortsteil Böhl über Dorf und Bad bis nach Ording im Nordwesten. Im Ortsteil Dorf findet man die meisten Geschäfte und Lokale, in Bad streckt sich die 1000 m lange Seebrücke hinaus zur großen Sandbank.

Wenn das Wetter einmal nicht mitspielt, kann man den Tag in der **Dünen-Therme** verbringen. Sie bietet auf verschiedenen Ebenen ein weitläufiges Erlebnisbad sowie ein großzügiges Wellnesszentrum. Lohnenswert ist auch ein Besuch des **Museums der Landschaft**

Eiderstedt im Ortsteil Dorf gegenüber der **Kirche St. Petri** aus dem 13. Jahrhundert.

Tierfreunde können dem **Westküstenpark** im Ortsteil Böhl einen Besuch abstatten. Vielerlei Haus- und Wildtiere sowie das große Robbarium, Streichelzoo, Hüpfburg und Ponyreiten erfreuen kleine und große Besucher.

Sehenswertes

- **Museum der Landschaft Eiderstedt,** Olsdorfer Str. 6, Tel. 04863 1226, www.museum-landschaft-eiderstedt.de, geöffnet: Nov.-März Di.-So. 10-16, Apr.-Okt. Di.-So. 11-17 Uhr, Eintritt: ohne Gästekarte 5/1/11 €. Interessantes zur Frühgeschichte und zu Funden im Watt, Wissenswertes zur Eiderstedter Lebensart. „Die Touristen kommen", „Ein Badeort entsteht": So heißen einige der Themen im Museum.

Erlebenswertes für die ganze Familie

- **Dünen-Therme,** Maleens Knoll 2, OT Bad, Tel. 04863 999161, geöffnet: April-Okt. tägl. 10-22 Uhr, Nov.-März Mo.-Fr. 14-22 Uhr, Sa./So. 10-22 Uhr, Eintritt: mit Gästekarte Bad 14/9/35 €, Sauna 20/15 €, ohne Gästekarte zuzügl. 1-3 € je nach Jahreszeit
- **Westküstenpark,** Wohldweg 6, OT Böhl, GPS 54.30141, 8.65636, https://tierpark-westkuestenpark.de, Tel. 04863 3044, geöffnet: Jan.-Mitte März Sa./So. 10-16 Uhr, April-Okt. 9.30-18 Uhr, Eintritt: 11/7,50/31 €. Größte Seehundanlage Deutschlands, Basstölpelkolonie, Schildkröten, Pelikane, Schneeeulen, Schlangen, Haustiere, Greifvögel u. v. m. Hunde dürfen an der Leine mit!

Information

- **Tourismuszentrale St. Peter-Ording,** Badallee 1, 25826 St. Peter-Ording, Tel. 04863 999155, www.st-peter-ording.de, geöffnet: Mo.-Fr. 9-17, Sa./So. 10-16 Uhr

Gastronomie

- **Die Seekiste,** Zum Bohler Strand 1, Tel. 04863 47500, www.dieseekiste.de, geöffnet: 12-19 Uhr. In einem Pfahlhaus direkt am Strand bietet die Küche Regionales vom Rind, Schwein und Salzwiesenlamm. Hunde sind nur bis 17.30 Uhr erlaubt.
- **Olsdorfer Krug,** Olsdorfer Str. 13, Tel. 04863 2500, http://wp2017.olsdorferkrug.de, geöffnet: Fr.-Di. 11-14 Uhr und 17.30-21 Uhr. Hier gibt es typische

427wn-gg

21 Campingpark Olsdorf, St. Peter-Ording

GPS 54.30724, 8.64869

Fünf-Sterne-Platz mit sehr gepflegtem Sanitärbereich, großem Spiel- und Freizeitbereich, Sauna, Waschmaschine, Trockner. Am Ortsrand in ruhiger Lage, Einkaufsmöglichkeiten in der Nähe. **Lage/Anfahrt:** Richtung St. Peter Dorf fahren, dort am Ortsrand nach links, ausgeschildert; **Platzanzahl:** 70; **Untergrund:** Rasengitter; **Service:** Strom, Trinkwasser (winterfest), Abwasser, Chemie-WC, WLAN; **Sicherheit:** umzäunt, beleuchtet, bewacht; **Preise:** 10-12 €/Fahrz., 4,50-6 €/Pers., Kurtaxe 1-3 €/Pers., Strom 3 €, Dusche 0,25 €/Min., Hunde 2-4 €, 5.11.-18.12./10.1.-19.2. Winterpauschale 18 € inkl. 2 Pers., Strom, VE; **Geöffnet:** ganzjährig; **Kontakt:** Bövergeest 56, 25826 St. Peter-Ording, Tel. 04862 2019851, www.meergruen-camping.de

22 Reisemobilhafen, St. Peter-Ording

GPS 54.30915, 8.63540

Großer Platz, nur durch kleine Bäume und am Boden liegende Baumstämme parzelliert, zentrumsnah, relativ ruhige Lage. **Lage/Anfahrt:** Richtung St. Peter Dorf fahren und am Ortsanfang rechts abbiegen, ausgeschildert; **Platzanzahl:** 75; **Untergrund:** Schotter; **Service:** Strom, Trinkwasser (winterfest), Abwasser, Chemie-WC, WLAN; **Sicherheit:** umzäunt, beleuchtet; **Preise:** 20 €/Fahrz., Kurtaxe 1–3 €, Strom 0,60 €/1 kWh, Wasser 1 €/50 l, Zugang Dusche 1 € zusätzl. 0,50 €/Min., WC 0,20 €/Benutzung, WLAN 3 €/24 Std. und 200 MByte.; **Geöffnet:** 25. Dez.–Okt.; **Kontakt:** Ketelskoog 10, 25826 St. Peter-Ording, Tel. 0172 8824022, www.reisemobilhafen-spo.de

428wm-gg

Holsteiner Gerichte wie Kohlrouladen, Kartoffeleintopf und Sauerfleisch werden in der in Friesenblau gehaltenen Schankstube serviert. In der Saison frisches Wildbret.

Parken

P 8 **Marktplatz,** GPS 54.30636, 8.63629, Schulstraße OT Dorf. Gebührenfreier Parkplatz zum Besuch von St. Peter Dorf, am Mittwoch ist der Platz von 6 bis 8 Uhr gesperrt.

23 Rosen-Camp Kniese, St. Peter-Ording

GPS 54.28444, 8.66392

Platz im Ortsteil Böhl in schöner, ruhiger Lage. Gute Sanitärausstattung, Waschmaschine, Trockner. 100 m zum Strand, Bus ins Zentrum. Hunde- und kinderfreundlich. **Lage/Anfahrt:** in St. Peter-Ording ausgeschildert; **Platzanzahl:** 70; **Service:** Strom, Trinkwasser, Abwasser, Chemie-WC, WLAN; **Sicherheit:** umzäunt, beleuchtet, bewacht; **Preise:** 11–13 €/Fahrz., 3–5 €/Pers., Strom 0,80 €/kWh, Stromanschluss 1 €, Hund 1,50 €, Kurtaxe 1–3 €; **Geöffnet:** April–15. Okt.; **Kontakt:** Böhler Landstraße 185, 25826 St. Peter-Ording, Tel. 04863 3676, www.rosencamp-kniese.de

Von der Spitze der Eiderstedter Halbinsel fährt man auf der L33 und dann der L305 zunächst Richtung Tönning, um dann auf der Höhe von Welt den Schildern zum **Eidersperrwerk** zu folgen. Kurz davor gibt es die Mög-

Dat Schipperhus

Vom Ortsverein St. Peter-Ording wurde ein historisches ***Schipperhus*** *an der Straße „Zum Süderstrand" im Ortsteil Dorf wieder aufgebaut. Ein Schipperhus war ein kleines Haus, in dem die* ***Strand- und Wasserleichen*** *aufbewahrt wurden. Jedermann, der eine Leiche fand, musste sie dem Dorfpolizisten melden und dieser brachte sie dann in so einem Schipperhus unter. Hier wurde sie auf besondere Merkmale wie Tätowierungen untersucht und bekam dann ein christliches Begräbnis auf dem örtlichen Friedhof. Ein goldener Ohrring, den die Seeleute im Ohr trugen, sollte für diese Kosten aufkommen. Wer aber anstatt eines Ohrringes nur noch einen Schlitz im Ohr hatte, war ein* ***Schlitzohr.*** *Er hatte sich etwas zu Schulden kommen lassen, deshalb war ihm der Ring aus dem Ohr gerissen worden.*

lichkeit, von einem Beobachtungsturm das Katinger Watt zu überblicken.

An der Mündung der Eider wurde von 1967 bis 1973 das größte **Küstenschutzbauwerk** Deutschlands errichtet. Es soll die Eiderniederungen vor Sturmfluten bis 7 m über normalen Hochwassern schützen. Zwischen zwei separaten Reihen von jeweils fünf 40 m breiten Fluttoren führt ein 236 m langer Tunnel hindurch, der die Halbinsel Eiderstedt mit Dithmarschen verbindet. Auf einem Fußweg überquert man das Eidersperrwerk mit schöner Aussicht auf die Küste und die Eider. Für die Schifffahrt wurde eine 75 m lange und 14 m breite Schleuse angelegt.

Parken

P 9 **Parkplatz beim Eidersperrwerk,** GPS 54.26321, 8.84698

Nach der Besichtigung wieder durch den Tunnel zurück und dann sofort nach rechts Richtung Tönning rollt das Womo durch das Naturschutzgebiet **Katinger Watt,** ein Rückzugsgebiet für seltene Vögel wie Seeadler. Der Name geht auf die Zeit vor dem Bau des Eidersperrwerks zurück, als es hier tatsächlich noch die Mündungswatten der Eider gab. Inzwischen ist es ein Gebiet von Überschwemmungswiesen, Feldern und Wald. Im **NABU Naturzentrum Katinger Watt** findet der Gast eine Naturgartenoase mit interessanten Infos. Von hier starten auch spannende Exkursionen.

Sehenswertes

› **NABU Naturzentrum Katinger Watt,** Katingsiel 14, 25832 Tönning, GPS 54.29281, 8.82724, Tel. 04862 8004, Apr.-Okt. tägl. 11-17 Uhr

Das Eidersperrwerk – Deutschlands größtes Küstenschutzbauwerk

Literaturtipp

*In der „**Mittagsstunde**" von **Dörte Hansen** erzählt der Protagonist Ingwer Feddersen sehr lebhaft von der Zeit um 1970 und in den 2000er-Jahren im Geestdorf Brinkebüll.*

025wn-gg

Parken

P 10 Vogelbeobachtungsturm Katinger Watt, GPS 54.28020, 8.84246

P 11 Parkplatz am Katinger Watt, GPS 54.26979, 8.85422

Einblicke in die regionalen Projekte der Naturnutzung und des Naturschutzes gibt es im **Infohaus Spökenkieker.**

Sehenswertes

› **Infohaus Spökenkieker,** Schäfer Weg 9, 25832 Tönning/Groß-Olversum, GPS 54.30310, 8.90018, Tel. 04864 1202, www.spoekenkieker-sh.de, geöffnet: Mai–Sept. Mo.–Sa. 11–16 Uhr

Hinter dem Infohaus rechts, durch Olversum hindurch und weiter Richtung Tönning-Zentrum ist man bald an den Stellplätzen (24) und (25) angekommen.

Stolz ragt der Kirchturm von Tönning in den Himmel

TÖNNING

(27 km – km 94)

Tönning an der Eider ist ein reizendes kleines Städtchen. Am weitläufigen Marktplatz (Wochenmarkt am Montag von 8 bis 12 Uhr) stehen das alte Rathaus und die **St.-Laurentius-Kirche,** deren ältester Teil aus dem 12. Jh. stammt. Im Innern sind der geschnitzte Barockaltar, die Lettnerempore (beide von 1634), der Taufstein von 1641, die Orgel von 1978 mit historischem Prospekt von 1681 (größte Orgel Nordfrieslands) und die Deckenmalereien von Berthold Conrad überaus sehenswert.

Eine Fußgängerbrücke über die Norderbootfahrt, das ist ein Kanalsystem, das zur Entwässerung und zur Warenbeförderung diente, führt in den Schlosspark. Vom 1581 errichteten **Schloss** ist nichts mehr übrig, nachdem es 1735 abgerissen wurde. Modelle des Prachtbaues findet man als Entenhaus im Schlosspark oder auf der Mitte eines Kreisverkehrs.

Mit dem Fahrrad von Tönning zum Eidersperrwerk

Länge: *28 km*

Start: *Wohnmobilstellplätze Tönning* 24 *&* 25

Charakter: *Natur und Technik auf ebener Strecke erleben.*

Die Tour startet an einem der beiden Stellplätze auf dem Deichweg nach links. Beim Strandhotel schwenkt der Radweg direkt zum Eiderufer, nun immer geradeaus mit Blick auf die Eider. Nach 1 km geht es in den Deichgrafenweg mit einigen schönen, reetgedeckten Friesenhäusern. An der darauffolgenden Querstraße lenkt man nach links in den Schäferweg. Kurz nach dem Ortsausgangsschild von ***Groß-Olversum*** *ist das bereits von der Anfahrt nach Tönning bekannte* ***Infohaus Spökenkieker*** *erreicht. Ca. 100 m hinter dem Spökenkiekerhaus folgt man der Beschilderung zum* ***Katinger Watt*** *und zum* ***Eidersperrwerk*** *nach links. Kurz bevor der Radweg durch ein kleines Wäldchen führt, kann man rechter Hand bei einem* ***Vogelbeobachtungsturm*** *mit weitem Rundblick eine Rast einlegen. Weiter geht die Radtour durch Wiesen und an kleinen Tümpeln vorbei bis zur Straße nach St. Peter-Ording. An ihr entlang führt der Radweg bis zum Eidersperrwerk* *(s. S. 43)**.*

Mit schöner Aussicht auf die Küste und die Eider führt der der Radweg über das Sperrwerk. Am Parkplatz mit Aussichtsterrasse kann man sich mit einer Tasse Kaffee oder einem leckeren Fischbrötchen für die Weiterfahrt stärken. Nun verläuft die Tour ca. 4,5 km auf dem Radweg rechts der L305 Richtung ***Büsum,*** *dann geht es am Gasthaus zum Eiderdamm nach links, der Beschilderung Richtung* ***Lunden*** *folgend. Schnurgeradeaus verläuft das nur von wenigen Autos befahrene Sträßchen nach Schülperneuensiel. Hier fährt man weiter auf der Koogstraße nach* ***Karolinenkoog.*** *Beim Überqueren der B5 sieht man linker Hand bereits den Kirchturm von Tönning. Nach 1,5 km biegt man nach links ab, der Beschilderung Tönning folgend. Der ausgeschilderte Radweg führt nun längs der B5 auf einer Brücke über die Eider. Kurz danach schwenkt man im großen Bogen nach rechts und unterquert die B5 in einer Unterführung Richtung* ***Multimar Wattforum.*** *An ihm vorbei und über den Hafen von Tönning geht es zurück zum Ausgangspunkt dieser wenig anstrengenden, aber eindrucksvollen Radtour.*

026wn-gg

Hinter dem Schlosspark kommt schon der historische Hafen mit dem dominierenden **Packhaus** ins Blickfeld. Das Packhaus wurde 1783 als Lager- und Umschlagshaus erbaut. Es leistete gute Dienste beim Umschlag von Waren auf dem 1704 eröffneten Schleswig-Holsteinischen Kanal. Dieser Kanal verlief von Kiel nach Rendsburg und bildete dort mit der Eider eine Verbindung von Nord- und Ostsee. Das Packhaus ist 77 m lang und 13 m breit und hat eine Lagerfläche von 4000 m². Es ist das letzte seiner Art.

Am Hafen entlang spaziert man zum **Multimar-Wattforum.** Unter dem Motto „Wale, Watt und Weltnaturerbe" kann hier die ganze Familie multimedial von der Wasserwelt eines Baches, über die Gezeitenzonen bis in die tiefe Nordsee eintauchen. In 37 Aquarien tummeln sich Steinbutte, Katzenhaie, Nagelrochen, Störe und ganze Fischschwärme. Gefüttert werden die Fische von einem Taucher (April–Okt. Mo./Fr., Nov.–März Mo./Do. jeweils 14 Uhr). Aus seiner Hand fressen sie die Fischstücke und Krabben. Die Skelette eines 17,50 m langen Pottwals, der 1996 an der Küste strandete und eines 6 m langen Zwergwals, sind spektakuläre Ausstellungsobjekte.

Literaturtipp

Spannende Urlaubslektüre versprechen die gut recherchierten Krimis ***„Falscher Kurs"*** *und* ***„Rache im Sturm"*** *von* ***Hannes Nygaard*** *aus dem Emonts-Verlag.*

Stöpe

Um die Stadt gegen eindringendes Wasser aus dem Hafengebiet zu schützen, wurde die ***Stöpe,*** *ein verschließbarer Deichdurchlass, entwickelt. Dieser Durchlass erhielt links und rechts eine Mauer, in die je zwei parallel verlaufende senkrechte Schlitze eingearbeitet sind. In den Schlitzen aufgeschichtete Balken schützten bei Sturmfluten die Stadt. Der Zwischenraum zwischen den beiden Holzbohlenwänden wurde nun mit Dung oder Sandsäcken gefüllt und alle Ritzen wurden möglichst gut verstopft.*

Es gab früher für jede Stöpe eine ***Stöpenmannschaft,*** *die bei Gefahr sofort reagieren musste und die Stöpe verschloss.*

In Tönning waren im Hafenbereich sogar an jeder Haustüre Stöpe angebracht. So gelang die Sicherung des besonders gefährdeten Eingangsbereichs gegen eindringendes Wasser. Im Jahr 1962, bei der letzten großen Sturmflut, stand das Wasser am Tönninger Hafen allerdings bis zu den Fenstern der Häuser. Der Pegel im Hafen zeigt die höchsten Wasserstände an.

Sehenswertes

› **St.-Laurentius-Kirche,** Am Markt, geöffnet: tägl. 9–18 Uhr.

Erlebenswertes für die ganze Familie

› **Multimar Wattforum,** Dithmarscherstraße 6a, Tel. 04861 96200, https://multimar-wattforum.de, geöffnet: April–Okt. tägl. 9–18 Uhr, Nov.–März tägl. 10–17 Uhr, Eintritt: 9/6/25 €

Information

› **Tourist- und Freizeitbetriebe der Stadt Tönning,** Am Markt 2, 25832 Tönning, Tel. 04861 61420, www.toenning.de, geöffnet: Apr.–Okt. Mo.–Fr. 9–17, Sa. 10–12, Nov.–März Mo.–Fr. 9–16 Uhr

Gastronomie

› **Restaurant-Café Weingarten am Schlosspark,** Herrengraben 8, Tel. 04861 1003. Gemütliche Wohnzimmeratmosphäre, in der die Chefin liebevoll angerichtete Speisen serviert.

Einkaufen

› **Krabben & Fisch Tönning,** Am Eiderdeich 12, Tel. 04841 96160, geöffnet: Mo.–Fr. 8–18 Uhr, Sa. 8–13 Uhr. Große Auswahl, sehr schön präsentiert.

Parken

P 12 **Parkplatz Zentrum,** GPS 54.31605, 8.94072, Auf dem Marktplatz. Geschl.: Mo. bis 14 Uhr ist hier Markt.

429wn-gg

24 Eiderblick, Tönning

GPS 54.30887, 8.93768

Stellplätze nur durch einen Weg von der Eider getrennt, neben einem Fabrikgelände, Zentrum 300 m, WC/Dusche, Waschmaschine, Trockner, Brötchenservice. Automaten-Check-in. Anreise ab 12, Abreise bis 12 Uhr. **Lage/Anfahrt:** von der Straße Eidersperrwerk Richtung Zentrum nach rechts zum Campingplatz Eiderblick abbiegen, an diesem vorbei und am Deich rechts fahren, ausgeschildert; **Platzanzahl:** 30 Fahrzeuge (26 bis 7 m, 4 bis 8 m); **Untergrund:** Wiese; **Service:** Strom, Trinkwasser (winterfest), Abwasser, Chemie-WC, WLAN; **Preise:** 14 €/Fahrz. in der 1. Reihe, übrige Plätze 12 €, inkl. 2 Pers., Kurtaxe April–Okt. 1,20–2 €, Hund 3 €, Strom 0,60 €/kWh, Dusche 0,10 €/Min., Wasser 1 €/100 l; **Geöffnet:** ganzjährig; **Kontakt:** Am Freizeitpark 1a, 25832 Tönning, Tel. 04861 617148, www.campingplatz-toenning.de

430wn-gg

25 Kapitänshaus, Tönning

GPS 54.31136, 8.94124

Stellplätze (Fahrzeuge über 7 m) in ruhiger und schöner Lage, nur durch einen Weg von der Eider getrennt, WC/Dusche, Waschmaschine/Trockner, Brötchenservice, 300 m bis ins Zentrum, Automaten-Check-in. Anreise ab 12, Abreise bis 12 Uhr. **Lage/Anfahrt:** an der Straße vom Eidersperrwerk Richtung Zentrum nach rechts zum Campingplatz Eiderblick abbiegen, daran vorbeifahren und am Deich links fahren, ausgeschildert; **Platzanzahl:** 22; **Untergrund:** Wiese; **Service:** Strom, Trinkwasser (winterfest), Abwasser, Chemie-WC, WLAN; **Preise:** siehe Eiderblick 24; **Geöffnet:** ganzjährig; **Kontakt:** Am Freizeitpark 1a, 25832 Tönning, Tel. 04861 617148, www.campingplatz-toenning.de

ROUTE 3

DITHMARSCHEN – KOOGE, KOHL UND KULTUR

029wn-gg

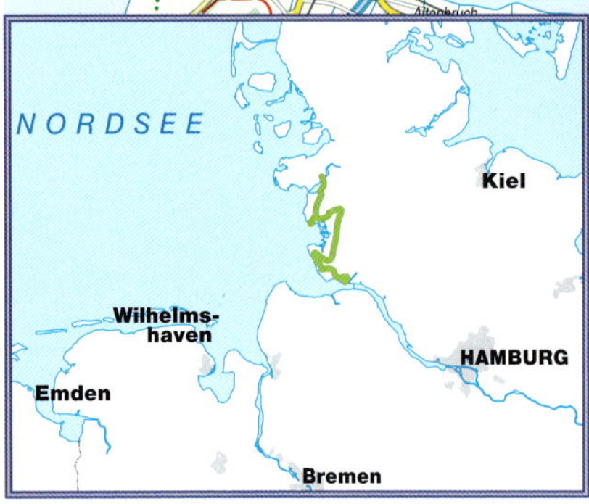

Strecke:
Tönning (s. S. 45) – **Wesselburen** (21 km, s. S. 52) – **Büsum** (21 km, s. S. 53) – **Heide** (20 km, s. S. 56) – **Meldorf** (12 km, s. S. 58) – **Friedrichskoog** (23 km, s. S. 60) – **Marne** (12 km, s. S. 65) – **Brunsbüttel** (12 km, s. S. 66)

Vorseite: Der Kegelrobbe geht es gut im Weltnaturerbe Wattenmeer

Streckenlänge:
ca. 121 km

535wn-gg

ROUTENÜBERSICHT

Dithmarschen, durch dessen Küstenregion Route 3 führt, ist auch heute noch bäuerlich geprägt. Riesige Weiß- und Rotkohlfelder säumen die Straßen und im Herbst finden überall Kohltage statt, an denen traditionelle, aber auch ausgefallene Kohlgerichte serviert werden. Einige Museen geben Zeugnis von der bäuerlichen Tradition in Dithmarschen. Kulturell Interessierte zieht es zum Hebbel-Museum nach Wesselburen, ins Brahmshaus nach Heide oder zu den Künstlern nach Friedrichskoog. Büsum und Friedrichskoog sind zwei sehr unterschiedliche Küstenorte. Büsum ist lebhaft und touristisch ausgerichtet, Friedrichskoog dagegen ruhig und beschaulich. Wer schmilzt nicht dahin beim Blick in die Augen eines Seehundes? In der Seehundstation in Friedrichskoog kommt man ihnen nahe und kann sie durch eine Glasscheibe unter Wasser beobachten. In einem separaten Bereich werden jedes Jahr junge Seehunde, die ihre Mutter verloren haben, aufgezogen und für die Auswilderung in die Nordsee vorbereitet. Der Endpunkt der Route liegt bei den Schleusen von Brunsbüttel. Riesige Fracht- und Passagierschiffe passieren sie, um den Nord-Ostsee-Kanal zu befahren. Ein Schauspiel, bei dem man die großen Pötte auf Besucherplattformen aus der Nähe sieht.

⌃ *Ab hier geht es auf Schiffsplanken weiter*

Die Route 3 verlässt Tönning (s. S. 45) auf der B5 in Richtung Heide und führt dann nach rechts weiter nach Wesselburen.

WESSELBUREN

(21 km – km 21)

In Wesselburen dreht sich alles um Hebbel: Hebbel-Schule, -Apotheke, -Museum. Kein Wunder, denn der Dichter Christian Friedrich Hebbel wurde am 13. März 1813 in Wesselburen geboren. In dem Gebäude, in dem das **Hebbel-Museum** untergebracht ist, lebte früher der Kirchspielvogt Mohr. Bei ihm war Hebbel als Schreiber angestellt und hier verfasste er seine ersten Gedichte. Mit 22 Jahren zog es ihn nach Hamburg, Heidelberg, München, Stuttgart und Wien. Im Museum werden die Stationen seines Lebens mit detailgetreu nachgestalteten Zimmern dokumentiert. Daneben findet man Handschriften, Stiche, Briefe und Werke des Dichters. Doch nicht nur für das geistige Wohl ist in Wesselburen gesorgt, auch der Magen kommt durch das **Kohlosseum** nicht zu kurz. In diesem Kohl-Museum mit angegliedertem Bauernmarkt erfährt man alles über das Gemüse und kann anschließend einkaufen. Einzigartig ist die Weißkohlsalbe, die gegen quälenden Juckreiz, z. B. bei Dermatitis, helfen soll.

Das Zentrum bilden die **Kirche St. Bartholomäus** und die kreisförmig um sie gebauten, teilweise historischen Häuser. Die Wurzeln des 1737 erbauten Gotteshauses gehen bis ins 12. Jh. zurück. Interessant ist der Innenraum mit umlaufender Empore, dem blauen herzoglichen Stuhl und dem Taufbecken aus dem 12. Jh. In der Dithmarischen Apotheke gibt es den Schlüssel zur Kirche.

Sehenswertes

› **Hebbel-Museum,** Österstr. 6, Tel. 04833 4190, www.wesselburen.de, geöffnet: Mai–Okt. Di.–Do. 11–13 und 14–17 Uhr, Fr.–So. 11–13 und 14–16 Uhr, Nov.–April Di./Do. 14–17 Uhr, Eintritt: 3/2 €, Kinder bis 12 Jahre frei

Dithmarschen und sein Kohl

*Dithmarschen besitzt mit einer Gesamtfläche von 2200 ha das größte zusammenhängende **Kohlanbaugebiet** Europas. Der fruchtbare **Marschboden** und das feuchte Nordseeklima sind ideale Bedingungen für den Anbau von Kohl. Jedes Jahr werden sage und schreibe 60 Millionen Kohlköpfe geerntet, die in modernen Kühlhäusern relativ lange gelagert werden können. Dem gesunden Gemüse sind alljährlich Ende September die Dithmarscher Kohltage gewidmet. In dieser Zeit servieren alle Dithmarscher Gastronomen **Kohlgerichte** in undenklich vielen Variationen. Von traditionell bis experimentell und exotisch reichen die Kohlrezepte, die mittlerweile ganze Kochbücher füllen. So wandelte sich das ehemalige Arme-Leute-Essen in ein schmackhaftes, gesundes und vielseitiges **Delikatessgemüse.***

*Doch nicht nur in der Küche hat der Dithmarscher Kohl seinen festen Platz, immer mehr wird er auch als Heilpflanze (wieder-) entdeckt. **Kohlumschläge** sollen bei Rheuma und Gelenkbeschwerden Linderung verschaffen, auch seine desinfizierende und entzündungshemmende Wirkung war bereits den alten Griechen bekannt. Regelrechte Kohlkuren werden u. a. in Friedrichskoog angeboten.*

› **Das Kohlosseum,** Bahnhofstr. 20, GPS 54.20574, 8.93188, Tel. 04833 45890, www.kohlosseum.de, geöffnet: Mo.–Fr. 9–18 Uhr, Sa. 9–14 Uhr, Juli–Okt. auch So. 9–14 Uhr, Jan.–Ostern Mo. Ruhetag, Vorführung Krautwerkstatt Di.–Do. 14/15/16 Uhr, Nov.–Febr. nur 14 Uhr: 2 €.

Information

› **Tourismusverein Wesselburen,** Am Markt 5, 25764 Wesselburen, www.nordseebucht.de, Tel. 04833 4101, geöffnet: Okt.–Juni Mo.–Fr. 9–12.30 Uhr, Juli–Sept. Mo.–Fr. 14.30–16.30 Uhr

☐ *Tolle Sandburg am Strand von Büsum*

Nach nur wenigen Minuten Fahrt sollte man unbedingt im **Gartencafé in Süderdeich** eine Pause einlegen. Handgefilterter Kaffee und traumhafte Kuchen täglich frisch im bezaubernden Garten oder im Kaffeestübchen: so stellt man sich einen Urlaubsnachmittag vor.

Gastronomie

- **Gartencafé,** Hauptstr. 34–36, 25764 Süderdeich, GPS 54.20201, 8.91117, Tel. 04833 425999, geöffnet: Juni–Okt. tägl. 13–18 Uhr, Nov.–Mai Do.–Mo. 13–18 Uhr.

26 Deichtraum, Hedwigenkoog

GPS 54.17825, 8.81905

Gemütlicher, kleiner Platz in sehr schöner, ruhiger Lage, sehr freundliche Besitzer. WC, Spülbecken, Waschmaschine, Trockner, 300 m zum Strand. Da bei Druckabgabe noch nicht gesichert war, ob der Platz weitergeführt wird, bitte vorher anrufen. **Lage/Anfahrt:** hinter Süderdeich rechts Richtung Hedwigenkoog; **Platzanzahl:** 5; **Untergrund:** Wiese; **Service:** Strom, Trinkwasser; **Preise:** 12 €/Fahrz. inkl. Strom, Pers. 4 €, Hund 2 €; **Geöffnet:** Mai–Okt.; **Kontakt:** Westerkoog 13, 25761 Hedwigenkoog, Tel. 0160 97958082, www.deichtraum-hedwigenkoog.de

Auf der L156 erreicht man nach 5,5 km die B203 und fährt auf ihr nach Büsum.

BÜSUM

(21 km – km 42)

Biusne, Büsen, Busen oder Butzen – aus diesen historischen Namen entwickelte sich der heutige Ortsname des Nordseeheilbads Büsum. Bei seiner ersten urkundlichen Erwähnung 1114 war Büsum noch eine Insel, deren Südseite über Jahrhunderte durch Sturmfluten abgetragen wurde. Die Nordseite hingegen schloss sich durch Landzuwachs im 16. Jh. schließlich ans Festland an.

Von den Anfängen eines Fischerdorfs entwickelte es sich zu einem beliebten Urlaubsziel. Seit 1837 darf sich Büsum **Nordseebad** nennen. Neben der Fischerei ist der Tourismus heute die Haupteinnahmequelle der Bevölkerung. In Büsum ist immer was los! Das ganze Jahr über tummeln sich Touristenscharen am Hafen und in der Alleestraße. Unzählige Restaurants, Cafés und Eisdielen verwöhnen die Gäste mit Leckereien. Von 2013 bis 2015 wurde die gesamte Wasserkante im Rahmen einer Deichverstärkung neu ange-

legt. Im Zug dieser Maßnahmen gelang die Erneuerung des Grünstrands auf 3,5 km und die Verbreiterung der Flanierpromenade. Die Familienlagune mit Spielgeräten und einem gezeitenunabhängigen Sandstrand ist eine weitere Bereicherung für Badehungrige. Im **Watt'n Hus** gibt es neben Leseräumen und dem Wintergarten auch die **Indoor-Tobehalle Neeles Spielehafen** – eine überdachte Freizeitanlage mit Attraktionen, Spielgeräten und Bewegungsangeboten für Kinder bis 14 Jahre.

431wn-gg

27 Reisemobilstellplatz, Büsum

GPS 54.12902, 8.86902

Riesiger Platz in ausreichender und von April bis Oktober lauten Lage (Kartbahn in Hörweite), Anfahrt erst ab 14 Uhr, zentrumsnah, ohne Schatten. **Lage/Anfahrt:** den Schildern P4 folgen, ausgeschildert; **Platzanzahl:** 100; **Untergrund:** Wiese; **Service:** Strom, Trinkwasser (winterfest), Abwasser, Chemie-WC, WLAN; **Sicherheit:** beleuchtet; **Preise:** 13 €/Fahrz. inkl. 2 Pers., Strom, WLAN, Kurtaxe 1,50–3 €/Pers., Wasser 1 €/50 l; **Geöffnet:** ganzjährig; **Kontakt:** Dr.-Martin-Bahr-Str. 5, 25761 Büsum, www.wohnmobiluebernachtungsplatz.de

432wn-cn

28 Reisemobilhafen beim Camping Nordsee, Büsum

GPS 54.13877, 8.84333

Gepflegter Campingplatz in sehr schöner Lage an der herrlichen Lagune und mit guter Sanitärausstattung oder separate Stellplätze vor der Schranke, Brötchenservice, 800 m zum Zentrum, in der Saison Shuttlebus. Der Platz direkt nebenan (www.campingplatz-zur-perle.de) befindet sich unter derselben Leitung. **Lage/Anfahrt:** am Ortsanfang rechts Richtung Campingplätze fahren, ausgeschildert; **Platzanzahl:** 20; **Untergrund:** Wiese; **Service:** Strom, Trinkwasser, Abwasser, Chemie-WC, WLAN; **Sicherheit:** beleuchtet; **Preise:** Campingplatz 6,30–11 €/Fahrz., 6,50–7,50 €/Pers., Strom 2,70 €, Hund 4–4,50 €, Stellplatz 14,50–15,50 €/Fahrz. inkl. 2 Pers. und Hund, Strom 2,70 €, Kurtaxe 1,50–3 €; **Geöffnet:** Apr.–Mitte Okt. **Kontakt:** Dithmarscher Str. 41, 25761 Büsum, Tel. 04834 9621170, www.camping-nordsee.de

© 31wn-gg

Historische Gebäude sind außer dem denkmalgeschützten neobarocken Rathaus von 1914 und der alten **Fischerkirche St. Clemens** (Bronzetaufbecken aus dem 13. Jh.) kaum noch zu finden. Dagegen dümpeln im **Museumshafen** einige historische Schiffe wie der 1911 erbaute Segelkutter „Fahrewohl" und die „Rickmer Bock", ein 1944 in Dienst gestelltes Küstenrettungsboot der Deutschen Gesellschaft zur Rettung Schiffbrüchiger. Das Wahrzeichen Büsums ist der 25 m hohe **Leuchtturm** von 1913. Sein Leuchtfeuer ist 30 km weit zu sehen.

Sollte doch einmal „Schietwetter" sein, gibt es ja noch das Erlebnisbad und das **Phänomania.** Hier können auf 6000 m² Fläche Kinder und Erwachsene an interaktiven Mitmachstationen physikalische Phänomene und die Welt der menschlichen Sinne erforschen.

Eine geführte Wattwanderung ist ein unvergessliches Erlebnis

Erlebenswertes für die ganze Familie

- **Wattwanderungen mit der Schutzstation Wattenmeer,** Termine und Treffpunkt unter www.schutzstation-wattenmeer.de. Die Watt-, Familien-, Nacht-, Sonnenuntergangswanderungen und sehr interessante Vorträge geführt von kompetenten Naturschützern sollten ein Muss für den Urlauber an der Nordseeküste sein.
- **Erlebnisbad Piraten Meer,** Südstrand 9, Tel. 04834 909133, www.piraten-meer.de. Das Bad wird bis voraussichtlich Sommer 2021 renoviert. Infos zu den Öffnungszeiten und Preisen siehe Website. Es entstehen ein Außenbereich mit Meerblick, eine Loggia im Ruhebereich, ein Wintergarten mit Glasfronten zum Öffnen, eine Panoramasauna und eine Dachterrasse.
- **Phänomania,** Dr.-Martin-Bahr-Str. 7, 25761 Büsum, Tel. 04834 965517, www.phaenomania-buesum.de, geöffnet: 15. März–Okt. tägl. 10–18 Uhr, Eintritt: 9,50/6,50–8,50/30 €

Information

- **Kur- und Tourismus-Service Büsum,** Südstrand 11, 25761 Büsum, Tel. 04834 909114, www.buesum.

Routenübersicht S. 50

de, geöffnet: Apr.-Ende Okt. Mo.-Fr. 8-17, Sa./So. 10-16, Ende Okt.-März Mo.-Fr. 8-16, Sa./So. 10-14 Uhr

Einkaufen/Gastronomie

› **Möller – die Büsumer Fischerfamilie,** Am Fischereihafen 10, Tel. 04834 938080, www.fisch-moeller.de, geöffnet: tägl. 8-18 Uhr. Frischer und auf Buchenholz selbst geräucherter Fisch zum Mitnehmen und auch zum vor Ort zu verspeisen. Büsumer Krabben, die hier gepult wurden und nicht in Marokko.

Parken

P 13 **Parkplatz P4,** GPS 54.12973, 8.86695, Am Fischereihafen. Parken für Womos von 9-19 Uhr, gebührenpflichtig

P 14 **Parken Familienlagune,** GPS 54.14154, 8.84367, Dithmarscherstraße. Kostenloses Parken für Womos von 8-20 Uhr.

P 15 **Badeplatz Warwerort,** GPS 54.13435, 8.92338, 8-21 Uhr für Womos kostenlos. Schöner Badeplatz mit Grünstrand, 8 km außerhalb von Büsum.

Man verlässt Büsum mit dem Ziel Heide auf der B203. Nach 9 km sollte man den 4 km langen Umweg nach **Wöhrden** nicht scheuen. Das bereits 1281 erstmals urkundlich erwähnte Dorf war um 1375 ein nicht unbedeutender Hafenort. Im Zentrum steht auf der höchsten Wurt Dithmarschens, einem künstlich aufgeschütteten Hügel, die **Barockkirche St.-Nicolai** von 1786. In unmittelbarer Nähe entdeckt man das **Materialienhaus,** dessen Giebel und der tragende Holzbalken aus dem Jahre 1519 stammen und das somit das älteste bewohnte Haus Dithmarschens ist.

Im **Gasthof Oldenwöhrden** speist man ganz vorzüglich entweder in historischen Mauern, im Wintergarten oder im urwüchsigen Garten.

Gastronomie

› **Gasthof Oldenwöhrden,** Große Str. 17, Tel. 04839 95310, www.oldenwoehrden.de, geöffnet: Mo.-Fr. 17.30-21, Sa., So. 11.30-14 und 17.30-21 Uhr. In der vierten Generation werden hier Spezialitäten von Fisch und Lamm angeboten. Besonders im Herbst sollte man die typischen regionalen Kohlgerichte direkt vom historischen Kohleherd genießen. Ein echter Tipp!

Einkaufen

› **Wischmanns Hofladen,** 25746 Nordenwöhrden, Överwisch 8, an der B5 Richtung Heide, GPS 54.18414, 9.02079, www.wischmanns-hofladen.de, geöffnet: Mo.-Sa. 9-18, So. 10-17 Uhr. Gemüse, Obst, Wurstwaren u. v. m. aus eigener Produktion (eingelegtes Sauerfleisch unbedingt probieren).

Parken

P 16 **Parkplatz historischer Ortskern,** GPS 54.16483, 8.99551, Materialienstraße, 25797 Wöhrden

HEIDE

(20 km – km 62)

Den größten **Marktplatz** Deutschlands findet man in Heide. 4,7 Hektar sind schon eine beeindruckende Fläche, die natürlich am imposantesten am Samstagvormittag ist, wenn hier der traditionelle Wochenmarkt stattfindet. Regionales Gemüse, frischer Fisch, Blumen, Kleidungsstücke und Kunsthandwerk werden hier von 7-13 Uhr feilgeboten. Ebenfalls auf dem Marktplatz steht die **St.-Jürgen-Kirche.** Bereits um 1438 ist an dieser Stelle eine Kapelle erwähnt, die im 16. Jh. zur Kirche des an Bedeutung zunehmenden Marktfleckens erweitert wurde. 1559 ging das Gotteshaus mit einem großen Teil der Stadt in Flammen auf. Unter Zuhilfenahme noch erhaltener Mauerreste und Feldsteinwände wurde sie wieder aufgebaut und um 1611 mit dem hölzernen Renaissance-Turm vollendet.

Das **Stammhaus der Familie Brahms** steht in der Lüttenheide. Es war von 1819 bis 1887 im Besitz der Familie des großen Komponisten Johannes Brahms, er selbst lebte jedoch nie hier. Neben Brahmsporträts,

㉙ Wohnmobilstellplatz, Heide

GPS 54.20231, 9.11277

Im Kreis angelegte Stellplätze mit Rasenfläche. Ruhige Lage, 1,5 km ins Zentrum, Schwimmbad Dithmarscher Wasserwelt angrenzend, dort Dusche/WC gegen Gebühr. **Lage/Anfahrt:** auf der B203 durch Heide, nach der Stadtbrücke nach links Richtung Medienzentrum abbiegen, dann ausgeschildert; **Platzanzahl:** 16; **Untergrund:** Rasengitter; **Service:** Strom, Trinkwasser (winterfest), Chemie-WC; **Sicherheit:** beleuchtet; **Preise:** 7 €, Strom 0,50 €/kWh, Wasser 1 €/100 l, Entsorgung mit Eimer 1 €; **Geöffnet:** ganzjährig; **Kontakt:** Landvogt-Johannsen-Str. 59, 25746 Heide, Tel. 0481 2122160, www.heide-nordsee.de

Büsten und Fotodokumenten ist ein Klavier, auf dem Brahms und Clara Schumann zusammen gespielt haben, die Hauptattraktion des Museums.

Am Brahmshaus vorbei kommt man zur **Museumsinsel Lüttenheid.** Zwei Museen, das **Heider Heimatmuseum** und das **Klaus-Groth-Museum** sind hier nebeneinander entstanden. Im ersteren wird die Geschichte der Stadt Heide unter verschiedenen Aspekten von 1494 bis in die 1960er-Jahre dargestellt. Die eingerichteten Werkstätten eines Schuhmachers, Stellmachers und Tischlers geben Einblick in das Leben und Arbeiten um 1900. Im Obergeschoss ist eine kleine Schneiderstube mit historischen Kleidungsstücken untergebracht. Bei Grabungen am Markt wurde der älteste Kachelofen des Nordens gefunden, ein wunderschönes Ausstellungsstück, das aus kleinsten Bruchstücken rekonstruiert wurde.

Das **Klaus-Groth-Museum** ist dem niederdeutschen Dichter (1819–1899) in seinem Geburtshaus gewidmet. Neben einigen Zimmern mit Originaleinrichtung aus dem 19. Jh. findet man die umfangreiche Bibliothek, eine Musikaliensammlung und Handschriften des bedeutendsten niederdeutschen Lyrikers.

Sehenswertes

› **Brahmshaus,** Lüttenheid 34, Tel. 0481 63186, https://brahms-sh.de, geöffnet: April–Okt. Di.–Do. 11.30–15.30 Uhr, Fr. 11.30–13.30 Uhr, Sa. 13.30–15.30 Uhr, Eintritt: 2 €. Ausstellung über Brahms' norddeutsche Wurzeln

› **Museumsinsel Lüttenheid mit Heider Heimatmuseum und Klaus-Groth-Museum,** Lüttenheid 40, Tel. 0481 63742, geöffnet: Di.–Do./So. 11.30–17 Uhr, Fr. 11.30–14 Uhr, Sa. 14–17 Uhr, Eintritt: 2,50/1/4,50 €

Erlebenswertes für die ganze Familie

› **Dithmarscher Wasserwelt,** Landvogt-Johannsen-Str. 61, Tel. 0481 906300, www.dithmarscher-wasserwelt.de, geöffnet: siehe Website, Eintritt: 8/4 €, Sauna 14/10 €. Thermalsole-Hallenbad, Außenbecken, Sportbecken, Rutschen, Sauna.

Information

› **Tourist-Information,** Markt 28 im Alten Pastorat, 25746 Heide, Tel. 0481 2122160, www.echt-dithmarschen.de, geöffnet: Mo.–Fr. 9–17, Sa. 9.30–13.30 Uhr

Parken

P 17 **Parken auf dem Marktplatz,** GPS 54.19505, 9.09282, gebührenpflichtig, Sa. 6–13 Uhr Markt

Das geschnitzte Chorgitter im Meldorfer Dom

30 Gasthof Jägerstuben, Barkenholm

GPS 54.23543, 9.17418
Separate Plätze auf dem Parkplatz in schöner Lage, gutes Restaurant mit eigener Jagd und Metzgerei. Mi. Ruhetag. **Lage/Anfahrt:** Von Heide bis Süderheistedt, kurz danach rechts nach Barkenholm; **Platzanzahl:** 8; **Untergrund:** Rasengitter; **Service:** Strom, Trinkwasser; **Sicherheit:** beleuchtet; **Preise:** 5 € (bei Einkehr kostenlos), je 2 € für Strom und Wasser; **Geöffnet:** ganzjährig; **Kontakt:** Dorfstraße 28, 25791 Barkenholm, Tel. 04836 1426, www.jaegerstuben-barkenholm.de

Immer auf der B5 fahrend sind es 12 km von Heide nach Meldorf.

MELDORF

(12 km – km 74)

Schon von Weitem grüßt der alles überragende Dom von Meldorf den Besucher. Eigentlich ist er nur die **Pfarrkirche St. Johannis,** hat aber die Ausmaße und den Grundriss eines Domes. Ob Kirche oder Dom, auf jeden Fall ein imposantes Bauwerk, das hier zwischen 1250 und 1300 erbaut wurde. Die Außenfassade wurde nach einem Brand 1866 erneuert. Große, runde Kuppeln, zum Teil mit ausgezeichneten Fresken versehen, schmücken den gotischen Innenraum. Ein von den Rendsburgern Johann Peper und Thies Witt geschnitztes Chorgitter trennt den Altarraum ab. Der bronzene Taufkessel stammt aus dem 13. Jh. und ist wie eine Glocke gegossen worden. Sehenswert ist auch der teilweise filigran geschnitzte Altaraufsatz aus dem 16. Jh.

Um den großflächigen Markt gruppieren sich malerische Häuser, etwas versteckt in der Zingelstraße lohnt das **Arko-Gebäude** mit seiner schönen Fassade den kurzen Fußweg.

31 Action-Surf, Meldorf

GPS 54.09467, 8.95014
Stellplatz in schöner und ruhiger Lage an einem See, viele Surfer, Imbiss. Dusche/WC nur, wenn der Imbiss geöffnet ist. Unterlegkeile notwendig! Der Platz muss am Folgetag bis 10 Uhr verlassen werden. Unter derselben Leitung und zu denselben Bedingungen gibt es bei GPS 54.09360, 8.96041 einen weiteren Platz, wenn auch ohne Strom. **Lage/Anfahrt:** in Meldorf Richtung Büsum und nach 1,7 km links Richtung Speicherkoog abbiegen, wenn sich die Straße teilt, rechts halten, am Ende beim Imbiss ist der Stellplatz; **Platzanzahl:** 30; **Service:** Strom, Trinkwasser; **Preise:** 10 €/Fahrz., Strom 3 €, WC-Entsorgung 5 €; **Geöffnet:** Apr.-Okt.; **Kontakt:** Deichstraße 2, 25704 Meldorf, Tel. 04832 9519516, www.action-surf-meldorf.de

434wm-gg

Nicht weit vom Markt ist das **Dithmarscher Landesmuseum** zu finden. Hier gibt es viel zu sehen. Im Nordflügel wird die Geschichte des Landes vom Mittelalter bis ins Jahr 1867 thematisiert, u. a. die Besiedlung und die Bedeutung der Schifffahrt. Es gibt eine Textil- und Spielzeugsammlung und einige Folterwerkzeuge zu besichtigen. Der Südflügel ist nicht minder interessant. Hier findet man Zeugen der Zeit von 1867 bis heute. Ein Kolonialwarenhandel (1907), ein Fernsehzimmer, ein Frisörsalon, ein Schulzimmer von 1939, ein Operationssaal (1920) u. v. a. m. vermitteln, wie sich das Leben und Arbeiten zu dieser Zeit abspielte.

Direkt beim Parkplatz stößt man auf das **Schleswig-Holsteinische Landwirtschaftsmuseum** mit einem historischen Dithmarscher Bauernhaus und einem typischen Bauern- und Rosengarten. Im Museum sind landwirtschaftliche Geräte, so ein Dreschdampflokomobil von 1908, zu bestaunen.

Die Stiftung Mensch unterhält in Meldorf das **Café Neue Holländerei** und einige Werkstätten mit Laden. Man kann hier zusehen, wie auf historischen Handwebstühlen und in der Töpferei (im alten Pastorat von 1350) Menschen mit Behinderungen Kunstwerke fertigen.

Sehenswertes

- **St. Johannis-Kirche,** Nordermarkt, geöffnet: 9-17 Uhr
- **Dithmarscher Landesmuseum,** Bütjestr. 2-4, https://landesmuseum-dithmarschen.de, Tel. 04832 600060, geöffnet: Di.-Fr. 11-16.30 Uhr, So. 11-16 Uhr, Juli/Aug. auch Sa. 11-16 Uhr, Eintritt: 5/3/10 €. Sammlung zur Geschichte und Kultur der Region, Alltagskultur der letzten 100 Jahre.
- **Schleswig-Holsteinisches Landwirtschaftsmuseum,** Jungfernstieg 4, Tel. 04832 979390, www.landwirtschaftsmuseum-schleswig-holstein.de, geöffnet: Apr.-Okt. Di.-Fr. 10-16 Uhr, Sa./So. 11-16 Uhr, Nov.-März Di.-Fr. 10-16, So. 11-16 Uhr, Eintritt: 1 €

Information

- **Tourist & Service Center Meldorf,** Nordermarkt 10, 25704 Meldorf, Tel. 04832 97800, www.echt-

033wn-sf, Seehundstation Friedrichskoog e. V.

dithmarschen.de, geöffnet: Juli–Aug. Mo.–Fr. 9–18 Uhr, Sa. 10–13 Uhr, Sept.–Juni Mo.–Fr. 9–12 und 14–17 Uhr

Gastronomie

› **Café Bistro Neue Holländerei,** Jungfernstieg 4, Tel. 04832 999771, geöffnet: Mi., Fr. 8.30–16, Do. 8.30–18, So. 13.30–16.30 Uhr. Freundliche Bedienung serviert Frühstück, Snacks und Kuchen.

› **Zur Linde,** Südermarkt 1, Tel. 04832 95950, www.linde-meldorf.de, geöffnet: 12–14 und 17–21 Uhr. Sehr gute regionale Küche wie Mehlbeutel und Kohlgerichte, auch auf der Terrasse am Markt.

Einkaufen

› **Werkstattladen der Stiftung Mensch,** Papenstr. 2, Tel. 04832 999660, geöffnet: Mo.–Do. 8–16 Uhr, Fr. 8–18 Uhr, Sa. 10–13 Uhr. Vogelhäuschen, Dekoartikel aus Ton, Tassen, Schüsseln, Teller und Taschen.

Parken

P 18 **Parkplatz P 1,** GPS 54.09107, 9.06790, Jungfernstieg 4, 6–22 Uhr. Keine Übernachtung.

P 19 **Kampstraße,** GPS 54.09154, 9.07688. Ausgewiesene Plätze für Womos, hier kann man offiziell übernachten in ausreichender und lauter Lage. Keine VE!

Wieder auf der B5 fährt man bis Helse, um dort auf die landschaftlich schöne Strecke nach Friedrichskoog abzubiegen.

FRIEDRICHSKOOG

(23 km – km 97)

Friedrichskoog ist ein wahrer Geheimtipp, den man eigentlich am liebsten für sich behalten würde. Was macht das Besondere an Friedrichskoog aus? Da sind zuallererst die Menschen zu nennen: freundlich, entgegenkommend, aufgeschlossen. Dann die beeindruckende Seehundaufzuchtstation, die Stellplätze 32 und 33 in schöner Lage, der breite Grünstrand, der Hundestrand – an dem der treue Begleiter auch wirklich gern gesehen ist –, die gute Fischgastronomie, die vielen interessanten Künstler, die sich hier angesiedelt haben, die zahlreichen engagierten Mitarbeiter der Touristeninformation, die Spökenkieker-Tage („Spökenkieker“ ist niederdeutsch für „Spuk-Gucker“; das sind

Lilli, eine selbstbewusste Seehunddame, in der Seehundstation von Friedrichskoog

Menschen, die in Zukunft sehen und schaurig-schöne Geschichten erzählen können), die Ruhe und und und ... Friedrichskoog ist einfach liebenswert.

Hauptattraktion von Friedrichskoog ist die **Seehundstation.** Seehunde und Kegelrobben können von den Besuchern in den Becken und durch Glasscheiben auch unter Wasser beobachtet werden. Die täglichen Fütterungen der Dauerhaltungstiere sind ein großer Anziehungspunkt für Jung und Alt. Dabei erfährt man viel über die Biologie der Tiere und die Aufgaben der Station. Sie ist die einzige autorisierte Station in Schleswig-Holstein zur Aufzucht von verlassenen und erkrankten Robben. Die sogenannten Heuler sind Jungtiere, die während der Säugezeit den Kontakt zu ihrer Mutter verloren haben. Der Aufzuchtbereich ist für die Besucher nur über Videokameras, die Fenster des Informationsgebäudes und den 17 m hohen Aussichtsturm einzusehen. Im Untergeschoss des Informationsgebäudes finden Erwachsene und Kinder Erklärungen zu den Robben in der ganzen Welt, spielerisch unterhaltsam aufbereitet.

Trotz heftiger Proteste der Bevölkerung wurde im Mai 2015 durch das Verwaltungsgericht die **Schließung des Hafens** von Friedrichskoog bestätigt. Die Argumente der Landesregierung (zu geringe Auslastung und zu hohe Kosten) wogen mehr als die nun verloren gegangenen Arbeitsplätze, die Tradition und der Wert, den der Hafen für den Tourismus darstellte. Da mehr Sediment durch die Flut ins Hafenbecken eingespült wurde, als bei Ebbe wieder abfloss, mussten jährlich 100.000 Kubikmeter Sand ausgebaggert werden, ein Kostenfaktor von 350.000 €, der leider gegen den kleinen idyllischen Hafen sprach. Zur Entwässerung des Hinterlandes soll hier ein Schöpfwerk gebaut werden. Um die Attraktivität des Areals bei Einheimischen und Besuchern zu fördern, ist hier ein „Erlebnishafen“ geplant.

Ob Familien-, Hunde-, FKK- oder Ruhestrand: in Friedrichskoog kann man ganz nach den eigenen Bedürfnissen wählen

192wn-gg

Von Seehunden und Kegelrobben

Robben sind Meeressäugetiere, die lange und tief tauchen können und sich häuptsächlich von Fisch ernähren. Robben unterteilen sich in drei Familien, in die Hunds- und die Ohrenrobben und die Walrosse. Die in der Nordsee heimischen Seehunde und Kegelrobben gehören zur Familie der Hundsrobben.

Seehunde können bis zu 30 Min. und bis zu 480 m tief tauchen. Mit ihren Barthaaren nehmen sie unter Wasser die kleinsten Bewegungen wahr und lokalisieren so ihre Beute. Sie werden ca. 12 Jahre alt, in Gefangenschaft können sie das 40. Lebensjahr erreichen. Männliche Tiere sind ca. 1,60 m lang und 150 kg schwer, weibliche ca. 1,40 m und 100 kg.

Die Jungtiere der Seehunde werden überwiegend im Juni auf abgelegenen Sandbänken geboren. Sie wiegen 7–10 kg, sind ca. 80 cm groß und haben ein kurzes, Wasser abweisendes Fell. Sie folgen bereits bei der nächsten Flut ihrer Mutter ins Meer. Die Muttermilch der Seehunde hat 45 % Fett und so verdreifachen die Jungtiere in nur vier Wochen ihr Geburtsgewicht. Dieses Fettpolster reicht, bis sie gut selbstständig fischen können.

Kegelrobben erkennt man am großen, langgezogenen Kopf. Die Zähne sind kegelförmig und geben dieser Art ihren Namen. Männliche Kegelrobben werden bis zu 2,30 m lang, knapp 300 kg schwer und ca. 25 Jahre alt, Weibchen erreichen eine Länge von 1,90 m, wiegen bis zu 150 kg und werden bis zu 35 Jahre alt. Weibliche Tiere haben ein helles Fell mit dunklen Flecken, Männchen ein dunkles mit hellen Tupfen.

Kegelrobben waren einst die häufigste Robbenart im Wattenmeer, wurden allerdings vom Menschen beinahe ausgerottet. Erst im Schutz von Naturparks konnte sich ihre Population wieder vergrößern.

Geboren werden Kegelrobben zwischen Ende November und Ende Januar, sie wiegen bei der Geburt 10–15 kg und haben ein flauschiges, weißes Fell. Die Jungtiere können zwar schwimmen, meiden jedoch das kalte Nordseewasser. Ihr Embryonalfell würde sich mit Wasser vollsaugen und keinen ausreichenden Kälteschutz bieten. Deshalb lassen ihre Mütter sie häufig alleine am Strand oder in den Dünen zurück und gehen fischen. Die Muttermilch der Kegelrobben ist besonders fettreich (53 %), sodass die Jungtiere nach drei Wochen bereits 50 kg wiegen können. Nach 3 bis 6 Wochen verlieren sie ihr Babyfell und werden selbstständig.

Heuler sind Jungtiere, die von ihrer Mutter während der Säugezeit durch Störung oder Krankheit getrennt wurden. Ob dies der Fall ist, kann nur ein Fachmann beurteilen. Deshalb: Hände weg von Heulern, Hunde fernhalten und die Seehundstationen benachrichtigen!

035wn-sf, Seehundstation Friedrichskoog e. V.

Die Menschen von Friedrichskoog sind sehr bemüht, ihren Gästen immer wieder etwas zu bieten. So finden in der Saison regelmäßig **Livemusikabende** statt.

Zu unterhaltsamen **Literaturabenden** mit Lesungen zu den unterschiedlichsten Themen trifft man sich im Nordseezimmer in Friedrichskoog-Spitze. Informationen dazu gibt es beim Tourismus-Service.

Zudem haben einige sehr interessante **Künstler** ihre Ateliers in Friedrichskoog. Dieter Kruse beispielsweise malt Aquarelle auf Seekarten: eine bleibende Erinnerung an einen schönen Urlaub (www.dieter-kruse-leuchttuerme.de).

Sabine Krüper, Malerin und Buchillustratorin, hat ihr Atelier im Süderdeich 70c und die Irin Dora Maria Hennings-Huep zeigt ihre Werke im Glashaus Friesenring 25. Wer sich dafür interessiert, erfährt mehr bei der Touristeninformation.

Erlebenswertes für die ganze Familie

› **Seehundstation Friedrichskoog,** An der Seeschleuse 4 (Parken bei GPS 54.00116, 8.87670), www.seehundstation-friedrichskoog.de, Tel. 04854 1372. Für Kinder und Naturfreunde ein unbedingtes Muss. Informativ und lehrreich mit vielen Spielmöglichkeiten für Kinder, Unterwasserfenster, Heuleraufzucht. Seit Anfang 2020 wird die gesamte Station aus- und umgebaut. Es sind daher nur Teilbereiche geöffnet. Die Versorgung der Robben und Aufzucht der Jungtiere ist nicht beeinträchtigt. Aktuelle Infos und Öffnungszeiten finden sich auf der Website.

› **Schutzstation Wattenmeer,** Süderdeich 31, 25718 Friedrichskoog, Tel. 04854 9298. Ganzjährig finden sehr informative Wattwanderungen, Geschichten-am-Deich-Wanderungen, Nachtwanderungen u. v. m. statt. Termine erfährt man in der Touristeninformation.

Information

› **Tourismus-Service Friedrichskoog,** Koogstr. 141, 25718 Friedrichskoog, Tel. 04854 904940, www.friedrichskoog.de, geöffnet: Mo.-Fr. 9-17 Uhr, Ostern-Okt. auch Sa. 10-13 und 15-17 Uhr, So. 10-16 Uhr

Gastronomie

› **Deichbär,** Koogstr. 142, Tel. 04854 305, www.deichbaer.de, geöffnet: April-Okt. Mi.-Mo. 11.30-21, Okt.-Apr. Mo., Mi.-Sa. 17-22, So. 11-22 Uhr Empfehlenswertes Restaurant, Café und Backstube mit Sonnenterrasse.

› **Café Küstenperle,** Hafenstr. 112, GPS 54.00785, 8.88299, Tel. 04854 9099330, www.cafe-kues

32 Wohnmobilstellplatz Friedrichskoog-Spitze

GPS 54.03272, 8.84799

Stellplatz in sehr schöner und ruhiger Lage, 200 m zum Deich. Abschüssig, bei Nässe rutschig. **Lage/Anfahrt:** in Friedrichskoog 4 km Richtung Friedrichskoog-Spitze fahren, dort am Ortsschild rechts in die Nordseestraße abbiegen, Platz nach 400 m links; **Platzanzahl:** 20; **Untergrund:** Wiese; **Service:** Trinkwasser, Abwasser, Chemie-WC; **Preise:** März-Okt. 10 € inkl. Wasser, Nov.-Febr. kostenlos ohne VE; **Geöffnet:** frei zugänglich; **Kontakt:** Nordseestraße 998, 25718 Friedrichskoog. Bezahlung nur mit Münzen oder über App.

435wn-gg

tenperle.de, geöffnet: Mi.–Fr. 14–17, Sa. 9–12 und 14–17, So. 9–12 und 14–17 Uhr. In dieser gemütlichen Kaffeestube gibt es hausgemachte Schleckereien, am Wochenende nach Voranmeldung auch Frühstück.

› **Eiscafé EisBlume,** Nordseestr. 25, 25709 Marnerdeich, geöffnet: Di.–So. 11–18 Uhr. Das Eiscafé bietet eigene Kreationen wie Hüftgold, Nordseewelle und Flower Power.

Parken

P 20 Parkplatz am Hafen, GPS 54.00493, 8.88393, Womos 8–22 Uhr. Hier auch unbedingt für einen Besuch der Seehundstation parken.

33 Camping am Nordseedeich, Friedrichskoog Neufeld

GPS 54.02257, 8.85129

Kleiner, familärer Platz unter Bäumen in sehr schöner, ruhiger Lage. Gepflegter Sanitärbereich, Brötchenservice, hunde- und kinderfreundlich, 1,5 km zum Strand. **Lage/Anfahrt:** zwischen Friedrichskoog und Spitze ausgeschildert; **Platzanzahl:** 30; **Untergrund:** Wiese; **Service:** Strom, Trinkwasser, Chemie-WC, WLAN; **Preise:** 5–6,50 €/Fahrz., 3 €/Pers., Nebenkosten 1 €, Strom 3 €, Hund 1,50 €, Kurtaxe 1,70–2,50 €; **Geöffnet:** ganzjährig; **Kontakt:** Süderdeich 4, 25718 Friedrichskoog, Tel. 04854 9045819, www.camping-am-nordseedeich.de

Von Friedrichskoog fährt man entweder auf bekannter Strecke zurück zur B5 und dann nach Marne (12 km) oder 14,5 km auf schöner Strecke auf der schmalen L177 nach Dieksanderkoog und Marnerdeich (Stopp in der EisBlume) direkt nach Marne.

Voll im Wind – Draisinefahrt in Marne

MARNE

(12 km – km 109)

Auf einer Wurt im Mittelpunkt von Marne (13.500 Einwohner) steht die nach frühgotischem Vorbild 1906 erbaute **Maria-Magdalenen-Kirche.** Zusammen mit dem Rathaus von 1914 bildet sie ein hübsches Ensemble. Etwas unterhalb, am Markt 5, lohnt sich ein Blick auf die reich geschmückte Sonnen-Apotheke.

Auf eine 10 Kilometer lange, lustige Reise kann man mit einer **Draisine** vom Bahnhof aus nach Michaelisdonn gehen. Damit das Treten leichter fällt, wird das Schienenfahrrad durch ein Stecksegel unterstützt. Hoffentlich weht dann aber der Wind aus der richtigen Richtung!

Erlebenswertes für die ganze Familie

› **Marschenbahn-Draisine,** Bahnhofstraße 26, www.marschenbahn-draisine.de, GPS 53.95406, 9.01975, Tel. 04851 957686, Abfahrtszeiten: Mai–September tägl. 11.30 und 14.30 Uhr, Draisine bis vier Personen 38 €, Familie mit zwei bis drei Kindern 33 € pro Draisine. Die Preise gelten jeweils für die Hin- und Rückfahrt, eine telefonische Reservierung ist empfehlenswert.

12 km geht es auf der B5 in schneller Fahrt nach Brunsbüttel. Wer aber einen schönen Stellplatz mit einem guten Restaurant in der Nähe sucht, muss unbedingt noch nach **Neufeld** fahren. Das heute 590 Einwohner zählende Örtchen entstand erst durch die Eindeichung. Auf dem Meer abgerungenem Marschboden gedeihen Weizen und Kohl. Im zwei Kilometer entfernten **Marner Neuenkoogsdeich** steht die sehenswerte Holländer-Windmühle Immanuel von 1845.

Gastronomie

› **Restaurant Op'n Diek,** 25724 Neufeld, Tel. 04851 1840, www.restaurant-opndiek.de, geöffnet: Di.–So. 11–23 Uhr. Spezialität sind verschiedene Aalgerichte.

Einkaufen

› **Gemüsehof-Peters,** Niendieker Strot 47, 25724 Neufeld, Tel. 04851 551, geöffnet: April–Okt. Mo.–Sa. 8–18 Uhr, So. 10–18 Uhr, Nov.–März Mo.–Fr. 8–18 Uhr, Sa./So.10–18 Uhr. Gemüse und Kartoffeln aus eigener Produktion.

› **Schäferei Bährs,** Neufelderkoog 25, 25724 Neufelderkoog, Tel. 04856 530, www.hof-baehrs.de, geöffnet Do.–Fr. 10–18, Sa. 10–16 Uhr. Herrliches Salzwiesenlamm direkt vom Erzeuger.

34 Am Helmschen Bach, Quickborn/Burg

GPS 54.01134, 9.21774

Wiesenplatz bei einem Privathaus mit kleinem Teich und Bachlauf. Sehr freundliche und familäre Aufnahme. **Platzanzahl:** 5; **Untergrund:** Wiese; **Service:** 2 Stromanschlüsse, Trinkwasser; **Sicherheit:** umzäunt, bewacht; **Preise:** 6,50 €/Fahrz., Strom 0,50 €/kWh; **Geöffnet:** April–Sept., März/Okt. je nach Witterung auf Anfrage; **Kontakt:** Brigitte Kaiser, Hauptstr. 2, 25712 Quickborn/Burg, Tel. 04825 7134, kaiser.brigitte123@yahoo.de

436wm-gg

437wn-gg

35 Naturhafen, Neufeld

GPS 53.90644, 9.01953

Platz in sehr schöner und ruhiger Lage am Naturhafen des Sportboot-Clubs. WC, Duschen, Restaurant in der Nähe. **Lage/Anfahrt:** in Neufeld hinauf zum Deich, dann rechts zum Platz; **Platzanzahl:** 30; **Untergrund:** Rasengitter/Wiese; **Service:** Strom, Trinkwasser, WC nur ohne Chemie; **Preise:** 10 € alles inkl., Hund 2 €; **Geöffnet:** März–Okt., andere Zeit kostenlos ohne VE, Strom nur auf den befestigten Plätzen beim Haus; **Kontakt:** Rolf Hom, An'n Hoven, 25724 Neufeld, Tel. 0152 24813871

BRUNSBÜTTEL

(12 km – km 121)

Nach Brunsbüttel kommt man zum „Pötte kieken" und das kann man sehr gut an der **Schleuse.** Von zwei Besucherplattformen ist der Schleusvorgang gut zu überblicken.

Der **Nord-Ostsee-Kanal** führt von Brunsbüttel über Rendsburg nach Kiel. Damit im Kanal der Wasserstand immer gleich hoch ist, sind in Brunsbüttel und Kiel Schleusen eingebaut worden. Zwei Doppelschleusen mit je zwei völlig unabhängig voneinander betriebenen Schleusenkammern bewältigen das hohe Schiffsaufkommen kaum noch. Da inzwischen dringende Reparaturen anstehen, müssen sie immer wieder gesperrt werden. Um die Einschränkungen zu verringern, soll als Bypass zwischen den beiden Schleusen eine fünfte Kammer entstehen. Dadurch kann gewährleistet werden, dass auf der meistbefahrenen künstlichen Wasserstraße der Welt die großen „Pötte" ohne Wartezeit durchfahren können.

1895 eröffnete Kaiser Wilhelm II. den Nord-Ostsee-Kanal. Seinerzeit hatte der Kanal eine Breite von 66 m und eine Tiefe von 9 m. 1907–1914 wurde er auf 102 m Breite und 11 m Tiefe ausgebaut. Die zweite Erweiterung erfolgte in den 1960er-Jahren und zwar auf 162 m Breite. Die Maximalwerte für Schiffe, die den Nord-Ostsee-Kanal passieren dürfen, sind: 9,50 m Tiefgang, Länge 235 m, Breite 32,50 m. Auf dem Nord-Ostsee-Kanal besteht Lotsenpflicht, damit alles reibungslos verläuft. Für Fußgänger, Radfahrer und Autos sind 16 verschiedene Fähren entlang des Kanals eingerichtet worden.

Ungefähr zwei Kilometer von den Schleusen entfernt liegt das Marktgeviert. Nachdem Mitte des 17. Jh. die Elbe das alte Dorf zu überfluten drohte, verlegten die Bewohner es hierher. Rund um die Jakobskirche stehen noch einige historische Gebäude wie das alte Pastorat.

Information

- **Tourist-Info Brunsbüttel,** Gustav-Meyer-Platz 2, 25541 Brunsbüttel, Tel. 04852 391186, www.brunsbuettel.de, geöffnet: Mo.–Fr. 10–17 Uhr, Juli/Aug. auch Sa./So. 11–15 Uhr

Große Pötte hautnah an der Schleuse von Brunsbüttel erleben

36 Am Freizeitbad, Brunsbüttel

GPS 53.89956, 9.13237

Platz in guter, zentraler Lage beim Freizeitbad, Schleusen ca. 1 km entfernt. Es kommt manchmal zu Lärmbelästigung durch Jugendliche. **Lage/Anfahrt:** von der B5 Richtung Zentrum und dann den Schildern Freizeitbad folgen; **Platzanzahl:** 50; **Untergrund:** Wiese, Asphalt; **Service:** Strom (6 Anschlüsse), Trinkwasser, Abwasser, Chemie-WC; **Preise:** 8 €/Fahrz., Strom 1 €/2 kWh, Wasser 2 €/100 l; **Geöffnet:** frei zugänglich; **Kontakt:** Am Freizeitbad, 25541 Brunsbüttel

438wn-gg

Sehenswertes

- **Schleusen-Museum Atrium,** Gustav-Meyer-Platz, hinter der Tourist-Info, geöffnet: Mitte März–Okt. tägl. 10.30–17 Uhr, Eintritt: 3/1 €
- **Schleusenführung,** Zeiten und Informationen zu den Führungen finden sich online unter www.schleuseninfo.de.

Erlebenswertes für die ganze Familie

- **Freizeitbad Brunsbüttel,** Am Freizeitbad 2, Tel. 04852 940450, www.freizeitbad-brunsbuettel.de, geöffnet: Di., Do., Fr. 6–11 und 14–21, Mi. 6–9, Sa. 6–11 und 14–18, So. 9–12 und 14–18 Uhr, Sauna Fr. 14–21, So. 14–18 Uhr, Di. 14–21 Uhr Damensauna, Eintritt: 5/2,80/13 €, Sauna 15,50 €

037wn-gg

Mit dem Fahrrad von Brunsbüttel nach Burg

Länge: *ca. 40 km*
Start: *Wohnmobilstellplatz Brunsbüttel* 36
Charakter: *Ozeanriesen hautnah, ein Luftkurort und Moorgebiete.*

Vom Stellplatz führt die landschaftlich reizvolle und interessante Rundfahrt zunächst über die Koogstraße bis zur Schleuse. Dort hält man sich links bis zum Fähranleger Brunsbüttel. Jetzt geht es weiter über die Ostermoorerstraße bis zur Fähre Ostermoor. Auf dieser Strecke passiert man den Ölhafen von Brunsbüttel. Ab dem Fähranleger hat man die Stadt hinter sich und radelt direkt am Ufer des ***Nord-Ostsee-Kanals*** *im Grünen bis zur* ***Fähre Kudensee.*** *Unterwegs unterquert man eine Eisenbrücke, auf der die Bundesstraße 5 in 40 m Höhe den Kanal kreuzt. Nun kann man seinen Waden ein paar Minuten Ruhe gönnen, denn jetzt geht es via kostenloser Fähre hinüber ans andere Ufer. Wieder festen Boden unter den Rädern, lenkt man nach links und rollt am rechten Kanalufer auf dem Radweg Nr. 37 5 km bis zum* ***Fähranleger Burg.*** *Unterwegs begegnen einem Ozeanriesen aus der ganzen Welt. Wer Lust hat, kann mit ihnen am Ufer ein Wettrennen veranstalten. Mit der Fähre Burg gelangt man nun wiederum zum Nulltarif ans linke Ufer. Links in die Hafenstraße weist ein Schild ins 2,5 km entfernte* ***Burg.*** *Eine schmale, landschaftlich schöne Allee führt auf Burg zu. Für die Gegend unerwartet steigt der Weg zum Ortszentrum zwar kurz, aber heftig an. Burg ragt an seiner höchsten Stelle immerhin 65 m über das flache Land. Ein hübscher, freundlicher Luftkurort mit einem fotogenen Marktplatz und ein Stadtpark mit seltenen Bäumen und „Dat lütte Café" (die gute Adresse für Kuchen und Torten in der Krenzerstr. 1) laden zu einer längeren Pause ein. Zurück geht es auf derselben Strecke, diesmal flott bergab. Am Ortsende fährt man dann allerdings nach rechts, der Beschilderung nach* ***Buchholz*** *folgend. Bereits nach wenigen Minuten biegt man nach links Richtung Buchholzer Moor ab. Eine wunderschöne Moorlandschaft mit Viehweiden, kleinen Kanälen und einigen verstreuten Bauernhöfen begleitet den Radfahrer. Bald stößt man auf die Anlegestelle der Firma* ***Dithmarscher Kahnfahrten.*** *Hier führt die Radtour nach links zum Fähranleger Kudensee. Nach 4 km gelangt man an den Deich des Nord-Ostsee-Kanals. Vorsicht! Nicht dem nach rechts schwenkenden Weg weiter folgen (er endet nach einigen hundert Metern), sondern hier nach links fahren (ohne Beschilderung). Nach 20 m geht ein schmaler Pfad rechts durch den Deich vor bis zum Kanal. Am Kanal radelt man nach rechts bis zur Fähre Kudensee. Hier schließt sich der Kreis der lohnenswerten Rundtour und man folgt bereits bekannten Wegen zurück nach Brunsbüttel.*

Mit dem Fahrrad entlang des Nord-Ostsee-Kanals

ROUTE 4

DIE FREIE UND HANSESTADT HAMBURG UND IHRE KLEINE SCHWESTER GLÜCKSTADT

041wn-gg

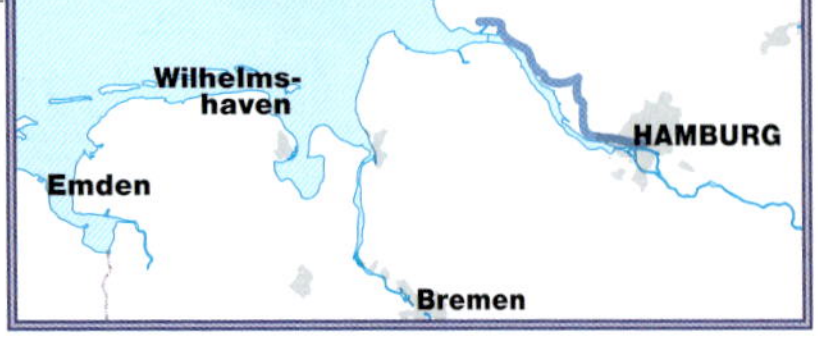

Vorseite: An den Landungsbrücken in Hamburg (s. S. 80) trifft Moderne auf Tradition

Strecke:

Brunsbüttel (s. S. 66) – **Glückstadt** (33 km, s. S. 74) – **Hamburg** (66 km, s. S. 80)

Streckenlänge:

ca. 99 km

536wn-gg

ROUTENÜBERSICHT

In Hamburg sind die Nächte lang ... so sang früher der blonde Hans von der Reeperbahn und daran hat sich nichts geändert. Das Vergnügungsviertel St. Pauli hat diese gewisse Verruchtheit, die die Touristen in Scharen anlockt. Da ist keine Rede von vornehmer Zurückhaltung, die sonst den Hanseaten nachgesagt wird. Beinahe protzig geschmückt kommt das Rathaus daher, hier zeigt sich hanseatischer Bürgerstolz. 647 Räume, teilweise prächtig ausgestattet, zeugen vom Wohlstand der Hanseaten. Von der Aussichtsplattform des Michels, dem Wahrzeichen der Stadt, liegt dem Besucher ganz Hamburg zu Füßen. In der Speicherstadt und dem Kontorviertel lebt auch heute noch etwas von der alten Hansezeit weiter. In den mächtigen Backsteinspeichern entlang der Kanäle logieren heute einige sehr interessante Museen. Besonders das Miniatur Wunderland, eine riesige, bis ins kleinste Detail ausgearbeitete Modellanlage, begeistert. Eine Hafenrundfahrt oder eine Fährfahrt nach Finkenwerder runden den Hamburgbesuch ab. Eigentlich sollte Glückstadt an der Unterelbe dem Ehrgeiz ihres Gründers nach Hamburg in den Schatten stellen. Das ist zwar nicht gelungen, dafür hat das Renaissancestädtchen einen gemütlichen Charme, dem man gerne erliegt.

Im Hamburger Hafen ist so einiges los (s. S. 80)

Man verlässt Brunsbüttel (Endpunkt von Route 3, s. S. 66) auf der B5 und hat von der 40 m hohen Straßenbrücke einen wunderschönen, weiten Blick auf den Nord-Ostsee-Kanal. 6 km sind es bis zum Abzweig auf die B431, die entlang der Elbe über Brokdorf nach Glückstadt führt.

Brokdorf? Da war doch was? **Brokdorf** ist in ganz Deutschland bekannt durch sein Atomkraftwerk und die damit verbundenen, teilweise gewalttätigen Demonstrationen. Heute ist Ruhe eingekehrt und Wohnmobilisten können auf zwei sehr unterschiedlichen Plätzen übernachten. Der eine (37) liegt zentral direkt hinter dem Deich, der andere (39) ruhig auf einem Bauernhof mit Familienanschluss im Marschland.

Gastronomie

› **Restaurant Elbblick,** Dorfstr. 65, 25576 Brokdorf, Tel. 04829 9000, www.elbblick-brokdorf-hotel-sell.de, geöffnet: Mi.–So. 11–22 Uhr. Hier speist man mit traumhaftem Blick auf die Elbe. Reichhaltige Auswahl von saisonalen Gerichten.

› **Kaffeestuuv in de Hörn,** Osterende 2, Tel. 04829 9026296, geöffnet: Mai–Sept. Mi.–So. 14–18 Uhr, Okt.–April Fr.–So. 14–18 Uhr. Leckeres zur Kaffeestunde.

Traumstrand an der Elbe

042wn-gg

37 Wohnmobilstellplatz Elbblick, Brokdorf

GPS 53.86425, 9.31705

Platz direkt hinter dem Elbdeich in schöner und ruhiger Lage. An den Wochenenden gut besucht. WC, Dusche. **Lage/Anfahrt:** in Brokdorf bis zum Deich fahren, dann ausgeschildert; **Platzanzahl:** 35; **Untergrund:** Rasengitter; **Sicherheit:** beleuchtet; **Service:** Strom, Trinkwasser (winterfest), Abwasser, Chemie-WC; **Preise:** 10 €, 2 Tage 15 €, 3 Tage 20 €, Nov.-Febr. 5 € ohne Dusche und WC, Strom 1 €/2 kWh, Wasser 1 €/70 l, Chemie-WC 1 €, Dusche 1 €; **Geöffnet:** frei zugänglich; **Kontakt:** Bürgermeisterin Göttsche, Dorfstr. 53, 25576 Brokdorf, Tel. 04858 418

053wn-gg

38 Fährhaus, Hodorf

GPS 53.89625, 9.43385

Privater Platz in idyllischer und ruhiger Lage an der Stör. Badeteich, WC, Dusche, Brötchenservice, Grill, Feuerschalen, geführte Fahrradtouren, Kanutouren auf Anfrage. **Lage/Anfahrt:** Von der B431 nach der Überquerung der Stör links und über Borsfleth in 12 km zum Platz; **Untergrund:** Wiese; **Service:** Strom, Trinkwasser, Abwasser, Chemie-WC; **Preise:** 22 €/Fahrz. inkl. 2 Pers., Strom 3 €, Hund 2 €; **Geöffnet:** April-Okt.; **Kontakt:** Dorfstr. 14, 25569 Hochdorf, Tel. 015209403445, www.faehrhaus-hodorf.de

439wn-as

39 Stellplatz Hink, Brokdorf

GPS 53.87729, 9.32248

Familiär geführter Platz in schöner, ruhiger Lage zwischen Feldern. WC. Hunde und Kinder willkommen. **Lage/Anfahrt:** Am Ortsende von Brokdorf Richtung Wilster fahren, nächste Straße links; **Platzanzahl:** 4; **Untergrund:** Wiese; **Service:** Strom, Trinkwasser, Abwasser, Chemie-WC; **Preise:** 10 €/Fahrz., Strom 0,50 €/kWh; **Geöffnet:** ganzjährig; **Kontakt:** R. Hink, Siethwende 14, 25576 Brokdorf, Tel. 0171 3403060

Hinter Brokdorf folgt man bis Glückstadt immer dem Verlauf der Elbe und passiert dabei unterwegs das Störsperrwerk, eine kleinere Ausgabe des Eidersperrwerks.

Parken

P 21 **Störsperrwerk,** GPS 53.82700, 9.39928

GLÜCKSTADT

(33 km – km 33)

Nomen est omen – in dieser schmucken, 12.000 Einwohner zählenden Kleinstadt an der Unterelbe fühlt man sich einfach glücklich. 1617 legte Christian IV. von Dänemark den Grundstein für eine Stadt, die eine mächtige und prachtvolle Konkurrenz zu Hamburg werden sollte. Er tat es mit den Worten: „Dat schall glücken und dat mutt glücken und dann schall se ok Glückstadt heten“. Nach dem Vorbild italienischer Renaissancestädte verlaufen die Hauptstraßen sternförmig vom malerischen Marktplatz zu den Wallanlagen.

Zu einem Besichtigungsrundgang geht man vom Wohnmobilstellplatz (40) aus durch die Schleuse und folgt der Straße Am Hafen entlang des Binnenhafens. Die Glückstädter geben ihr den Superlativ, bedeutendste Uferstraße Norddeutschlands zu sein. Die gesamte Häuserzeile steht unter Denkmalschutz. Bei Hausnummer 63 stößt man auf das ehemalige **Königliche Brückenhaus,** heute in Privatbesitz. Kurz darauf kommt der **Alte Salzspeicher** am Kai des Binnenhafens ins Blickfeld. Der Speicher diente bis 1976 den Glückstädter Heringsfischern zum Lagern von Salz. Vorbei an der prachtvollen Fassade der **Königlichen Apotheke** kommt man zu einem Speichergebäude, an dessen Stelle das erste Haus Christans IV. stand, bevor er 1633 sein neu erbautes Schloss am Außenhafen beziehen konnte.

Hier wendet man sich nach links und erreicht in Kürze den großzügigen **Marktplatz** mit dem imposanten **Rathaus.** Der ursprüngliche Rathausbau aus der Mitte des 17. Jahrhundert musste wegen eines mangelhaften Fundaments wieder abgerissen werden. Die Fassade des Neubaus aus den Jahren 1873/74 wurde dem ehemaligen Gebäude

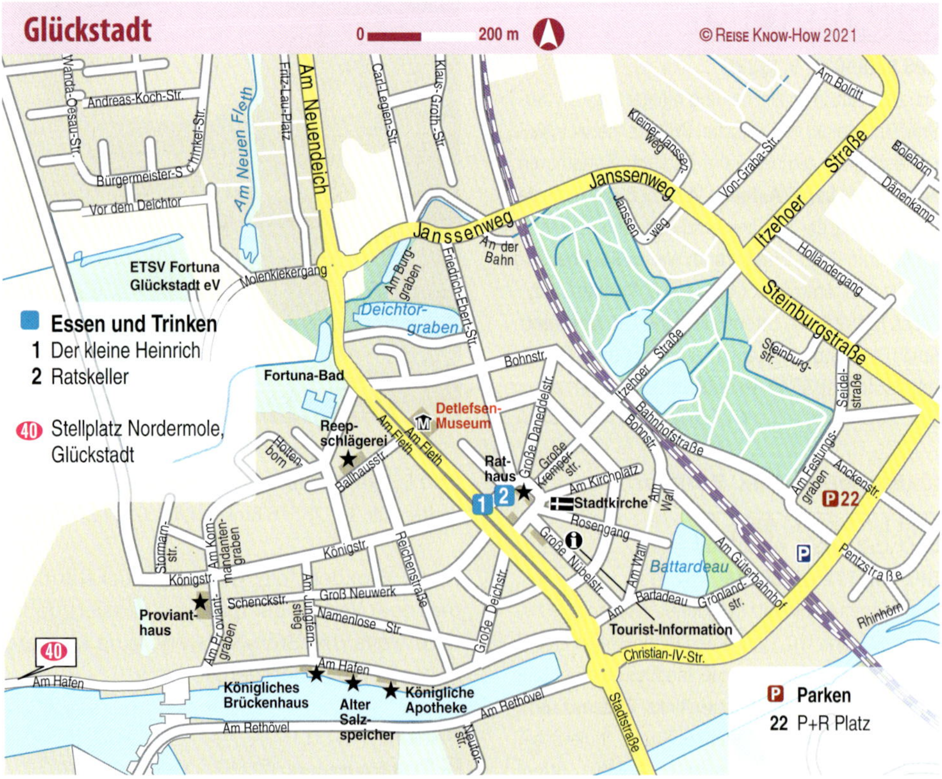

043wn-gg

im Stil der Spätrenaissance nachgebildet. Der **Kandelaber** (ein riesiger, mehrarmiger Leuchter) in der Mitte des Marktplatzes ersetzte 1869 den bislang an dieser Stelle befindlichen Marktbrunnen. Die **Stadtkirche,** erbaut von 1618–1623 ist das erste evangelische Gotteshaus, das in den damaligen Herzogtümern Schleswig und Holstein erbaut wurde.

Am Markt laden einige schöne, zum Teil alteingesessene Lokale ein, die berühmten Glückstädter Matjes zu genießen. Frisch gestärkt macht man sich entlang der Fleth auf zum **Brockdorff-Palais,** in dem sich das Stadtarchiv und das **Detlefsen-Museum** befinden. Die Räume geben Zeugnis über die bewegte Geschichte Glückstadts von ihrer Gründung bis heute. Weitere Bereiche sind dem bäuerlichen Leben in den Elbmarschen sowie der Heringsfischerei gewidmet.

Der Stadtrundgang setzt sich fort über die Ballhausstraße und die Königsstraße. Unterwegs trifft man auf die letzte **Reepschlägerei** Glückstadts, die 1968 nach 190-jährigem Bestehen aufgegeben wurde. Auf einer Reepschlägerbahn wurden früher Seile für Schiffstaue gefertigt. Entlang des riesigen **Provianthauses** erreicht man wieder den Hafen und den Wohnmobilstellplatz.

Sehenswertes

› **Detlefsen-Museum,** Am Fleth 43, Tel. 04124 930520, www.detlefsen-museum.de, geöffnet: März–Dez. Di.–So. 14–17 Uhr, Jan./Febr. Do./Sa./So. 14–17 Uhr, Eintritt: Erw. 4 €, Kinder bis 14 Jahren frei. In einem Palais von 1632 werden kleine und große Schätze der Region ausgestellt.

Entlang der denkmalgeschützten Hafenstraße in Glückstadt

161wn-gg

40 Nordermole, Glückstadt

GPS 53.78524, 9.40948
Einfacher, enger Stellplatz direkt am Ende der Hafenmole mit schöner Sicht aufs Wasser, allerdings gibt es Lärmbelästigung durch Hafenarbeiten, Besucher und Pkws. Zahlung gilt nicht für 24 Stunden, sondern nur bis 11 Uhr am Folgetag! 500 m ins Zentrum. Vom Bahnhof aus gibt es Zugverbindungen nach Hamburg. **Lage/Anfahrt:** ausgeschildert; **Platzanzahl:** 16; **Untergrund:** Asphalt, Wiese; **Sicherheit:** beleuchtet; **Preise:** 10 €/Fahrz.; **Geöffnet:** frei zugänglich; **Kontakt:** Nordermole-Außenhafen, 25348 Glückstadt, Tel. 04124 9300. Ausweichplatz auf dem Festplatz Molenkiekergang (GPS 53.79123, 9.41758), kostenlos.

Information

› **Tourist-Information Glückstadt,** Große Nübelstr. 31, 25348 Glückstadt, Tel. 04124 937585, www.glueckstadt-tourismus.de, geöffnet: April–Okt. Mo.–Fr. 9–18, Sa./So. 10–16, Nov.–März Mo.–Fr. 10–17, Sa., So. 10–16 Uhr

Gastronomie

› **Der kleine Heinrich,** Am Markt 2, Tel. 04124 3636, www.der-kleine-heinrich.de, geöffnet: tägl. ab 11.30 Uhr. Sehr heimeliges Interieur im alten Gemäuer am Markt. Sehr große Auswahl an Matjesgerichten und frischem Fisch.

› **Ratskeller,** Am Markt 4, Tel. 04124 9809065, www.ratskeller-in-glueckstadt.de, geöffnet: tägl. 11.30–21.30 Uhr. Der Matjesschmaus ist besonders zu empfehlen (erst ab 2 Personen). Sehr große Auswahl an verschiedensten Matjesgerichten, große Fischkarte.

◻ *Auf der Elbe ist immer was los*

Parken

P 22 P+R Platz, GPS 53.78811, 9.431795, Am Festungsgraben, kostenlos

Wer nicht nach Hamburg will, nimmt in Glückstadt die Autofähre über die Elbe und kommt so nach Wischhafen und fährt auf Route 5 weiter.

Parken

P 23 Elbufer in Kollmar, GPS 53.72547, 9.48953, direkt an der Elbe, gebührenpflichtig, Übernachtung möglich

41 Hans-Rönnefeld-Platz, Seestermühle

GPS 53.70199, 9.56254
Platz in schöner, ruhiger Lage hinter dem Deich, kein Laden, kein Restaurant, schöne Fahrradwege. Bezahlung im Rathaus (800 m). **Lage/Anfahrt:** Am Ortsende von Elmshorn Richtung Seestermühle fahren, dort ausgeschildert; **Platzanzahl:** 4; **Untergrund:** Schotter; **Service:** Strom; **Preise:** kostenlos, Strom 2 €; **Geöffnet:** ganzjährig; **Kontakt:** Achtern Diek, 25371 Seestermühle

524wn-gg

Immer auf der B431 geht es über Elmshorn und Uetersen nach **Wedel.** Auf dem Stellplatz Festplatz ㊷ in Ortsrandlage steht das Wohnmobil gut, wenn man mit der S-Bahn nach Hamburg fahren will. Diese Variante ist also ideal für alle, die den Verkehr in Hamburg scheuen. Ca. 1,5 km vom Stellplatz entfernt sollte man das **Willkomm Höft** am Fährhaus Wedel nicht versäumen. Hier werden einfahrende Schiffe mit mehr als 1000 Großtonnen mit ihrer Nationalhymne begrüßt. Seit 1952 würdigt man hier täglich ca. 50 Schiffe. Auf der Website www.hafenradar.de erfährt man die Fahrzeiten der Schiffe. Vom Anleger am Willkomm Höft kann man mit dem Schiff direkt in den Hamburger Hafen fahren.

Parken

P 24 Kreuzdeich Haselau, GPS 53.66367, 9.566800, vier Stellplätze, Übernachtung kostenlos

㊷ Festplatz P5, Wedel

GPS 53.57921, 9.69342

Großer Platz am Ortsrand in ruhiger und relativ schöner Lage. WC. Idealer Ausgangspunkt für einen Hamburgbesuch mit der S-Bahn. Bahnhof ca. 1 km. **Lage/ Anfahrt:** in Wedel ausgeschildert; **Platzanzahl:** 50; **Untergrund:** Wiese; **Service:** Strom (nur 14 Anschlüsse), Trinkwasser (winterfest), Abwasser, Chemie-WC; **Preise:** 10 €, Strom 1 €/6 Std., Wasser 1 €; **Geöffnet:** frei zugänglich; **Kontakt:** Am Freibad/Ecke Schulauer Straße, 22880 Wedel, www.wedel.de

529wn-gg

Hamburg

ST. PAULI
ELBE
Messegelände
Heiligengeistfeld
Millerntor-Stadion
Justizgebäude
Reeperbahn
Fischmarkt
Landungsbrücken
Alter Elbtunnel
Alter Elbpark
Museum für Hamburger Geschichte
St.-Michaelis-Kirche
Museumsschiff Rickmer Rickmers
Cap San Diego
Theater am Hafen
Wohlers-park
W.-Möller-Park
Sankt Pauli Museum
Panoptikum
Hagenbecks Tierpark
43 Wohmobilhafen, Hamburg
44 St. Pauli, Hamburg
Essen und Trinken
1 KaroFisch
5 Freudenhaus
6 Alt Hamburger Aalspeicher
7 Watergate
10 Kaffeerösterei
Einkaufen
9 Fischmarkt
Touristische Attraktionen
2 Ohnsorg-Theater
3 Hamburger Dom
4 Alsterrundfahrten
8 Hafenrundfahrten
11 Elbphilharmonie
Fußgängerzone

0 250 m

Außenalster
Binnenalster
ST. GEORG
NEUSTADT
ALTSTADT
SPEICHERSTADT
HAFENCITY
ELBE
Universität
Congress Centrum Hamburg (CCH)
Planten un Blomen
Dammtor
Botanischer Garten
STEPHANSPLATZ
Gustav-Mahler-Park
Kennedybrücke
Lombardsbrücke
Esplande
Gorch-Fock-Wall
Jungfernstieg
JUNGFERNSTIEG
GÄNSEMARKT
Alsterpavillon
Glockengießerwall
Kunsthalle
Kunsthaus
Hauptbahnhof
HBF. NORD
Steintordamm
Mönckebergstr.
MÖNCKEBERGSTR.
Rathaus
RATHAUS
Rathausmarkt
Alsterarkaden
Spitaler-str.
Landesbank
Thalia-Theater
St. Petrikirche
Speersort
Steinstr.
STEINSTR.
Ludwig-Erhard-Str.
STADTHAUSBRÜCKE
RÖDINGSMARKT
Willy-Brandt-Str.
MESSBERG
Globushof
Mahnmal St. Nikolai
Laeiszhof
Landeszentralbank
Katharinenkirche
Rathaus Speicherstadt
Fleetschlösschen
Kornhausbrücke
Zollkanal
Oberhafen
Ericusgraben
Oberbaumbrücke
Deichtorhallen
Brooktorkai
Binnenhafen
BAUMWALL
Vorsetzen
Miniatur Wunderland
Hamburg Dungeon
Speicherstadtmuseum
Kehrwiederspitze
Hanseatic Trade Center (HTC)
Sandtorhafen
Traditionsschiffhafen
Sandtorhöft
Kaiserhöft
Elbphilharmonie
Internationales Maritimes Museum
Übersee-boulevard
Osakaallee
Magdeburger Hafen
Infopavillon
Versmannstr.
Haltestelle HafenCity Universität
HafenCity Universität
ÜBERSEEQUARTIER
Science Center mit Aquarium
Marina in Planung
Grasbrookhafen
Marco Polo Tower
Unilever-haus
Hamburg Cruise Center
Hauptgüterbahnhof
Ring 1
Richtung Doppeldeckerbusse

041wn-gg

HAMBURG

(66 km – km 99)

„Hummel, Hummel“ grüßte man in der Freien und Hansestadt Hamburg. Geantwortet wurde mit „Mors, Mors“. Dieser Gruß entstand durch einen Wasserträger, der den Spitznamen Hummel hatte. Lausebengel ärgerten ihn und riefen: „Hummel, Hummel.“ Und der so geneckte antwortete mit: „Mors, Mors“, welches die Kurzfassung des Götzzitates ist. Das gewisse Hinterteil des Menschen heißt auf Plattdeutsch Mors.

Die 1,8 Mio. Einwohner des Stadtstaates der Freien und Hansestadt Hamburg werden vom Senat regiert, dessen Präsident ist der Erste Bürgermeister. Dies ist seit 2018 Peter Tschentscher von der SPD.

⌃ *Verkehrsregelung auf der Reeperbahn*

Hamburg ist immer einen Besuch wert – die Museen haben geöffnet, die Schiffe sind beheizt und das Hamburger Schmuddelwetter ist auch nicht so schlimm wie sein Ruf. Mit der richtigen Kleidung macht Hamburg einfach immer Spaß.

Ob man nun einen Stellplatz direkt im Zentrum wählt oder sein Wohnmobil mehr außerhalb abgestellt hat, man braucht eine **Tageskarte** für den HVV (Hamburger Verkehrsverbund). Mit dieser kann man alle Verkehrsmittel des HVV einschließlich der Hafenfähren nutzen. Bei der Vielzahl der interessanten Sehenswürdigkeiten ist es eine große Erleichterung, auch mal eine Strecke mit den „Öffentlichen“ zurückzulegen. Man erhält die Karte an den Fahrkartenautomaten, online unter www.hvv.de und bei den Busfahrern. Sie kostet für eine Person mit bis zu drei Kindern von 6 bis 14 Jahren als 9-Uhr-Tageskarte im ganzen Großraum Hamburg 6,60 € oder als 9-Uhr-Gruppenkarte (bis 5 Pers.) 12,40 €, online günstiger.

Mit der **Hamburg Card** (Preis pro Pers. und Tag 10,50 € oder 27,50 € für drei Tage jeweils inkl. 3 Kinder bis 14 Jahre) kann man ebenfalls den HVV benutzen und erhält außerdem bei 150 Museen, Hafenrundfahrten und Restaurants Vergünstigungen. Onlinebuchung im Internet unter www.hvv.de.

Wenn man am späteren Nachmittag am Stellplatz St. Pauli 44 ankommt, nutzt man den Abend am besten dafür, sich gleich in das Nachtleben um die **Reeperbahn** zu stürzen. Einst wurden hier von den Reepschlägern die langen Schiffstaue gedreht, dann war es lange Zeit die verruchte Vergnügungsmeile mit zwielichtigen Bars, Prostitution und Kriminalität. Inzwischen ist **St. Pauli** angesagt bei Jung und Alt. Bei wem das Geld locker sitzt, der amüsiert sich garantiert. Am Tage wirkt die ganze Gegend eher trist und schmuddelig, erst im Schein von Neonreklamen und Blinklichtern wird St. Pauli lebendig.

Vom Fischmarkt erreicht man über die St. Pauli Hafenstraße und die Davidstreppe die glitzernde Welt links und rechts der Reeperbahn. Geradeaus immer auf der Davidstraße kommt man an der Herbertstraße, in der sich Frauen anbieten, vorbei. Einen Blick hinter die Sichtschutzwände dürfen nur Männer ab 18 Jahre werfen. Nun einige Meter in die Friedrichstraße hinein und schon öffnet sich der **Hans-Albers-Platz.** Ob das Denkmal des „blonden Hans" dem Volkshelden von St. Pauli gerecht wird oder nicht, mag jeder selbst entscheiden! Weiter geht es geradeaus auf der Davidstraße und schon steht man auf der **Reeperbahn,** der Vergnügungsmeile. Sex-Läden, Imbisse, Dessous-Shops, Betrunkene, Türsteher, leicht bekleidete Damen, ältere, stark geschminkte Frauen und alles garniert mit Musik und Neonreklame – man weiß gar nicht, wohin man zuerst schauen soll. Wenn man nun die Reeperbahn überquert, kommt man in die Hein-Hoyer-Straße zum **Freudenhaus.** Allerdings eines für den Magen, denn in diesem seriösen Restaurant mit dem anrüchigen Namen gibt es solche Gerichte wie Vorfreudenschmaus, sündiges Fleisch, dicke Nudel und süßes Nachspiel. Man wird auf jeden Fall befriedigt und mit vollem Bauch das Freudenhaus verlassen.

Wieder zurück auf der Reeperbahn spaziert man bis zum Beatles-Platz und weiter zum Höhepunkt des abendlichen Rundgangs: der **Großen Freiheit.** Tabledance, Bierlokale, hier pulsiert das Nachtleben von St. Pauli, dem man bis in die Morgenstunden frönen kann.

Der im Folgenden beschriebene Stadtrundgang lässt sich ohne Innenbesichtigungen und Museumsbesuche an einem Tag bewältigen. Für den, der mehr Zeit hat oder es etwas gemütlicher angehen will, habe ich am Rathausmarkt und nach der Deichstraße eine Rückfahrtmöglichkeit vermerkt. Am nächsten Tag beginnt man dann an dieser Stelle die weitere Stadtbesichtigung. Für den Abend

Das Wahrzeichen von Hamburg – der Michel

045wn-gg

525wn-gg

bietet sich ein Besuch im **Ohnsorg-Theater** an. Unter www.ohnsorg.de gibt es das Programm und Karten. Wer den **Hamburger Dom** oder **Hagenbecks Tierpark** besuchen will, sollte sich dafür einen Extratag Zeit nehmen.

Wenn der nächste Tag des Hamburgbesuches dann ein Sonntag ist, heißt es früh aufstehen, denn bereits um 5 Uhr, im Winter um 7 Uhr, beginnt der **Fischmarkt.** Nicht nur Fisch, sondern inzwischen auch Gemüse, Obst, Bekleidung und noch viel mehr wird teilweise sehr lautstark von Marktschreiern an den Mann bzw. an die Frau gebracht. Ein Fest für die Augen, Ohren und die Nase (naja, für die nicht immer). Um 9.30 Uhr ist dann alles vorbei, damit man noch rechtzeitig den Gottesdienst erreicht.

Oder wie wäre es nach dem Fischmarkt mit einem guten Frühstück mit traumhaftem Ausblick auf den Hafen im **Watergate** bei den Landungsbrücken?

⌃ *Quirliges Treiben an den Landungsbrücken*

Gut gesättigt geht es mit der S-Bahn (S3 Richtung Stade bzw. Brunsbüttel oder S1 Richtung Poppenbüttel) ab **Landungsbrücken** auf Besuchstour. Bei der nächsten Haltestelle **Stadthausbrücke** aussteigen, den Ausgang Michaelisstraße nehmen und schon steht er vor einem, der **Hamburger Michel.** Im 18. Jahrhundert zerstörte ein Brand die Vorgängerkirche; die Weihe der Michaeliskirche in ihrer heutigen Form erfolgte im Jahre 1762. Der Turm wurde allerdings erst zwischen 1777 und 1786 aufgesetzt. 1906 durch ein Feuer und im Zweiten Weltkrieg durch Bombenangriffe schwer beschädigt, erfolgte der Wiederaufbau des Wahrzeichens der Hansestadt unter großer finanzieller Beteiligung der Hamburger Bürger. Den Turm des Michels kann man besteigen (oder mit dem Aufzug hinauffahren) und hat dann von 82 m Höhe einen tollen Blick auf die Hafenmetropole. Die Kirchturmuhr ist mit ihrem Zifferblatt von acht Metern Durchmesser die größte Deutschlands.

Bevor man das Gotteshaus betritt, kommt man an den Standbildern von **Martin Luther** und dem ehemaligen Hamburger Bürgermeister **Johann Heinrich Burchard** vorbei. Hell, mit sehr viel Gold, so präsentiert sich der Innenraum mit der Steinmeyer-Orgel auf der Westempore. Wer die Möglichkeit hat, sollte unbedingt einem Konzert der 6665 Pfeifen lauschen. Sehenswert ist das Taufbecken von 1763, umzäunt von einem filigranen, schmiedeeisernen Goldgitter.

Durch das Hauptportal hinaus auf den Kirchvorplatz und dann nach links um die Kirche herum kommt man zu den **Krameramtswohnungen,** ein Hof mit der typischen Bebauung des 17. Jahrhundert. In den schmalen Fachwerkhäusern lebten Witwen, die nach dem Tode ihres Ehemannes aus ihren Wohnungen über den Läden ausziehen mussten. Im Museum wird eine Wohnung gezeigt, wie sie vom Krameramt, der Vereinigung der Kramer (Einzelhändler), den Witwen ihrer Zunftmitglieder zur Verfügung gestellt wurde. Die Wohnungen, heute Galerien, Restaurants und Souvenirshops waren noch bis in die 1960er-Jahre bewohnt.

Nun geht es zurück zur S-Bahn-Haltestelle und mit S3, S2 oder S1 eine Haltestelle bis zum **Jungfernstieg.** Sie gilt als eine der ältesten Straßen der Stadt und hat ihren Namen von den ansehnlichen Frauenzimmern, die hier gerne an der **Alster** entlangspazierten. Auch heute noch ist hier an einem sonnigen Sonntag allerhand los. Vom Alsterufer aus starten die Dampfer zum Alsterschippern. Ob Alsterrund-, Fleet- oder Kanalfahrt, ob am Morgen oder in der Nacht, ob im Sommer oder Winter, auf der Alster ist fast immer ein Dampfer zur Abfahrt bereit.

Wenn man nach der Alsterrundfahrt wieder festen Boden unter den Füßen hat, spaziert man zurück zum Jungfernstieg und dann durch die **Alsterarkaden.** 1842 wurden große Teile der Stadt Hamburg durch einen Brand in Schutt und Asche gelegt. Beim Wiederaufbau ließ der Architekt Alexis de Chateauneuf

Das Hamburger Rathaus – ein Zeichen des hanseatischen Bürgerstolzes

047wn-gg

048wn-gg

zwischen 1844 und 1846 am Alsterfleet die Alsterarkaden errichten. Heute sind hier elegante Geschäfte, Restaurants und Cafés eingezogen. Zwischen den Arkadenbögen kann man schon das prunkvolle **Rathaus** auf der anderen Fleetseite sehen. Der Sitz des Senats der Freien und Hansestadt Hamburg wurde von einem siebenköpfigen Architektenteam entworfen und 1886–1897 erbaut. Mit der verschnörkelten Fassade und den prächtigen Innenräumen entspricht es so gar nicht dem hanseatischen Understatement. Bei einer Führung sieht man den Plenar-, Bürger-, Kaiser-, Bürgermeister- und den Festsaal. Besonders der Festsaal mit den Maßen von 46 m Länge und 18 m Breite, seinen prachtvollen Kristalllüstern und den riesigen Gemälden beeindruckt die Gäste, zu denen auch schon Queen Elisabeth II. von Großbritannien gehörte.

Wer genug gesehen hat und zum Wohnmobil zurückfahren will, nimmt die U3 bis Landungsbrücken.

Der Laeiszhof

Weiter geht der Stadtrundgang auf der Großen Johannisstraße geradeaus, bis man bei der zweiten Straße (Börsenbrücke) nach links abbiegt. An der darauffolgenden Ecke stößt man schon auf die nächste Sehenswürdigkeit: **das Haus der Patriotischen Gesellschaft.** An dieser Stelle stand bis zum großen Brand das Hamburger Rathaus. Der Senat stellte den Bauplatz der Patriotischen Gesellschaft, einem Zusammenschluss von Honoratioren, die sich die Gemeinnützigkeit auf die Fahnen geschrieben hat, zum Bau dieses Hauses zur Verfügung.

Nun weiter auf der **Trostbrücke** aus dem Jahr 1881. Sie hat ihren Namen von den Verurteilten, die hier noch mal Trost für ihren letzten Gang zugesprochen bekamen. Zwei historische Kontorhäuser stehen am Ende der Trostbrücke direkt am **Nicolaifleet.** Rechts der **Globushof** mit zwei kunstvollen Koggen (Segelschiffe der Hanse) auf den Dachvorsprüngen und links der **Laeiszhof** von 1897/1898.

Zur Laeisz-Reederei gehörten so bekannte Frachtsegler wie die Passat und die Pamir. Links um die Ecke fällt die Ruine der **St. Nicolaikirche** ins Auge. Sie ist heute ein Mahnmal

gegen Krieg und Verfolgung. Das Kirchengebäude wurde 1943 durch Kriegseinfluss zerstört, nur der Kirchturm blieb stehen. Im Keller erinnert ein Museum an Ursachen und Folgen des Luftkriegs in Europa. Ein gläserner Lift flitzt den Kirchturm hinauf. So kann man von 75 m Höhe einen umfassenden Rundblick genießen.

Weiter geht es bis zur breiten, stark befahrenen Willy-Brandt-Straße. Hier links und nach einem letzten Blick auf den Laeiszhof links in die Domstraße. Schon an der ersten Kreuzung bummelt man rechts in die Große Reichenstraße. Bei Nummer 27 steht das **Afrikahaus,** ein typisches Kontorhaus um 1900. An der nächsten Ecke links (Alter Fischmarkt) und gleich rechts abbiegend kommt man in den Schopenstehl und somit ins **Kontorhausviertel.** Immer geradeaus folgt schon bald der expressionistische **Montanhof** mit seinen ungewöhnlichen Dreieckserkern, die bei Sonnenschein ein interessantes Licht- und Schattenspiel erzeugen, in Sicht. An ihn schließt sich ein weiteres imposantes Kontorhaus, der **Mohlenhof** von 1928, an. Ihm gegenüber wurde 1922 das **Chilehaus** für den Reeder Sloman im Stil des Expressionismus erbaut. Der Name Chilehaus rührt daher, dass die Familie Sloman durch den Salpeterhandel mit Chile zu ihrem Reichtum kam. Man geht durch den weiten Innenhof des Klinkerbaus hindurch und steht wieder auf der Willy-Brandt-Straße. Nun noch einen Blick zurück auf das zehnstöckige Chilehaus mit seiner an einen Schiffsbug erinnernden, spitz zulaufenden Fassade und die daneben stehende **Polizeiwache am Klingenberg** (1907). Auf der gegenüberliegenden Straßenseite geht man über den Wandrahmsteg und dringt so in die Speicherstadt vor.

Eine Freihandelszone, in der die Waren nicht den sonst üblichen Zollbestimmungen unterlagen, war die **Hamburger Speicherstadt** ab 1888. Damals trat Hamburg zwar dem Zollgebiet des Deutschen Reiches bei, bestand aber auf einen Bereich, in dem Waren gelagert werden konnten, ohne dass Zollgebühren fällig wurden. In den riesigen Backsteinspeichern mit den Lastenkränen an den Giebeln lagerten Tee, Kaffee, Teppiche und

Die Speicherstadt – hier lagerten Waren aus der ganzen Welt

vieles andere mehr bis zum Weiterverkauf. Befahrbare Kanäle durchziehen die heute wunderschön restaurierte Speicherstadt. Besonders am Abend, wenn die Speicher angestrahlt sind und sich malerisch im Wasser spiegeln, bietet sie ein imposantes Bild. Ein Bummel durch die Speicherstadt mit ihren vielen Brücken geht zunächst am Alten Wandrahm entlang bis zur Dienerreihe, auf dieser nach rechts bis zur Holländer Brook mit dem fotogenen **Wasserschlösschen,** einst ein Wohnhaus für die Techniker in der Speicherstadt. Nun geht es rechts herum bis zur Kreuzung Bei St. Annen. Hier steht das prächtige Verwaltungsgebäude der Hamburger Hafen- und Lagerhaus-Aktiengesellschaft. Es wird im Volksmund wegen des großen Einflusses der HHLA auch **Rathaus der Speicherstadt** genannt. Auf der anderen Kanalseite sieht man das bezaubernde neugotische **Fleetschlösschen,** erbaut Ende des 19. Jahrhundert. Wo bereits Wilhelm II. bei der Einweihung der Speicherstadt weilte, kann man im kleinen Bistro eine Pause einlegen.

Die Elbphilharmonie ist eines der Wahrzeichen der Hansestadt

Weiter über die Museumsbrücke fällt sofort das imposante Baudenkmal Kaispeicher B ins Auge, in dem sich das **Internationale Maritime Museum** einquartiert hat. Auf neun Ausstellungsdecks werden 3000 Jahre Schifffahrtsgeschichte anhand von wertvollen Exponaten, Schiffsmodellen, Uniformen und Gemälden präsentiert. Das älteste Stück ist ein ausgehöhlter Baumstamm aus der Elbe. Man sollte sich viel Zeit für dieses äußerst interessante Museum nehmen.

Durch die faszinierende **HafenCity** mit der spannungsreichen Verbindung von Historie und Moderne schlendert man zum **Traditionsschiffhafen Sandtor.** Die Schaarhörn von 1908 oder der Lotsenschoner 5 Elbe von 1883 sind nur zwei der historischen Schiffe, die hier an der 5600 m² großen geschwungenen Pontonanlage malerisch im Wasser schaukeln.

Am Ende des Kaiserkais sticht der ganze Stolz der Hanseaten hervor: die **Elbphilhar-**

monie. Auf den Mauern des historischen Kaiserspeichers von 1875 setzten die Architekten 1000 gebogene und bedruckte Fassadenelemente und gestalteten einen beeindruckenden, geschwungenen Kristallkörper. In den zwei opulenten Konzertsälen sind die Wände und Decken aus 10.000 Gipsfaserplatten zusammengesetzt. Sie reflektieren den Klang in jeden Winkel und garantieren optimalen Hörgenuss auf jedem einzelnen Platz, ein Klangerlebnis, das man sich nicht entgehen lassen sollte. Wer keine Konzertkarte bekommt, kann die Elbphilharmonie trotzdem besuchen. Entweder ergötzt man sich am grandiosen Panorama von der Aussichtsplattform Plaza oder erfährt bei einer Hausführung mehr zu diesem einzigartigen Bauwerk.

Nächstes Ziel ist das **Speicherstadtmuseum.** Hier gibt es die Möglichkeit, in das Leben und Arbeiten in der historischen Speicherstadt einzutauchen.

Über Auf dem Sande und nach links geht es zum Kehrwieder. Hier haben sich zwei Attraktionen in den alten Speichern niedergelassen. Das **Dungeon** ist eine Mischung aus Fahrgeschäft und Spielshows, bei denen man hautnah und aufregend besonders dramatische Episoden der Geschichte der Stadt Hamburg miterleben kann. Mitten im Geschehen ist man bei der großen Feuersbrunst von 1842 dabei, erlebt Störtebekers Hinrichtung mit und wird von einem Inquisitor verhört. Alles ist sehr realistisch und schaurig, deshalb für Kinder unter 10 Jahren nicht geeignet.

Weitaus ruhiger geht es im **Miniatur Wunderland** zu. Auf 1499 m² erlebt man eine Modelleisenbahn der Superlative mit 15.715 m Gleislänge, 1.040 Zügen und 269.000 Figuren. Bis in die kleinsten Details naturgetreu werden in zehn Themengebieten die Sehenswürdigkeiten von Hamburg, Amerika, Österreich, Italien, Venedig, Skandinavien und der Schweiz auf der größten Modelleisenbahnanlage der Welt nachgebildet. Da sich das ganze Jahr über lange Schlangen an der Kasse

⊡ *Begehbare Sehenswürdigkeit – das Bürogebäude Dockland (s. S. 89)*

052wn-gg

bilden, sollte man sich über das Internet die Eintrittskarten reservieren. So kommt man ohne Wartezeit hinein in diese faszinierende Welt im Kleinen. Gleich daneben gibt es in der **Kaffeerösterei Speicherstadt** die Gelegenheit zu einer Pause. Frisch gerösteter, edler Kaffee: ein Genuss für Gaumen und Nase.

Ein kurzer, lohnender Abstecher führt über den Fußgängersteg ans andere Ufer in die letzten Reste der Altstadt zur Cremon und **Deichstraße.**

Gleich an der Ecke steht das markante **Sandsteinhaus der Seefahrt.** Eine malerische Kulisse bieten die Hamburger Bürgerhäuser entlang der Deichstraße. Einstmals Wohnhäuser der Kaufleute, finden sich hier heute viele Restaurants wie der **Alt Hamburger Aalspeicher** mit Straßenbetrieb. Eines dieser Gasthäuser heißt Zum Brandanfang, denn hier bei Haus Nr. 42 begann das große Feuer von 1842, das weite Teile der Stadt Hamburg vernichtet hat. In der Cremon steht noch ein Ensemble von Speicherhäusern (Nr. 33–36) aus dem 18. und 19. Jahrhundert. Einen schönen Blick hat man von der Holzbrücke über das Nikolaifleet und die historischen Gebäude.

Am Rödingsmarkt gibt es die Möglichkeit, den Rundgang für diesen Tag zu beenden. Die U3 Richtung Barmbek fährt über die Landungsbrücken.

Wer den ganzen Stadtrundgang macht, wird nun sicherlich die Füße etwas ausruhen lassen wollen, deshalb geht es wieder zurück in die Speicherstadt und dort nimmt man die Fähre vom Sandtorhöft aus zu den Landungsbrücken. Ein schönes Panorama bietet sich vom Deck der Fähre auf die Stadt, die **Landungsbrücken** und das Schiff **Rickmer Rickmers.**

Auf den Landungsbrücken ist immer was los. Auf die miteinander verbundenen Pontons strömen die Menschen zu den **Hafenrundfahrten,** den Fähren oder zu den vielen Imbissbuden und Restaurants. Die Abfertigungshalle mit ihren repräsentativen Türmchen dient heute nicht mehr ihrem ursprünglichen Zweck und beherbergt unter anderem die Touristeninformation. Sehenswert ist die **Rickmer Rickmers,** ein Vollschiff aus Stahl von 1896. Erbaut für die Reederei Rickmers und nach dem Enkel Rickmer benannt, segelte es bis 1916 unter deutscher Flagge. Vom Ausbruch des Ersten Weltkrieges auf den Azoren überrascht, wurde es von den Portugiesen beschlagnahmt und fuhr bis 1962 unter ihrer Flagge. 1983 kaufte es der Verein Windjammer für Hamburg und setzte es in unzähligen freiwilligen Arbeitsstunden wieder instand.

Im runden Gebäude hinter den Landungsbrücken findet man den Zugang zum **Alten Elbtunnel.** Mit einer Länge von 426 m wurde er 1911 eröffnet und diente bis 1975 (Eröffnung des Neuen Elbtunnels) vor allem für die Hafen- und Werftarbeiter als Zugang zu den Arbeitsplätzen auf der anderen Elbseite. Mit einem Aufzug oder auf einer Treppe kommt man hinunter und kann durch die schmale Röhre auf die andere Seite spazieren.

Nun wird es wieder Zeit für eine Ruhepause. Wie wäre es mit einer Fährfahrt nach Finkenwerder? Die Fähre 62 (Brücke 3) kostet für Tageskarteninhaber nichts und so schippert man zunächst zum Fischmarkt in Altona und dann weiter zum **Dockland.** Hier lohnt sich eine Fahrtunterbrechung und der Aufstieg auf das einem Schiffsbug nachempfundene Haus. Von oben kann man sich kostenlos an der atemberaubenden Aussicht ergötzen.

Mit dem nächsten Schiff geht es weiter zum **Museumshafen von Övelgönne.** Hier dümpeln restaurierte, betriebsfähige Schiffe von 1888 bis 1957 im Wasser, darunter auch einige Dampfschiffe.

Wer noch nicht genug zur See gefahren ist, steigt wieder in die Fähre und überquert die Elbe bis nach Finkenwerder. Zurück zu den Landungsbrücken schippert man nach wenigen Minuten Wartezeit.

Wer sich intensiv mit der Geschichte der Stadt beschäftigen will, dem sei das **Museum für Hamburgische Geschichte** empfohlen. Die Zeitreise geht vom Jahr 800 bis zur Gegenwart, führt durch historische Wohnräume und zeigt angeblich den Originalschädel von Klaus Störtebeker.

050wn-gg

Sehenswertes

- **St. Michaeliskirche (Michel),** Englische Planke 1, Tel. 040 37678100, www.st-michaelis.de, geöffnet: Turm, Krypta und Kirche: Apr., Okt. tägl. 9–19, Mai–Sept. 9–20, Nov.–März tägl. 10–18 Uhr, Kirche So. bis 12 Uhr geschlossen, Turm: 6/4 €, Krypta und Multivisionsshow 5/3 €, Turm und Krypta 8/5 €
- **Krameramtsstuben,** Krayenkamp 10, Tel. 040 37501988, https://shmh.de/de/kramer-witwen-wohnung, geöffnet: April–Okt. Mo., Mi.–Fr. 10–17, Sa., So. 10–18, Nov.–März Sa., So. 10–17 Uhr, Eintritt: 2,50 €, Kinder frei,
- **Rathaus,** Rathausmarkt, Tel. 040 428312470, www.hamburg.de/rathausfuehrung, geöffnet: Mo.–Fr. 11–16 Uhr, Sa. 10–17 Uhr, So. 10–16 Uhr, Eintritt: 5 €, Kinder bis 14 Jahre frei. Besichtigung in geführten Gruppen (Dauer ca. 30–40 Min.) finden halbstündlich, Nov.–März stündlich statt.
- **Mahnmal St. Nikolai,** Neue Burg, www.mahnmal-st-nikolai.de, geöffnet: Apr.–Sept. 10–18 Uhr, Okt.–März 10–17 Uhr, Eintritt: 5/3 € inkl. Turmauffahrt
- **Speicherstadtmuseum,** Am Sandtorkai 36, Tel. 040 321191, www.speicherstadtmuseum.de, geöffnet: März–Okt. Mo.–Fr. 10–17 Uhr, Sa./So. 10–18 Uhr, Nov.–Febr. 10–17 Uhr, Eintritt: 4,50/2 €

Alte Hamburger Seefahrtstradition

Strandleben mitten in Hamburg

Hanse

Ende des 13. Jh. schlossen sich deutsche Händler zu einem Kaufmannsbund – der ***Hanse*** *– zusammen, der später zu einem Bund von Kaufmannsstädten erweitert wurde. So sollten, besonders gegenüber dem Ausland, die gemeinsamen* ***wirtschaftlichen Interessen*** *gesichert werden. Die deutsche Hanse umfasste zwischen 80 und 130 Handelsstädte im Nord- und Ostseeraum (z. B. Hamburg, Emden, Danzig, Riga) und im Binnenland (z. B. Münster, Köln, Braunschweig) unter der Führung von Lübeck. Sie setzte ihre wirtschaftlichen Interessen durch Blockaden und sogar durch Kriege durch.*

Der Sieg im zweiten ***Hanse-Dänemark-Krieg*** *und der 1370 folgende* ***Friede von Stralsund*** *sicherte der Hanse die Vormachtstellung im Nord- und Ostseeraum, gleichzeitig wuchs ihr politischer Einfluss. Die Kaufleute der Hanse sorgten für einen regen Austausch von Waren und Rohstoffen zwischen West- und Mitteleuropa sowie Nord- und Osteuropa. Der ursprüngliche Tauschhandel wurde weitestgehend durch Zahlung mit Wechseln, Krediten und Schuldscheinen ersetzt. In den Städten machten prächtige Handelshäuser und Kontore den Reichtum ihrer Bürger sichtbar. Der Untergang der Hanse begann Ende des 15. Jh., das endgültige Aus für den Handelsbund besiegelte der* ***Dreißigjährige Krieg.*** *Im Jahre 1669 fand in Lübeck der letzte* ***Hansetag*** *statt.*

- **Internationales Maritimes Museum,** Kaiserspeicher B, Koreastr. 1, Tel. 040 30092300, www.imm-hamburg.de, geöffnet: 10–18 Uhr, Eintritt: 15/11/32 €
- **Museum für Hamburgische Geschichte,** Holstenwall 24, www.hamburgmuseum.de, Tel. 040 428132100, geöffnet: Mo./Mi.–Fr. 10–17 Uhr, Sa./So. 10–18 Uhr. Eintritt: 9,50 €, Kinder bis 18 Jahre frei
- **Alter Elbtunnel,** Landungsbrücken, rund um die Uhr geöffnet, kostenlos

Erlebenswertes für die ganze Familie

- **Hamburger Dungeon,** Kehrwieder 2, www.thedungeons.com, Tel. 040 36005500, geöffnet: Juli–Aug. tägl. 10–18 Uhr, Sept.–Juni tägl. 10–17 Uhr, Eintritt: Onlineticket 22,95–35 €. Kinder haben erst ab 10 Jahren Zutritt, bis 14 Jahren nur in Begleitung eines Erwachsenen.
- **Miniatur Wunderland,** Kehrwieder 2–4, Tel. 040 3006800, www.miniatur-wunderland.de, geöffnet: ganzjährig, aufgrund der Besucherströme am besten online buchen, Eintritt: 17,50/10 €, Kinder unter einem Meter Größe frei, Senioren ab 65 Jahren 15,50 €
- **Rickmer Rickmers,** Landungsbrücken Ponton 1a, Tel. 040 3195959, www.rickmer-rickmers.de, geöffnet: tägl. 10–18 Uhr, Eintritt: 6/4/15 €
- **Schifffahrt auf der Alster,** Abfahrt am Jungfernstieg, Tel. 040 3574240, www.alstertouristik.de, geöffnet: ganzjährig, verschiedene Fahrten und Preise
- **Elbphilharmonie,** Platz der Deutschen Einheit 1, www.elbphilharmonie.de/de/fuehrungen. Hausführungen: 90 Min., 15 €, Kinder erst ab 8 Jahren, keine Fotos erlaubt! Anmeldung online oder an der Konzertkasse in der Elbphilharmonie tägl. 11–20 Uhr. Treffpunkt für Führungen: Konzertkasse. Die Aussichtsplattform Plaza ist täglich von 10 bis 23 Uhr geöffnet. Kostenlose Tickets bekommt man am Automaten oder im Eingangsbereich der Elbphilharmonie. Online kann man sie zum Preis von 2 € für ein bestimmtes Zeitfenster im Voraus buchen.
- **Hamburger Dom,** Heiligengeistfeld, www.hamburg.de/dom, geöffnet: Frühjahr, Sommer und Winter jeweil 4 Wochen. Jahrmarkt mit Karussells.
- **Hafenrundfahrten,** Landungsbrücken, geöffnet: ganzjährig, Fahrt: je nach Dauer 18–19 €, Kinder 9–9,50 €. Viele verschiedene Anbieter und jeder hat „das schönste Schiff und die beste Rundstrecke". Mit den kleinen Barkassen kommt man auch in die kleineren Kanäle und in die Speicherstadt.
- **Hagenbecks Tierpark,** Lokstedter Grenzstr. 2, mit der U-Bahn Linie U2 bis Hagenbecks Tierpark, Tel. 040 5300330, www.hagenbeck.de, geöffnet: 9–18 Uhr, Ende Okt.–Febr. bis 16.30 Uhr, Eintritt: 22/17/65 €, Aquarium 16/12/46 €
- **Ohnsorg-Theater,** Heidi-Kabel-Platz 1, U- und S-Bahn Hauptbahnhof, von dort drei Minuten Fußweg, Tel. 040 35080321, www.ohnsorg.de

Umweltzone

Ein 580 m langer Abschnitt der Max-Brauer-Allee zwischen der Julius-Leber-Straße und der Holstenstraße darf nicht von Diesel-Fahrzeugen mit Euro 5 und darunter befahren werden.

Information

- **Tourist Information am Hafen Hamburg,** St. Pauli Landungsbrücken zwischen Brücke 4 und 5, 20015 Hamburg, Tel. 040 30051300, geöffnet: So.-Mi. 9-18 Uhr, Do.-Sa. 9-19 Uhr
- **Hamburg Information,** Hauptbahnhof Ausgang Kirchenallee, geöffnet: Mo.-Sa. 9-19 Uhr, So. 10-18 Uhr
- **Hamburg Tourismus GmbH,** www.hamburg-tourism.de, Tel. 040 30051701
- **Info im Internet,** www.hamburg.de. Offizielle Seite von Hamburg.

Gastronomie

- **Alt Hamburger Aalspeicher,** Deichstr. 43, Tel. 040 362990, geöffnet: Mo.-Sa. 12-24 Uhr, So. 14-24 Uhr. Nicht nur Aal, sondern auch andere sehr gute Fischgerichte gibt es in der malerischen Kulisse der Deichstraße.
- **Freudenhaus,** Hein-Hoyer-Str. 7-9, Tel. 040 314642, www.stpauli-freudenhaus.de, geöffnet: Di.-So. 18-24 Uhr. Trotz des zweideutigen Namens ein gutes Gasthaus mit reeller Küche.
- **Watergate,** Landungsbrücken Brücke 8, www.watergate-hamburg.com, geöffnet: 10 Uhr bis open end, Jan., Febr. Di. geschlossen, im Winterhalbjahr Öffnungszeiten wetterabhängig. Frühstück und mehr mit schönem Hafenblick.
- **Kaffeerösterei,** Kehrwieder 5, Tel. 040 537998510, www.speicherstadt-kaffee.de, geöffnet: tägl. 10-19 Uhr. Selbstbedienungsrestaurant mit Kaffeerösterei und Verkauf.
- **Karo Fisch,** Feldstr. 32, Tel. 040 88237532, www.karofisch.wixsite.com/karofisch, geöffnet: tägl. 12-23 Uhr. Kleiner, sehr einfacher Imbiss mit engen Sitzmöglichkeiten, aber großer Fischauswahl, immer frisch und lecker zubereitet!

Einkaufen

- **Fischmarkt,** St. Pauli Fischmarkt 2, direkt beim Stellplatz Landungsbrücken, geöffnet: So. 5-9.30 Uhr, 15. Nov.-14. März 7-9.30 Uhr. Einige hundert Händler verkaufen alles von Fisch, Obst, Gemüse bis zu Kleidung und Kitsch.

Parken

Zentrumsnah nur auf dem Stellplatz St. Pauli 44 möglich.

43 Wohnmobilhafen, Hamburg

GPS 53.54346, 10.02663

Sehr lauter Platz direkt unter der Bahnlinie und an einer Ausfallstraße. Meist sehr voll und eng belegt. Zentral, gute Verkehrsanbindung. WC, Duschen. **Lage/Anfahrt:** durch Hamburg hindurch Richtung Elbbrücken, dann ausgeschildert; **Platzanzahl:** 45; **Untergrund:** Schotter; **Service:** Strom, Trinkwasser, Abwasser, Chemie-WC; **Sicherheit:** umzäunt, beleuchtet; **Preise:** 25 €/Fahrz. inkl. Strom und Ver- und Entsorgung; **Geöffnet:** ganzjährig; **Kontakt:** Grüner Deich 8, 20097 Hamburg, Tel. 040 30091890, www.wohnmobilhafen-hamburg.de

521wn-gg

057wn-gg

44 St. Pauli, Hamburg

GPS 53.54616, 9.96076

Platz direkt an der Elbe mit schöner Aussicht, sehr zentral bei den Landungsbrücken. Nachts kann es sehr laut werden. **Lage/Anfahrt:** auf der B431 immer geradeaus an Blankenese und Altona vorbei fahren und Autobahn überqueren, dann nach der Eisenbahnunterführung nach rechts in die Holstenstraße (Hafen) abbiegen. Immer geradeaus bis zur Elbe, hier links und gleich zum Platz; **Platzanzahl:** 15; **Untergrund:** Pflaster; **Sicherheit:** beleuchtet; **Preise:** Mo.-Do. 12,50 €, Fr.-So. 19,50 €/Fahrzeug, Hunde 2 €; **Geöffnet:** ganzjährig; **Kontakt:** St. Pauli Hafenstraße 89, 22767 Hamburg

440wn-cpb

45 Camping Buchholz, Hamburg

GPS 53.59008, 9.93159

Kleiner, familiärer Platz im Norden von Hamburg, gepflegte Sanitärräume, Waschmaschine, Trockner. 6 km ins Zentrum, Busverbindung. **Lage/Anfahrt:** auf der A23, später auf der A7 fahren und diese bei der Ausfahrt 26 Hamburg-Stellingen verlassen, dann auf der B4/5 Kieler Straße zum Platz; **Platzanzahl:** 40; **Untergrund:** Schotterrasen; **Service:** Strom, Trinkwasser, Abwasser, Chemie-WC, WLAN; **Sicherheit:** umzäunt, beleuchtet, bewacht; **Preise:** 15 €/Fahrz., 10 €/Pers., Hund 4 €, Strom 4 €; **Geöffnet:** ganzjährig; **Kontakt:** Kieler Str. 374, 22525 Hamburg-Stellingen, Tel. 040 5404532, www.camping-buchholz.de

46 Elbepark Bunthaus, Hamburg

GPS 53.46139, 10.06306

Ein gepflegter Platz in schöner und relativ ruhiger Lage auf einer Elbinsel. WC, Dusche, Waschmaschine, Trockner, Restaurant, Brötchenservice. Mit Bus und Bahn kommt man in ca. 45 Minuten ins Zentrum; **Lage/Anfahrt:** Über A7 und A1 zur Ausfahrt 37-HH-Stillhorn, dann Stillhorner Hauptdeich bis Moorwerder Hauptdeich folgen; **Platzanzahl:** 62; **Untergrund:** Schotterrasen; **Service:** Strom, Trinkwasser, Abwasser, Chemie-WC; **Preise:** 22-26 € inklusive 2 Personen, Strom, WC, Ver- und Entsorgung. Die Preise variieren je nach Lage des Platzes. Dusche 1 €; **Geöffnet:** Mitte März-Mitte Oktober; **Kontakt:** Moorwerder Hauptdeich 33, 21109 Hamburg, Tel. 040 18047215, www.elbepark-bunthaus.de

ROUTE 5

DURCHS ALTE LAND, CUXLAND UND LAND WURSTEN NACH BREMERHAVEN

058wn-gg

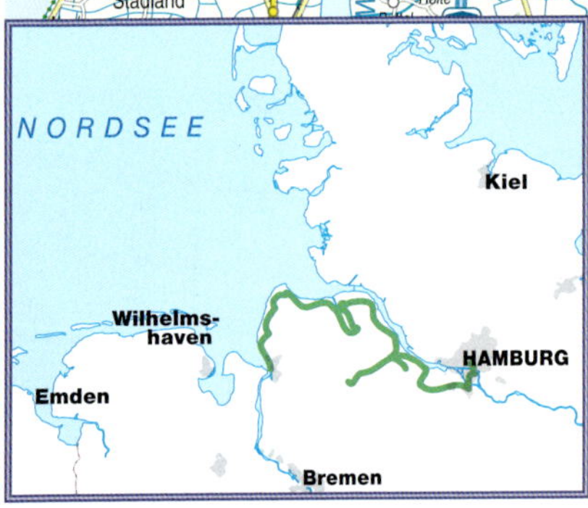

⊡ *Vorseite: Abendstimmung über dem Wattenmeer*

Strecke:

Hamburg (s. S. 80) – **Buxtehude** (40 km, s. S. 96) – **Jork** (9,5 km, s. S. 99) – **Stade** (23 km, s. S. 102) – **Abstecher Agathenburg** (13 km, s. S. 106) – **Wischhafen** (27 km, s. S. 108) – **Rundfahrt links und rechts der Oste** (103 km, s. S. 111) – **Otterndorf** (10 km, s. S. 118) – **Cuxhaven** (19 km, s. S. 121) – **Nordholz** (16 km, s. S. 127) – **Bremerhaven** (35 km, s. S. 132)

Streckenlänge:

ohne Abstecher ca. 179,5 km
mit Abstecher ca. 295,5 km

ROUTENÜBERSICHT

Das fruchtbare Alte Land an der Elbe gleich hinter Hamburg ist sicherlich auch im übrigen Deutschland durch seine vielen Apfel- und Kirschbäume bekannt. Aber das Cuxland oder das Land Wursten sind Landschaften, die noch nicht so ins Bewusstsein der Reisenden gerückt sind. Das Elbufer, die eingedeichte Küste, Marsch und Geest, Moore und kleine Dörfer mit fotogenen, reetgedeckten Bauernhöfen prägen das Bild von Route 5. Kleine historische Fischerhäfen wie Wischhafen und der riesige moderne Hafen für Überseeschiffe von Bremerhaven können unterschiedlicher nicht sein und wecken selbst bei Landratten mit dem Geruch nach Fisch, Salz und Meer das Fernweh. Ein Abstecher ins Landesinnere entlang der Oste bringt mit der historischen Schwebefähre, dem Waldgebiet Wingst und dem Zementmuseum die Region abseits der Küste näher.

Bremerhaven setzt den markanten Schlusspunkt der Route mit seiner futuristischen Skyline am Alten Hafen. Hier prallt moderne Architektur auf historische Schiffe, ein reizvoller Gegensatz. Museen wie das Klimahaus, das Auswandererhaus, das Schifffahrtsmuseum und der Zoo bergen viel Spannendes. Stellplätze sind in großer Zahl und in überwiegend schöner Lage entlang der ganzen Reise vorhanden.

Von Buxtehude nach Hamburg mit der Bahn

Vom Stellplatz sind es zu Fuß 5 Minuten zum Bahnhof. Die S3 fährt in 45 Minuten ins Zentrum von Hamburg – eine gute Alternative, wenn man sich die Einfahrt nach Hamburg und die nicht gerade ruhigen Stellplätze ersparen will. Es empfiehlt sich der Kauf einer Tageskarte oder der 9-Uhr-Gruppenfahrkarte für bis zu 5 Personen für den HHV-Verbund.

Man verlässt Hamburg (Route 4, s. S. 80) über die A255, A252 und B75 und erreicht über die B73 nach 40 km Buxtehude.

47 Wildpark-Camping Schwarze Berge, Rosengarten

GPS 53.44225, 9.89054

Abschüssiger Platz in schöner, sehr ruhiger Lage direkt am Wildpark, WC, Dusche, Brötchenservice. Bus 340 nach Harburg und dort S-Bahn nach Hamburg. **Lage/Anfahrt:** Von der B73 in Hausbruch Richtung Ehestorf, ausgeschildert; **Platzanzahl:** 72; **Untergrund:** Wiese; **Sicherheit:** umzäunt; **Service:** Strom,Trinkwasser, Abwasser, Chemie-WC; **Preise:** 24 € alles inkl., 3 € Rabatt im Wildpark; **Geöffnet:** April–Okt. Außerhalb der deutschen Sommerferien muss der Stellplatz an Sonn- und Feiertagen zwischen 10 und 17 Uhr verlassen werden; **Kontakt:** Am Wildpark, 21224 Rosengarten, Tel. 04081 977470, www.wildpark-camping.de

BUXTEHUDE

(40 km – km 40)

Buxtehude, die Stadt, in der die Hunde mit dem Schwanz bellen (s. S. 98) und das legendäre Rennen zwischen Hase und Igel stattfand, ist einen Besuch wert.

Das Zentrum der bereits 1197 gegründeten Stadt sind die Fußgängerzone Lange Straße und der Marktplatz, der vom **Rathaus** mit seiner schmucken Fassade beherrscht wird. Das ehemals mittelalterliche Gebäude wurde 1911 bei einem großen Brand zerstört und neu errichtet.

Am **St.-Petri-Platz** steht die gleichnamige Kirche, eine gotische Gewölbebasilika, mit deren Bau im 13. Jh. begonnen wurde. Der

In Buxtehude wird man vom Igel durch die Stadt geführt

Das malerische Buxtehude

055wn-gg

herrliche Marienaltar (1410) mit 18 Bildern ist leider nur in einer Kopie zu sehen. Das Original von Meister Bertram steht inzwischen in der Hamburger Kunsthalle. Regionalgeschichte und Kunst sind die Themen des **Heimatmuseums** gegenüber. Es wird gerade saniert und mit einem Anbau versehen. Die Neueröffnung soll 2022 erfolgen. Dahinter versteckt sich das Hofensemble **Stavenort.** Sein Name leitet sich von einer einstmals hier gelegenen Badestube ab. Auf diesem ruhigen Platz wurde 2008 vom Heimatverein Buxtehude ein modern gestaltetes Glockenspiel installiert. So schwebt um 11.30, 15.30 und 16.30 Uhr eine liebliche Melodie aus 24 Glocken über die hübschen Fachwerkhäuser.

Über die Abtstraße mit dem **Stadthaus der Erzäbte von Harsefeld** (15. Jh.), heute befindet sich dort das sehr gute Restaurant **Abthaus,** spaziert man zum Westfleth mit dem **Marschtorzwinger,** dem letzten von ehemals fünf Rundtürmen der Stadtmauer. Viele Restaurants und Cafés mit Außenbestuhlung entlang des Westfleths verbreiten eine mediterrane Atmosphäre. Hier einen Kaffee oder einen Aperitif zu genießen, ist Dolce Vita pur.

Information

› **Service-Center Kultur & Tourismus,** Breite Straße 2 (Rathaus), 21614 Buxtehude, Tel. 04161 5012345, www.buxtehude.de, geöffnet: Mo.–Fr. 10–17 Uhr, Sa. 10–15 Uhr. Erlebnisführungen.

48 Schützenplatz, Buxtehude

GPS 53.47135, 9.69533

Platz in relativ ruhiger Lage, zentrumsnah, häufig sehr voll. **Lage/Anfahrt:** in Buxtehude der Ausschilderung folgen; **Platzanzahl:** 30; **Untergrund:** Schotter; **Sicherheit:** beleuchtet; **Service:** Strom, Trinkwasser, Abwasser, Chemie-WC; **Preise:** 5 €, Strom 1 €/kWh, Wasser 1 €/100 l; **Geöffnet:** frei zugänglich; **Kontakt:** Schützenplatz, 21614 Buxtehude

441wn-gg

49 Wassersportverein, Buxtehude

GPS 53.47913, 9.70364
Sehr abschüssiger Platz in ruhiger Lage direkt am Wasser, zentrumsnah, WC, Dusche. **Lage/Anfahrt:** Von der B73 vor Buxtehude auf die Harburger und dann die Moorender Straße abbiegen; **Platzanzahl:** 3; **Untergrund:** Wiese/Pflaster; **Sicherheit:** videoüberwacht; **Service:** Strom, Trinkwasser, Chemie-WC, WLAN; **Preise:** 11 € alles inkl.; **Geöffnet:** ganzjährig; **Kontakt:** Am Hafen 5, 21614 Buxtehude, Tel. 01744611747, www.bwvhansa.de

Sehenswertes

- **Kirche St. Petri,** Kirchenstraße, geöffnet: Di.–Fr. 14–17 Uhr, Sa./So. 11–17 Uhr, im Winter nicht verbindlich

Gastronomie

- **Abthaus,** Abtstr. 6, Tel. 04161 554077, www.abthaus.de, geöffnet: Di.–Fr. 17–22 Uhr, Sa./So. 12–22 Uhr. Spezialität im historischen Abthaus (15. Jh.) ist das Wiener Schnitzel.
- **Süsse Sünde,** Westfleth 45, Tel. 04161 600238, www.cafe-suesse-suende.de, geöffnet: Mo.–Sa. 9–18 Uhr, So. 10–18 Uhr. Hier gibt es ausgemachte leckere Kuchen und Waffeln, Frühstück und Mittagstisch. Im Sommer sitzt man gemütlich direkt am Fleth.

Das Märchen vom Hasen und Igel und warum in Buxtehude der Hund mit dem Schwanz bellt

Hase und Igel *(Gebrüder Grimm)*
Das Märchen vom Hasen und Igel wurde ursprünglich in Plattdeutsch von Wilhelm Schröder und später von den Gebrüdern Grimm nacherzählt. Folgendes hat sich dem Märchen nach in Buxtehude abgespielt:

Immer wieder, wenn sich Hase und Igel begegneten, machte sich der Hase über die krummen Beine des Igels lustig. Das eingebildete Gehabe des Hasen ärgerte den Igel schon lange und deshalb schlug er ihm einen Wettlauf vor. Nach dem Startschuss rannte der Hase los, der Igel aber versteckte sich in einer Ackerfurche. Als der Hase am Ziel ankam, empfing ihn Frau Igel, die von ihrem Mann nicht zu unterscheiden war, mit den Worten: „Ich bin schon da!". Ungläubig forderte der Hase ein erneutes Rennen, bei dem diesmal der Herr Igel freudestrahlend verkündigte. „Ich bin schon da!" Der Hase rannte und rannte und brach schließlich tot zusammen. Seitdem macht kein Hase mehr einen Wettlauf mit einem Igel.

Der Hund, der mit dem Schwanz bellt
In Buxtehude werden die Glocken Hunde genannt. Früher war es üblich, die Glocken mit einem Hammer zum Klingen zu bringen, Buxtehude als moderne, reiche Hansestadt ließ die Glocken nach holländischem Vorbild mittels eines Seils läuten. Diese Seile fransten mit der Zeit immer mehr aus und erinnerten an einen Hundeschwanz.

So war bald die Redensart geboren, dass in Buxtehude die Hunde (Glocken) mit dem Schwanz (Seil) bellten (läuteten).

056wn-gg

Apfelparadies Altes Land

Einkaufen

› **Wochenmarkt,** Langestraße, Mi. und Sa. 8–13 Uhr

Erlebenswertes für die ganze Familie

› **Deichwanderung W5,** Länge: 9,8 km, Start: Am Hafen. Interessante Rundwanderung entlang des Deichs zu verschieden Bauwerken, die der Entwässerung dienen.

Von Buxtehude folgt man den Hinweisschildern Altes Land und kommt nach Jork.

JORK

(9,5 km – km 49,5)

Jork liegt mitten im fruchtbaren Alten Land, umgeben von 3 Mio. Apfel- und Kirschbäumen. Besonders im Frühjahr, zur Zeit der zauberhaften Baumblüte, kommen die Besucher von nah und fern. Zwei Stellplätze 50 und 51 in der Nähe des Ortskerns, ein sehenswertes Rathaus (1649–51 von Gräfe Matthäus von Haren errichtet), typische Buntmauerhäuser, Obstverkauf direkt vom Bauern und ausge-

EXTRATIPPS

Elbe-Radwanderbus

Fahrkarte: 5 €/Tag, Familien 10 €/Tag. Von Ostern bis Anfang Oktober fährt samstags, sonntags und feiertags der Radwanderbus entlang der Küste von Harsefeld über Jork, Stade und Wischafen nach Balje mit dem Natureum. Unterwegs kann man an den Haltestellen beliebig aus- oder zusteigen. Linie 2 verbindet auch Buxtehude mit Jork, dort Umstieg in Linie 1. Fahrpläne bei den Touristeninformationen und auf www.elbe-radwanderbus.de. Hunde dürfen mit!

Blütenfest am ersten Maiwochenende

Ein Fest für das Auge, das jährlich unzählige Besucher ins Alte Land und nach Jork lockt. Jedes Jahr am ersten Maiwochenende wird ein buntes Programm mit Krönung der Blütenkönigin, Festumzug, Blumenkorso und Feuerwerk geboten.

schilderte Fahrradwege: alles da, um einen Tag in Jork zu bleiben.

Altes Land heißt die Region der Elbmarsch zwischen Hamburg und der Nordsee. Vor rund zehntausend Jahren gruben die abschmelzenden Wasser das Urstromtal der Elbe. Die Nordsee brachte bei Flut Sedimente, die sich entlang des südlichen Ufers als Marschland ablagerten. Im 12. Jahrhundert machten Holländer dieses feuchte Gebiet durch Entwässerungsgräben urbar. Damals entstand auch der Name, denn die Teilstücke, die bereits bearbeitet waren, hießen das „Alte Land", nicht bearbeitete Stücke das „Neue Land". Erst nachdem das gesamte Gebiet fertig war, erhielt es seinen bis heute noch gültigen Namen „Altes Land".

Eine einmalige Besonderheit sind hier die wunderschönen Buntmauer-Fachwerkhäuser. Ziegelmuster geben jedem Haus seinen individuellen Charakter. Teilweise ist sogar noch die Brautpforte vorhanden. Diese wur-

444wn-gg

50 Festplatz, Jork

GPS 53.53021, 9.68026

Zentrumsnaher großer Platz, relativ ruhig (Busse, Schießplatz), Dusche, WC. **Lage/Anfahrt:** ausgeschildert; **Platzanzahl:** 12; **Untergrund:** Pflaster; **Service:** Strom, Trinkwasser (winterfest), Abwasser nur mit Schlauch, Chemie-WC; **Sicherheit:** beleuchtet; **Preise:** 7 €, Strom 0,50 €/1 kWh, Wasser 1 €/70 l, Dusche 0,50 €; **Geöffnet:** frei zugänglich; **Kontakt:** Jorkerfelde, 21614 Jork, Tel. 04162 914755, www.tourismus-altesland.de

445wn-gg

51 Yachthafen, Jork

GPS 53.55283, 9.66951

Gutbesuchter Platz in schöner Lage direkt hinter dem Deich, bei Regen matschig, Dusche, WC im Möwennest (Mo. Ruhetag). Durchfahrende Pkws zum Hafen störend. **Lage/Anfahrt:** in Jork Richtung Neuenschleuse, dann ausgeschildert; **Platzanzahl:** 18; **Untergrund:** Schotter; **Service:** Strom, Trinkwasser (winterfest), Abwasser (nur mit Schlauch), Chemie-WC; **Preise:** 7 €, Strom 0,50 €/1 kWh, Wasser 1 €/100 l, WC und Dusche (2 €/Tag) beim Möwen-Nest; **Geöffnet:** frei zugänglich; **Kontakt:** Yachthafenstraße, 21635 Jork-Neuenschleuse

de traditionell nur bei Hochzeiten und Beerdigungen geöffnet.

Information

› **Tourist-Information Altes Land,** Osterjork 10, 21635 Jork, Tel. 04162 914755, www.tourismus-altesland.de, geöffnet: April–Okt. Mo.–Fr. 9–17 Uhr, Sa./So. 10–15 Uhr, Nov.–März Mo.–Do. 9–17 Uhr, Fr. 9–13 Uhr

Auf dem Fahrrad durchs Alte Land

__Länge:__ 44 km, __Start:__ Grünendeich.

Die Elbe entlang Richtung Hamburg – Jork – Borstel mit Windmühle Aurora – Kohlenhusen – Hinterbrack – Hamburg Cranz – über die Este – durch Obstplantagen nach Jork – über den Obstmarschenweg nach Grünendeich

52 Stubbe's Gasthaus, Jork

GPS 53.56871, 9.63334

Zwei getrennte Stellplätze (zweiter GPS 53.57023, 9.63364) bei einem Gasthaus mit guter Küche (Mo. und Okt.–März auch Di. Ruhetag), ruhige Lage, Stellplätze teils auf Schotter, teils Rasen, Pkw-Parkplatz angrenzend, behindertengerechte Duschen, WC, Brötchenservice. E-Bike-Ladestation. **Lage/Anfahrt:** den Hinweisschildern folgen und erst kurz vor der Hebebrücke nach links abbiegen, steile und schmale Zufahrt, nur für Fahrzeuge bis 8 m Länge; **Platzanzahl:** 7 (weitere 7 ohne Stromanschluss); **Untergrund:** Schotter, Wiese; **Service:** Strom, WLAN; **Sicherheit:** umzäunt; **Preise:** 11 €/Fahrz., Strom 2 €; **Geöffnet:** ganzjährig; **Kontakt:** Lühe 46, 21635 Jork, Tel. 04142 2535, www.wohnmobil-altes-land.de. Während der Baumblüte im Frühjahr und am 1. und 2. Wochenende im Mai reservieren.

446wn-gg

53 Lüheanleger, Grünendeich

GPS 53.57289, 9.63147

Reservierter Teil eines großen Parkplatzes, tagsüber unruhig, direkt an der Elbe und der Fähre nach Schulau, WC, Geruchsbelästigung durch Imbissbuden, bei Regen matschig. **Lage/Anfahrt:** an der Küstenstraße ausgeschildert; **Platzanzahl:** 30; **Untergrund:** Schotter; **Preise:** 12 €/Fahrz.; **Geöffnet:** frei zugänglich; **Kontakt:** Kreuzung Elbdeich/Fährstraße, 21720 Grünendeich

522wn-gg

198wn-gg

Ver- und Entsorgung

› **Station Wetterndorf,** GPS 53.58236, 9.59375, an der L140 bei km 9,1, Wasser 1 €

Vorbei an wunderschönen Reetdachhäusern und malerischen Bauernhöfen führt Route 5 immer an der Elbe entlang. In Hofläden bieten Obstbauern ihre Erzeugnisse an. Gleich hinter Jork ist die Kirche St. Nicolai in Bostel mit der historischen Orgel und der Bronzetaufe von 1325 sehr sehenswert.

Nach Twielenfleth verlässt die Straße die Küste und führt weiter nach Stade.

Parken

P **25 Am Deich,** GPS 53.60416, 9.55948, Hollern-Twielenfleth, gebührenpflichtig, schöne Lage, reservierter Teil eines großen Parkplatzes, Übernachtung möglich

Immer gut besucht: der Parkplatz in Hollern-Twielenfleth

STADE

(23 km – km 72,5)

Auf einer vollständig vom Wasser umspülten Insel liegt die **historische Altstadt** von Stade. Lebhafte Fußgängerzonen, gesäumt von ehrwürdigen Bürgerhäusern, und der alte Hansehafen spiegeln die Geschichte der Stadt wider. Nachdem der große Stadtbrand im Jahre 1659 70 % der Häuser zerstört hatte, wurde der spätmittelalterliche Grundriss der Stadt beibehalten und die wiederaufgebauten Gebäude präsentieren sich heute mit üppig dekorierten Häuserfassaden.

Vom Stellplatz 54 spaziert man über die Schiffertorsstraße bis zur Wassermühle. Hier zunächst links und dann rechts in die Bungenstraße weitergehen. **Knechthausen,** eine historische Gaststätte mit malerischer Fachwerkfassade und das **Senatorenhaus** mit der Renaissancefassade sind die ersten Sehenswürdigkeiten auf dem Stadtspaziergang durch Stade. Vorbei am **Kunsthaus Stade,** einem ehemaligen Wohn- und Speicherhaus aus

196wn-gg

Der alte Hansehafen an der Wasser West

dem 17. Jahrhundert, kommt man zum alten Hansehafen an der Wasser West. Beherrscht wird die Kulisse vom **alten Holzkran** (eine Rekonstruktion des Originals aus dem 14. Jahrhundert) am Fischmarkt. Von Menschenkraft angetrieben entlud man mit diesem Tretkran die Schiffe. Von hier bietet sich ein schöner Blick entlang der stolzen Kaufmannshäuser. Besonders das **Bürgermeister-Hintze-Haus** mit der beeindruckenden Renaissancefassade zieht die Kameraobjektive an. Der wuchtige **Schwedenspeicher** direkt am Hafen war einst Provianthaus der schwedischen Garnison. Heute kann man hier auf 1.600 m² anhand modernster Medienstationen die Regional- und Hansegeschichte erforschen. Hinter dem Schwedenspeicher stehen die **Flutkanonen,** die die Bevölkerung, das letzte Mal 1962, vor drohenden Sturmfluten warnten.

Zurück am Fischmarkt wendet man sich nun nach links in die Hökerstraße (Fußgängerzone). Besonders erwähnenswert ist hier die Hausnummer 29, das **Hökerhus,** eines der wenigen Häuser, die den großen Brand von 1659 überstanden haben.

Nach wenigen Schritten sieht man auf der linken Seite den Turm der **Kirche St. Cosmae et Damiani** über die Dächer der Altstadt ragen. Im hellen Innern der einschiffigen Kirche sorgt eine Orgel des berühmten Orgelbauers **Arp Schnitger** für Begeisterung bei Musikfreunden.

Wieder zurück auf der Hökerstraße geht man am **Rathaus** von 1667 mit seinem imposanten Portal vorbei, wendet sich nach links und erreicht über die Schmiede- und Flutstraße die **gotische Hallenkirche St. Wilhadi.** Wuchtig und auch etwas schief ist der Turm von St. Wilhadi, im Innern bezaubert die Spätbarockorgel von **Erasmus Bielfeldt** mit ihrem reinen Klang. Die beiden Kirchtürme können bei einer Führung bestiegen werden. Termine gibt es unter www.stade-tourismus.de.

Über die Goos gelangt man zum Pferdemarkt und weiter geradeaus über die Insel-

060wn-gg

straße zur Museumsinsel. Hier im kleinen, aber feinen **Freilichtmuseum** stehen das Altländer Haus, eine Bockwindmühle und einige Nebengebäude. Das Altländer Haus wurde im Jahre 1733 erbaut. In ihm kann man sich heute in das bäuerliche Leben in einem niederdeutschen Hallenhaus im 18. Jahrhundert zurückversetzen lassen. Das Flett (der Ess- und Tagesraum), die Dönz (die gute Stube), die Kammer mit Truhen und Schränken und die Diele mit Werk- und Milchkammer und Ställen sind original erhalten und eingerichtet. Der Museumsmitarbeiter führt die Besucher mit viel Detailkenntnis durch das Haus. Im Garten lässt es sich unter schattigen Bäumen sehr nett picknicken.

Zurück auf der Altstadtinsel geht man links und erreicht durch den kleinen Park die Schiffertorsstraße und bald auch den Stellplatz.

Sehenswertes

- **Schwedenspeicher,** Wasser West, Tel. 04141 797730, www.museen-stade.de, geöffnet: Di.–Fr. 10–17 Uhr, Sa./So. 10–18 Uhr, Eintritt: 8 € inklusive Kunsthaus und Insel, Kinder bis 18 Jahre frei
- **St. Cosmae et Damiani,** Cosmae Kirchhof, geöffnet: April–Sept. Mo.–Sa. 10–17 Uhr, So. 11.45–17 Uhr

078wn-gg

54 Am Schiffertor, Stade

GPS 53.60262, 9.46563

Parzelliertes Gelände in schöner und ruhiger Lage, zentrumsnah. Dusche, WC, Waschmaschine, Trockner, Brötchenservice, auch für große Wohnmobile geeignet. Bezahlung nur mit einer vor Ort erhältlichen Prepaid-Karte möglich. **Lage/Anfahrt:** zunächst Richtung Altstadt fahren, ab da gut ausgeschildert; **Platzanzahl:** 79; **Untergrund:** Schotter; **Sicherheit:** beleuchtet; **Service:** Strom, Trinkwasser (winterfest), Abwasser, Chemie-WC, WLAN; **Preise:** 14 €/Fahrz., Strom 0,50 €/kWh, Wasser 1 €/80 l, Dusche 1 €; **Geöffnet:** frei zugänglich; **Kontakt:** Schiffertorsstraße 21, 21682 Stade, Tel. 04141 408797, www.stade-tourismus.de

55 Festung Grauerort, Stade

GPS 53.677549, 9.48957

Platz in der historischen Festung. WC, Dusche, Brötchenservice, Sandstrand 400 m, Stade 11 km. Bezahlung nur bargeldlos. Kein Satellitenempfang. Online-Reservierung. **Lage/Anfahrt:** in Stade Richtung Wischhafen/Abbenfleth, dann ausgeschildert; **Platzanzahl:** 25; **Untergrund:** Schotterrasen; **Service:** Strom, Trinkwasser, WLAN; **Sicherheit:** beleuchtet; **Preise:** 10 €/Fahrz. alles inkl.; **Geöffnet:** ganzjährig; **Kontakt:** Schanzstraße, 21683 Stade

442wn-st

- **St. Wilhadi Kirche,** Wilhadi-Kirchhof, geöffnet: Mo.-Sa. 11-16, Nov.-März Mo.-Sa. 11.30-13.30 Uhr
- **Freilichtmuseum Die Insel,** Auf der Insel, Tel. 04141 7977330, geöffnet: Mai-Sept. Di.-Fr. 10-17 Uhr, Sa./So. 10-18 Uhr, Eintritt: 2 € oder 8 € Kombikarte mit Schwedenspeicher und Kunsthaus

Die Kirche St. Cosmae et Damiani ist schon von der Fußgängerzone auszumachen

Information

- **Tourist-Information Stade,** Hansestr. 16, 21682 Stade, Tel. 04141 776980, www.stade-tourismus.de, geöffnet: April-Okt. Mo.-Fr. 10-18, Sa., So., 10-15, Nov.-März Mo.-Fr. 10-17, Sa. 10-15 Uhr

Gastronomie

- **Knechthausen,** Bungenstr. 20, Tel. 04141 5296360, www.restaurant-knechthausen.de. Di.-Sa. ab 18 Uhr. Junges, sehr engagiertes Team, historischer Gasthof, ausgezeichnete Küche: eine Mischung, die man wärmstens empfehlen kann.

Mit dem Moorexpress ins Teufelsmoor

Von Mai bis Oktober verkehrt an den Wochenenden und an Feiertagen der Moorexpress von Stade über Bremervörde nach Bremen. Für die gesamte Strecke benötigt die Museumsbahn knapp drei Stunden. Empfehlenswert ist eine Fahrt von Stade bis nach Bremervörde (Fahrzeit 52 Min.), bei der man sein Fahrrad mitnimmt. So kann man den Rückweg aus eigener Kraft auf gut ausgebauten und beschilderten Radwegen bis zum Wohnmobilstellplatz in Stade zurücklegen. Die ungefähr 50 Jahre alten Triebwagen durchqueren auf landschaftlich schöner Strecke das Teufelsmoor. Das Servicepersonal des historischen Zuges verwöhnt die Fahrgäste während der Fahrt mit kleinen Snacks und kühlen Getränken wie dem leckeren Moorbier. Außerdem kann man sich einen Audioguide ausleihen. So genießt man die schöne Aussicht und lässt sich dabei Geschichten und Ausflugstipps über das Teufelsmoor erzählen. Der Moorexpress bietet 90 Sitzplätze und 25 Fahrradabstellplätze. Es ist sinnvoll, die Fahrkarten bereits an einer Vorverkaufsstelle, z. B. bei der Touristeninformation in Stade, zu kaufen. So hat man einen reservierten Sitzplatz und die Gewissheit, dass das Fahrrad mitgenommen wird. Die Preise liegen für Erwachsene zwischen 4 und 15 € je nach Streckenlänge. Weitere Informationen erhält man bei den Touristeninformationen und unter www.moorexpress.net.

ABSTECHER AGATHENBURG

(hin und zurück 13 km)

Von Stade folgt man zunächst der Beschilderung nach Hamburg und kommt so auf die B73, auf der nach 7 km Agathenburg (Parkplatz GPS 53.56032, 9.53181) erreicht ist.

Der siegreiche Feldherr Hans Christoph von Königsmarck erbaute 1655 hier ein Schloss im schlichten schwedischen Barockstil und nannte es zu Ehren seiner Gattin Agathe Agathenburg. Das Schlossmuseum zeigt die Geschichte der Grafenfamilie von ihrem kometenhaften Aufstieg bis zum tragischen Fall. Daneben finden Konzerte, Lesungen und Ausstellungen statt. Der verwunschene Schlosspark mit Skulpturen und der duftende Rosengarten laden zum Bummeln und Verweilen ein.

Sehenswertes

› **Schloss Agathenburg,** Hauptstraße, 21684 Agathenburg, Tel. 04141 64011, www.schlossagathenburg.de, geöffnet: März–3. Advent Di.–Fr. 14–18, Sa./So. 11–18 Uhr, Eintritt: 4/0,50 €, Schlosscafé

Man verlässt Stade in Richtung Drochtersen und trifft auf die **Grüne Küstenstraße,** der die weitere Route 5 folgt. Hier im fruchtbaren, dünn besiedelten **Kehdinger Land** warten zahlreiche Stellplätze auf den Wohnmobilreisenden.

Parken

P 26 Am alten Hafen, Drochtersen-Assel, GPS 53.69213, 9.43753, schöne Lage am Wasser, kostenlos, Übernachtung möglich

Schloss Agathenburg ist im schwedischen Barockstil erbaut

Fahrradtour Elbinselroute

Länge 38 km, Markierung: Logo Elbinselroute, Start: Krautsand, Parkplatz an der Elbstraße – Dornbusch – Aschhorn – Abbenfleth – Asselersand – Krautsand

443wn-gg

56 Camping am Leuchtturm, Krautsand

GPS 53.75870, 9.37646

Familärer Platz in sehr schöner und ruhiger Lage. Gute Sanitärausstattung, Waschmaschine, Trockner, Restaurant, 200 m zum Elbstrand. **Lage/Anfahrt:** in Krautsand ausgeschildert; **Platzanzahl:** 270; **Untergrund:** Wiese; **Service:** Strom, Trinkwasser, Abwasser, Chemie-WC; **Preise:** 12 €/Fahrz., 7,50 €/Pers., Strom 3,50 €, Hund 3 €; **Geöffnet:** Apr.–Oktober; **Kontakt:** Leuchtturmweg 5a, 21706 Drochtersen-Krautsand, Tel. 04143 55 22, www.camping-krautsand.de

Offiziell, aber ohne VE, kann man am Alten Hafen in Drochtersen-Assel übernachten

57 Hinterm Elbdeich, Krautsand

GPS 53.75176, 9.39054

Platz in sehr schöner und ruhiger Lage an der Elbe (Sandstrand), allerdings mit Badeverbot, Restaurant 350 m, WC an der Anlegestelle. **Lage/Anfahrt:** in Krautsand ausgeschildert; **Platzanzahl:** 10; **Untergrund:** Pflaster; **Service:** Strom; **Preise:** 10 €/Fahrz. inkl. Strom; **Geöffnet:** Mitte Apr.–Anf. Okt.; **Kontakt:** Hinterm Elbdeich, 21706 Krautsand

447wn-gg

064wn-gg

WISCHHAFEN

(27 km – km 99,5)

Das kleine Wischhafen hat sich ganz auf die Wohnmobiltouristen eingestellt. Drei Stellplätze stellt es für die Gäste zur Verfügung, eine Ver- und Entsorgungsstation gibt es und im alten Hafen steht Strom für Wohnmobile bereit.

Sehenswert ist das kleine **Kehdinger Küsten-Schifffahrtsmuseum** in einem historischen Getreidespeicher. Immer der roten Leine nach kommt man zu liebevoll präsentierten Schiffsmodellen, Rettungsgerät, Schiffsausrüstung und Motoren – alles wird betreut von „alten Seebären", die sich Zeit für die Gäste nehmen und alles erläutern. Ergänzt wird die Daueraustellung durch jährlich neu konzipierte Sonderausstellungen. Zum Museum gehört das 1956 erbaute **Küstenmotorschiff Iris-Jörg,** das seit 2002 im denkmalgeschützten alten Hafen liegt. Sie war bei Ihrem Ankauf in einem sehr schlechten Zustand und es waren zahlreiche ehrenamtliche Helfer und Ende 2017 ein achtwöchiger Werft-Aufenthalt notwendig, um sie zu restaurieren.

Die **Elbinsel Krautsand** mit den schönen Sandstränden lässt mediterranes Feeling aufkommen. Über das Sperrwerk (geöffnet: Mai–Sept. Sa./So. 10–12 und 17–19 Uhr) beim Stellplatz 59 spaziert oder radelt man hinüber. Öffnungszeiten beachten!

Interessante Ausstellung im Kehdinger Küsten-Schifffahrtsmuseum

Sehenswertes

- **Kehdinger Küsten-Schifffahrtsmuseum,** Unterm Deich, www.kuestenschifffahrtsmuseum.de, Tel. 04770 831140, geöffnet: Ostern–Mai und Oktober–Mitte November Sa., So., Feiertage 10–12 und 13–18, Juni–September Di.–Fr. 10–12 und 13–18 Uhr, MS Iris-Jörg Mi., Sa., So. zu den Museumsöffnungszeiten, Eintritt: 4/1/8 €, mit MS Iris-Jörg 6/1,50/12 €, Kinder bis 8 Jahre frei

Information

- **Tourist-Info Kehdingen,** Staderstr.175, 21737 Wischhafen, Tel. 04770 831129, www.tourismus-kehdingen.de, geöffnet. Mai–Okt. Mo., Di., Do., Fr. 9–12, Mo. auch 15–17 Uhr

Ver- und Entsorgung

- **Station der Gemeinde Wischhafen,** GPS 53.76455, 9.32138, Ziegelstraße, 21373 Wischhafen, kostenlos, eine Spende wird erwartet. Hier kann man eventuell auch übernachten.

Man fährt nun immer auf der Straße entlang des Deiches und kommt über Freiburg 60 und Krummendeich 61 zum Sperrwerk an der Oste.

58 Am alten Hafen, Wischhafen

GPS 53.77286, 9.32238

Schöne, ruhige Lage umgeben von Wiesen direkt am alten Hafen, 100 m zum Lebensmittelmarkt. **Lage/ Anfahrt:** in Wischhafen rechts zum Hafen fahren, ausgeschildert; **Platzanzahl:** 8; **Untergrund:** Schotter, Schotterrasen; **Service:** Strom; **Preise:** kostenlos, Spende von 3 € wird erwartet, Strom 1 €/2 kWh; **Geöffnet:** frei zugänglich; **Kontakt:** Hafenstr. 8, 21373 Wischhafen. Alternativ beim Küstenmuseum (GPS 53.77524, 9.32127), allerdings ohne Strom.

448wn-gg

59 Elbanleger, Wischhafen

GPS 53.78617, 9.34027

150 m vom Fähranleger entfernt, nette Lage, umgeben von Wiesen, zum Zentrum 1,5 km, von hier Möglichkeit über Sperrwerk zu Fuß oder mit Fahrrad zur Insel Krautsand zu kommen. **Lage/Anfahrt:** in Wischhafen den Schildern zum Elbanleger folgen; **Platzanzahl:** 15; **Untergrund:** Schotter, Schotterrasen; **Preise:** kostenlos, eine Spende von 3 € wird erwartet; **Geöffnet:** frei zugänglich; **Kontakt:** Glückstädterstraße, 21373 Wischhafen

449wn-gg

Erlebenswertes für die ganze Familie

- **Naturfreibad Krummendeich,** Wechtern 8, geöffnet: Mai/Juni/Sept. Mo.-Fr. 14-19 Uhr, Sa., So. 11-19 Uhr, Juli/Aug. tägl. 11-19 Uhr, Eintritt: 1 €, Kinder bis 16 Jahre frei, Dusche 0,50 €. Gepflegte Anlage mit Charme.
- **Fahrradtour ins nördliche Kehdinger Land:** Länge 37 km, Start: Krummendeich. Am Deich entlang radelt man nach Freiburg, Oederquard, Oberndorf und dann über den Ostedeich an schönen Bauernhöfen vorbei nach Altendecken. Schließlich geht es über Balje (Natureum) und den Alten Elbdeich wieder zurück nach Krummendeich. Schöne, gemütliche Strecke mit viel Fernblick.

Gastronomie

- **Restaurant Luv,** Osterwechtern 97, 21732 Krummendeich, www.luvkrummendeich.de, Tel. 04779 59655, geöffnet: Do.-Sa. 18-22, So. 12-21 Uhr. Modernes Ambiente im alten Reetdachhaus. Sehr freundliche, aufmerksame Bedienung. Kleine Speisekarte mit regionalen, frischen Produkten.

Einkaufen

- **Naturkost-Paradies Eschenhof,** Dösemoor 58, 21734 Oederquart, Tel. 0176 41331720, www.bio-wunschkiste.de, geöffnet: Mo., Di., Do. 9-16, Sa. 10-14 Uhr. Gut sortierter Hofladen mit Gemüse, Obst, Fleisch, Molkereiprodukten, Aufstrichen etc.

450wn-gg

60 Sport- und Freizeitzentrum, Freiburg

GPS 53.82287, 9.29301

Reservierte Plätze auf einem großen Parkplatz beim Sport- und Freizeitgelände, bei Veranstaltungen kann es laut werden! Dusche, WC. **Lage/Anfahrt:** in Freiburg ausgeschildert; **Platzanzahl:** 30; **Untergrund:** Pflaster; **Service:** Strom, Trinkwasser; **Sicherheit:** beleuchtet; **Preise:** 8 €/Fahrz., inkl. Wasser, Strom, Dusche 1 €; **Geöffnet:** frei zugänglich; **Kontakt:** Am Bassin 21, 21729 Freiburg

451wn-gg

61 Osterwechtern, Krummendeich

GPS 53.83067, 9.20212

Sehr schöne, ruhige Lage an einer großen Wiese am Ortsrand, WC und Dusche in der Saison von 6-19 Uhr im Freibad, Lebensmittelmarkt in der Nähe. **Lage/Anfahrt:** in Krummendeich ausgeschildert; **Platzanzahl:** 6; **Untergrund:** Schotterrasen; **Preise:** kostenlos, Spende erbeten; **Geöffnet:** frei zugänglich; **Kontakt:** Osterwechtern, 21732 Krummendeich, Tel. 04770 831129

RUNDFAHRT LINKS UND RECHTS DER OSTE

(Rundfahrt 103 km)

Hinter Balje-Hörne und sofort nach der Osteüberquerung biegt man Richtung Geversdorf/Oberndorf ab. Die schöne Fahrt führt durch Wiesen und Felder an großen Bauernhöfen vorbei immer der Oste entlang bis ins freundliche **Oberndorf.**

Hier steht die **Kirche St. Georg** mit einem Altar von 1636. Nach dem großen Brand in Hamburg (1842) entstanden in Oberndorf zwanzig neue Ziegeleien, um genügend Material für den Wiederaufbau zu fertigen. Die Kulturkneipe, eine regionale Molkerei und ein freundlich gestalteter Stellplatz 62 sind Einladung, einen Tag hier zu verbringen.

Gastronomie

› **Kombüse 53° Nord,** Hauptstr. 28, 21787 Oberndorf, www.die-oberndorfer.de, Mi.-So. 18-22, Fr. 11-13, erstes Wochenende im Monat auch 14-18 Uhr. In der Kulturkneipe gibt es einfache Gerichte, dafür aber überwiegend mit Zutaten vom Biobauern aus der Region. Hier kommt man ins Gespräch. Kulturveranstaltungen.

Einkaufen

› **Molkerei Hasenfleet,** Hasenfleet 3, 21787 Oberndorf, Tel. 04772 296, www.molkerei-hasenfleet.de, geöffnet: Mo.-Fr. 8-12 Uhr. Frische Fassbutter, Frischkäse, Schichtkäse, Quark, Joghurt, Sahne, Buttermilch – alles aus regionaler Milch. Da schmeckt man die Frische!

Die Sonne durchbricht den Nebel an der Oste

066wn-gg

079wn-gg

62 Bentwisch, Oberndorf

GPS 53.75377, 9.15058

Platz in schöner und relativ ruhiger Lage (Straßenkreuzung), 400 m ins Zentrum mit Bäcker und Restaurant. WC und Duschen über die Straße bei der Entsorgung. **Lage/Anfahrt:** von der B73 Richtung Oberndorf und links über die Oste zum Platz; **Platzanzahl:** 3; **Untergrund:** Schotterrasen; **Service:** Strom, Trinkwasser, Abwasser, Chemie-WC; **Sicherheit:** beleuchtet; **Preise:** 5 €/Fahrz., Strom 1 €/6 Std., Wasser 1 €/100 l, WC und Dusche je 0,50 €; **Geöffnet:** ganzjährig; **Kontakt:** Bentwisch 4, 21787 Oberndorf, Tel. 04778 81200, www.wingst.de

An der Kreuzung beim Stellplatz fährt man nach rechts durch idyllische Landschaft, meist auf von Alleen gesäumter Straße, bis zur Einmündung in die B495. Hier ist der kleine Umweg von 5 km nach Osten empfehlenswert.

In Osten gibt es seit 1909 die Schwebefähre, ein ganz besonderes Industriedenkmal. Mit einer Länge von 90 m und einer Gesamthöhe von 38 m überspannt die Eisenkonstruktion die Oste und eine Gondel mit einem Gewicht von 34 t bringt Fußgänger und Radfahrer auf die andere Seite.

Sehenswertes

› **Schwebefähre,** zwischen Hemmoor und Osten über die Oste (Ufer Osten GPS 53.69466, 9.18346), www.schwebefaehrendorf.info, geöffnet: April Mo.–Fr. 12–16, Sa., So. 11–17, Mai–Juni, September Sa., So. 11–17, Juli, August Di.–So. 10–18, Oktober Sa., So. 11–16 Uhr. Eine Fahrt kostet 2 € bzw. 1,50 €.

Wieder zurück an der B495 biegt man nun in Richtung **Großenwörden,** der kleinsten Gemeinde Niedersachsens mit einem netten Stellplatz, ab.

452wn-gg

63 Festhalle, Osten

GPS 53.69612, 9.18859

Etwas kurze Stellplätze bei der Festhalle in ruhiger Lage, außer es findet eine Veranstaltung statt. 300 m zur Schwebefähre. **Lage/Anfahrt:** von der B495 nach Osten abbiegen dann den Hinweisschildern Festhalle folgen; **Platzanzahl:** 6; **Untergrund:** Pflaster; **Service:** Strom, Trinkwasser; **Sicherheit:** beleuchtet; **Preise:** 8 €/Fahrz. inkl. Strom und Wasser, Bezahlung beim Fährkrug; **Geöffnet:** ganzjährig; **Kontakt:** Gartenstraße, 21756 Osten

64 Am Ostedeich, Großenwörden

GPS 53.67786, 9.25717

Platz in schöner und ruhiger Lage direkt hinterm Deich, Dorfladen, Restaurant. **Lage/Anfahrt:** an der Einmündung B495 Richtung Großenwörden, dann ausgeschildert; **Platzanzahl:** 3; **Untergrund:** Pflaster; **Service:** Strom, Trinkwasser; **Preise:** 5 €/Fahrz., Strom/Wasser 2 €; **Geöffnet:** ganzjährig; **Kontakt:** Deichstraße, Großenwörden, Tel. 04775 8115

453wn-gg

Über Burweg geht es nach **Kraneburg.** Im Ortsteil Brobergen hat man Gelegenheit, mit der **Prahmfähre** überzusetzen, einer flachen Fähre, die mit einer Kette am Flussboden verankert ist und meist von Hand über den Fluss gezogen wird (Mai/Sept. Mo.–Fr. 13–18, Sa., So. 10–18, Juni–Aug. tägl. 10–18 Uhr). Auf der anderen Oste-Seite haben Ehrenamtliche beim Fährkrug einen Stellpatz eingerichtet.

65 Fährkrug, Brobergen

GPS 53.59708, 9.17080

Platz in schöner und ruhiger Lage an der Oste, einfache Dusche, WC, Restaurant (Mai–Sept. Sa./So. 14–18 Uhr). Für Fahrzeuge über 3,5 t nicht geeignet. **Lage/ Anfahrt:** Überfahrt mit der Prahmfähre von Brobergen aus. Ohne Fähre ab Burweg über die B73 nach Hechthausen, dort links auf der Landstraße zum Platz; **Platzanzahl:** 6; **Untergrund:** Pflaster; **Service:** Strom, Trinkwasser; **Preise:** 10 €/Fahrz., alles inkl.; **Geöffnet:** Mai–Sept. ganzjährig ohne VE und Strom; **Kontakt:** Fährstraße 16, 21726 Brobergen, Tel. 04140 365, www.faehre-brobergen.de

Nächstes Ziel ist **Gräpel** mit seinem idyllischen Stellplatz 66, der sich ebenfalls an einer Prahmfähre befindet.

Ein technisches Meisterstück – die Schwebefähre über die Oste

065wn-gg

454wn-gg

66 An der Prahmfähre, Gräpel

GPS 53.56623, 9.17287

Sehr schöne, ruhige Lage direkt an der Prahmfähre und einem Gasthof. Am Platz beginnt eine schöne Radrundtour. **Lage/Anfahrt:** von der B74 am Ortsanfang von Elm nach rechts Richtung Estdorf abbiegen, dann weiter Richtung Gräpel, im Ort ausgeschildert; **Platzanzahl:** 3; **Untergrund:** Schotter; **Sicherheit:** beleuchtet; **Preise:** kostenlos; **Geöffnet:** frei zugänglich; **Kontakt:** Zum Hafen 21, 21727 Gräpel, Tel. 04144 609927

BREMERVÖRDE

Bremervörde ist eine lebhafte Einkaufsstadt ohne architektonische Besonderheiten. Attraktiv nicht nur für Kinder ist die **Welt der Sinne.** Hier kann man balancieren, auf Barfußpfaden gehen, Klang-, Riech- und Fühlobjekte erkunden, an Summsteinen lauschen – kurz gesagt, seine fünf Sinne erfahren lernen. Das ist ein Riesenspaß mit viel Platz zum Toben und Spielen. Das Außengelände wurde durch das Haus der Sinne thematisch erweitert (geöffnet: April–Okt. Sa./So. 14–17 Uhr, Eintritt: frei).

Der Stellplatz 67 liegt direkt am Vörder See mit der **Spiellandschaft** und dem **Haus des Waldes** (geöffnet: wie Haus der Sinne). Wenn das Wetter nicht mitspielt, verbringt man den Tag im **Hallen- und Freibad Delphino** mit Großröhrenrutsche, Sprudellandschaft, Außenbecken und Sauna.

Erlebenswertes für die ganze Familie

› **Welt der Sinne,** Natur- und Erlebnispark am Vörder See, Huddelberg 15, www.parkdersinne-brv.de, geöffnet: ganzjährig frei zugänglich. Die Welt der Sinne ist ein Erfahrungsfeld mit Exponaten und Objekten, die im spielerischen Kontakt mit Materialien, Farben

455wn-gg

67 Wohnmobilstation Bremervörde

GPS 53.49491, 9.15207

Schön gelegener, ruhiger Stellplatz in landschaftlich reizvoller Lage, direkt am Vörder See, 15 Min. ins Zentrum, gepflegte Dusche, WC, Womo bis 12 m, ausgeschilderte Radwege vom Platz, Rundweg um den See 6 km. **Lage/Anfahrt:** im Zentrum der Beschilderung zum Vörder See folgen; **Platzanzahl:** 40; **Untergrund:** Rasengitter; **Sicherheit:** beleuchtet; **Service:** Strom, Trinkwasser (winterfest), Abwasser, Chemie-WC, WLAN; **Preise:** 9,50 €/Fahrz. (Nov.–Febr. 6,50 €), Strom 3 €, Dusche 1 €; **Geöffnet:** ganzjährig; **Kontakt:** Kiebitzweg 1, 27432 Bremervörde, Tel. 04761 987142

062wn-gg

und Formen Einsichten in die Gesetze der Natur vermitteln.

› **Familienbad Delphino,** Am Lagerberg 36, Tel. 04761 809090, www.delphino-bremervoerde.de, geöffnet: Mo.-Fr. 6.15-8 und 14-21, Sa., So. 8-19 Uhr, Eintritt: 3,80/2,10/10,80 €. Freibad nur von Mai bis September geöffnet.

Information

› **Tourist-Information Bremervörde,** Rathausmarkt 1, 27432 Bremervörde, Tel. 04761 987142, www.bremervoerde.de, geöffnet: Mo.-Fr. 9.30-12.30 und Mo./Di./Do. auch 14.30-17 Uhr, April-Okt. auch Sa. 10-12.30 Uhr

Für den Rückweg zur Küste wählt man zunächst die B71 und dann die B495. So ist rasch **Hemmor** erreicht. Auf der B73 Richtung Cuxhaven fahrend lohnt sich am Ortsende beim **Zementmuseum** der nächste Stopp. Auf einer großen Wiese direkt neben der Straße

Der See von Bremervörde ist zu jeder Jahreszeit interessant

Rote Grütze

Zutaten:

750 g gemischte rote Früchte wie Erdbeeren, Johannisbeeren, Himbeeren, Kirschen, Brombeeren, Heidelbeeren
¼ l trockener, fruchtiger Rotwein
50 g Zucker
30 g Speisestärke
Schale einer halben unbehandelten Zitrone

Zubereitung:

Beeren waschen, gut abtropfen lassen und entstielen. 3 Esslöffel Rotwein mit der Speisestärke anrühren. Den restlichen Rotwein mit dem Zucker und der Zitronenschale aufkochen. Speisestärke einrühren und alles bei schwacher Hitze 5 Min. kochen lassen. Zitronenschale entfernen, Beeren dazugeben und kurz aufkochen lassen. In Portionsschalen verteilen und kalt mit Vanillesoße oder Vanilleeis oder gut gekühlter Sahne servieren. Für ganz Süße auch mit allen drei Zugaben.

Wanderung zum Fresenburger Moorkanal

***Länge:** 9 km*
***Start:** Stellplatz 67*

Man geht rechts um den Vörder See herum bis zur überdachten Aussichtsplattform mit Tischen und dort weiter über den Ostedeich bis zum Fresenburger Kanal. Dem Kanal folgend verläuft die Strecke über die Brücke bis zum Waldrand, dort links und nach 400 m links auf einen Feldweg. Auf diesem zurück zum Fresenburger Kanal, dann wiederum nach links über eine Wiese zum Fresenburger Moorkanal abbiegen. Weiter bis zur Siedlung, diese sich links haltend passieren bis zur Straße „Am Hang". Ihr folgen bis zur Straße „Ostsid" und über den Feldweg gegenüber zurück zum Vörder See.

stehen Geräte, Maschinen und eine Schute (motorloses, von Schleppern gezogenes Transportschiff), mit denen bis 1976 in Hemmoor aus Kreide Zement gefertigt, verpackt und abtransportiert wurde. 117 Jahre Kreideabbau hinterließen eine 120 m tiefe Grube, die sich nach und nach mit Grundwasser gefüllt hat. Dort, wo bis zu 2000 Arbeiter Kreide abbauten, kann man heute im Kreidesee zwischen alten Industrieanlagen, versenkten Autos und überfluteten Wäldern tauchen. Saibling, Binnenlachse und Seeforellen leben inzwischen im 40 Hektar großen Gewässer.

Sehenswertes

› **Zementmuseum,** Hauptstraße, 21745 Hemmoor (B73, GPS 53.70311, 9.13152), geöffnet: Museumsschute nur nach telefonischer Anmeldung (Tel. 04771 7140 oder 04771 7464), Eintritt: 1 €. Außengelände frei zugänglich.

Weiter auf der viel befahrenen B73 erreicht man **Wingst.** Die Wingst ist ein Waldgebiet mit sehr vielen Spazierwegen, einem Zoo und einem Spielpark.

Im Zementmuseum von Hemmoor ist das Freigelände immer zugänglich

197wn-gg

68 Reisemobilhafen Knaus, Wingst

GPS 53.75323, 9.08202

Plätze vor der Schranke eines Campingplatzes mit guter Sanitärausstattung. **Lage/Anfahrt:** von der B73 zum Campingplatz (ausgeschildert) abbiegen; **Platzanzahl:** 5; **Service:** Strom, Trinkwasser, Chemie-WC; **Preise:** 11,50 €/Fahrz., Kurtaxe 2 €, Benutzung der Sanitäranlagen 4 €/Pers., Strom 4 €; **Geöffnet:** März–Okt.; **Kontakt:** Schwimmbadallee, 21789 Wingst, Tel. 04778 7604, www.knauscamp.de

456wm-gg

Der **Zoo** hat außer Großkatzen, Affen und Streichelzoo als Besonderheit einen 2 ha großen **Wolfs- und Bärenwald.** Ein Rudel Wölfe und eine Gruppe Braunbären leben hier in einem Hochwald, wobei die Wölfe sogar die Möglichkeit haben, in das Gehege der Bären zu wechseln. So bieten sich faszinierende Einblicke in das Verhalten dieser Raubtiere in ihrer natürlichen Umgebung.

Im **Spiel- und Sportpark** kommen mutige Erwachsene und Kinder auf ihre Kosten. Man klettert im Hochseilgarten, rast auf der Sommerrodelbahn 500 m den Berg hinunter, planscht im Wasserspielplatz, springt auf dem Trampolin oder genießt das Zuschauen aus einem Strandkorb. Das Hallen- und Freibad liegt direkt daneben.

Erlebenswertes für die ganze Familie

- **Zoo mit Wolfs- und Bärenwald,** Am Olymp 1, 21789 Wingst, Tel. 04778 255, www.wingstzoo.de, geöffnet: April–Okt. 10–17.15 Uhr, Nov.–März nur bis 16.15 Uhr, Eintritt: 7/5/22 €. Hundeverbot.
- **Spiel- und Sportpark,** Schwimmbadallee, geöffnet: April–Mitte Okt. Di.–So. 11–18 Uhr. Hier ist jede Aktivität einzeln zu bezahlen. Eintritt: 1,50 €, zuzügl. Baumseilgarten 8,50/7,50 €, Sommerrodelbahn pro Fahrt 2,50 € etc. Keine Hunde.
- **Hallen- und Freibad,** Schwimmbadallee 8, 21789 Wingst, Tel. 04778 442, geöffnet: siehe unter www.wingst.de/schwimmbad

Nach so viel Aktivität wieder zurück im Wohnmobil nimmt man die bekannte B73 und fährt nördlich bis nach **Neuhaus.** Das verträumte Dorf hatte einen sehenswerten historischen Hafen und einen schönen Stellplatz für Wohnmobile am Yachthafen 69. Gleich am Ortsende von Neuhaus weist ein Straßenschild zum Natureum, dem Endpunkt der Rundfahrt.

Wer die Rundfahrt nicht gemacht hat, folgt der Anfahrt zum Stellplatz am Sperrwerk 70. Das Sperrwerk – als Schutz gegen Sturmfluten zwischen Oste und Meer errichtet – hat die Maße 136 x 42 m mit fünf Öffnungen à 22 m.

Erlebenswertes für die ganze Familie

- **Natureum,** 21730 Balje/Neuhaus, Tel. 04753 842110, www.natureum-niederelbe.de, geöffnet: April–Okt. Di.–So. 10–18 Uhr, Juli/Aug. auch Mo., Nov.–März Sa./So. 10–17 Uhr, Eintritt: 8/5/20 €, Hund 1 €, Nov.–März 6/4/15 €. Das Natureum nennt sich selbst Freilichtmuseum und ist eine Mischung aus Museum, Zoo und Park. Im als „Küstenwelle" gestalteten Eingangsbereich hängt das beeindruckende Skelett eines Pottwalbullen. Die Bewohner des Zoos sind heimische Tiere und Küstenbewohner aus der ganzen Welt. Typische Tiere aus Marsch, Moor und Geest tummeln sich in den Außengehegen. Das Küstenmuseum hat die Themenbereiche „Lebensader Elbstrom" und „Bernstein – Gold der Küste".

457wn-gg

69 Yachthafen, Neuhaus

GPS 53.80247, 9.04024

Plätze in schöner, ruhiger Aussichtslage (Oste), WC/Dusche. **Lage/Anfahrt:** gut ausgeschildert. Vorsicht bei Auffahrt zum Deich: Fahrzeuge können aufsitzen, besser bei Blumen Heller wenden; **Platzanzahl:** 10; **Untergrund:** Rasengitter; **Service:** Strom, Trinkwasser, Abwasser, Chemie-WC (bei Blumen Heller, GPS 53.79958, 9.03982); **Sicherheit:** beleuchtet; **Preise:** 9 €/Fahrz. inkl. Wasser, Strom 2 €, Dusche 2 €; **Geöffnet:** März–Okt.; **Kontakt:** Am Yachthafen, 21785 Neuhaus

458wn-gg

70 Am Sperrwerk, Balje

GPS 53.81845, 9.03841

Platz beim Sperrwerk und Natureum an der Oste, ruhige Lage. **Lage/Anfahrt:** Vorsicht! Wohnmobile über 2,8 t nicht in Hörne Richtung Natureum abbiegen, sondern weiter auf der L111 und dann auf der B73 bis zur Abzweigung Natureum fahren. Die ausgeschilderte Anfahrt von Hörne geht über eine Klappbrücke, die für Fahrzeuge über 2,8 t und nur Di.–Do. und Sa./So. zwischen 10 und 17 Uhr geöffnet ist. **Platzanzahl:** 6; **Untergrund:** Schotter; **Preise:** kostenlos; **Geöffnet:** frei zugänglich; **Kontakt:** Neuenhof 8, 21730 Balje

OTTERNDORF

(10 km – km 109,5)

Über die B73 erreicht man Otterndorf. Den ausgesprochen malerischen Ort sollte man bei seiner Reise nicht auslassen. Besonders rund um die Kirche gruppieren sich die Häuser zu einem idyllischen Ensemble. Im **Café Brüning** kann man diese Kulisse bei einem der unzähligen Eisbechervariationen auf sich wirken lassen. Sehens- und vor allem hörenswert ist die Gloger-Orgel in der **St.-Severi-Kirche.** Sie enthält noch Pfeifen aus dem Jahre 1553. Von 1583 stammt das **Rathaus** mit herrlichen Wand- und Deckenmalereien. Auf eine Reise zurück in die Kindheit geht es in der **Puppenstube.** Weit über 1000 Puppen, Plüschtiere und Puppenhäuser zeigt die Privatsammlung im Bürgerhaus von 1782. Das **Kranichhaus** in der Reichenstraße 3 zählt zu den bedeutendsten Baudenkmälern links der Niederelbe. Seine ältesten Bauteile, wie

die mächtigen Deckenbalken über dem Erdgeschoss, lassen sich auf das Jahr 1583 datieren.

Badespaß für Jung und Alt gibt es in der **Sole-Therme.** Spaßbecken mit Sprudeldüsen, eine Wasserrutsche und die Saunalandschaft sorgen für einen angenehmen Aufenthalt. Die **Spiel- & Spaß-Scheune** ist genau das Richtige für Kinder, wenn das Wetter einmal nicht so ideal ist. Toben, Klettern, Rutschen und Spielen finden dann geschützt unterm Dach statt.

Bei schönem Wetter locken der Nordseestrand und die Seenlandschaft hinter dem Deich mit vielen Spaziermöglichkeiten und Spielplätzen.

Erlebenswertes für die ganze Familie

› **Bootsfahrten auf dem Medem mit der MS Jens,** Ostern–Okt. tägl. 11 Uhr, Sa. auch 14.30 Uhr, Dauer 75 Min, Preise: 8/4 €, Tel. 0171 3525356, www.schifffahrt-otterndorf.de. Hier dürfen Hunde mit.

› **Puppenstube,** Marktstr. 12, www.puppenstube-otterndorf.de, geöffnet: Nov.–März Mi./Sa. 14.30–17 Uhr, April–Okt. Mi./Do./Fr./So. 14.30–17 Uhr, Eintritt: 1/0,50 €

› **Spiel- und Spaß-Scheune,** Norderteiler Weg 2a, Tel. 04751 919676. geöffnet: Sept.–Juni Di.–Fr. 14–19 Uhr, Sa./So. 10–19 Uhr, Juli/Aug. tägl. 10–19 Uhr, Eintritt: 2,50/3–4/12 €.

› **Sole-Therme,** Goethestr. 12, Tel. 04751 3668, geöffnet: Di./Do./Fr. 6–7.30 Uhr, Di./Fr. 14–22 Uhr, Mo. 14–19 Uhr, Mi. 14–17 Uhr, Do. 14–18 Uhr, Sa. 10–22 Uhr, So. 8–19 Uhr, Eintritt: 9/5/23 €

Information

› **Touristeninformation Otterndorf,** Wallstraße 12, 21762 Otterndorf, Tel. 04751 919131, www.otterndorf.de, geöffnet: Mai–27. Okt. Mo.–Fr. 9–17, 23. Mai–27. Okt. auch Sa 10–13, in den Ferien von Niedersachsen und NRW auch So. 10–13, 28. Okt.–31. Okt. Mo.–Fr. 9–12.30 und 14–17, Nov.–April Mo.–Fr. 9–13 Uhr

Gastronomie

› **Alt Otterndorf,** Am Kirchplatz 12, Tel. 04751 3308, Di. geschlossen. Kleines, gemütliches Lokal mit bodenständiger Küche.

Parken

P 27 **Schützenplatz,** GPS 53.80891, 8.89454, kostenlos, reservierte Plätze für Womos. Übernachtung möglich.

Wieder zurück auf der B73 geht es westlich nach Cuxhaven.

Das einladende Otterndorf

069wn-gg

459wn-gg

71 Seglertreff, Otterndorf

GPS 53.82278, 8.89471

Plätze in ruhiger und schöner Lage an einem Kiosk (kleine Gerichte, Getränke) hinterm Deich, WC, Dusche, Frühstück, Brötchenservice, Aufenthaltsraum. Für Fahrzeuge bis 8 m Länge. 500 m zum Strand, 1,5 km ins Zentrum. **Lage/Anfahrt:** in Otterndorf den Schildern „Schleusen" folgen; **Platzanzahl:** 12; **Untergrund:** Rasengitter; **Service:** Strom, Trinkwasser, Chemie-WC; **Sicherheit:** beleuchtet; **Preise:** 12 €/Fahrz., Strom 0,60 €/kWh, Dusche 1,50 €; **Geöffnet:** Osterferien–Ende Herbstferien von NRW; **Kontakt:** Deichstraße, 21762 Otterndorf, www.seglertreff-otterndorf.de

460wn-gg

72 Schöpfwerkinsel, Ihlienworth

GPS 53.74451, 8.91750

Platz in schöner, ruhiger Lage am Ortsrand. Bäcker in der Nähe. Kanuverleih am Ort. **Lage/Anfahrt:** Von Otterndorf Richtung Bad Bederkesa über Neuenkirchen nach Ihlienworth; **Platzanzahl:** 12; **Untergrund:** Schotter; **Service:** Strom, Trinkwasser, Abwasser, Chemie-WC; **Preise:** 5 €/Fahrz., Strom 1 €/6 Std. Wasser 1 €/80 l; **Geöffnet:** Mitte März–Mitte November; **Kontakt:** Hauptstraße 1 a, 21755 Ihlienworth

CUXHAVEN
(19 km – km 128,5)

Cuxhaven, das ist „Schiffe gucken“ an der meist befahrenen Seewasserstraße der Welt – wenn man will, vom eigenen Womosessel am Stellplatz Fähranleger oder mit Ansage vom Schiffsansagedienst von der Alten Liebe am Hafen aus. Doch reduziert sich Cuxhaven nicht auf die vorbeiziehenden Ozeanriesen, sondern bietet mit seinen kilometerlangen Sand- und Grünstränden Badespaß pur. Sollte der Wettergott einmal nicht gewogen sein, planscht man im **Wellness-Thalassobad.** Auch mit maritimen Sehenswürdigkeiten geizt Cuxhaven nicht, jedoch sind die touristischen Ziele nicht hintereinander aufgereiht, sondern zum Teil mehrere Kilometer voneinander entfernt. Die nachfolgend aufgeführten Ziele können idealerweise mit dem Fahrrad angefahren und zu Fuß erkundet werden

Zwischen Duhnen und Sahlenburg verkehrt die CUXLINER Dünenbahn durch die schöne Duhner Krähenbeer-Küstenheide.

An erster Stelle sei die **Kugelbake** erwähnt, sie ist das Wahrzeichen Cuxhavens. Das 29 m hohe Seezeichen diente den Seefahrern vor dem Einsatz von Radar als Orientierungshilfe. Auswanderer, die per Schiff von Cuxhaven in die neue Welt aufbrachen, nannten sie „die letzte Ecke vor Amerika“.

Ein weiteres Überbleibsel aus vergangenen Seefahrertagen ist das **Semaphor** in der Nä-

Am Grünstrand von Otterndorf

Die Uferpromenade von Cuxhaven mit der Kugelbake

he der **Alten Liebe.** Das eiserne Gebilde aus dem Jahr 1904 zeigt die Windrichtungen und die Windstärken an. Die Buchstaben BH am Semaphor stehen für Borkum und Helgoland. Heute noch werden die Zeiger entsprechend den aktuellen Wettermeldungen gestellt.

Bei der schon erwähnten **Alten Liebe** handelt es sich um eine zweigeschossige hölzerne Aussichtsplattform aus dem Jahr 1733. Von dem ursprünglich als Schiffsanleger erstellten Bauwerk hat man einen hervorragenden Blick auf die vorbeiziehenden Schiffe. Eine Laut-

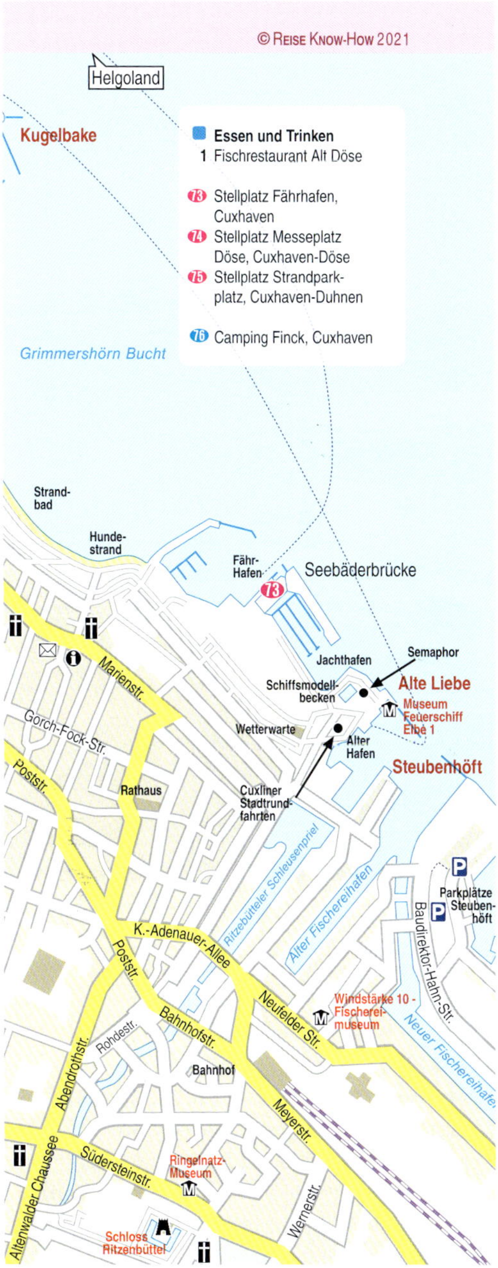

sprecherdurchsage kündigt von April bis Oktober zwischen 10 und 19 Uhr die Schiffe an. Hier befindet sich auch das außer Dienst gestellte **Feuerschiff Elbe 1.** Feuerschiffe waren einst fahrende Leuchttürme, die Steuermänner vor Untiefen und Sandbänken warnten.

Literaturtipp

In dem spannenden Krimi ***„Blaufeuer" von Alexandra Kui*** *werden Sie viele bekannte Sehenswürdigkeiten von Cuxhaven wiederfinden.*

In zwei historischen Fischpackhallen von 1930 erzählt das neue **Wrack- und Fischereimuseum Windstärke 10** von der harten Arbeit und den Gefahren der Seefahrt. Man gewinnt einen Eindruck vom Fischfang vor Island und geht „tauchen" auf den Grund der Nordsee. Eine faszinierende Lichtinstallation lässt die Besucher Wracks „finden" und gibt ihnen das Gefühl, tatsächlich unter Wasser zu sein.

An der äußersten Spitze des **Amerikahafens** stehen das **Steuben-Höft** und die **Hapag-Hallen.** Hier verließen Tausende von Auswanderern ihre alte Heimat, um in Amerika oder Kanada ihr Glück zu suchen. In dem ehemaligen Amerikabahnhof dokumentiert eine Ausstellung an Hand von Einzelschicksalen das Leben der Auswanderer. Seit der Einstellung des Liniendienstes 1967 legen hier nur noch Kreuzfahrtschiffe an. Übrigens begann hier 1891 mit der ersten „Lustreise in den Orient" die Ära der Kreuzfahrten.

Das **Backsteinschloss Ritzenbüttel** aus dem Jahr 1340 besitzt einen sehr schön mit uralten Bäumen angelegten Park. Die im Biedermeierstil möblierte Amtmannwohnung, der Barock- und der Gotische Saal sind neben den wechselnden Kunstaustellungen zu besichtigen.

Ein Kleinod ganz besonderer Art ist das **Ringelnatz-Museum** in unmittelbarer Nähe zum Schloss. Neben seinen Schriften sind hier auch Bilder des großen Schriftstellers, Kabarettisten und Malers zu sehen. Freunde seiner humoristischen Verse kommen hier voll auf ihre Kosten.

Zu guter Letzt sei noch die **Dicke Berta** erwähnt. Kein korpulentes weibliches Wesen, sondern ein schwarz-weißer Leuchtturm, der von 1887 bis 1983 in Betrieb war. In den

Sommermonaten kann man die 41 Stufen emporsteigen, um über die Geschichte des Leuchtfeuers Interessantes zu erfahren oder um einfach die Aussicht zu genießen.

Sehenswertes

- **Museum Feuerschiff Elbe 1,** Alte Liebe, Tel. 04721 8136, geöffnet: Apr.-Okt. Di.-So. 11-16 Uhr, Eintritt: 4/2,50/10 €
- **Windstärke 10,** Ohlroggestr. 1, www.windstaerke10.net, geöffnet: April-Okt. 10-18 Uhr, Nov.-März Di.-So. 11-17 Uhr, Eintritt: 9,50/1,50/19 €. 100-jährige Entwicklung und Geschichte der Fischerei.
- **Schloss Ritzenbüttel,** Schlossgarten 8, Tel. 04721 721812, geöffnet: Mo.-Do. 10-13 Uhr, Di.-Do. 14-17 Uhr, Sa./So. 11-15 Uhr, Eintritt: 3/1 €. Schloss aus dem 14. Jh.
- **Ringelnatz-Museum,** Südersteinstr. 44, Tel. 04721 394411, www.ringelnatzmuseum.de, geöffnet: Di.-So. 10-13 und 14-17 Uhr, Eintritt: 4/2,50 €, Audioguide (auch Kinder) 2 €. Ausstellung zu Leben und Werk von Joachim Ringelnatz.

531wn-as©Sina Ettmer - stock.adobe.com

Cuxhaven bezeichnet sich selbst als maritime Weltstadt

080wn-gg

73 Fährhafen, Cuxhaven

GPS 53.87575, 8.70344

Riesiger Platz in schöner Lage, in den vorderen Reihen sehr schöne Sicht auf vorbeifahrende Schiffe. Weiter Weg zur Ver-/Entsorgung, Brötchenservice, zentrumsnah, immer sehr gut besucht. **Lage/Anfahrt:** in Cuxhaven Richtung Fährhafen fahren, ausgeschildert; **Platzanzahl:** 300; **Untergrund:** Beton; **Service:** Strom, Trinkwasser (winterfest), Abwasser, Chemie-WC; **Sicherheit:** beleuchtet; **Preise:** März-Okt. 17 €, Nov.-Febr. 12 €/Fahrz., Strom 1 €/2 kWh, Wasser 1 €/80 l; **Geöffnet:** ganzjährig; **Kontakt:** Am Schleusenpriel 2, 27472 Cuxhaven, Tel. 04721 500176

Gezeiten (Tiden)

Es kann schon manchmal verflixt sein: Da würde der Urlauber gerne in das erfrischende Meerwasser steigen und dann ist das Meer „gerade mal weg". Statt blauem Meerwasser findet man nur eine dunkle, klebrige ***Schlickmasse*** *vor.* ***Ebbe und Flut,*** *bestimmt durch die Anziehungskraft des Mondes und der Erde sowie die Fliehkraft der Erde, wechseln im regelmäßigen Rhythmus.*

Den höchsten Wasserstand nennt man ***Hochwasser,*** *den niedrigsten bei Ebbe* ***Niedrigwasser.*** *Genau 12 Stunden und 24 Minuten liegen zwischen zwei Hochwasserständen. Den genauen* ***Gezeiten- bzw. Tidenkalender*** *findet man im Aushang bei jeder Kurverwaltung. Schwimmer, Surfer und Wattwanderer sollten sich auf jeden Fall informieren und die Gefahren der Gezeiten nicht unterschätzen.*

Stehen Mond, Sonne und Erde in einer Linie, addieren sich die Anziehungskräfte und es entsteht eine ***Springtide. Nipptiden*** *mit niedrigem Wasserstand entstehen bei Halbmond, wenn Erde und Sonne im rechten Winkel zueinander stehen. Kommen zu einer Springtide auch noch auflandige Winde dazu, besteht die Gefahr von verheerenden* ***Sturmfluten*** *wie zum Beispiel im Jahre 1717. Damals ertranken 9000 Bewohner der deutschen Nordseeküste und die Deiche wurden stark beschädigt. Der* ***Gezeitenhub,*** *das bedeutet die unterschiedliche Wasserhöhe zwischen Ebbe und Flut, kann bis zu 3,50 m betragen.*

071wn-gg

Bereits 1884 stand bei der Alten Liebe das erste Semaphor. Nachdem es ein Sturm zerstört hatte, wurde 1904 diese Konstruktion eingeweiht.

- **Dicke Berta,** Altenbrucher Hafen, www.dickeberta.de, geöffnet: Ostern–Ende Sep. Di. 10–12 Uhr, Sa. 15–17 Uhr, Eintritt: 1/0,50 €

Erlebenswertes für die ganze Familie

- **Mit dem Wattwagen zur Insel Neuwerk,** Brütt Jan Büro: Duhner Strandstr. 19, Tel. 04721 48139, www.wattenpost.de, Fahrt: 35/17,50 €. Hin- und Rückfahrt zur Insel Neuwerk mit dem Wattwagen. Bitte telefonisch anmelden.
- **Thalassozentrum Ahoi,** Wehrbergweg 32, Tel. 04721 405500, https://tourismus.cuxhaven.de, geöffnet: tägl. 9–21 Uhr, Sauna 10–22 Uhr, Eintritt: Bad 15/6,50 €, Sauna 19/10,50 €, Riesenrutsche, Brandungsbecken, Kinderparadies, Therme

Information

- **Verkehrsverein Cuxhaven,** Lichtenbergplatz 2, 27472 Cuxhaven, Tel. 04721 36046, www.cuxangebote.de, geöffnet: Mo.–Fr. 9–12 und 14–17 Uhr, Sa. 9–12 Uhr, Nov.–März Mo.–Fr. 10–12 Uhr

Gastronomie

- **Fischrestaurant Alt Döse,** Strandhausallee 2, Tel. 04721 690655, www.alt-doese-eingewecktes.de, geöffnet: tägl. 17–21, Do.–So., Mo. 11.30–14.30 Uhr. Kleines Lokal, freundlicher Service. Hier kommen keine Fertigprodukte auf den Tisch.

461wn-gg

74 Messeplatz Döse, Cuxhaven-Döse

GPS 53.89097, 8.67785

Großer, kahler, gemischter Parkplatz direkt hinterm Deich, Imbissbuden umgeben den Platz an zwei Seiten, WC, Sandstrand in der Nähe. **Lage/Anfahrt:** durch Cuxhaven hindurch immer Richtung Döse und Kugelbake-Halle halten; **Platzanzahl:** 80; **Untergrund:** Pflaster; **Service:** Strom (20 Steckdosen), Trinkwasser, Abwasser, Chemie-WC; **Sicherheit:** beleuchtet; **Preise:** 9 €/Fahrz., Kurtaxe 2,80 €, Strom 1 €/kWh, Wertmarke (2 €) für 60 l Wasser gibt es an den im Aushang genannten Verkaufsstellen; **Geöffnet:** ganzjährig; **Kontakt:** Strandstr. 80, 27476 Cuxhaven, Tel. 04721 404400, www.cuxhaven.de

75 Strandparkplatz, Cuxhaven-Duhnen

GPS 53.88428, 8.64765

Separater Platzteil eines Großparkplatzes in lauter Lage, WC, Dusche, 200 m zum Strand, Einkauf, Restaurants. Strom kann nur von 9–10 oder 17–18 Uhr angeschlossen werden. **Lage/Anfahrt:** durch Cuxhaven hindurch immer den Schildern Duhnen folgen, dann rechts zu den Parkplätzen und links auf den ersten Parkplatz fahren; **Platzanzahl:** 60; **Untergrund:** Asphalt, Wiese; **Service:** Strom, Trinkwasser (winterfest), Abwasser, Chemie-WC; **Sicherheit:** beleuchtet; **Preise:** 13 €/Fahrz., Kurbeitrag 2,80 €/Pers., Strom 3 €, Dusche 1 €; **Geöffnet:** ganzjährig; **Kontakt:** Sahlenburger Weg 4, 27476 Cuxhaven, Tel. 04721 48241

462wn-gg

Das **Land Wursten** erstreckt sich zwischen Cuxhaven und Bremerhaven entlang der Küste. Der ungewöhnliche Name Wursten hat rein gar nichts mit einer Wurst zu tun, sondern kommt von Wurten. Wurten (auch Warften) sind künstlich geschaffene Hügel, auf denen Häuser erhöht errichtet wurden, damit sie besser vor Sturmfluten geschützt sind.

Am Rande von Sahlenburg, einem Ortsteil von Cuxhaven, liegt der große **Wernerwald** mit vielen Spazier- und Fahrradwegen.

76 Camping Finck, Cuxhaven

GPS 53.86020, 8.59276

Separater Teil eines großen Campingplatzes in sehr schöner Lage am Strand. Gute Sanitärausstattung, Waschmaschine, Trockner, Restaurant. **Lage/Anfahrt:** in Sahlenburg ausgeschildert; **Platzanzahl:** 16; **Untergrund:** Pflaster; **Service:** Strom, Trinkwasser, Abwasser, Chemie-WC, WLAN; **Sicherheit:** beleuchtet, umzäunt; **Preise:** 18,40 €/Fahrz. inkl. 2 Pers. und Strom, Dusche 0,50 €, Kurtaxe 2,80 €, Hund 3 €; **Geöffnet:** 15. März–Okt.; **Kontakt:** Am Sahlenburger Strand 25, 27476 Cuxhaven, Tel. 04721 399930, www.camping-finck.de

Am Rand des Wernerwaldes entlang geht es ein kurzes Stück durch markante Heidelandschaft von Sahlenburg nach Berentsch. Unterwegs kreuzen immer wieder Fahrradwege die Straße. Von Berentsch über Oxstedt gelangt man auf schöner Nebenstrecke nach Nordholz.

NORDHOLZ

(16 km – km 144,5)

Nordholz ist ein in mehrere Teilorte gegliederter, sich weit auseinanderziehender Ort. Sehenswert sind die Kirchen in Spieka und Cappel. Die **Kirche Peter und Paul** in Cappel nennt eine original Arp-Schnitger-Orgel (1680 für das St.-Johannis-Kloster zu Hamburg gebaut) ihr Eigen, ein Grund, am Sonntag einmal die Kirche zu besuchen. Die **St. Georg-Kirche** in Spieka kann von Mai bis September täglich 9–18 Uhr besichtigt werden. Prächtig sind der Altar aus dem Jahre 1678 und die Kanzel mit den gewundenen Ecksäulen von 1663.

Direkt neben dem Marineflughafen wurde das **Aeronauticum** errichtet. 17 Flugzeuge und Hubschrauber stehen auf dem großen

072wn-gg

Freigelände und zahlreiche Modelle und Exponate geben Einblick in die historische und technische Entwicklung der Marinefliegerei.

Krabben sind auch in Nordholz, wie an der gesamten Nordseeküste, eine Spezialität, besonders wenn sie frisch von den Krabbenkuttern im Hafen von Spieka-Neufeld kommen. Diese kleinen Schalentiere werden jedoch nicht nach Marokko zum Schälen gebracht, sondern dank der von Alwin Kocken 1986 entwickelten **Krabbenschälmaschine** vor Ort gepult. Mit Luft und Vakuum werden die Krabben in die richtige Lage gebracht, aufgeschlitzt und Fleisch und Schale getrennt.

530wn-gg

77 Gästezentrum, Nordholz

GPS 53.75758, 8.59405

Stellplatz schräg gegenüber dem Gästezentrum, zwischen Häusern und Straße nicht sehr ansprechend, wenn die anderen Plätze wegen Sturmflut oder im Winter gesperrt sind, eine Alternative. Für Fahrzeuge bis 7 m Länge. **Lage/Anfahrt:** den Hinweisschildern Touristeninformation folgen, am Gästezentrum vorbei und rechts zum Platz; **Platzanzahl:** 5; **Untergrund:** Pflaster; **Service:** Strom, Trinkwasser (winterfest), Chemie-WC; **Preise:** 5 €, Mai–Sept. Kurtaxe 2 €/Pers., Strom 0,50 €/1 kWh, Ver- und Entsorgung je 1 €; **Max. Stand:** 3 Nächte; **Geöffnet:** frei zugänglich; **Kontakt:** Wurster Str. 12, 27637 Nordholz-Spieka, Tel. 04741 1048

78 Am Kutterhafen, Spieka-Neufeld

GPS 53.78944, 8.54916

Platz in sehr schöner, ruhiger Lage direkt am Kutterhafen. Imbiss in der Nähe. **Lage/Anfahrt:** ab Nordholz ausgeschildert, teilweise schmale Straße; **Platzanzahl:** 30; **Untergrund:** Schotter; **Service:** Strom, Trinkwasser, Abwasser, Chemie-WC; **Preise:** 14 €/Fahrz., Sanitär 4 €, Strom 0,70 €/kWh, Wasser 1 €/80 l; **Geöffnet:** Apr.-Sept.; **Kontakt:** Am Kutterhafen, 27637 Nordholz, www.knauscamp.de

463wn-gg

79 Camping Cappel-Neufeld

GPS 53.76507, 8.53533

Übernachtungsmöglichkeit in herrlicher Lage im Naturpark, entweder auf dem Camping- oder dem separaten Stellplatz, ausreichende Sanitärausstattung. Hundeverbot. **Lage/Anfahrt:** nach Cappel-Neufeld und dort Richtung Strand über den Deich; **Platzanzahl:** 180; **Untergrund:** Wiese; **Service:** Strom, Trinkwasser, Abwasser, Chemie-WC, WLAN; **Preise:** 13,50 €/Fahrz., 6,70 €/Pers., Strom 0,60 €/kWh, Kurtaxe 2 €, Stellplatz 18 €; **Geöffnet:** Mai-Mitte Sept.; **Kontakt:** Deichweg/Außendeich, 27639 Wurster Nordseeküste, Tel. 04705 6603615, www.camping-freizeit-gmbh.de

464wn-gg

So kommt der **Granat,** wie die kleinen Garnelen auch genannt werden, frisch auf den Tisch oder auf die Brötchen. Der Ertrag der Krabbenpulmaschine ist mit 30 % gegenüber 33 % beim Pulen von Hand sehr gut.

Flugzeug auf dem Gelände des Aeronauticum

Sehenswertes

› **Aeronauticum – Deutsches Luftschiff- und Marinemuseum,** Peter-Straßer-Platz 3, Tel. 04741 18190, https://aeronauticum.de, geöffnet: 15. März–Okt. tägl. 10.30–17.30 Uhr, Nov.–14. März 10.30–16 Uhr, Eintritt: 9,50/4,50/22 €, keine Hunde

Information

› **Gästezentrum,** Wurster Str. 7, 27637 Nordholz, Tel. 04741 1048, www.wursternordseekueste.de, geöffnet: Mo., Di., Do., Fr. 10–16 Uhr

037wn-gg

Die einzigartigen Salzwiesen in Spieka-Neufeld

Spazierweg durch die Salzwiesen
Dauer ca. 1 Std.

Vom Kutterhafen in Spieka-Neufeld spaziert man bis zum Strand und hält sich dort rechts auf dem Wiesenweg. Durch die herrlichen Salzwiesen wandert man so ca. einen Kilometer. Hier steht ein Schild, das die Wanderung geradeaus verbietet. Man wendet sich nach rechts und öffnet das Gatter der Viehweide. Nun gehts auf einem Feldweg auf den Deich zu. Unterhalb des Deiches erst nach links, bis rechts ein Weg hinauf zur Deichkrone führt. Auf dieser immer geradeaus, durch einige Gatter sieht man bald schon wieder rechts den Hafen.

Einkaufen

› **Kocken Krabbenhandels GmbH,** Zum Kutterhafen 20, 27637 Spieka-Nordholz, Tel. 04741 2592, www.kocken.de, geöffnet: 7. Nov.–31. Dez. Mo.–Fr. 9–16 Uhr, Sa. 9–14 Uhr, Jan.–14. März Mo.–Fr. 9–13 Uhr, 15. März–6. Nov. Mo.–Sa. 8–18 Uhr, So. 9–18 Uhr. Hier gibt es das zwar etwas teuere, aber unvergleichlich bessere maschinengepulte Krabbenfleisch. Unter www.kocken.de findet man einen Onlineshop, der innerhalb 24 Stunden liefert.

Badeplatz

P 28 **Badeplatz Neufeld,** GPS 53.76689, 8.53253, gebührenpflichtig

Auf der schmalen Straße unterhalb des Deiches fährt man von Cappel-Neufeld nach Dorum-Neufeld. Hier gibt es das **Deichmuseum Land Wursten.** Mit einer großen Anzahl von Exponaten werden Deichbau und Küs-

80 Wohnmobilhafen Grube, Dorum-Neufeld

GPS 53.73847, 8.51945
Platz in ruhiger und schöner Lage, freier Eintritt zum Strand und zum Wellenbad; **Lage/Anfahrt:** ausgeschildert; **Platzanzahl:** 20; **Untergrund:** Schotter; **Service:** Strom, Trinkwasser (winterfest), Abwasser, Chemie-WC, WLAN; **Preise:** 15 €/Fahrz. alles inkl., Kurtaxe 2–3,40 €; **Geöffnet:** ganzjährig; **Kontakt:** Am Neuen Deich 2, 27639 Dorum-Neufeld, Tel. 04741 96970, www.wohnmobilhafen-grube.de

465wn-gg

tenschutz von den ersten Anfängen bis heute dargestellt.

Sehenswertes

› **Deichmuseum Land Wursten,** Poststraße 16, 27632 Wurster Nordseeküste, www.deichmuseum-landwursten.de, geöffnet: Mai–Okt. Mi.–So. 14–17 Uhr, Eintritt: 3,50 €, Kinder frei

81 Knaus Campingpark, Dorum-Neufeld

GPS 53.73972, 8.51680
Platz in schöner, ruhiger Lage. Direkter Strandzugang, gute Sanitärausstattung, Waschmaschine, Trockner, Brötchenservice, Frei- und Hallenbad 200 m. **Lage/Anfahrt:** ausgeschildert; **Platzanzahl:** 20; **Untergrund:** Wiese; **Service:** Strom, Trinkwasser, Abwasser, Chemie-WC, WLAN; **Sicherheit:** umzäunt, beleuchtet, bewacht; **Preise:** 15–19 €/Fahrz., Platz direkt am Meer 4,30 € extra, 9,50 €/Pers., Kurtaxe 3,40 €, Hund 3,80 €, WLAN 4 €, Stellplatz 27 € alles inkl. außer Kurtaxe; **Geöffnet:** April–Sept.; **Kontakt:** Am Kutterhafen, 27632 Dorum-Neufeld, Tel. 04741 5020, www.knauscamp.de

Weiter auf der grünen Küstenstraße geht die Fahrt über Dorum nach **Wremen.** Unterwegs sieht man an den Bauernhöfen immer wieder kleine Verkaufsstände mit selbstgemachter Marmelade. Einfach zugreifen, sie schmeckt sehr gut!

Wremen selbst glänzt mit seinem schönen Strand, der guten Fischbude am Hafen und dem **Kuriosen Muschel-Museum,** einer Sammlung ganz besonderer Exemplare dieser Spezies. Die überaus unterschiedlichen 4000 Muschel- und Schneckenhäuser aus aller Welt werden auf humorvolle Weise präsentiert.

Sehenswertes

› **Das kuriose Muschel-Museum Wremen,** Zur alten Schule 3, 27639 Wurster Nordseeküste, Tel. 04705 242, geöffnet: Apr.–Okt. Mi.–So. 10–12 und 14–16.30 Uhr, Eintritt: 3,50 €, Kinder frei

Gastronomie

› **Das Siebhaus,** Am Wremer Tief, 27639 Wremen, www.siebhaus.de, geöffnet: Mo.–Fr. 12–18, Sa., So. 10–18 Uhr. In der Fischbude direkt am Hafen gibt es kleine, schmackhafte Speisen und hausgemachte Kuchen. Freundlicher Service.

Parken

P 29 **Wremen Strand,** GPS 53.64680, 8.49677. Großer, kostenloser Parkplatz, 22–7 Uhr Nachtparkverbot.

Über Imsum rollt man auf der Küstenstraße 28 km bis nach Bremerhaven.

074wn-gg

BREMERHAVEN

(35 km – km 179,5)

Bremerhaven überrascht, kommt es doch an seiner Hafenpromenade modern, ja geradezu futuristisch daher. Von der Doppelschleuse ist die Silhouette mit **Klimahaus,** der Glaskuppel des Outletcenters und dem Hotel **SAIL City** besonders fotogen. Das ultramoderne, einem Segel nachempfundene SAIL City spiegelt sich zusammen mit den historischen Schiffen im Wasser des Museumshafens. Eine beeindruckende Komposition von Vergangenheit und Zukunft.

Das **Deutsche Schifffahrtsmuseum** wurde 1975 und ein Erweiterungsbau 2000 am Museumshafen eröffnet. Das Prunkstück dieses Museums ist die Hansekogge, ein Segelschiff aus dem Jahre 1380, das 1962 im Weserschlamm entdeckt wurde. Wer sich für die Geschichte der Seefahrt von ihren Anfängen bis in die Gegenwart interessiert, wird vom Museum begeistert sein. Dazu gehört auch noch die Visite auf einem der historischen Schiffe im Hafen. Die **Grönland,** ein Polarforschungsschiff, die **Rau IX,** ein Walfänger, und das **U-Boot Typ XXI Wilhelm Bauer,** das einzig noch erhaltene von 119 Booten dieses Typs, kann man besichtigen.

Historie und Moderne treffen in Bremerhaven aufeinander

Das **Klimahaus 8° Ost** setzt schon durch seine Architektur mit einer 10.000 m² großen Glasaußenfläche und der Dachkonstruktion aus Aluminium einen Akzent am alten Hafen. Entlang des 8. Längengrades einmal um die Welt erlebt man im Inneren auf 11.500 m² Ausstellungsfläche die unterschiedlichen Klima- und Landschaftszonen. Spannend, was es alles über Klima, Sonne, Erde, Wasser und Luft zu erfahren gibt. Wo sonst kommt man für so wenig Geld auf die eiskalten Schweizer Gletscher, in die brütend heiße Sahelzone, in die tropische Südsee, nach Alaska und kommt übers Wattenmeer wieder zurück nach Bremerhaven?

Nach der glücklichen Weltumrundung ist Spurensuche im **Deutschen Auswandererhaus** angesagt, und zwar die nach den sieben Millionen Menschen, die von Bremerhaven zwischen 1830 und 1974 in die Neue Welt gestartet sind. Jeder Besucher erhält die Identität eines Auswanderers und kann immer wieder den Weg „seines" persönlichen Emigranten in eine ungewisse Zukunft verfolgen. Teilweise beinahe beklemmend realistisch werden der Abschied, die Fahrt in den engen Massenunterkünften unter Deck und der frostige Empfang durch die Einwanderungsbehörden in Amerika dem Museumsbesucher vermittelt. Im Saal „In der neuen Welt" kann man dann erfahren, wohin es die Emigranten in ihrer neuen Heimat verschlagen hat. In drei Dokumentarfilmen wird das weitere Leben in den USA, Australien und in Argentinien gezeigt. Auf Spurensuche nach eigenen Verwandten, die emigriert sind, kann man sich im Forum Migration machen.

Ein Besuch im **Zoo** wäre jetzt die richtige Abwechslung. Eisbären, Seelöwen, Seehunde, Seebären, Pinguine und Basstölpel können durch dicke Scheiben auch unter Wasser beobachtet werden. Eine besondere Attraktion sind die Fütterungen. Schimpansen, Pumas und tropische Reptilien sind ebenfalls im Zoo am Meer zu Hause.

Lohnenswert ist ein Besuch im preisgekrönten, 3300 m² großen **Historischen Museum.** Eine Hafenkneipe, ein Fischladen (von 1930), Teile einer historischen Werft, Hafenszenen bis ins kleinste Detail im Museum aufgebaut, lassen vergangene Zeiten wieder lebendig werden.

Nach so viel Wissensvermittlung soll nun der Magen auf seine Kosten kommen. Im **Schaufenster Fischereihafen,** ungefähr 2 km außerhalb des Zentrums, in der Nähe des Stellplatzes Fischkai (82), kann man schlemmen. In der ehemaligen Versandhalle und auf dem Platz des historischen **Fischereihafens** lässt es sich in unzähligen Restaurants gemütlich sitzen und speisen oder mit der „MS Dorsch" alles vom Wasser her erkunden.

Der **Hafen von Bremerhaven** weist Superlative auf: die längste Kaje (lokaler Name für Kai) Europas mit 4,9 km Länge, an der Schiffe mit einer Länge bis 350 m anlegen können, der größte Umschlaghafen von Kraftfahrzeugen mit 2,1 Mio. Fahrzeugen im Jahr, 5,9 Mio. Container werden hier ver- und entladen, einem Gesamtumschlag an Waren von 67,7 Mio. Tonnen und dazu noch der größte Fischereihafen Europas.

Sehenswertes

- **Deutsches Auswandererhaus,** Columbusstr. 65, Tel. 0471 902200, www.dah-bremerhaven.de, geöffnet: März–Okt. 10–18 Uhr, Nov.–Febr. 10–17 Uhr, Eintritt: 15,50/9/41,80 €, Abschied, Fahrt, Ankunft und Leben der deutschen Auswanderer.
- **Deutsches Schifffahrtsmuseum,** Hans-Scharoun-Platz 1, Tel. 0471 482070, www.dsm.museum, geöffnet: Mitte März–Mitte Nov. tägl. 10–18 Uhr, Mitte Nov.–Mitte März Di.–So. 10–18 Uhr, Eintritt inkl. Museumsschiffe: 8/5/16,50 €, Kombi mit Auswandererhaus 18,70/15/48 €, Kombi mit Historischem Museum 10,40/6/23,20 €. Alles über das Leben auf Schiffen gestern und heute, Walfang, Hochseefischerei.
- **Technikmuseum U-Boot „Wilhelm Bauer",** Museumshafen, https://u-boot-wilhelm-bauer.de, geöffnet: Mitte März–Mitte Nov. täglich 10–18, Mitte Mai–Mitte Sept. bis 19 Uhr, Eintritt: 3,50/2,50 €, Senioren 2,50 €

› **Freilichtmuseum im Museumshafen,** Hans-Scharoun-Platz, Tel. 0471 482070, geöffnet: April–Oktober täglich 10–17.45 Uhr, Eintritt: 1 € pro Schiff. Neun historische Schiffe sind im Museumshafen zu sehen.

› **Historisches Museum,** An der Geeste 1, Tel. 0471 308160, www.historisches-museum-bremerhaven.de, geöffnet: Di.–So. 10–17 Uhr, Eintritt: frei. Zeitreise durch 120.000 Jahre Leben und Arbeiten an der Küste.

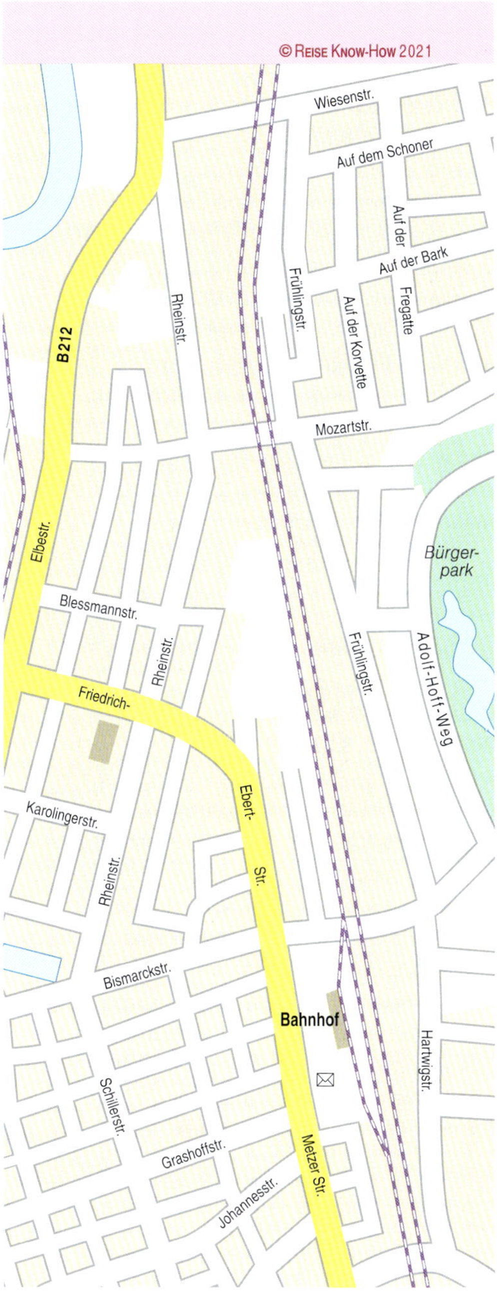

Erlebenswertes für die ganze Familie

- **Klimahaus Bremerhaven 8° Ost,** Am Längengrad 8, Tel. 0471 9020300, www.klimahaus-bremerhaven.de, geöffnet: März–Juni Mo.–Fr. 12–18, Sa., So. 11–18, Juli–Febr. tägl. 10–18 Uhr, Eintritt: 17,60/13/55,40 €. Wissens- und Erlebniswelt zum Thema Klima, an einem Tag ist die Fülle der gut aufbereiteten Informationen kaum zu schaffen.
- **Zoo am Meer,** H.-H.-Meier-Str. 7, Tel. 0471 308410, www.zoo-am-meer-bremerhaven.de, geöffnet: April–September täglich 9–19 Uhr, März/Oktober tägl. 9–18 Uhr, November–Februar täglich 9–16.30 Uhr, Eintritt: 9/5,50/24 €, Hund 1 €. Schwerpunkt der Tierhaltung sind wasserbezogene Tiere.
- **Aussichtsplattform SAIL City,** Am Strom 1, geöffnet: April–Sept. 9–21 Uhr, Okt.–März 10–17 Uhr, Eintritt: 4/3/11 €. Vom 20. und 21. Stockwerk liegt einem ganz Bremerhaven zu Füßen. Keine Hunde.
- **Hafenrundfahrten mit der Lady Sunshine und der Hein Mück,** Südkaje beim Auswandererhaus, März um 12, 13.30, 15, April–Okt. von 10.30–16.30 in ca. 90-minütigem Turnus, Okt. um 12, 13.30, 15, 1.–19. Dez. Do., Fr., Sa. 12, 13.30 Uhr, Dauer 1 Std., Preis: 12/7 €, Hunde 3 €
- **Rundfahrten Fischereihafen mit der MS Dorsch,** Abfahrt: Am Schaufenster, Apr.–Okt. tägl. 12, 14, Mai–Okt. auch 16 Uhr, Preis: 10/5 €

Information

- **Tourist-Infos Bremerhaven,** Hafeninsel, H.-H.-Meierstr. 6, 27568 Bremerhaven, Tel. 0471 414141, www.bremerhaven-tourism.de, geöffnet: Nov.–März tägl. 9.30–17 Uhr, April–Okt. tägl. 9.30-18 Uhr Uhr

Gastronomie

- **Schiffergilde,** Obere Bürger 19, Tel. 0471 95844958, www.schiffergilde-bhv.de, geöffnet: Mo.–Do. 10–19, Fr., Sa. 9–19 Uhr. Bei den Hafenwelten gibt es gute Hausmannskost und Fischgerichte.
- **Natusch Fischereihafen,** Am Fischbahnhof 1, Tel. 0471 71021, www.natusch.de, geöffnet: Di.–So. 11.45–15 und 17.30–22 Uhr. Ausgezeichnetes Fischrestaurant, Reservierung empfehlenswert.

Einkaufen

- **Kocken & Ehlerding Krabbenhandels GmbH,** An der Packhalle XIII/4-6, 27572 Bremerhaven, Tel. 0471 72228, geöffnet: Mo.–Do. 7–16 Uhr, Fr. 7–15 Uhr, https://kocken-krabben.de. Hier gibt es maschinengepultes Krabbenfleisch, Salate, Fischbrötchen usw. Der Onlineshop unter www.kocken.de liefert innerhalb 24 Stunden in ganz Deutschland an.

466wn-gg

82 Fischkai, Bremerhaven

GPS 53.52644, 8.57676

Am Ende der Mole mit schöner Aussicht, teilweise Lärmbelästigung durch Schiffe, in der Nähe der Schlemmermeile Schaufenster Fischereihafen. WC, Duschen, Brötchenservice, nur für Womos bis 8 m. **Lage/Anfahrt:** in Bremerhaven Mitte den Hinweisschildern „Schaufenster Fischereihafen" folgen; **Platzanzahl:** 47; **Untergrund:** Schotter; **Service:** Strom, Trinkwasser, Abwasser, Chemie-WC; **Sicherheit:** beleuchtet; **Preise:** 10 €/Fahrz., Strom 0,50 €/kWh, Wasser 1 €; **Geöffnet:** März–Okt.; **Kontakt:** H.-H.-Meier-Str. 5, 27568 Bremerhaven, Tel. 0471 94646190, www.bremerhaven-tourism.de

467wn-gg

83 Doppelschleuse, Bremerhaven

GPS 53.53219, 8.57619

Stellplätze an der Doppelschleuse, in zentrumsnaher Lage, teilweise Lärmbelästigung durch Schleuse, WC, Dusche, Brötchenservice, 12 Plätze für Fahrzeuge bis 9 m. **Lage/Anfahrt:** nach Bremerhaven Mitte fahren und dort den Schildern „Historisches Museum" folgen, wenn der Radarturm in Sicht kommt, links abbiegen, ab da ausgeschildert; **Platzanzahl:** 63; **Untergrund:** Schotter; **Service:** Strom, Trinkwasser, Abwasser, Chemie-WC; **Sicherheit:** beleuchtet; **Preise:** 12 €/Fahrz., Strom 0,50 €/kWh, Dusche 0,50 €, Wasser 1 €; **Geöffnet:** ganzjährig; **Kontakt:** An der Neuen Schleuse, Tel./Internet siehe Platz 82

ROUTE 6

RECHTS UND LINKS DER WESER MIT BREMEN

082wn-gg

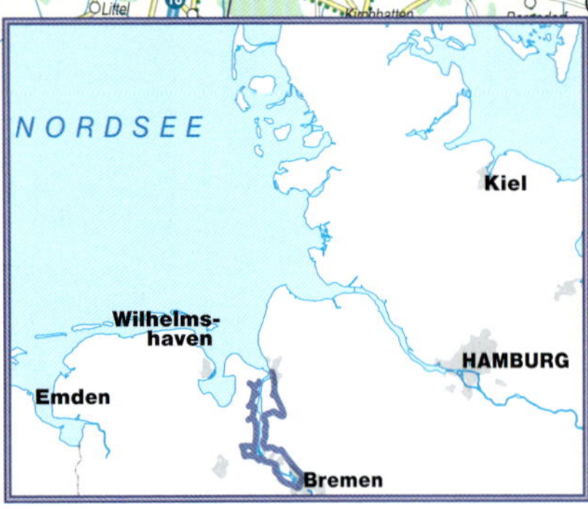

Strecke:

Bremerhaven (s. S. 132) – **Loxstedt/Stotel** (18 km, s. S. 140) – **Hagen** (16 km, s. S. 140) – **Abstecher nach Worpswede** (49 km, s. S. 144) – **Bremen** (48,5 km, s. S. 145) – **Elsfleth** (43 km, s. S. 159) – **Rundfahrt durch Moorriem** (20 km, s. S. 160) – **Brake** (11,5 km, s. S. 161) – **Abstecher nach Ovelgönne** (5 km, s. S. 163) – **Nordenham** (24 km, s. S. 167)

◁ Vorseite: Der Bremer Marktplatz (s. S. 150) – prächtige Fassaden verkörpern den Stolz der Hanse

Streckenlänge:

ohne Abstecher ca. 161 km
mit Abstecher ca. 186 km

537wn-jg

ROUTENÜBERSICHT

Bei der Reise entlang der Weser gibt es sehr viel Unterschiedliches zu erleben. Kleine Städtchen wie Hagen und Elsfleth durchstreift man bei Route 6 genauso wie das großstädtische Bremen. Das ganz besondere Bonbon für Wohnmobilisten: einige Stellplätze sind kostenlos! Besonders schön sind die Wanderung ins wiedervernässte Königsmoor oder die Radtour durchs Moorriem mit seinen stattlichen reetgedeckten Bauernhöfen. Alles über die regionale Geschichte der Schifffahrt erfährt man in den drei Häusern des Schiffahrtsmuseums Unterweser, in die Geschichte verschiedener Handwerksberufe taucht man im Handwerkermuseum in Ovelgönne ein. Ebenfalls ein Relikt aus vergangenen Tagen ist die Moorseer Windmühle, eine Galerieholländermühle, die noch voll funktionsfähig ist. Ruhig und ländlich geht es links und rechts der Weser zu, ein starker Kontrast dazu ist Bremen. Auf dem historischen Marktplatz tummeln sich zu jeder Jahreszeit Touristen. Rathaus, Roland, Dom, Schnoorviertel, Böttcherstraße und Schlachte, alles sind Sehenswürdigkeiten von herausragender Bedeutung. Es macht Spaß durch Bremen zu bummeln, bei einem Kaffee auf dem Marktplatz zu sitzen oder im Ostertorviertel auf dem Ulrichplatz die Zeit zu vergessen.

⊡ *Sommervergnügen an der Weser*

Nur eine Fahrstrecke von 18 km ist es von Bremerhaven (s. S. 132) nach Stotel bei Loxstedt. Durch Bremerhaven hindurch fährt man immer in Richtung A27, dann auf der B6 und später auf der L135 Richtung Bremen. Von dieser zweigt die Straße nach Stotel rechts ab.

LOXSTEDT/STOTEL

(18 km – km 18)

Die Gesamtgemeinde Loxstedt besteht aus 21 Teilorten mit insgesamt ca. 16.000 Einwohnern. Eingebettet in das Naturschutzgebiet der Moore liegen die hübschen Dörfer mit einigen reetgedeckten Bauernhöfen.

Der Ortsteil Stotel ist besonders wegen des gleichnamigen **Sees** beliebt. Baden, surfen, spazieren gehen und Rad fahren und dazu noch einen kostenlosen Stellplatz mit Restaurant „Haus am See“ in unmittelbarer Nähe – wunderbar, um einen Tag auszuspannen.

Außer den großen Marschgebieten an der Küste und den hügeligen Geestgebieten im Hinterland bestimmen die großen Moore die Landschaft südlich von Bremerhaven. Das **Hahneknooper Moor** bei Stotel ist mit 496 ha eines der größten.

Parken

P 30 **Loxstedt Stoteler See,** GPS 53.44045, 8.59305. Eine Übernachtung ist möglich und kostenlos, 100 m zum See, Restaurant angrenzend.

In Stotel nimmt man denselben Weg wie bei der Hinfahrt bis zur L135 und fährt 10 km bis zur Abzweigung nach Hagen.

Literaturtipp

„Hake Betken siene Duven: Das große Sagenbuch aus dem Land an Elb- und Wesermündung“ wurde von Eberhard Michael Iba zusammengestellt und ist der ideale Begleiter zur auf s. S. 141 beschriebenen Radtour. (Leider nur noch antiquarisch erhältlich).

HAGEN

(16 km – km 34)

Die **Burg zu Hagen** stammt aus dem 14. Jahrhundert. Sie ist eine der wenigen erzbischöflichen Befestigungsanlagen und Verwaltungssitze, die die Jahrhunderte überdauert haben. Anfang des 16. Jh. wurde sie durch Umbau in ihren heutigen prächtigen Zustand versetzt. Führungen werden zurzeit nicht angeboten, im Gewölbekeller verwöhnen aber jeden Sonntag von 14 bis ca 17 Uhr die örtlichen Landfrauen ihre Gäste mit vorzüglichem Kuchen und Kaffee.

Eine sehr lohnenswerte kleine Wanderung durch das **Königsmoor** startet genau vom Parkplatz für Wohnmobile. Viele Tafeln mit wichtigen Informationen zu Flora und Fauna im Moor stehen entlang des gut ausgeschilderten Rundwegs.

Gastronomie

› **Eiscafé am Amtsplatz,** Amtsplatz 7, Eisbecher und Spaghettieis-Variationen

Einkaufen

› **Hof Mühlenberg,** Bramstedter Str. 10, 27628 Hagen-Kassebruch, Tel. 04746 725335, www.hof-mühlenberg.de, geöffnet: nach telefonischer Anmeldung. Hofladen, der Brot, Käse, Gemüse, Saft, Wein, Fleisch und Wurst aus ökologischem Landbau verkauft.

Parken

P 31 **Parken Hagen,** GPS 53.35308, 8.64077. Hier kann man auch kostenlos übernachten.

Auf der weiteren Fahrt kommt man an zwei schön gelegenen Stellplätzen vorbei. Platz 84 liegt direkt an der Weser, Platz 85 hat sogar einen kleinen Badestrand in der Nähe. Wer nicht nach Bremen fahren will, nimmt in Sandstedt die **Fähre nach Brake** (s. S. 161) und fährt ab hier auf der Route 6 weiter.

Naturromantik am Stoteler See

Fahrradtour „Loxstedter Sagenwelt"

Charakter: *Länge 29 km, einfache Radtour (bis auf eine 1 km lange Strecke durch Sandboden) vorbei an Informationstafeln mit Inhaltsangaben zu örtlichen Sagen.*

Start: *Parkplatz Stoteler See (s. S. 140)*

Vom Parkplatz fährt man auf der Schulstraße stadteinwärts bis zur Schule. Hier geht es rechts und immer den Feldweg entlang, bis man bei den ersten Häusern rechts auf den Immenhofweg stößt. Ihm und später der Sandkuhle folgt man geradeaus, bis kurz vor der Bundesstraße ein Feldweg nach rechts abzweigt. Auf diesem geradeaus geht es etwas anstrengend auf sandigem Feldweg bis zur Kreuzung Hinter dem Busch/Alter Damm. Jetzt rechts und bald darauf links fährt man auf der Straße Hinter dem Busch entlang. Vorsicht! Unterwegs darf man nicht das kleine Schild am Straßenrand übersehen, das die Sage: „Das schwarze Meer im Moor bei Hahnenknoop" erzählt. Nach der Lektüre fährt man geradeaus bis zur Kreisstraße 54 und auf ihr rechts in Richtung ***Schwegen*** *und* ***Langendammsmoor.*** *Die Autobahn kreuzend erreicht man auf der K54* ***Schwingenburg*** *mit der Tafel zur zweiten Sage: „Von der Schwingenburg". Auf der Weserstraße geht es über den Fluss Lune nach* ***Büttel.*** *Jetzt rechts in die Hake-Betken-Straße bis zur Kirche mit der dritten Tafel fahren. Hier wird die Geschichte „Hake Betken siene Duven" erzählt.*

Zurück auf der Weserstraße rollt man nach rechts bis zur Abzweigung nach Indiek Kniepe mit der Sage „Wie Landwürden zu Oldenburg kam". Kurz danach gibt es die Möglichkeit, in einem Melkhus eine erfrischende Milch, einen Quark oder ein Eis zu genießen. Auf der Indiekstraße an den Windrädern vorbei sind es nur wenige Minuten bis zur Süderdeichstraße, ihr nach rechts folgend, gelangt man nach ***Dedesdorf.*** *Rechts auf der Fährstraße ist man rasch bei der Kirche mit den Informationen zur fünften Sage: „Der Kornhändler".*

Weiter geht die Radtour auf der Fährstraße in Richtung Bremerhaven. Doch schon nach wenigen Metern bietet sich die Abzweigung des Wiemsdorfer Kirchwegs an, um nach ***Wiemsdorf*** *zu gelangen. Sehr viele markante Reetdachbauernhöfe gibt es in diesem malerischen Dorf zu bewundern.*

Auf der Wiemsdorfer Dorfstraße fährt man weiter bis zur Abzweigung mit der Minneörter Straße. Nun immer geradeaus halten, bis sich der Weg teilt. Hier rechts und bei der nächsten Kreuzung links, dann über die ***Lune*** *und bald darauf auf der Speckjer Straße nach* ***Holte.*** *Hier links und gleich rechts in Richtung Stotel fahren. Nach der Überquerung der Autobahn immer geradeaus erreicht man über das südliche Seeufer bald den Parkplatz am Stoteler See. Nach dieser Anstrengung kommt das kühle Nass gerade richtig.*

083wn-gg

Wanderung zum Königsmoor

Länge: *7 km, ca. 1:30–2 Std.*

Im Mittelalter war das Moor ein Ort, in dem es den Menschen nicht geheuer war. Immer wieder kamen Reisende im Moor um oder berichteten von Geistern, die über den sumpfigen Grund schwebten. Der im 18. Jh. verstärkte Torfabbau und die Entwässerung zur Weidelandgewinnung setzten dem Moor stark zu. Besonders der maschinelle Abbau im Königsmoor von 1971 bis 1996 zerstörte den Lebensraum Moor beinahe vollständig. 1999 gelang durch ein Übereinkommen zwischen Eigentümern des Königsmoores und dem Landkreis Cuxhaven die ***Wiedervernässung.*** *Bei optimalen Bedingungen kann so das Königsmoor ca. 1 mm pro Jahr wachsen und ein beinahe verloren gegangenes Hochmoor erhalten werden.*

Beginn der leichten Wanderung ist bei der ***Burg zu Hagen.*** *Man lässt die Burg rechts liegen und wandert an der Piratenburg (Spielhalle für Kinder) vorbei auf den geschotterten Wiesenweg. Seinen Windungen durch die Viehweiden und über die* ***Drepte*** *(kleiner Nebenfluss der Weser) folgend, stößt man auf einen breiteren Waldweg. Jetzt nach rechts und gleich darauf nach links auf den Fuchsbergsdamm geht die Wanderung weiter, zunächst an Viehweiden vorbei, bis man bei einem Picknickplatz nach links zum Moor abbiegt. Auf idyllischen Wegen durch das* ***Königsmoor*** *bieten sich immer wieder fotogene Ausblicke auf die Moorseen mit den abgestorbenen Bäumen. Der Rundweg biegt gut sichtbar und gekennzeichnet nach links ab und bei der nächsten Kreuzung geht man noch einige Meter weiter geradeaus zum* ***Aussichtsturm.*** *Eine weite Sicht lohnt den kurzen Aufstieg.*

Nun wieder zurück zur Kreuzung und nach rechts, immer von interessanten Informationstafeln begleitet, mündet der schmale Pfad in den breiten Waldweg ein. Im Wald bis zur bekannten Einmündung und nach rechts über das Auetal gelangt man zurück zur Burg.

084wn-gg

⊡ *Erfolgreiche Renaturierung des Königsmoores*

84 Am Sporthafen, Dedesdorf

GPS 53.44407, 8.49945

Platz in schöner, ruhiger Lage am alten Fähranleger. WC. **Lage/Anfahrt:** Auf der B437 Richtung Wesertunnel, dann über Oldendorf nach Dedesdorf, dort ausgeschildert; **Platzanzahl:** 6; **Untergrund:** Pflaster; **Service:** Strom, Trinkwasser, Chemie-WC; **Preise:** 5 €/ Fahrz. (April–15. Okt.) Strom 1 €/2 kWh, Ver- und Entsorgung je 1 €; **Geöffnet:** ganzjährig, VE nur April–Okt.; **Kontakt:** Fährstraße, 27612 Dedesdorf

Eine schöne Fahrstrecke führt den Wohnmobilisten über Wersabe, Neuenkirchen nach Schwanewede. Auf der beschaulichen Fahrt sieht man grasende Kühe, stattliche Bauernhöfe und findet in Aschwarden eine intakte Windmühle.

Wer den Stadtverkehr nicht mag oder keine grüne Umweltplakette hat, steht auf dem Womo-Platz in Lesum 86 und fährt mit der Bahn nach Bremen.

Hinter Schwanewede bietet sich noch ein Abstecher ins Künstlerdorf Worpswede an.

85 Am Radarturm, Sandstedt

GPS 53.36332, 8.51220

Platz von Wiesen umgeben, ruhige und sehr schöne Lage, zur Weser mit kleinem Badestrand wenige Gehminuten. **Lage/Anfahrt:** Richtung Weserfähre fahren und an der Deichkrone nach links auf das schmale Sträßchen abbiegen, dann noch 300 m, ausgeschildert; **Platzanzahl:** 10; **Untergrund:** Pflaster; **Service:** Strom, Trinkwasser, Abwasser, Chemie-WC; **Preise:** 5 €/Fahrz., Strom 1 €/2 kWh, Ver- und Entsorgung je 1 €; **Geöffnet:** ganzjährig, Ver- und Entsorgung nur April–Sept.; **Kontakt:** Am Radarturm 5, 27628 Sandstedt

177wn-gg

86 Reisemobilstellplatz Bremer Schweiz, Lesum

GPS 53.16752, 8.69590

Abgegrenzte Plätze in ruhiger und grüner Lage, zentrumsnah, 600 m zum Bahnhof, von dort halbstündlich in 15 Min. zum Hbf Bremen. **Lage/Anfahrt:** nach der Überquerung der B270 über die Hindenburgstraße fahren, rechts bei „Im Pohl“ einbiegen; **Platzanzahl:** 6; **Untergrund:** Schotter; **Service:** Strom, Trinkwasser, Abwasser, Chemie-WC; **Preise:** 5 €/Fahrz., Strom 1 €/6 Std., Wasser 1 €; **Geöffnet:** ganzjährig; **Kontakt:** Im Pohl, 28717 Bremen-Lesum, Tel. 0421 6363786, www.lesum.de/vereine

468wn-gg

ABSTECHER NACH WORPSWEDE

(hin- und zurück 49 km)

Im bereits 1218 erwähnten Worpswede bauten Bauern im Teufelsmoor Torf ab und transportierten es mit kleinen Kähnen mit braunen Segeln nach Bremen, wo der Torf als Heizmaterial benötigt wurde.

Ab dem Jahr 1890 begannen Maler den weiten Horizont und die Lichtverhältnisse im Teufelsmoor als Motiv für ihre „Freilichtmalerei" zu nutzen. Paula Modersohn-Becker und Heinrich Vogeler sind sicher die bekanntesten Vertreter dieses inzwischen berühmten **Künstlerdorfes.**

Die Inspiration der Künstlerkolonie mit dem expressionistischen Backsteinbau **Kaffee Worpswede** und dem Rundbau-Atelier von 1926, liebevoll **Käseglocke** genannt, geben dem Dorf seinen einzigartigen Charme. Der Architekt und Künstler Bernhard Hoetger gestaltete neben dem Gebäude der Großen Kunstschau auch das Grabmal von Paula Modersohn-Becker (1876–1907) auf dem örtlichen Friedhof. Die große Kunstschau, das Haus im Schluh, der Barkenhoff oder das Museum am Modersohn-Haus zeigen das breite Spektrum der Künstlergilde. Noch sehr authentisch wirkt dagegen der historische Dorfkern mit Rathaus, Glocke, Bötjerschem Hof und Hof Monsees.

Die **Schönheit des Teufelsmoores** und der **Hammeniederung** erlebt man im 27 km^2 großen Naturschutzgebiet. Auf den Wander- und Radwegen oder bei der Fahrt mit einem alten Lastenkahn kommt man der herb-schönen Natur nahe.

Sehenswertes

- **Käseglocke,** Lindenallee 13, geöffnet Fr.–So. 11–16 Uhr, Nov.–März Sa./So. 11–16 Uhr, Eintritt: 3/1 €
- **Große Kunstschau,** Lindenallee 5, geöffnet: Mitte März–Anfang Nov. tägl. 10–18, ansonsten Di.–So. 11–17 Uhr, Eintritt: 8/5 €, Kinder bis 18 Jahre frei. Die vier Ausstellungen Große Kunstschau, Barkenhoff, Haus Im Schluh und Worpsweder Kunsthalle kosten mit der Museumskarte zusammen 19/12,50 € (www.worpswede-museen.de).

Information

- **Gästeinformation,** Bergstr. 13, 27726 Worpswede, Tel. 04792 935820, www.worpswede.de geöffnet: Mai–Okt. Mo.–Sa. 10–17 Uhr, So. 10–15 Uhr

Erlebenwertes für die ganze Familie

- **Worpsweder Torfschifffahrt,** Tel. 04792 9897575, www.worpsweder-torfschifffahrt.de. Fahrten mit einem originalgetreuen Torfkahn-Nachbau.

Parken

P 32 **P2 Worpswede,** GPS 53.22095, 8.92817, gebührenpflichtig.

87 Wohnmobilhafen Hammehafen, Worpswede

GPS 53.22802, 8.88871

Platz in sehr schöner und ruhiger Lage am Naturschutzgebiet, Dusche, WC, Biergarten, Kanuverleih am Platz, 2 km ins Zentrum. **Lage/Anfahrt:** Vor Worpswede links Richtung Neu-Helgoland, ausgeschildert; **Platzanzahl:** 30; **Untergrund:** Wiese; **Service:** Strom, Trinkwasser, Abwasser, Chemie-WC, WLAN; **Preise:** 10 €/Fahrz., 5 €/Pers. Strom 3 €, Dusche 1 €; **Geöffnet:** April–15. Okt.; **Kontakt:** Hammeweg 10–12, 27726 Worpswede, Tel. 04792 509, www.camping-worpswede.de

Unterwegs in den engen Gassen des Schnoorviertels

173wn-gg

BREMEN

(48,5 km – km 82,5)

Die Freie Hansestadt Bremen (ca. 567.000 Einwohner, Stand 2020) bildet zusammen mit Bremerhaven (ca. 113.000 Einwohner) das kleinste Bundesland der Bundesrepublik Deutschland. Das sind die nüchternen Fakten, aber Bremen ist weit mehr. Die 1200 Jahre alte Hansestadt verströmt das Flair der Weltoffenheit, der Gastfreundschaft und der Pflege alter Traditionen. Das Rathaus und der Roland (s. S. 149), die sich auf einem der schönsten Marktplätze Deutschlands befinden, gehören seit 2004 zum Weltkulturerbe der UNESCO. Marktplatz, Schnoorviertel, Böttcherstraße und die Schlachte, alles liegt so nahe beieinander, dass es gut zu Fuß zu besichtigen ist.

Vom Stellplatz Kuhhirten 88 nimmt man die **Fußgängerfähre** beim Café Sand und lässt sich über die Weser ans andere Ufer bringen. Wer bis am späten Abend in der Innenstadt bleiben will, sollte sich über die letzte Überfahrt der Fähre informieren.

Durch die Grünanlage an der Weser spaziert man bis zum mit vielen Wimpeln versehenen Fahnenmast. Wenn man nun die Straße überquert und noch kurz nach links geht, ist man bereits im **Schnoorviertel** angelangt. Dieses Viertel ist der älteste Teil von Bremen. Der Name soll daher kommen, dass hier die Häuser wie Perlen auf einer Schnur (Schnoor) aufgereiht sind. Im 13. und 14. Jh. waren hier Fischer, Schiffer und Handwerker des nahen Hafens zuhause. Der Bettelmönchorden der Franziskaner baute an dieser Stelle die St.-Johanniskirche mit Kloster. In den 1950er-Jahren zerfiel das Viertel immer mehr und der Abriss stand bevor. Aufgrund von Bürgerprotesten stehen sie heute noch: die windschiefen Häuser, deren Balken durch die Jahre aus dem Lot gekommen sind.

Bremen

Reisemobilstellplatz am Kuhhirten

Essen und Trinken
2 Kaffeehaus Classico
5 Medoo
6 Beck's in n'Snoor
7 Vengo
9 Café Sand

Einkaufen
1 Markt auf dem Domshof
3 Werkschau Böttcherstraße
4 Bremen Shop Schnoor-Treppe
8 Konditorei im Schnoor

Fußgängerzone

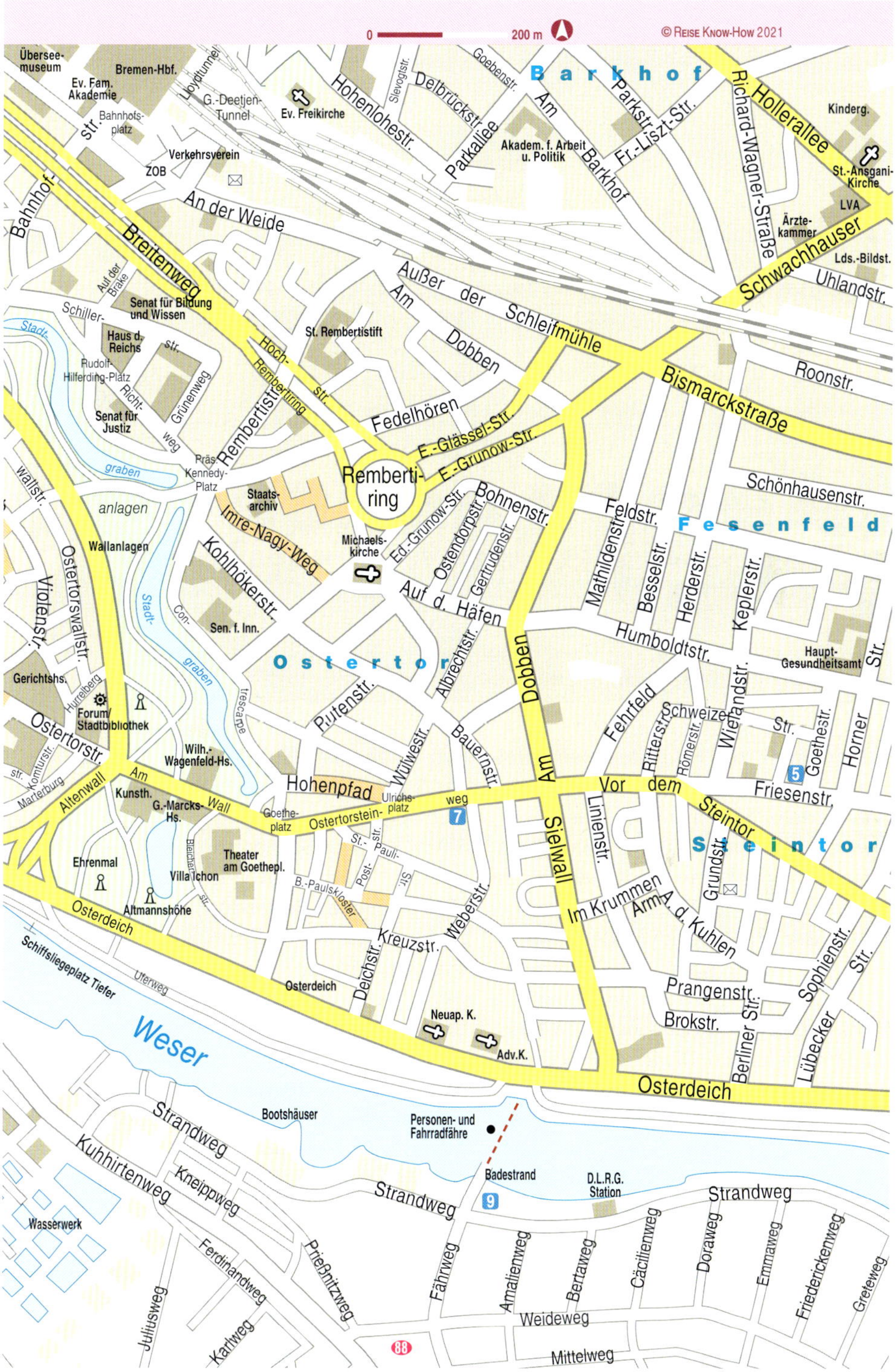
0 200 m
© Reise Know-How 2021
Barkhof
Fesenfeld
Ostertor
Steintor
Übersee-museum
Bremen-Hbf.
Ev. Fam. Akademie
Bahnhofs-platz
Bahnhofstr.
Lloydtunnel
G.-Deetjen-Tunnel
Ev. Freikirche
Verkehrsverein
ZOB
Hohenlohestr.
Slevogtstr.
Goebenstr.
Delbrückstr.
Parkallee
Akadem. f. Arbeit u. Politik
Am Barkhof
Parkstr.
Fr.-Liszt-Str.
Richard-Wagner-Straße
Hollerallee
Kinderg.
St.-Ansgani-Kirche
LVA
Ärzte-kammer
Lds.-Bildst.
Schwachhauser
Uhlandstr.
An der Weide
Breitenweg
Auf der Brake
Senat für Bildung und Wissen
Schillerstr.
Haus d. Reichs
Rudolf-Hilferding-Platz
Richtweg
Grünenweg
Senat für Justiz
Stadtgraben
Hochstr.
Rembertiring
Rembertistr.
St. Rembertistift
Außer der Schleifmühle
Am Dobben
Fedelhören
E.-Glässel-Str.
E.-Grunow-Str.
Roonstr.
Bismarckstraße
Präs.-Kennedy-Platz
Remberti-ring
Staats-archiv
Imre-Nagy-Weg
Kohlhökerstr.
Michaels-kirche
Ed.-Grunow-Str.
Ostendorpstr.
Gertrudenstr.
Bohnenstr.
Feldstr.
Schönhausenstr.
Mathildenstr.
Besselstr.
Herderstr.
Keplerstr.
Auf d. Häfen
Humboldtstr.
Haupt-Gesundheitsamt
Wallstr.
Wallanlagen
Ostertorswallstr.
Violenstr.
Sen. f. Inn.
Contrescarpe
Gerichtshs.
Hurrelberg
Forum/ Stadtbibliothek
Ostertorstr.
Komturstr.
Marterburg
Albrechtstr.
Putenstr.
Dobben
Fehrfeld
Schweizer Str.
Ritterstr.
Römerstr.
Wielandstr.
Goethestr.
Horner Str.
Bauernstr.
Wulwestr.
Wilh.-Wagenfeld-Hs.
Altenwall
Am Wall
Kunsth.
G.-Marcks-Hs.
Goethe-platz
Hohenpfad
Ulrichs-platz
Ostertorsteinweg
Vor dem Steintor
Friesenstr.
Am Sielwall
Linienstr.
Ehrenmal
Villa Ichon
Theater am Goethepl.
Bleicherstr.
St.-Pauli-Str.
Poststr.
B.-Paulskloster
Altmannshöhe
Osterdeich
Im Krummen Arm
A. d. Kuhlen
Grundstr.
Weberstr.
Kreuzstr.
Deichstr.
Schiffsliegeplatz Tiefer
Uferweg
Prangenstr.
Brokstr.
Berliner Str.
Sophienstr.
Lübecker Str.
Neuap. K.
Adv.K.
Weser
Bootshäuser
Personen- und Fahrradfähre
Badestrand
D.L.R.G. Station
Strandweg
Kuhhirtenweg
Kneippweg
Wasserwerk
Ferdinandweg
Prießnitzweg
Fährweg
Amalienweg
Bertaweg
Cäcilienweg
Doraweg
Emmaweg
Friederickenweg
Greteweg
Juliusweg
Karlweg
Weideweg
Mittelweg

086wn-gg

Als Erstes fällt die Figur des **Heini Holtenbeen** (1835–1909) auf, ein Original des Schnoorviertels, dem hier ein Denkmal gesetzt wurde. Nach rechts durch das schmale Gässchen kommt man zur **Konditorei im Schnoor.** Eine kleine Pause lohnt sich bei typischem Bremer Gebäck wie dem Bremer Klaben (gehaltvoller Hefeteig mit Rosinen). Entlang an schmucken Läden nimmt man die nach links abbiegende Schnoor. Nun wird es eng und mittelalterlich. Die kopfsteingepflasterte Gasse zeigt deutlich, was mit „auf der Schnur aufgereiht“ gemeint ist. Etwas versteckt an der Wüstestätte 5 steht das Hochzeitshaus. Ein Hochzeitshaus war früher nötig für Brautpaare vom Lande, die sich hier im Dom trauen lassen wollten. Sie benötigten dazu einen Wohnsitz in der Stadt und das war dann vorübergehend das Hochzeitshaus. Etwas weiter im Sankt-Jacobus-Packhaus bekommt man Geschichten erzählt. Im **Bremer Geschichtenhaus** erlebt man von Schauspielern dargestellte Episoden aus der Historie der Stadt. So wird Geschichte unterhaltsam lebendig.

Am Ende des Schnoors weitet sich die Gasse zum Platz am Stavendamm. Der **Brunnen „Die fröhlichen Badenden“** sprudelt munter und erinnert mit den zwei Figuren, die sich in einem engen Waschzuber drängen, an die nicht ganz sittsamen Badefrauen, die hier im Schnoor ansässig waren.

Auf der Straße Landherrnamt nach rechts, auf der Dechanatstraße nach links und auf der Balgebrück nach rechts und schon sieht man den **St. Petri Dom.**

Der jetzige Baukörper geht in seinem Ursprung auf das 11. Jh. zurück. Im 13. Jh. erhielt der Dom seine Doppelturmfassade. Eine bedeutende Umgestaltung und Renovierung erfolgte im 19. Jh. Im Innern wirkt das dreischiffige Gotteshaus mit seinem rötlichen Gestein und den sandfarbenen Pfeilern hell und weit weniger streng, als sein Äußeres vermuten lässt. Besonders erwähnenswert ist die barocke Kanzel aus Eichenholz des dänischen Hofbildhauers Jürgen Kriebel von 1638. Fast so berühmt wie die Bremer Stadtmusikanten ist die Dom-Maus. Man findet sie am Ostchor und zwar am Fuße des Portals an der rechten Seitenwand. Sie sollte nach mittelalterlichem Glauben Hexen und Teufel am Betreten hindern. Zuletzt sei noch erwähnt, dass kein geringerer als unser aller Lehrer der Umgangsformen, Adolph Freiherr Knigge (1752–1796), im südlichen Querschiff des Doms beigesetzt ist. Der südliche der beiden Türme kann über 265 Stufen einer engen Wendeltreppe bestiegen werden. Von 98,5 m Höhe hat man einen großartigen Blick über ganz Bremen.

Das **Dommuseum** zeigt vor allem Grabbeigaben von Bischofsgräbern aus dem 11.–15. Jh., die bei archäologischen Grabungen im Mittelschiff gefunden wurden. Daneben sind Gemälde, Wandmalereien, Schnitz- und Steinbildhauerwerke aus dem 15. und 16. Jh. zu sehen.

Etwas gruselig wird es, wenn man durch den Bibelgarten die Treppen zum **Bleikeller** hinabsteigt. Die Mumien von sechs Menschen in offenen Särgen sollen den Besucher an die Endlichkeit des Lebens erinnern. Wer sich jetzt etwas Ruhe wünscht, verweilt auf dem Rückweg im **Bibelgarten.**

Häufig wird man am Wochenende Zeuge einer alten Tradition: Wer männlich und an seinem 30. Geburtstag noch unverheiratet ist, muss an diesem Tag mit Zylinder und Frack bekleidet so lange die Treppe des Domes kehren, bis eine Frau ihn durch einen Kuss

526wn-gg

Seit 1404 steht Roland (s. S. 150) als Wächter für die Freiheit und Rechte der Stadt auf dem Marktplatz

Das repräsentative Rathaus von Bremen

erlöst. Frauen dagegen müssen die Domklinke putzen, bis ein Vertreter des männlichen Geschlechts sie freiküsst.

Der weitläufige **Marktplatz** ist seit dem frühen Mittelalter Mittelpunkt des öffentlichen Lebens der Stadt. Das historische Ensemble mit Roland, Rathaus, Schütting, Bremer Stadtmusikanten, dem Haus der Bürgerschaft und den Kaufmannshäusern zeugt vom Stolz und Reichtum der Hansestadt.

Inmitten des Getümmels steht er da, stocksteif und mit erhobenem Schwert: **Roland zu Bremen!** 5,47 m hoch, mit festem Blick, ein Symbol für Recht und Freiheit. Mit dem fast ketzerischen Spruch: „Freiheit offenbare ich euch, die Karl und mancher Fürst, fürwahr, dieser Stätte gegeben hat. Dafür danket Gott, das ist mein Rat", symbolisiert er die Freiheit der Bremer Bürger auch gegenüber der Kirche. Der Sage nach besteht Bremen, solange Roland nicht vom Sockel stürzt! In den Bombennächten von 1944 wurde er zur Sicherheit eingemauert und mit Sandsäcken geschützt.

1405–1410 errichteten die Bremer ihr **Rathaus** als spätgotische Trutzburg mit Zinnen und Wehrgang, eines der schönsten in Deutschland. Die schmuckvolle Fassade im Stil der Weserrenaissance und der zweistöckige Erker wurden um 1600 ergänzt. In den filigranen Reliefs wird die Chronik der Stadt dargestellt. Die Figuren an der Marktfassade verkörpern Kaiser Karl den Großen und sieben Kurfürsten, die Ostseite Petrus, Moses und Salomo und die Westseite Gelehrte von Plato über Aristoteles bis Cicero. Sehenswert ist neben der prunkvollen Güldenkammer im Jugendstil die lichtdurchflutete obere Rathaushalle mit ihren beachtlichen Maßen von 40 auf 13 Meter. In diesem festlichen Rahmen findet seit 1545 das **Schaffermahl** statt. Eigentlich ein Abschiedsessen für Kapitäne und Kaufleute, die nach dem Winter wieder auf Seereise gingen, ist es inzwischen im Februar ein Treffen von männlichen Persönlichkeiten aus Politik, Wirtschaft und Kultur. Frauen hatten, mit Ausnahme von Bundeskanzlerin Merkel, bis jetzt noch keinen Zugang zu diesem Mahl.

⊡ Im Liebfrauenkirchhof steht die von Gerhard Marcks entworfene Bronzestatue der Bremer Stadtmusikanten

Im **Rathauskeller** kann man nicht nur gut speisen, eine Besichtigung ist ebenfalls lohnenswert. In der dreischiffigen Halle tragen 20 Säulen das mächtige Gewölbe, zwischen denen wuchtige Holzfässer aufgestellt sind. Und das Heiligtum des Ratskellers versteckt einige kostbare Weinschätze: Seit 600 Jahren wird hier Wein in einem 2 km langen Kellerlabyrinth gelagert.

Wer kennt sie nicht, die Geschichte der **Bremer Stadtmusikanten?** Diese verstoßenen Haustiere haben sich gemeinsam auf die Suche nach einem besseren Leben gemacht und dabei ihr Glück gefunden. Wer den Esel mit beiden Händen an den Vorderbeinen packt, bekommt in Zukunft alle seine Wünsche erfüllt. Viele haben es schon probiert, denn die Eselbeine sind ganz blank poliert. Die Stimmen der musikalisch begabten Vierbeiner klingen aus einem **Schachtdeckel** bei der Bürgerschaft, wenn man eine Münze in dessen Schlitz wirft.

Das moderne **Glasgebäude der Bürgerschaft** wurde 1966 anstelle der im Krieg zerstörten Börse eingeweiht und weckte den Widerstand eines Teiles der Bremer. Inzwischen hat man sich daran gewöhnt und die Spiegelung des Marktplatzes in der Glasfront hat ja auch ihren Reiz.

Die Bremer Kaufleute hatten ihren Sitz gegenüber dem Rathaus im **Schütting.** 1537/1538 wurde er im Stil der Renaissancebauten Flanderns errichtet. Schütting soll von Schossen, das heißt vom Zuschießen von Steuergeldern kommen. Über dem Eingang steht der Spruch in goldenen Lettern: „Buten un binnen, wagen un winnen" (Draußen und drinnen, wagen und gewinnen).

Nordwestlich des Marktplatzes befindet sich das nach dem Dom zweitälteste sakrale Bauwerk Bremens, die **Kirche Unser Lieben Frauen.** Sie kann auf eine beinahe 1000-jährige Geschichte zurückblicken. Im Mittelalter diente sie nicht nur als Gotteshaus, sondern auch als Versammlungsort der Bremer Bürger. Eine Besichtigung lohnt sich besonders wegen ihrer farbenprächtigen Fenster des französischen Malers Alfred Manessier, die zwischen 1964 und 1979 eingebaut wurden.

Neben dem Schütting durch eine schmale Gasse entdeckt man das nächste Ziel des Stadtrundganges: die **Böttcherstraße.** Das vergoldete Relief „Der Lichtbringer" weist den Weg in die Fußgängerpassage. Dieses stilvolle künstlerische Gesamtkonzept Böttcherstraße verdankt Bremen dem Kunstmäzen Ludwig Roselius (1874–1943), dem Gründer von Kaffee HAG. Er kaufte ab 1921 die vom Verfall bedrohten Häuser auf, ließ sie abreißen und entwarf diesen einmaligen Straßenzug aus Backsteingotik und Avantgarde. Die Böttcherstraße sollte neben der Werbung für Kaffee HAG auch zur Illustration der Weltanschauung ihres Gründers und zur Rückbesinnung auf die niederdeutsche Kultur dienen.

Beim ersten Haus rechts sollte man nicht versäumen, einen Blick auf das Dach zu werfen. Dort sieht man Kamine in Männergestalt. Die **Sieben Faulen** sind der Legende nach Bauernsöhne, die anstatt Wasser aus der Weser zu holen einen Brunnen bohrten und, um nicht durch den Schlamm waten zu müssen, die Wege pflasterten.

Gegenüber erhebt sich das **Paula-Modersohn-Becker-Museum.** Das Gebäude aus dem Jahre 1927 geht auf den expressionistischen Künstler Bernhard Hoetger zurück, der im Auftrag von Ludwig Roselius die Neugestaltung der Böttcherstraße maßgebend beeinflusst hat. Das Museum zeigt eine Dauerausstellung von Meisterwerken der berühmten deutschen Expressionistin. Paula Modersohn-Becker schuf in ihrem kurzen Leben – sie wurde nur 33 Jahre alt und starb zwei Wochen nach der Geburt ihrer Tochter – über 700 Gemälde und 1000 Zeichnungen.

Eng wird es in der Böttcherstraße zu jeder vollen Stunde, wenn am **Haus des Glockenspiels** die 30 Meißner Porzellanglocken vom Lebensbaum ihr Spiel erklingen lassen. Dazu dreht sich ein Teil des Turmes und zeigt geschnitzte Reliefs von Ozeanbezwingern.

Einen Blick sollte man noch in das interessante Treppenhaus mit freistehender Wen-

087wn-gg

deltreppe im **Haus Atlantis** (benannt nach dem sagenumwobenen Erdteil) werfen. **Haus Robinson Crusoe** (1931) soll an die Romanfigur von Daniel Defoe erinnern. Cruoses Vater war angeblich Bremer.

Am Ende der Böttcherstraße kommt man durch eine Unterführung an die **Schlachte.** Die Bremer Schlachte bezeichnet den ursprünglichen Hafen der Hansestadt. Ihr Name wird hergeleitet von den „Slaits", den pfahlwerkartigen Bauten aus dem 13. Jh. zur Befestigung des Weserufers. Seit dem 15. Jh. gab es hier einen 400 m langen hölzernen Kai, der bereits im 16. Jh. durch eine steinerne Kaimauer ersetzt wurde. Wegen zunehmender Versandung der Weser wurde das Befahren der Hafenanlagen immer schwieriger und so entschloss man sich letztendlich zu Beginn des 19. Jh. zum Bau eines neuen Hafens an der Wesermündung. Damit erfolgte 1827 die Gründung Bremerhavens. Fortan wurden Fracht und Passagiere per Weserkahn von der Schlachte nach Bremerhaven transportiert. Endgültig wurde der Hafenbetrieb 1888 aufgegeben. Heute ist die Schlachte Bummelmeile mit unzähligen Gasthäusern, Cafés und Biergärten. Neben einigen historischen Schiffen liegen hier auch Ausflugsschiffe, mit denen man bis Bremerhaven fahren kann.

Wie wäre es auf dem Rückweg zum Wohnmobil mit einem kleinen Umweg ins **Ostertorviertel?** Dazu muss man, anstatt an der Weser entlang zurück, auf der anderen Straßen-

Fahrradtour Innenstadtrunde

Länge: 17 km

Markierung: weißer Esel auf rotem Grund

Start: Stellplatz am Kuhhirten 88

Mit der Fähre über die Weser – Osterdeich – Bermuda Dreieck – „Viertel" mit Bürgerhäuser – Sielwall – Kunst- und Kulturmeile – durch den Friedenstunnel – Kennedyplatz – Schwachhausen – Schnoor – Rathaus und Marktplatz – Neustadt – Brücke über die kleine Weser – Stellplatz am Kuhhirten

088wn-gg

seite durch den Bürgerpark gehen. An seinem Ende geht es nach links zum Wall und über den Goetheplatz ins Viertel. In den 1970er-Jahren sollten diese Häuser abgerissen werden. Dagegen bildete sich Widerstand in der Bevölkerung und heraus kam eine bunte, tolerante Mischung von Ökos, Bewohnern mit Migrationshintergrund und Studenten. Die Alt-68er sind inzwischen etabliert und leben in den hübschen Häusern mit blühenden Vorgärten. Bioläden, Kolonialwarenhandlungen, Szeneläden, gesprayte Fassaden, ein Denkmal für den Verfechter der Rechte Homosexueller und eines für eine Frauenrechtlerin, flippige Kleiderläden, lockere Lokale: eine ungezwungene Mischung, die man am besten auf dem Ulrichsplatz auf sich wirken lässt.

Durch die idyllischen, schmalen Straßen, gesäumt von teils liebevoll renovierten Bürgerhäusern, kommt man wieder zum Weserufer und zur Fähre nach Sand.

Sehenswertes

- **Rathaus,** Am Markt 21, Karten bei der Tourist-Info, geöffnet: Führungen Mo.-Fr. 11, 12, 15, Sa. auch 16, So. 11, 12 Uhr, Eintritt: 7 €, Kinder bis 12 Jahre kostenlos, bei Veranstaltungen keine Führungen
- **Bremer Ratskeller,** Am Markt, www.ratskeller.de. Verschiedene Führungen durch das Kellerlabyrinth mit Bacchuskeller, teilweise mit Verkostung, Termine siehe Website.
- **St. Petri Dom und Turm,** Domshof, www.stpetridom.de, geöffnet: Dom Mo.-Fr. 10-17 Uhr, Sa. 10-14 Uhr, So. 14-17 Uhr, Turm April-Okt. Mo.-Fr. 10-16.30 Uhr, Sa. 10-13.30 Uhr, So. 14-16.30 Uhr, Eintritt: Turm 2/1 €, Kombi mit Bleikeller 3/1,40 €
- **Bleikeller St. Petri,** Am Dom, geöffnet: Mi.-Sa. 10-16.45 Uhr, So. 12-16.45 Uhr, Eintritt: 2/1 €
- **Dommuseum,** Eingang durch den Dom, www.dommuseum.de, geöffnet: Mo.-Fr. 10-16.45 Uhr, Sa. 10-13.30 Uhr, So. 14-16.45 Uhr, Eintritt: frei

◁ Früher Hafen, heute Vergnügungsmeile: die Bremer Schlachte

△ Bremens bunter Stadtteil: das Ostertorviertel

- **Kirche Unser Lieben Frauen,** Liebfrauenkirchhof, geöffnet: Mo.-Sa. 11-16 Uhr
- **Paula-Modersohn-Becker-Museum,** Böttcherstr. 6, www.museen-boettcherstrasse.de, Tel. 0421 3388222, geöffnet: Di.-So. 11-18 Uhr, Eintritt: 10 €, Kinder bis 18 Jahren frei. Das Museum zeigt Werke der Malerin Paula Modersohn-Becker aus allen Schaffensphasen. Auch das Museumsgebäude im Stil des Expressionismus ist einen Blick wert.
- **Glockenspiel,** Böttcherstraße, geöffnet: April-Dez. stündlich 12-18 Uhr, nicht bei Frost

Erlebenswertes für die ganze Familie

- **Bremer Geschichtenhaus,** Wüstestätte 10, Tel. 0421 3362650, www.bremer-geschichtenhaus.de, geöffnet: Mo. 12-18 Uhr, Di.-So. 11-18 Uhr, letzte Führung um 17 Uhr, Eintritt: 7,20/3/14,90 €, Senioren 6,80 €, Hunde dürfen mit

88 Reisemobilstellplatz am Kuhhirten, Bremen

GPS 53.06503, 8.81907

Auf einer Insel in der Weser, in schöner Lage, unter Bäumen, laut durch Flugzeuge. Brötchenservice, Dusche, WC. Auch Plätze für Fahrzeuge über 9 m. 1300 m ins Zentrum. **Lage/Anfahrt:** Bremen hat eine Umweltzone. Auf der zuerst beschriebenen Anfahrt dürfen nur Wohnmobile mit grüner Plakette fahren. Anfahrt 1: Auf der A27 bei der Ausfahrt 18 (Bremen-Überseestadt) auf die B6 (Zentrum) wechseln. Bei der Ausfahrt Woltmershausen links in die Große Sortillienstraße, geradeaus weiter auf der Westerstraße und dann links über die Wilhelm-Kaisen-Brücke fahren. Auf der Insel rechts in die Werderstraße und immer geradeaus zum Stellplatz. Anfahrt 2: Wohnmobile ohne grüne Umweltplakette fahren über die A27 bis zum Autobahnkreuz der A27/A1, dort Richtung Osnabrück bis zur Abfahrt 56 Arsten. Dann 6 km auf der B6n und später auf der B6 geradeaus stadteinwärts, dann nach rechts in die Friedrich-Ebert-Straße abbiegen und weitere 1,35 km fahren. Über die Wilhelm-Kaisen-Brücke fahren und direkt vor der Weser rechts abbiegen. Über Werderstraße und Kuhhirtenweg gelangt man zum Platz. **Platzanzahl:** 70; **Untergrund:** Schotter; **Service:** Strom, Trinkwasser, Abwasser, Chemie-WC, WLAN; **Sicherheit:** beleuchtet; **Preise:** 15 €/Fahrz., bis 14 Uhr des folgenden Tages inkl. Entsorgung, Citytaxe und WLAN, Strom 0,50 €/1 kWh, Wasser 1 €/100 l, Dusche 1 €, WC 1 €/Tag; **Geöffnet:** ganzjährig; **Kontakt:** Kuhhirtenweg, 28201 Bremen, Mobil 0173 9850092, www.stellplatz-bremen.de

178wn-gg

89 Hanse Camping, Bremen

GPS 53.11466, 8.8333
Komfortplatz in schöner und ruhiger Lage am Stadtwaldsee, auch separater Stellplatz inkl. Sanitärbenutzung, Dusche, WC im Gemeinschaftsgebäude, mit Restaurant, 6 km ins Zentrum, Bus-/Straßenbahnverbindung. **Lage/Anfahrt:** A27 bei Abfahrt Bremen-Überseestadt verlassen, auf der B6 stadtwärts, bei der ersten Abfahrt auf den Hochschulring abfahren, ausgeschildert; **Platzanzahl:** SP 20; **Untergrund:** Schotter; **Service:** Strom, Trinkwasser, Abwasser, Chemie-WC, WLAN; **Sicherheit:** umzäunt, beleuchtet, bewacht; **Preise:** Campingplatz 10,50–11,50 €/Fahrz., 11–12 €/Pers., Hund 3–4 €, Strom 3 €, Stellplatz 6,50–8 €/Pers.; **Geöffnet:** ganzjährig; **Kontakt:** Hochschulring 1, 28359 Bremen, Tel. 0421 30746825, www.hansecamping.de

469wn-hcb

Information

› **Tourist-Info Bremen,** Langenstr. 2–4, Kontorhaus, 28195 Bremen, Tel. 0421 3080010, www.bremen-tourismus.de, geöffnet: Mo.–Fr. 9.30–18.30 Uhr, Sa. 9.30–17 Uhr, So. 10–16 Uhr, WLAN gratis

Gastronomie

› **Café Sand,** Strandweg 106, Tel. 0421 5560011, www.cafe-sand.de, geöffnet: ab 10 Uhr. Am Weserstrand, 200 m vom Stellplatz, großer Biergarten.

› **Beck's in'n Snoor,** Schnoor 34–36, Tel. 0421 323130, www.becks-im-schnoor.de, geöffnet: Mo.–Fr. 17–21.30, Fr.–So. ab 12 Uhr. Rustikales Ambiente, regionale Küche.

› **Kaffeehaus Classico,** Markt 17, Tel. 0421 24400867, https://classico-bremen.com. Hauseigene Kaffeerösterei, Frühstück, Kuchen, Torten, Eis, kleine Speisen.

› **Bremer Ratskeller,** Am Markt, Tel. 0421 321676, www.ratskeller-bremen.de, geöffnet: tägl. 11–22 Uhr. Über 600 Jahre altes historisches Lokal mit riesigen Fässern und langen Holztischen, große Weinkarte.

EXTRATIPPS

Personen- und Fahrradfähre

Vom Stellplatz Kuhhirten kommt man bequem mit der Fähre ans andere Weserufer. Hin- und Rückfahrt kostet 2,70 €, Hund 1 €.

ErlebnisCARD Bremen

Ein Erwachsener zahlt für einen Tag 10,50 €, zwei Erwachsene 12,90 € (2 Kinder bis 14 Jahre eingeschlossen). Mit der Card kann man ab 18 Uhr des Vortages alle öffentlichen Verkehrsmittel des Verkehrsverbundes, inkl. Fähre Sand, nutzen. Für Museen, Weserfahrten und Theater bekommt man zwischen 10 und 50 % Ermäßigung.

› **Vengo – die Gemüseküche,** Ostersteinweg 91, Tel. 0421 89785243, www.vengo-bremen.de, geöffnet: 11–21, Do.–So bis 22 Uhr. Riesiges Salatbüfett und vorzügliche vegetarische Speisen.

› **Medoo,** Friesenstr. 103, Tel. 0421 73550. Hier wird sehr lecker aus frischen Zutaten gekocht, auch für Vegetarier. Immer sehr gut besucht.

Einkaufen

- **Konditorei im Schnoor,** Marterburg 32, Tel. 0421 324532, www.schnoorkonditorei.de, geöffnet: tägl. 9–18 Uhr. Typische Bremer Backwaren wie Bremer Klaben.
- **Werkschau Böttcherstraße,** Böttcherstr. 8–10, www.boettcherstrasse.de. Große Auswahl an heimischem Kunsthandwerk.
- **Bremen Shop Schnoor-Treppe,** Balgebrückstr. 20, Tel. 0421 3398707, www.bremenshop-schnoortreppe.de, geöffnet: Mo.–Fr. 11–18, Sa. 11–16 Uhr. Mitbringsel aus Bremen: Rolandschluck, Stadtmusikantentropfen usw. Bremer Motive in Porzellan, Silber und Textilien, Schnoorhäuser, Kaffee, Tee, Süßigkeiten.
- **Markt auf dem Domshof,** geöffnet: Mo.–Sa. 8–14 Uhr. Spezialitäten aus der Region.

Der weitere Routenverlauf führt über die Friedrich-Ebert-Straße aus der Stadt hinaus. Bei der Abzweigung zur A281 diese bis zur Ausfahrt Neustädter Hafen nehmen. Weiter muss man dann Richtung Nordenham und in Deichhausen rechts fahren, um nach Lemwerder zu gelangen.

Der Industriestandort **Lemwerder** liegt an der Weser und verfügt über eine Fährverbindung nach Vegesack. Der ehemals größte Arbeitgeber, der Wartungsbetrieb für zivile Großflugzeuge der EADS, wurde nach langem Kampf und Protesten der 1270 Mitarbeiter 2010 geschlossen. Die anschließende Produktion von Windkrafträder lief nur bis 2018. Die Lürssen Werft auf beiden Seiten der Weser fertigt militärische Schnellboote und ist Weltmarktführer von exklusiven Großjachten. Mitten auf dem Weserdeich an der Stedingerstraße thront der Weit-Blick-Turm. In 12 m Höhe ist der Rundumblick beeindruckend. Direkt unterhalb des Turms beginnt die **„Weser-Side-Gallery“.** Auf einer Hochwasserschutzwand entlang des ehemaligen Flughafengeländes erstreckt sich auf 1000 m Länge eine von nationalen und internationalen Künstlern erschaffene Freiluftgalerie.

Parken

P 33 **Vulkanparkplatz,** GPS 53.17007, 8.60024, freie Sicht auf die Weser und die Werft, Übernachtung ist offiziell erlaubt, kostenlos

Hinter dem Weserdeich ducken sich niedrige Häuser an einer schmalen Straße. Auf ihr fährt man über Ritzenbüttel zum Fähranleger in Motzen. **Berne,** 2 km von der Weser entfernt, war Zollstation am historischen Handelsweg zwischen Oldenburg und Bremen und ein selbstverwalteter Marktflecken. Um

470wn-gg

90 Reisemobilhafen Peter-Baxmann-Platz, Lemwerder

GPS 53.15799, 8.61776

Plätze in schöner und ruhiger Lage, zentrumsnah, Ver- und Entsorgung bei der Sporthalle. **Lage/Anfahrt:** in Lemwerder auf die Schulstraße abbiegen und an deren Ende geradeaus zum Platz; **Platzanzahl:** 50; **Untergrund:** Schotterrasen, Wiese; **Service:** Strom, Trinkwasser (winterfest), Abwasser, Chemie-WC; **Sicherheit:** beleuchtet; **Preise:** 3 €/Fahrz., Strom 1 €/8 Std.; **Geöffnet:** ganzjährig; **Kontakt:** Schlesische Straße 14, 27809 Lemwerder, Tel. 0176 34226309 (Pieper, Platzwart)

den hübschen Breithof gruppieren sich einige historische Gebäude. Die dreischiffige **Kirche St. Aegidius** wurde in einer ungewöhnlichen Kombination von Feld- und Backsteinen errichtet. Arp Schnitger konstruierte die Orgel und der Altar stammt aus der Werkstatt Ludwig Münstermanns.

Über die B74 und die B212 ist bald Elsfleth erreicht.

Die Kirche St. Aegidius in Berne

91 Juliusplate, Berne

GPS 53.19647, 8.51127

Gepflegter Platz in sehr schöner, ruhiger Lage im Naturschutzgebiet direkt an der Weser, Wiese mit Bäumen, Sandstrand, saubere Sanitäranlagen, Waschmaschine/Trockner. Hilfsbereite, herzliche Betreiber. **Lage/Anfahrt:** An der B74 ausgeschildert; **Platzanzahl:** 50; **Untergrund:** Wiese; **Service:** Strom, Trinkwasser, Chemie-WC; **Sicherheit:** umzäunt, beleuchtet, bewacht; **Preise:** 10 €/Fahrz., 5,50 €/Pers., Hund 2 €, Strom 0,65 €/KWh, Dusche 1 €; **Geöffnet:** 15. April–Sept.; **Kontakt:** Juliusplate 4, 27804 Berne, Tel. 04406 1666, https://juliusplate.de

92 Fähranleger, Motzen

GPS 53.17972, 8.55771

Stellplätze direkt am Fähranleger, unruhig durch An- und Abfahrt der Fähre. **Lage/Anfahrt:** in Motzen Richtung Fähre, dort hinter dem Imbiss; **Platzanzahl:** 4; **Untergrund:** Pflaster; **Service:** Strom, Trinkwasser (winterfest), Abwasser, Chemie-WC; **Sicherheit:** beleuchtet; **Preise:** kostenlos, Strom 1 €/6 Std., Wasser 1 €; **Geöffnet:** frei zugänglich; **Kontakt:** Motzener Fähre 1, 27804 Berne

Fahrradtour auf Elsflether Sand und entlang der Hunte

Länge: *18 km, meist auf befestigten Feldwegen und Nebenstraßen.*

Start: *Stellplatz An der Kaje, Elsfleth* 93

Vorsicht: *Die Überfahrt über das Huntesperrwerk ist nur zu jeder vollen Stunde möglich, deshalb die Radtour ungefähr eine Viertelstunde vor der vollen Stunde beginnen.*

Vom Stellplatz fährt man zurück zur Anfahrtsstraße und auf dieser nach rechts. Geradeaus rollt man an der ***Jade Hochschule – Fachbereich Seefahrt*** *vorbei bis zur Abzweigung rechts zum* ***Huntesperrwerk.*** *Die Hunte mündet bei Elsfleth in die Weser. Bei Sturmfluten drückte das Wasser über die Weser auch in die Hunte und verursachte dadurch starke Überschwemmungen. Das Huntesperrwerk wurde 1979 in Betrieb genommen und hat bis heute weitere Schäden durch Überschwemmungen verhindert.*

Wenn das Timing stimmt und die mächtigen Brückenteile unten sind, um die Überfahrt zu erlauben, erreicht man die ***Insel Elsflether Sand.*** *Sand liegt zwischen Weser und Hunte und wird von einem Radfahrweg durchschnitten. Auf ihm fährt man ca. 800 m und kann hier links über Treppen einen herrlichen Sandstrand erreichen. Weiter geht es vorbei an Kuhweiden und Pferdewiesen bis zu drei Reetdachhäusern. Nun nach rechts auf dem teilweise etwas maroden Betonfeldweg. Beim großen Bauernhof fährt man nach links und auf einer schönen Alleestraße ist bald das* ***Landhaus Stedinger,*** *ein Ausflugslokal, erreicht.*

Nach rechts haltend und immer den Windungen des Sträßchens nach, sieht man nach kurzer Fahrt die ***Huntebrücke,*** *eine Hebebrücke. Auf ihr geht es über die Hunte und auf einem Radweg ein kurzes Stück an der B212 entlang. Binnen Kurzem weist der Radweg nach rechts (Lichtenberg).*

Am rechten Hunteufer fährt man immer dem gut ausgeschilderten Radweg nach und kommt an der Touristeninformation vorbei zum Wohnmobilstellplatz zurück.

091wn-gg

090wn-gg

Abendstimmung in Elsfleth

ELSFLETH

(43 km – km 125,5)

In bezaubernder Umgebung am Wasser und ans Moor angrenzend gehört Elsfleth zu den ältesten Ortschaften an der Unterweser. Der historische **Rathausplatz** gleich am Hafen wird vom **Haus Visurgis** mit dem Glockenspiel dominiert. Gemütlich kann man durch die Fußgängerzone bis zum modernen **Seefahrerbrunnen** spazieren. Hier steht auch die **Wempe-Uhr,** denn das inzwischen weltbekannte Unternehmen hat seinen Ursprung in Elsfleth.

Die günstige Lage im Weser-Hunte-Dreieck und die Nähe zur Nordsee begründete die blühende Seefahrerstadt Elsfleth. Dazu kam ab 1624 der Weserzoll als bedeutende Einnahmequelle. Alle Schiffe, die Bremen ansteuerten, mussten ihre transportierten Waren im Elsflether Hafen versteuern.

Wenn der stolze **Dreimastschoner „Grossherzogin Elisabeth“** gerade im Hafen liegt, ahnt man etwas von vergangenen Seefahrertagen. Landratten können auf dem ältesten noch in Betrieb befindlichen Segelschulschiff Seeluft schnuppern (Termine unter www.grossherzogin-elisabeth.de).

Das **Schiffahrtsmuseum Unterweser** gliedert sich in drei Häuser, eines ist Haus Elsfleth gleich beim Stellplatz (93). Themenschwerpunkte sind: Holzschiffbau, der Hafen Elsfleth, Reedereien, der Heringsfang und der Chronometerhersteller Wempe. Das Ganze ist gut aufbereitet und so werden z. B. interaktiv die „Erlebnisse“ einiger historischer Holzwerkzeugkisten vermittelt, ein Reeder erzählt in seinem Originalbüro seine Lebensgeschichte, man kann selbst am Steuerrad auf der Brücke stehen und erfährt, dass sich

Elsfleth zum heute größten maritimen Ausbildungsstandort Deutschlands entwickelt hat.

An den Wochenenden ist die zwischen den beiden Weserarmen Oster- und Westergate liegende **Insel Sand** mit ihrem weiten Sandstrand ein beliebtes Ziel für Radler (s. S. 158).

Sehenswertes

- **Schiffahrtsmuseum Unterweser Haus Elsfleth,** Weser Str. 14, www.schiffahrtsmuseum-brake.de, geöffnet: April-Okt. Di.-So. 10-17 Uhr, Nov.-März Di.-Sa. 11-17 Uhr, So. 10-17 Uhr. Eintritt: 4/1/6 €. Kombikarte mit Haus Borgstede & Becker und Telegraph 8/2/12 € (s. S. 162).

Information

- **Touristik-Information Elsfleth,** An der Kaje 1 a, 26931 Elsfleth, Tel. 04404 989081, www.elsfleth-tourismus.de, geöffnet: Mo.-Fr. 9-12.30 und 13.30-17 Uhr, Mai-Sept. auch Sa/So. 11-15 Uhr

Gastronomie

- **Zur Kogge,** Rathausplatz 7, Tel. 04404 959910, http://kogge-elsfleth.de, geöffnet: 7-14 und ab 17 Uhr, Mi. Ruhetag. Kleine Karte, empfehlenswert ist Matjes an gebackenem Lauch mit flambierten Calvadosäpfeln.

RUNDFAHRT DURCH MOORRIEM

(Rundfahrt 20 km)

Eine lohnende Rundfahrt ins Moorriem sollte man nicht versäumen. Es ist eine im Ursprung mittelalterliche Marschmoorsiedlung mit 13 Fachwerkdörfern. Die gepflegten, prächtigen Höfe und Reetdachhäuser mit den typischen Bauerngärten sind teilweise 300 Jahre alt und stehen unter Denkmalschutz. Am besten nimmt man das Fahrrad (s. S. 161), da für Wohnmobile in den kleinen Dörfern kaum Parkmöglichkeiten bestehen. Wer doch mit dem Wohnmobil fährt, nimmt die K213 gleich am Ortsanfang von Elsfleth beim Einkaufszentrum. Bei der Einmündung in Bardenfleth geht es nach links und sofort weist ein Schild auf das einladende Landcafé Moorriem hin. Vorbei an stattlichen Bauernhöfen und an der St. Annakirche (siehe Fahrradtour S. 161), bis man in Burwinkel nach links Richtung Huntebrücke abzweigt. Von dort geht es auf der schon bekannten B212 zurück nach Elsfleth.

Von Elsfleth kann man entweder auf der schmalen Deichstraße über Oberhammelwarden oder auf der schnellen B212 nach Brake fahren.

179wn-gg

93 An der Kaje, Elsfleth

GPS 53.23756, 8.46552

Direkt an der Hunte, teilweise etwas schräg, zentrumsnah, an den Wochenenden sehr gut besucht, Dusche, WC in 100 m in der Touristeninformation, Bezahlung nur mit Münzen. **Lage/Anfahrt:** in Elsfleth gut ausgeschildert; **Platzanzahl:** 8; **Untergrund:** Schotter; **Service:** Strom, Trinkwasser, Abwasser, Chemie-WC; **Preise:** 8 €/Fahrz., Strom 1 €/12 Std., Wasser 1 €; **Geöffnet:** frei zugänglich; **Kontakt:** An der Kaje, 26931 Elsfleth, Tel. 04404 989081, www.elsfleth-tourismus.de

Gastronomie

› **Mooriemer Landcafé,** Bardenfleth 39 a, www.moorriemerlandcafe.de, Tel. 04485 462666, geöffnet: Do.–So. 14–18 Uhr. In einer 250 Jahre alten reetgedeckten Fachwerkscheune gibt es Kuchen, Torten, Eis, Kaffee, Tee oder einen herzhaften Brotimbiss und wechselnde Kunstaustellungen.

BRAKE

(11,5 km – km 137)

Die Fußgängerzone von Brake mit den hübschen Häusern teilt mit vielen anderen Kleinstädten das Problem, dass die Kaufkraft in die Großstädte und in den Onlinehandel abfließt und deshalb viele Ladengeschäfte leer stehen. Trotzdem ist dieser Stadtspaziergang, der alle interessanten Punkte von Brake berührt, sehr lohnenswert. Entlang der Hafenstraße am **Binnenhafen** 94 stehen noch einige historische Packhäuser. Über den schmalen Skipper Pad kommt man zum Mitteldeich und dann nach rechts in die Lindenstraße, zwei Straßen mit stattlichen Handels und Wohnhäusern.

In der Fußgängerzone Breite Straße angekommen, steht links das **Haus Borgstede und Becker,** ein altes Kaufmanns- und Reederhaus von 1808, heute ein weiteres Gebäude des **Schiffahrtsmuseums Unterweser.** Es erzählt die Geschichte von Admiral Brommy (1804–1860), der die erste gesamtdeutsche Flotte aufbaute und Caroline Gross aus Brake heiratete. Man erfährt, dass Kapitänsbilder nicht Porträts von Menschen, sondern von Schiffen sind. Und damit aus einer Landratte wenigstens ein kleiner Seemann wird, lernt man das Handwerk der Segelmacher und Reepschläger kennen und bekommt Einblicke in die Kartografie und das Lotsenwesen.

Nur wenige Schritte geradeaus und man steht am Schleusendeich vor dem Wahrzeichen von Brake, dem **Telegraph.** Damit die Bestimmungshäfen der Schiffe sich auf deren Ankunft vorbereiten konnten, wurde zunächst per Flussboot Meldung gemacht.

Fahrradtour ins Moorriem

Länge: *25 km, zu denkmalgeschützten Bauernhöfen. Diese Tour sollte man zwischen Donnerstag und Sonntag machen, dann ist auch das Landcafé geöffnet.*

Start: *Stellplatz Elsfleth* 93

Vom Stellplatz auf der Weserstraße nach rechts fahren und weiter auf der Mühlenstraße bis zum Ortsende von Elsfleth. Nun links in die Watkenstraße und auf ihr geradeaus über die B212. Vorbei an den ersten großen Höfen fährt man immer der Straße folgend bis zum Bürgerhaus von ***Neuenfelde.*** *Nun weiter nach rechts auf einer schmalen Straße durch weite Viehweiden, begleitet von Entwässerungskanälen Richtung* ***Nordermoor.*** *Hier stößt man auf die Kreisstraße mit Radweg. Nach links fahrend ist man rasch in* ***Bardenfleth*** *mit dem* ***Landcafé,*** *in dem leckerer Kuchen auf den Radfahrer wartet.*

Nach dieser Stärkung fährt man immer auf dem Radweg an den typischen Bauernhöfen des Moorriem vorbei. Schmale Landstreifen, sogenannte ***Bauen,*** *prägen das Bild des Moorriems. Sie sind teilweise nur 50 m breit, jedoch bis zu 8 km lang. Das Wort Moorriem kommt im ersten Teil von „sumpfiges, nasses Land" und im zweiten von „Band oder schmale Landstreifen". 30 % der vor 1900 erbauten Häuser im Moorriem stehen unter Denkmalschutz. In Eckfleth ist mit der* ***St. Annakirche*** *(1620) die einzige* ***Fachwerkständerkirche*** *im Oldenburger Land erhalten geblieben. Besonders beachtenswert ist die Holzbalkendecke im Innern mit den Rankenmalereien von 1731.*

Auf der Weiterfahrt versetzen den Radler immer wieder stattliche Höfe in Entzücken. Beim Gasthof Bielefeld in Burwinkel verlässt man die Straße und fährt auf einem Feldweg geradeaus bis zur B212. Diese überqueren und nach links dem Radweg folgend kommt man zum Hafen und zum Stellplatz.

174wn-gg

Von 1846 bis 1852 diente der Telegraph der Übermittlung von Nachrichten entlang der Weser mittels optischer Telegraphie.

Seit 1960 beherbergt er den dritten Teil des Schiffahrtsmuseums Unterweser. Exotische Seemannssouvenirs, Schiffsmodelle und Kapitänsbilder sind nur einige der sehenswerten Ausstellungsstücke der Sammlung. Nicht minder interessant sind die Hintergrundinformationen über den harten Arbeitsalltag auf einem Walfänger und das Original-Wrackteil des 1957 untergegangenen Großseglers „Pamir".

An der Kaje legt die Fähre nach **Harriersand** ab. 11 km lang ist diese Weserinsel und ein Paradies für Erholungssuchende und Radfahrer. Lange Sandstrände, sattgrüne Wiesen, ein Wäldchen: dies alles findet man auf der längsten Flussinsel Deutschlands.

Der Stadtspaziergang führt wieder am Telegraph vorbei geradeaus am Schleusendeich entlang bis zur Mitteldeichstraße. Hier bei Nr. 34 steht das älteste Haus Brakes, ein 1731 erbautes **Fischerhaus.** Weiter auf dem Schleusendeich kommt man zur repräsentativen **Plassmannvilla,** dem ehemaligen Wohnsitz eines wohlhabenden Holzhändlers. Rechts auf der Hafenstraße gehend erreicht man wieder den Stellplatz beim Binnenhafen. Der Braker-Außenhafen mit imposanten Kranen und Getreidesilos erstreckt sich über eine Länge von drei Kilometern. Hier legen auch Seeschiffe an.

Sehenswertes

› **Schiffahrtsmuseum Unterweser Haus Borgstede & Becker und Telegraph,** Breite Str. 9 und Kaje 8, Tel. 04401 6791, geöffnet: April–Okt. Di.–Sa. 10–17 Uhr, Nov.–März Di.–Sa. 11–17 Uhr, So. ganzjährig 10–17 Uhr, Eintritt: 4/1/6 €, Kombikarte mit Elsfleth 8/2/12 € (s. S. 160)

Erlebenswertes für die ganze Familie

› **Fähre zur Weserinsel Harriersand,** Kaje bei der Touristeninformation, Tel. 04401 19433, www.

94 Am Binnenhafen, Brake

GPS 53.32807, 8.48265

Stellplätze auf einem Parkplatz auch für Pkws am Hafen, zentrumsnah, laut durch Hafen und Bahnhof, Ver- und Entsorgung häufig zugeparkt. **Lage/Anfahrt:** In Brake beim Kirchturm geradeaus und dann nach rechts fahren. Dann links an der Kaje entlang und am Schleusendeich links in die Hafenstraße, dort sind die Plätze beschildert; **Platzanzahl:** 4; **Untergrund:** Pflaster; **Service:** Strom, Trinkwasser (winterfest), Abwasser, Chemie-WC; **Sicherheit:** beleuchtet; **Preise:** kostenlos, Strom 2 €/12 Std., Wasser 1 €/10 Min.; **Geöffnet:** frei zugänglich; **Kontakt:** Hafenstraße, 26919 Brake

473wn-gg

guntsiet.de, Fahrt: hin und zurück 2,50/1 €, Hund 2,50 €. Genaue Fahrzeiten siehe Website.

Information

› **Tourismus und Marketing e. V. Brake,** Kaje 9, 26919 Brake, Tel. 04401 19433, https://brake-touristinfo.de, geöffnet: Mai–Aug. Mo.–Fr. 10–18 Uhr, Sa./So. 10–13 und 13.30–18 Uhr, Okt.–April Mo.–Fr. 10–16 Uhr

Gastronomie

› **Fischbratküche Neptun,** Binnenhafen, Tel. 04401 2332, https://neptun-brake.de, GPS 53.33005, 8.48559, geöffnet: Mo.–Sa. 11–14 Uhr. Köstlich zubereiteter fangfrischer Fisch im freundlichen Selbstbedienungslokal.

Parken

P **34 Cityparkplatz,** GPS 53.32549, 8.47977, Breite Straße. Wird offiziell als Womo-Stellplatz ausgewiesen, ist aber wegen der vielen Pkws nur für Womos bis 5 m als Parkplatz geeignet. Übernachtung möglich.

◁ *Das älteste Haus von Brake*

ABSTECHER NACH OVELGÖNNE

(hin und zurück 5 km)

Ovelgönne – da muss man hin! Das sehenswerte Dorf inmitten der Westermarsch lohnt einen Besuch! Dazu biegt man drei Kilometer hinter Brake von der B212 nach links ab und bei den ersten Häusern von Ovelgönne nach links zur Schule. Entlang der Straße ist hier das Parken und Übernachten erlaubt (95).

Zur Besichtigung geht es die Straße weiter geradeaus und in die erste Straße nach rechts, so kommt man am wassergefüllten ehemaligen **Burggraben** vorbei zum **Marktplatz.** 1514 wurde hier von Graf Johann V. von Oldenburg auf dem Golzwarder Wurp die Zwingfeste Ovelgönne errichtet. 1667 von den Dänen überfallen und eingenommen, wurde sie 1677 geschleift. Ein Modell, wie die Burg einmal ausgesehen haben soll, steht auf dem Marktplatz beim **Handwerksmuseum.** Dieses kleine Museum hat einen Frisörsalon, einen Kolonialwarenhandel, einen Bäcker, eine Schmiede-, eine Stellmacher- und eine Schusterwerkstatt liebevoll detailgetreu aufgebaut. Man fühlt sich darin um etliche Jahrzehnte zurückversetzt.

Ein kurzer Spaziergang über die historische **Breite Straße** gehört unbedingt noch zum Besuch des Dorfes. An jedem Haus informiert eine Tafel über sein Baujahr und seine Bewohner. Die **Martinskirche** ist auf den ersten Blick gar nicht als Kirche zu erkennen, denn es fehlt der Turm. Die Ovelgönner haben praktischerweise neben dem Kirchenraum auch gleich noch eine Schulstube und Wohnungen für den Lehrer und den Küster unter einem Dach untergebracht. Eine einzigartige Straßenkirche im Oldenburger Land.

Sehenswertes

› **Handwerksmuseum,** Breite Str. 27, 26939 Ovelgönne, www.handwerksmuseum-ovelgoenne.de, Tel. 04401 81955, geöffnet: So. 14–18 Uhr, weitere Termine nach telefonischer Anmeldung, Eintritt: 3/1 €. Kulturgeschichte des Handwerks in der Region.

Weiter geht die Fahrt auf der schon hinreichend bekannten B212 bis zur Abzweigung nach **Rodenkirchen,** dem größten Ort der Samtgemeinde Stadland. Als Samtgemeinde wird in Niedersachsen ein Gemeindezusammenschluss zu einer Verwaltungsgemeinschaft bezeichnet.

Rodenkirchen ist der Mittelpunkt des Stadlandes und hat einen schönen, weitläufigen **Marktplatz.** Hier findet donnerstagvormittags ein buntes Markttreiben statt, Parken ist dann auf dem Stellplatz (96) nicht möglich. Ende September, wenn das große Volksfest, der **Roonkarker Markt,** den Platz mit Großfahrgeschäften und Zelten füllt und ein großer Umzug stattfindet, ist der Platz auch komplett gesperrt.

In der romanisch-gotischen **Kreuzkirche St. Matthäus** gibt es zwei wertvolle Kunstwerke zu bewundern: Münstermann-Altar und -Kanzel. Um 1200 wurde die Kirche in mehreren Abschnitten auf einer Wurt erbaut und war der geistige Mittelpunkt des Stadlandes. Der kunstvolle Altar von 1629 gilt als das Meisterwerk Münstermanns. Im unteren Bereich zeigt er Szenen des Neuen Testaments: die Verkündung, die Geburt Christi und die Taufe durch Johannes den Täufer. In der nächsten Etage werden das Abendmahl und die Evangelisten flankiert von Martin Luther und Philipp Melanchthon dargestellt, darüber das Wappen des Grafen Anton Günther, die Kreuzigung und ganz oben die Auferstehung. Die 1631 ebenfalls von Münstermann errichtete Kanzel zeigt unten sitzend einen nackten Menschen, daneben Moses mit den Gesetzestafeln und Johannes den Täufer mit einer Bibel mit dem Finger zwischen Altem und Neuem Testament.

474wn-gg

(95) An der Schule, Ovelgönne

GPS 53.34327, 8.42754

Plätze bei der Schule, deshalb wochentags nicht gerade ruhig und häufig zugeparkt, zentrumsnah. **Lage/Anfahrt:** bei den ersten Häusern von Ovelgönne nach links zu den Stellplätzen; **Platzanzahl:** 5; **Untergrund:** Asphalt; **Service:** Strom, Trinkwasser (winterfest), Abwasser, Chemie-WC; **Sicherheit:** beleuchtet; **Preise:** kostenlos, Strom 1 €/8 Std., Wasser 1 €/10 Min.; **Geöffnet:** frei zugänglich; **Kontakt:** Am Sportplatz, 26939 Ovelgönne

175wn-gg

Die **Hanni,** der Nachbau eines Dielenschiffes, liegt im Abser Sielhafen. Schiffe diesen Typs wurden auch Butterschiffe genannt, da sie mit ihrem geringen Tiefgang auch noch in die Siele fahren konnten, um von den Höfen Salzbutter und andere landwirtschaftliche Produkte abzuholen. Die Siele sind Durchlassbauwerke im Seedeich, die sich bei Flut durch Wasserdruck schließen und so das Einströmen von Salzwasser ins Binnenland verhindern. Bei Ebbe öffnen sie sich zum Meer hin, um das Abfließen des Binnenwassers zum Meer zu ermöglichen. Wenn die Dielenschiffe die Weser befuhren, konnten sie die Masten aufklappen, Segel setzen und kamen so bis Bremen. Von Mai bis September werden verschiedene Fahrten auf der Hanni angeboten, genaue Termine und Routen erfährt man unter www.dielenschiff-hanni.de.

Eine interessante Sehenswürdigkeit, das **Bronzezeithaus,** liegt etwas außerhalb von Rodenkirchen. Zur Besichtigung fährt man am Ende des Marktplatzes nach links Richtung Seefeld, überquert bald darauf die B437 und findet gleich hinter der Hahnenknooper Mühle den Parkplatz zum Bronzezeithaus.

Die älteste bekannte Siedlung an der deutschen Nordseeküste entdeckte man 1971

Die Kanzel der St.-Matthäus-Kirche ist ein Werk des genialen Meisters Münstermann

Ludwig Münstermann

*Vermutlich um 1575 in Bremen geboren, war der **Bildschnitzer** Ludwig Münstermann beinahe ausschließlich in der Grafschaft Oldenburg-Delmenhorst tätig. Er vertrat mit seinen Werken den **Manierismus,** eine Stilrichtung zwischen Renaissance und Barock. Viele Dorfkirchen in der Westermarsch, so in Rodenkirchen, Tossens, Langwarden und Berne wurden von ihm prachtvoll mit Altären, Kanzeln und Taufsteinen ausgestattet.*

*In der Regentschaft des **Grafen Anton Günther,** in der in ganz Deutschland der Dreißigjährige Krieg tobte, blieb die Grafschaft Oldenburg dank der Umsicht ihres Herrschers von den Kämpfen verschont. Sie kam durch Vieh- und Pferdehandel zu Wohlstand und so wurde der Bildschnitzer Ludwig Münstermann engagiert, um die Kirchen in der Grafschaft kunstvoll auszuschmücken. Münstermann ist um 1637/38 verstorben.*

beim Bau des Strohauser Sieltiefs. Zwei urgeschichtliche Hofstellen aus der jüngeren Bronzezeit wurden freigelegt. Der Förderverein stellte 2005 ein rekonstruiertes Bronzezeithaus der Öffentlichkeit vor. Das Bauernhaus vermittelt einen Eindruck vom Leben in der Westermarsch um 900 v. Chr. Gezeigt werden auch Werkzeuge und Geräte aus Holz, Knochen, Horn, Stein und Flint.

Sehenswertes

› **Bronzezeithaus,** Hartwarderwurp, GPS 53.40403, 8.41787, Tel. 04732 8989, geöffnet: Ostern–Okt. So. 11–17 Uhr, Eintritt: 3/1,50 €. Sehenswerte Rekonstruktion eines Bronzezeithauses

Information

› **Touristinformation Stadland,** Am Markt 1, 26935 Rodenkirchen, Tel. 04732 8989, www.stadland.de, geöffnet: Mo.–Fr. 10–12 Uhr, Do./Fr. 14–17 Uhr

Wieder auf der B212 bietet sich nach 4 km bei Kleinensiel, das auch ein Teil der Samtgemeinde Stadland ist, ein weiterer Stellplatz zum Übernachten an (97).

Picknickplatz Kleinensiel

35 **Picknickplatz Kleinensiel,** GPS 53.44344, 8.48458, am alten Fähranleger, nur noch von Mitte April bis Ende September erlaubt

475wn-gg

96 Am Markt, Rodenkirchen

GPS 53.39971, 8.45420

Plätze beim Rathaus und Bahnhof in lauter Lage, Do. 5–13 Uhr ist hier Markt, Wasser am roten Backsteinhaus auf dem gegenüberliegenden Platzteil. **Lage/Anfahrt:** ins Zentrum fahren und dort auf der linken Parkplatzseite; **Platzanzahl:** 10; **Untergrund:** Pflaster; **Service:** Strom, Abwasser, Chemie-WC; **Sicherheit:** beleuchtet; **Preise:** kostenlos, Strom 1 €/8 Std.; **Geöffnet:** frei zugänglich; **Kontakt:** Am Markt, 26935 Stadland

475wn-gg

97 Deichparkplatz, Kleinensiel

GPS 53.44268, 8.47842

Von Wiesen umgebener Stellplatz in schöner, relativ ruhiger Lage (Straße, Bahn, Fußballplatz). **Lage/Anfahrt:** von der B212 nach Kleinensiel, dort rechts und über den Deich zum Platz.; **Platzanzahl:** 5; **Untergrund:** Schotter; **Service:** Strom, Trinkwasser, Chemie-WC beim Dorfgemeinschaftshaus (GPS 53.44225, 8.47437); **Preise:** kostenlos, Strom 1 €/8 Std., Wasser 1 €/10 Min.; **Geöffnet:** frei zugänglich; **Kontakt:** Fährstraße/K344, 26935 Stadland

NORDENHAM
(24 km – km 161)

Bevor man sich ins Zentrum von Nordenham begibt, steht der Besuch der historischen **Moorseer Mühle** an. Dazu verlässt man die B212 in Ellwürden nach links und kommt nach Abbehausen. Hinter dem Ort fährt man nach rechts auf den Mühlenparkplatz. Die Moorseer Mühle ist die letzte voll funktionstüchtige Windmühle der Westermarsch. Sie wurde 1840 anstelle einer bereits 1680 erwähnten Bockwindmühle als Galerieholländerwindmühle erbaut. Den ursprünglichen Windantrieb der beiden Mahlgänge lösten 1908 eine Dampfmaschine und 1929 ein Elektromotor ab. Die Mahlsteine haben einen Durchmesser von 1,50 m. Regelmäßig geht die Mühle in Betrieb. Beim großen Mühlenfest am letzten Augustwochenende werden außerdem historische Landmaschinen und ein Lokomobil (eine fahrbare Dampfmaschine) vorgeführt. Ein Riesenspaß ist der Backtag am Dienstag und Mittwoch, wo sich Jung und Alt als Bäcker versuchen können. Am Mittwoch um 15 Uhr findet eine öffentliche Mühlenführung statt, eine gute Möglichkeit, alles über die Moorseer Mühle zu erfahren. Was ist eine Bockwindmühle? Was ein Galerieholländer? Wie lebte und arbeitete man früher in der Mühle? Alle diese Fragen bekommt man im Mühlenmuseum anschaulich und lebendig anhand von Modellen, Fotografien und Lebensgeschichten vermittelt. Betrieben wird die Mühle vom sehr umtriebigen Rüstringer Heimatbund, der auch das Museum Nordenham unterstützt.

Ein schöner Abschluss der Mühlenbesichtigung ist der Besuch des angeschlossenen Mühlencafés.

Auf der Fahrt zurück zur B212 sollte man, wenn man am Freitag oder Samstagvormittag hier ist, an der Hauptstraße von Abbehausen beim **Historischen Kaufhaus** halten.

176wn-gg

Die Moorseer Mühle ist voll funktionsfähig

1853 eröffnete Johann H. Büsing einen Gemischtwarenhandel im ehemaligen Posthaltereigebäude. 1897 erbaute sein Sohn Gustav das Kaufhaus in seiner heutigen Form. Da dieser ohne Kinder blieb, übernahm Familie Freese das Geschäft. Ein wahres Glück war die Sammelleidenschaft der Besitzer. Rechnungen, Quittungen, Lieferscheine, eine vielfältige Sammlung an Plakaten, Schildern, Petroleumpumpen, Gusseisenöfen, Keksdosen, Pfeifen und viele andere, inzwischen historische Gebrauchsgegenstände kann man bei einer Führung hinter die Kulissen bestaunen. Am Freitag und Samstag ist heute der Laden mit seiner aus der zweiten Hälfte des 19. Jh. unverändert erhaltenen Ladeneinrichtung geöffnet. Susanne Schiller bietet hier vieles an, was man heute nur noch sehr selten bekommt. Vom Kochtopf über Geschirr, Klein- und Eisenwaren und Einkochutensilien bis zu Kerzen und Wolle reicht das Sortiment.

Im **Museum Nordenham** erfährt man nach einem kurzen Film zur Einstimmung alles über Nordenham von der urzeitlichen Besiedlung über die Gründung des Hafens und die Rolle Nordenhams als Auswandererhafen bis zur Nachkriegszeit.

Das **Störtebeker Freizeitbad** bietet direkt am Stellplatz 98 Badespaß pur!

Sehenswertes

- **Moorseer Mühle,** Butjadinger Str. 132, Nordenham-Abbehausen, Tel. 04731 88983, www.museum-moorseer-muehle.de, geöffnet: April–Okt. Di.–So. 10–17 Uhr, Nov.–März So. 14–17 Uhr, Eintritt: 3/1,50/7,50 €. Öffnungszeiten Café: April–Okt. Di./Mi. 11.30–17.30, Do.–So. 14–17.30 Uhr.
- **Historisches Kaufhaus J.H. Büsing & Sohn,** Butjadinger Str. 101, Tel. 0173 2358265, www.historisches-kaufhaus-abbehausen.de, geöffnet: Fr. 9–13 und 15–18 Uhr, Sa. 9–13 Uhr. Termine für Führungen im Internet.
- **Museum Nordenham,** Hansingstr. 18, Tel. 88831, www.museum-nordenham.de, geöffnet: April–14. Juni/15. Sept.–Okt. Di.–Sa. 14–17 Uhr, So. 10.30–17 Uhr, 15. Juni–14. Sept. Di.–Fr. 10.30–17 Uhr, Sa. 14–17 Uhr, So. 10.30–17 Uhr, Nov.–März Sa. 14–17 Uhr, So. 10.30–17 Uhr, Eintritt: 3/1,50/7,50 €

Erlebenswertes für die ganze Familie

- **Störtebeker Freizeitbad,** Atenser Allee 48, Tel. 04731 5050, geöffnet: Di.–Fr. 6–7.30 Uhr und 15–20.30 Uhr, Sa./So. 9–19 Uhr, Eintritt: Tageskarte 6,20/3,10/14 €. Erlebnisbecken, 67 m Riesenrutsche, Ruhezonen, Außenbecken, Strömungskreisel.

Information

- **Nordenham Marketing & Touristik e. V.,** Marktplatz 7, 26954 Nordenham, Tel. 04731 93640, www.nordenham.net, geöffnet: Mo.–Fr. 9–18 Uhr, Sa. 10–13 Uhr

98 Beim Freizeitbad Störtebeker, Nordenham

GPS 53.49496, 8.47430

Stellplätze beim Störtebeker Bad, relativ ruhige Lage (Straße). WC, Dusche nur während der Badöffnungszeiten. 800 m ins Zentrum. **Lage/Anfahrt:** vorbildlich ausgeschildert; **Platzanzahl:** 20; **Untergrund:** Rasengitter; **Service:** Strom, Trinkwasser, Abwasser, Chemie-WC; **Preise:** 5 €, Strom 0,50 €/kWh, Wasser 1 €; **Max. Stand:** 3 Nächte; **Geöffnet:** frei zugänglich; **Kontakt:** Atenser Allee, 26954 Nordenham, Tel. 04731 840

477wn-gg

99 Handwerkerhof Volkers, Nordenham-Blexen

GPS 53.54090, 8.50956

Plätze in sehr schöner und sehr ruhiger Lage bei einem Ferienhof, Besitzer sorgen für Sauberkeit, Platz videoüberwacht. Dusche, WC, Waschmaschine, Trockner, Brötchenservice, Grillhütte, Aufenthaltsraum. **Lage/Anfahrt:** in Schweewarden Richtung Tettens abbiegen, am Deich rechts; **Platzanzahl:** 15; **Untergrund:** Schotter; **Service:** Strom, Trinkwasser, Abwasser, Chemie-WC, WLAN; **Preise:** 10 €/Fahrz., Strom 0,50 €/kWh, Wasser 1 €/100 l, Dusche 1 €; **Geöffnet:** ganzjährig; **Kontakt:** Deichstr. 156, 26954 Nordenham, Tel. 0151 10823931, www.ferien-handwerkerhof.de

ROUTE 7

ENTLANG DES JADEBUSENS NACH WILHELMSHAVEN

099wn-gg

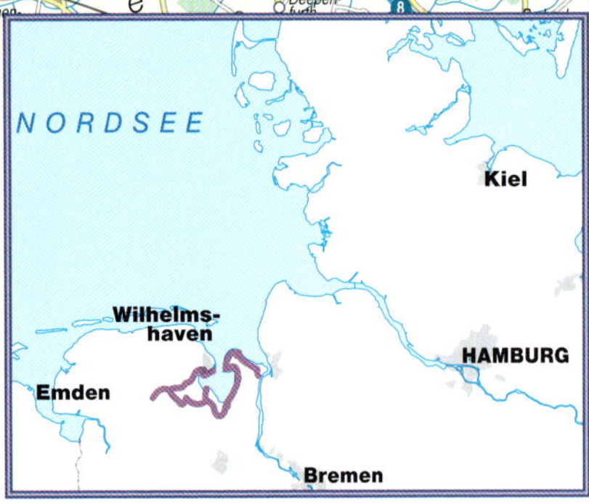

Strecke:

Nordenham (s. S. 167) – **Butjadingen** (18 km, s. S. 172) – **Dangast** (66 km, s. S. 180) – **Neuenburg** (21 km, s. S. 183) – **Friedeburg** (20 km, s. S. 185) – **Abstecher nach Wiesmoor** (18 km, s. S. 187) – **Wilhelmshaven** (25 km, s. S. 190)

Streckenlänge:

ohne Abstecher ca. 150 km
mit Abstecher ca. 168 km

Vorseite: Wattenmeer und Kunst am Strand von Dangast (s. S. 180)

538wn-gg

ROUTENÜBERSICHT

Der Jadebusen, einst ein großes Moorgebiet, entstand durch wiederholte Sturmfluten, bei denen sich das Meer große Teile der Küste holte. In stetigem Kampf gegen die Naturgewalten bauten die Bewohner Deiche, Siele und Wurten. In kleinen Museen kann man sich heute in das schwierige Leben in früheren Zeiten hineinversetzen. Die Arbeit der Fischer erlebt man hautnah im Hafen von Fedderwardersiel, wo auch heute noch die Kutter zum Krabbenfang auslaufen. Künstlerisch wertvolle Arbeiten sind in vielen Kirchen in der Wesermarsch versteckt. Der Bildschnitzer Ludwig Münstermann gestaltete die Altäre im Stile des Manierismus. Das Nordseebad Dangast wurde Anfang des 20. Jahrhunderts Treffpunkt der Brücke-Maler wie Max Pechstein und Karl Schmidt-Rottluff. Auch Anfang des 21. Jh. bringt eine Künstlerkolonie ein ganz besonderes Flair nach Dangast. Etwas abseits der Küstenlinie führt die Route in den Urwald von Neuenburg und ins blumenreiche Wiesmoor. Noch relativ jung ist die Marinestadt Wilhelmshaven. Erst 1869 als Marinestützpunkt gegründet, setzt sie heute auf ihre Maritime Meile: Wattenmeerhaus, Deutsches Marinemuseum und Aquarium sind an der Südstrandpromenade aufgereiht wie Perlen an einer Schnur.

Festgefroren im Eis

Auf der B212 geht es von Nordenham (s.S.167) 3 km gen Norden bis zum Straßenhinweisschild Burhave, hier nach links abbiegen.

BUTJADINGEN

(18 km – km 18)

Burhave, Fedderwardersiel, Langwarden, Tossens, Eckwarden, Eckwarderhörne und Stollhamm sind kleine Gemeinden, die zur Region Butjadingen zusammengeschlossen wurden. Die Halbinsel Butjadingen ist an drei Seiten vom Meer umgeben und im Inneren noch sehr landwirtschaftlich geprägt.

Burhave ist die erste und größte Ortschaft Butjadingens. Hier ist alles auf Tourismus ausgerichtet: gezeitenunabhängige Lagune, Spielscheune, Kurpark, Kurmittelhaus, viele Restaurants und Cafés befriedigen Urlaubsbedürfnisse bei jedem Wetter.

Erlebenswertes für die ganze Familie

› **Nordsee-Lagune,** Tel. 04733 929340, www.nordseelagune.de, geöffnet: Mai–Sept. 10–18 Uhr, Juli/Aug. bis 20 Uhr, Eintritt: ohne Gästekarte 5,50 €, Familien 15 €. Hier kann man gezeitenunabhängig am Sandstrand baden. Wasserspielplatz und -rutsche, Tretbootverleih.

Information

› **Tourist-Information Butjadingen,** Strandallee 61, 26969 Burhave, Tel. 04733 929310, www.butjadingen.de, Öffnungszeiten siehe Website

Parken

P **36 Strand Burhave,** GPS 53.58147, 8.37433, Wohnmobile von 8–22 Uhr erlaubt, gebührenpflichtig

Fedderwardersiel ist mit seinem **Krabbenkutterhafen** noch viel maritimer und ursprünglicher als Burhave. Im malerischen Hafen schaukeln die Kutter im Wasser und warten auf die nächste Ausfahrt. Hier startet auch die **Wega II** zu ihren sehr erlebenswerten Touren ins Wattenmeer, zu den Seehundbänken oder zu speziellen Piratenfahrten mit Schatzsuche.

In dem im Jahr 1909 am Hafenbecken erbauten Schuppen steht die Wilhelmine Wiese, ein historisches **Seenotrettungsboot.** Von April bis Anfang Oktober immer sonntags von 14 bis 17 Uhr können sie und der Schuppen besichtigt werden (1 €).

Der wie ein Plattfisch geformte „Hörstuhl" am Hafen erzählt auf Knopfdruck eine Geschichte. Jedem, der sich hier hinsetzt, zeigt er die Probleme auf, die dem kleinen Kutterhafen Fedderwardersiel durch die Weservertiefung drohen.

478wn-gg

100 Knaus Campingpark, Burhave

GPS 53.58333, 8.37008

Separate Wohnmobilstellplätze beim Campingplatz in sehr schöner, ruhiger Lage direkt am Strand und neben der Badelagune. **Lage/Anfahrt:** in Burhave ausgeschildert; **Platzanzahl:** 124; **Untergrund:** Wiese; **Service:** Strom, Trinkwasser, Abwasser, Chemie-WC; **Sicherheit:** beleuchtet, bewacht; **Preise:** 14–16 €/Fahrz., Benutzung Sanitär 4 €/Pers., Kurtaxe 1,10–2,50 €/Pers., Strom 0,70 €/kWh, Wasser 1 €/70 l; **Geöffnet:** Apr.–Okt.; **Kontakt:** Burhave Strand, 26969 Butjadingen, Tel. 04733 1683, www.knauscamp.de

Gänse im Watt und in den Salzwiesen

Wer zwischen Mitte Oktober und Anfang März an der Nordsee Urlaub macht, wird sicherlich immer wieder fasziniert den Himmel beobachten. In Pfeilformation, begleitet von lautem Geschnatter, ziehen dort Tausende Gänse vorbei. Die meisten Gänsearten brüten in der Arktis und fliegen wegen der milderen Temperaturen bis zu 6000 km zum Überwintern nach West- und Mitteleuropa. Weitere Gründe sind: weniger Feinde und genügend Grünfutter. Doch darin liegt auch ein Problem: Da die Populationen inzwischen auf bis zu 180.000 Tiere gestiegen sind, sind auch die Schäden für Landwirte groß. Das eiweißreichere Getreide ziehen die Vögel dem Gras der Salzwiesen vor. Die Klage über den „ätzenden" Kot haben Forscher inzwischen widerlegt. Gänsekot ist neutral und sehr wohl als Dünger geeignet.

Gänse orientieren sich beim Flug an Flüssen und Küstenlinien und nutzen bei hellem Mondschein sogar die Nacht, um zu ziehen. Der Formationsflug erklärt sich so: Die an der Spitze fliegende Gans verbraucht sehr viel Energie, die nachfolgenden Tiere profitieren vom Flügelschlag des voran fliegenden Vogels. Um den „Spitzenvogel" zur Höchstleistung anzutreiben, schnattert die Mannschaft kräftig. Wenn es trotzdem nicht mehr geht, wird abgewechselt.

Diese Gänse finden sich an der Nordseeküste:

- *Blässgans (Wintergast), 130–160 cm Spannweite, 64–78 cm Größe*
- *Graugans (ganzjährig), 150–168 cm Spannweite, 74–89 cm Größe*
- *Weißwangengans (Wintergast), 120–142 cm Spannweite, 58–70 cm Größe*
- *Kanadagans (ganzjährig und Wintergast), Spannweite bis 182 cm, Größe bis 110 cm*

In einem denkmalgeschützten Gebäude von 1846 findet man am Fischereihafen das **Nationalpark-Haus.** Die Ausstellung beschäftigt sich mit dem natürlichen und kulturellen Leben an der Butjadinger Küste. Man erfährt bei Multimedia- und Mitmachstationen viel Wissenswertes über die Besiedlungsgeschichte sowie über Deich-, Siel- und Wurtenbau. Außerdem wird das Leben der Tiere im Watt sehr anschaulich erklärt.

Die Mitarbeiter des Museums bieten auch kompetent geführte **Wattwanderungen** an. Verständlich, unterhaltsam, spielerisch und kreativ informieren sie kleine und große Gäste über das UNESCO-Welterbe.

101wn-gg

Schiffsknoten zu binden ist nicht so einfach

Sehenswertes

- **Nationalpark-Haus,** Am Hafen 4, 26969 Fedderwardersiel, www.nationalparkhaus-wattenmeer.de/nationalpark-haus-museum-fedderwardersiel, Tel. 04733 8517, geöffnet: Febr.–Mitte März Di.–So. 10–16, Mitte März–1. So. im Nov. tägl. 10–17, Nov.–20. Dez. Do., So. 10–16, 27. Dez.–6. Jan. tägl. 10–17 Uhr, Eintritt: 5,50/2/13 €. Deichbau, Entwässerung, Natur und Kultur in der Region, Wattwanderungen.

Erlebenswertes für die ganze Familie

- **Seefahrten mit der Wega II,** Hafen Fedderwardersiel, Tel. 04721 667600, www.cassen-eils.de, geöffnet: Mitte Juli–6. November. Die Preise sind je nach Törn unterschiedlich. Es gibt auch günstige Familienkarten. Angeboten werden z. B. Touren zu Seehundbänken, Piratenfahrten, Fahrten zum Leuchtturm Robbenplate und ins Wattenmeer mit Netzfang.

479wn-gg

101 Henken's Reisemobilhafen, Fedderwardersiel

GPS 53.59619, 8.35721

Plätze in schöner und relativ ruhiger Lage (Pkw-Parkplatz angrenzend), zentrumsnah, Stromanschluss nur 9–11.30 und 16–18 Uhr! Schmale Zufahrt zur VE. **Lage/Anfahrt:** ausgeschildert; **Platzanzahl:** 20; **Untergrund:** Schotterrasen; **Service:** Strom, Trinkwasser, Abwasser, Chemie-WC, WLAN; **Sicherheit:** beleuchtet; **Preise:** 10 €/Fahrz., Kurtaxe 2,50 €/Pers., Strom 2,50 €/24 Std., Wasser 1 €/100 l, Entsorgung 1 €, Müll 0,50 €; **Geöffnet:** März–Okt.; **Kontakt:** Am Hafen 6, 26969 Butjadingen, Tel. 04733 1552, www.reisemobil-hafen.de

480wn-gg

102 Butjadinger Yachtclub, Fedderwardersiel

GPS 53.59345, 8.35918

Schöne, ruhige Lage am Jachthafen, zentrumsnah, WC, Dusche, Waschmaschine, Trockner. Nur Barzahlung möglich. **Lage/Anfahrt:** in Fedderwardersiel Richtung Deich, zum Jachthafen geradeaus fahren, ausgeschildert; **Platzanzahl:** 45; **Untergrund:** Wiese; **Service:** Strom, Trinkwasser, Abwasser, Chemie-WC, WLAN; **Sicherheit:** beleuchtet; **Preise:** bis 10 m Länge 12 €/Fahrz., darüber 15 €, Kurtaxe 2,50 €/Pers., Strom 2,50 €, Hund 1,50 €, Dusche 0,50 €; **Geöffnet:** April–Mitte Okt.; **Kontakt:** Lagunenweg, 26969 Butjadingen, Tel. 04733 1670, www.butjadinger-yachtclub.de

Gastronomie

› **Micha's Räucherfisch,** im Hafen. Einfach super leckerer Fisch!

Einkaufen

› **Butjadinger Fischereigenossenschaft eG,** Am Hafen 1, www.krabbenausfedsiel.de, Tel. 04733 921970, geöffnet: täglich 9–18 Uhr. Frische Fische aus nachhaltiger Fischerei je nach Saison inklusive guter Beratung für deren schmackhafte Zubereitung.

Das nächste Ziel ist **Langwarden.** Im Mittelalter war der Ort wegen seines Hafens ein wichtiger Handelsplatz. Den Seefahrern diente die auf einer 4 m hohen Wurt stehende **St.-Laurentius-Kirche** als Orientierungspunkt. Der Bau besteht aus Eifeltuffstein, den die Schiffe bei der Rückfahrt vom Rheinland mitbrachten. Die Inneneinrichtung aus der Zeit des Dreißigjährigen Krieges und die 350 Jahre alte Orgel sind noch weitgehend original erhalten. Die Orgel repräsentiert den Stil von Arp Schnitger. Sie gehört zu den bedeutendsten Instrumenten ihrer Art in Norddeutschland. Im Sommer finden regelmäßig Orgelkonzerte statt. Der Altar wurde wahrscheinlich von einem Schüler Münstermanns nach dessen Tod um 1652 gefertigt. Ob die Kanzel (1633) vom Meister Münstermann selbst stammt, ist fraglich. Die Muschelnischen und die Engelsköpfe weisen angeblich darauf hin.

Seit 2015 hat der Ort noch eine weitere Attraktion: den **Langwarder Groden.** Diese Ausgleichsmaßnahme zum Bau des Jade-Weser-Ports ist der ideale Ort für Natur- und Vogelbeachtungen (Leinenpflicht für Hunde). Auf 2 oder 4 km langen Rundwegen kann man teilweise auf Bohlenpfaden und über Brücken trockenen Fußes durch die Salzwiesen spazieren. Infotafeln erläutern die Flora und Fauna. Rings um den Jadebusen wurde ein sogenannter **Skulpturenpfad** angelegt. Hier am Parkplatz heißen die Installationen „Der Turmbau zu Babel" und „Die Hütte Gottes bei den Menschen".

201wn-gg

Der Langwarder Groden ist auch im Winter ein interessantes Ziel

Die Deutsche Gesellschaft zur Rettung Schiffbrüchiger

Die Deutsche Gesellschaft zur Rettung Schiffbrüchiger, kurz DGzRS, wurde 1865 gegründet. 800 Freiwillige und 180 Festangestellte versehen ihren Dienst an 54 Stationen zwischen Emsmündung und der Pommerschen Bucht. 73.000 Menschen wurden inzwischen von der DGzRS aus Seenot gerettet. Ob zur Rettung von Wattwanderern, die sich im Nebel verirrt haben, bei Sportbootunfällen, Sturmfluten oder bei großen Schiffshavarien, immer sind die Helfer mit ihren modernen Seenotrettungskreuzern zur Stelle.

In einigen kleineren Häfen kann man die sehr liebevoll restaurierten alten Boote der DGzRS in ihren Bootsschuppen besichtigen. Meist betreut von einem alten „Seebären", der gerne Geschichten über dramatische Rettungen dem faszinierten Publikum erzählt.

102wn-gg

Sehenswertes

- **Langwarder Groden,** Feldhauser Deich, 26969 Langwarden. Um zum Parkplatz zu gelangen, biegt man am Ortsanfang von Langwarden nach rechts Richtung Feldhausen ab. Parken kann man bei GPS 53.60762, 8.32180, über den Deich erreicht man von dort den Bohlenweg; frei zugänglich.

Gastronomie/Einkaufen

- **Hofladen Deichschäferei Plümer,** Feldhauser Str. 2, www.deichschaeferei-feldhausen.de. Lammsalami, Schafskäse, Wolle, Felle, Hausschuhe im Hofladen, geöffnet nach Anmeldung unter Tel. 04733 1455. Betriebsführungen April–Okt. jeden Mittwoch 10 Uhr.
- **Butjadinger Teestube und Teekontor,** Burmeidsweg 1, Butjadingen-Langwarden, Tel. 04733 173732, geöffnet: Karneval–Totensonntag Mi.–So. 10–12.30 und 14–17 Uhr, Juli/Aug. auch Di., Teestube nur 14–17 Uhr. Eine urgemütliche friesische Teestube mit hausgemachten Blechkuchen und Torten. Teekontor mit regionalen Spezialitäten.

Tossens, ebenfalls ein Teilort Butjadingens, ist der nächste Anlaufpunkt von Route 7. Ganz auf den Tourismus ausgerichtet bietet Tossens viele Einkaufsmöglichkeiten, einen breiten Grünstrand, Cafés und Restaurants. Für den Spaß der Kinder ist mit einem großen Piratenspielplatz am Strand gesorgt.

Kunsthistorisch Interessierte zieht es in die **St.-Bartholomäus-Kirche** im Kirchweg. Dort steht ein Münstermann-Altar von 1631. Besonders die Darstellung des Moses im Altaraufsatz fällt sofort auf, denn er hat zwei Hörner auf dem Kopf. Ein gehörnter Moses? Diese Darstellung geht wahrscheinlich auf einen Übersetzungsfehler zurück. Im Hebräischen ist das Wort für „erleuchtet“ ähnlich dem für „Hörner“. Ein Taufstein mit mehrstöckigem, hölzernem Deckel wurde 1623 ebenfalls von Meister Münstermann gefertigt.

Sehenswertes

- **St.-Bartolomäus-Kirche,** Kirchweg 1, 26969 Tossens, Tel. 04736 358, geöffnet: Anrufen, dann wird geöffnet.

Auf diesem Spielplatz in Tossens ist Toben angesagt

103 Knaus Campingpark, Tossens

GPS 53.57902, 8.24358

Platz in sehr schöner und ruhiger Lage direkt am Strand vor der Schranke des Campingplatzes. **Lage/Anfahrt:** in Tossens Richtung Strand und Center Parcs fahren, dann ausgeschildert; **Platzanzahl:** 36; **Untergrund:** Wiese; **Service:** Strom, Trinkwasser, Abwasser, Chemie-WC; **Sicherheit:** beleuchtet; **Preise:** 12–13,50 €/Fahrz., Kurtaxe 2,50 €/Pers., Strom 0,70 €/kWh, Wasser 1 €/70 l, Sanitärbenutzung 4 €/Pers.; **Geöffnet:** 15. April–15. Okt.; **Kontakt:** Tossener Deich, 26969 Tossens, Tel. 04736 219, www.knauscamp.de

481wn-gg

104 Sportplatz, Seefeld

GPS 53.45628, 8.35783

Stellplätze beim Sportplatz in schöner Lage, bei Fußballspielen oder Festen hier auch Parkplatz, Dorfladen. **Lage/Anfahrt:** Im Ort bei der Kirche rechts; **Platzanzahl:** 4; **Untergrund:** Asphalt; **Service:** Strom, Trinkwasser; **Sicherheit:** beleuchtet; **Preise:** kostenlos, Strom 1 €/8 Std., Wasser 1 €/10 Min.; **Geöffnet:** frei zugänglich; **Kontakt:** Hauptstraße, 26937 Seefeld

482wn-gg

Gastronomie

› **Hofcafé Glück auf dem Kastanienhof,** Burgweg 39, 26969 Mitteldeich, GPS 53.54110, 8.35113, www.kastanienhof-nordseeferien.de, geöffnet: Ostern–Okt. Do.–So. 14–18 Uhr. Hausgemachte Kuchen und Torten im gemütlichen Gastraum oder im Garten. Zufahrt/Parkplätze nur für Fahrzeuge bis 7 m Länge.

Auf der küstennahen L859/K197 fährt man auf landschaftlich sehr schöner Strecke über Eckwarden bis nach **Seefeld.** Schon von Weitem ragen die Windmühlenflügel der **Seefelder Mühle** über die Baumwipfel und zeigen den Weg zur Mühle am Ortsanfang. 1860 wurde die Seefelder Mühle in Oldenburg erbaut, dort 1874 abgetragen, nach Seefeld verkauft und an ihrem heutigen Platz wieder aufgebaut. Die Seefelder Mühle ist eine zweistöckige Galerieholländermühle mit Windrose und Jalousieflügeln. Heute betreibt ein Verein einmal im Monat einen Landfrauenmarkt und ein Café mit Kulturveranstaltungen in ihren Räumen.

Einkaufen/Gastronomie

› **Seefelder Mühle,** Hauptstr. 1, 26937 Seefeld, Tel. 04734 1236, www.seefelder-muehle.de, Landfrauenmarkt: März–Okt. 1. So. im Monat 10–16 Uhr, Café: Apr.–Okt. tägl. 10–18, Nov.–März Fr., Sa. 14–18, So. 10–18 Uhr. Auf dem Markt gibt es Produkte aus der Region. Im Café werden ein gutes Frühstück oder hausgemachte Kuchen und Kaffee angeboten.

103wn-gg

Omas Buttermilchsuppe

3 l Buttermilch unter Rühren zum Kochen bringen. Dann ½ Tasse Milchreis dazugeben und 20 Min. köcheln lassen, dabei gelegentlich umrühren. 250 g Trockenpflaumen und 250 g Rosinen in einem Extratopf gar kochen.

Für die Grießklößchen ¾ l Milch zum Kochen bringen und 175 g Weizengrieß einrühren. Mit Zucker, Salz und abgeriebener Zitronenschale abschmecken. Nach dem Abkühlen 1–2 Eier unterrühren. Aus der Masse Klößchen formen und in die Suppe geben. Früchte dazugeben, fertig.

Radtour Moorwald

***Länge:** 28 km, **Start:** Stellplatz 106 oder GPS 53.32735, 8.29324, An der Dornebbe*

Beeindruckende Tour durchs Moor mit Baumkronenturm im Bollenhagenwald. Verlauf: Kreuzmoorstraße - Jaderlangstraße - Salzendeicher Straße - Wolfstraße - Culturweg - Barghorner Straße - Oldenbroker Straße - Middelreeg - An der Dornebbe - Bollenhagener Straße - Jader Straße.

Nach weiteren 5 km auf der K197 ist das **schwimmende Moor von Sehestedt** erreicht. Es ist das einzige Außendeichmoor der Erde und kann auf einem Bohlenweg durchwandert werden. Die leichtere obere Torfdecke wird bei Sturmfluten mit Höhen von über 2,50 m über NN angehoben, „schwimmt" und bildet ein einzigartiges Schauspiel

105 Strandbad, Sehestedt

GPS 53.43575, 8.29551

Stellplätze auf dem kleinen Campingplatz am Strand, sehr schöne, ruhige Lage. Dusche, WC. **Lage/Anfahrt:** siehe Anfahrt schwimmendes Moor (s. oben); **Platzanzahl:** 8; **Untergrund:** Wiese; **Service:** Strom, Trinkwasser, Abwasser; **Sicherheit:** beleuchtet, bewacht; **Preise:** 12 €/Fahrz. inkl. Pers. VE, Strom 2 €/24 Std. Hund 3 €; **Geöffnet:** Mai–Mitte Sept.; **Kontakt:** Bäderstraße, 26349 Sehestedt, Tel. 01520899804

Parken

P 37 Schwimmendes Moor, GPS 53.43573, 8.29669, von Mitte Sept.–Apr., sonst Strandbad

Warmherzige Gastfreundschaft im Melkhus in Jade

106 Drei Eichen, Jade

GPS 53.31522, 8.23002

Ein wahres Schmuckstück von Stellplatz, sehr schöne, ruhige Lage, herzliche, familiäre Aufnahme durch die Besitzer. Bei der Ankunft gibt es erst mal einen kostenlosen Kaffee; heimeliges Melkhus mit leckerem Kuchen, Quarkspeisen, Milch. WC, Duschen, Streichelzoo, Liegestühle, Gartenmöbel – alles vorhanden. Tipps zu Ausflügen, Kultur und Historie bekommt man kompetent vom Fremdenführer Gerold Struck. **Lage/ Anfahrt:** zwischen Jade (1 km) und Jaderberg (2 km) Richtung Barghorn abbiegen, dann nach 3 km nach rechts zum Platz, gut ausgeschildert; **Platzanzahl:** 5; **Untergrund:** Schotterrasen; **Service:** Strom, Trinkwasser, Toilette nur ohne Chemie, WLAN; **Sicherheit:** umzäunt, beleuchtet, bewacht; **Preise:** 10 €/Fahrz. inkl. Wasser und WLAN, Strom 2 €, Dusche 1 €; **Geöffnet:** ganzjährig; **Kontakt:** Inge und Gerold Struck, Kreuzmoorstr. 28, 26345 Jade, Tel. 04454 1802

111wn-gs

Wieder zurück auf der K197 geht es immer am Deich entlang bis nach **Schweiburg.**

Ver- und Entsorgung

S 38 **Schweiburg,** GPS 53.39143, 8.26618, Quittenweg, Strom 1 €/6 Std. Hier kann man auch übernachten, jedoch laut durch Straßenverkehr.

Von Schweiburg aus nimmt man die B437 bis zur Abzweigung nach Jade. Zwischen **Jade** und Jaderberg sollte man auf dem sehr empfehlenswerten Stellplatz Drei Eichen 106 übernachten. Die Familie Struck sorgt mit Grillplatz, Frühstücksbrötchen zum Aufbacken (Backofen steht bereit), Rasenteppich zum Vorlegen am Womo-Eingang, Infos zur Essenlieferung frei Womo und den besonderen Leckereien aus dem Melkhus für viel Komfort.

Gastronomie

› **Melkhus,** Kreuzmoorstr. 28, 26345 Jade. Zwischen Jade und Jaderberg nach links Richtung Elsfleth fahren und dann nach 3 km nach rechts zum Hof abbiegen. Ein Umweg, der sich schon allein wegen der Moortorte lohnt, Tel. 04454 1802, geöffnet: April–Okt. Milchmixgetränke, Quarkspeisen, Kaffee, Kuchen und die unschlagbar gute Moortorte nach Geheimrezept von Inge Struck.

Der **Tier- und Freizeitpark** ist die Attraktion von **Jaderberg** und der richtige Aufenthaltsort für Kinder und ihre Eltern und Großeltern: spritzige Wildwasserbahn, rasante Holzwurmachterbahn, Giraffenturm mit Aussicht aus 16 m Höhe, Rundbootfahrten, Riesenwellenrutsche, Streichelzoo, Westernbahn und zum Austoben auch noch eine Spielscheune.

Erlebenswertes für die ganze Familie

› **Jaderpark Tier- und Freizeitpark,** Tiergartenstr. 69, 26349 Jaderberg, Tel. 04454 91130, www.jaderpark.de, geöffnet: Ende März–Okt. tägl. 9–18 Uhr, Nov.–Ende März Sa./So. 10.30–18 Uhr, Eintritt: 17,50/15,50 €, Nov.–Mitte März 8/9 €. Hunde erlaubt. Im Winter weniger Fahrgeschäfte geöffnet.

Einkaufen

› **Imkerei-Fachhandel,** An der Bahn 15, 26349 Jaderberg, www.imkerei-fachhandel-rieken.de, geöffnet: Di.–Fr. 15–18, Sa. 8.30–13 Uhr. Imkerei mit ausgezeichneten Bienenhonigen und Kosmetikprodukten.

Von Jaderberg geht die Reise weiter nach **Varel** und dann nach Dangast. Wer gern ein neues Porzellangeschirr hätte, sollte in Varel beim Werksverkauf in der **Friesland Porzellanfabrik** vorbeischauen, wo das Angebot von klassisch bis modern reicht. Mittwochs und samstags von 7.30 bis 12.30 Uhr bieten regionale Händler auf dem historischen Neumarktplatz ihre Waren feil. Die lange Markttradition geht auf einen gräflichen Erlass von 1677 zurück.

Einkaufen

› **Friesland Porzellanfabrik,** Rahlinger Str. 23, 26316 Varel, https://friesland-porzellan.de/werksverkauf, Tel. 04451 17209, geöffnet: Mo.–Fr. 10–17 Uhr, Sa. 10–13 Uhr. Bekannte Porzellanmarken im Werksverkauf.

⊡ *Kunstwerk am Strand von Dangast*

DANGAST

(66 km – km 84)

Ein kleines, in der Nebensaison verträumtes Nordseebad mit einer langen Künstlertradition, einem ausgedehnten Sandstrand und einem Wald, der bis ans Meer reicht, das ist Dangast am Jadebusen. Ein Spaziergang auf dem ausgeschilderten Kunstpfad führt an zahlreichen Kunstobjekten und Informationstafeln vorbei, die davon zeugen, dass bereits zwischen 1907 und 1912 Dangast durch die Sommeraufenthalte der Expressionisten der Künstlergemeinschaft Brücke große Bedeutung im Kreis der Kunstinteressierten gefunden hat. Karl-Schmidt-Rottluff, Erich Heckel und Max Pechstein malten unter dem weiten Himmel im klaren Licht der Küste um Dangast einige ihrer faszinierenden expressionistischen Bilder.

Der weltweit bekannte **Maler Franz Radziwill** lebte von 1923 bis zu seinem Tode 1983 in Dangast. Das im Originalzustand erhaltene Wohnhaus des Künstlers steht für einen Besuch offen und zeigt in wechselnden Ausstellungen Werke des Meisters.

In Dangast hat sich eine kleine Kolonie zeitgenössischer Künstler angesiedelt, die in Galerien und Künstlercafés ihre Werke ausstellen.

Auch der Naturfreund kommt in Dangast voll auf seine Kosten. Das **Nationalpark-Haus Dangast** bietet bei freiem Eintritt jährlich wechselnde Erlebnismöglichkeiten rund um das Thema Wattenmeer. Von hier aus werden auch geführte Wanderungen entlang des Jadebusens angeboten. Eine gesunde Erfrischung verbunden mit viel Spaß bietet das **Jod-Sole-DanGastQuellbad.**

Sehenswertes

- **Nationalpark-Haus Dangast,** Zum Jadebusen 179, Tel. 04451 7058, www.nationalparkhaus-wattenmeer.de/dangast, geöffnet: März–Nov. Di.–Fr. 9–12 und 14–18 Uhr, Sa./So. 14–18 Uhr, Eintritt: frei. Informationen über das niedersächsische Wattenmeer und Meerwasseraquarium. Hunde erlaubt.
- **Franz Radziwill Haus,** Sielstr. 3, Tel. 04451 2777, www.radziwill.de, geöffnet: April–Okt. Mi–Fr. 15–18 Uhr, Sa./So. 11–18 Uhr, Nov./Dez. Fr. 15–18 Uhr, Sa./So, 11–18 Uhr, Eintritt: 5/3 €, Kinder bis 14 Jahre frei. Jährlich wechselnde Ausstellungen mit Werken des großen Malers.

Erlebenswertes für die ganze Familie

- **DanGastQuellbad,** Edo-Wiemken-Str. 61, Tel. 04451 911441, geöffnet: Mo.–Fr. 14–20 Uhr, Sa./So. 10–20 Uhr, in den Schulferien tägl. 10–20 Uhr, Eintritt: 3½ Std. im Sommer 8/4/18,50 €, im Winter 5,85/2,90 €. Hier gibt es Jod-Sole und ein Dampfbad, ein Außenbecken mit Strömungskanal sowie Kinderbecken.
- **Wattwanderungen,** Treffpunkt Weltnaturerbeportal beim Quellbad, Termine im Schaukasten National-park-Haus und Tourist-Info
- **Etta von Dangast Fahrgastschiff,** Abfahrt Hafen Dangast, Büro: Bordumer Str. 4, Tel. 04451 7963, www.ettavondangast.de, geöffnet: April–Okt. Seehundbänke-, Wattenmeer- und Jaderundfahrt mit dem erfahrenen Kapitän Anton Tapken, der schon auf den Weltmeeren unterwegs war.

Information

- **Tourismus-Service Nordseebad Dangast,** Edo-Wiemken-Str. 61, 26316 Varel/Dangast, Tel. 04451 91140, www.dangast.de, geöffnet: Mo.–Fr. 9–17 Uhr, Sa./So. 10–16 Uhr

107 Strandcamping, Dangast

GPS 53.45082, 8.12724

Stellplatz auf separatem Teil ohne Strom oder Plätze auf Campingplatz, mit direktem Strandzugang, schöne, ruhige Lage, Dusche, WC. Hunde nur in kleinem separaten Bereich erlaubt! **Lage/Anfahrt:** Richtung Strand, dann ausgeschildert; **Platzanzahl:** 30; **Untergrund:** Wiese; **Service:** Trinkwasser, Chemie-WC, WLAN; **Sicherheit:** umzäunt, beleuchtet, bewacht; **Preise:** Stellplatz 14,25 €/Fahrz. inkl. 2 Pers., Campingplatz 10,30 €/Fahrz., 4,85 €/Pers., Strom 3,45 €, Hund 4,50 €, Kurtaxe 2,20 €, Müll 2,25 €; **Max. Stand:** 2 Nächte; **Geöffnet:** Ostern–Anfang Okt.; **Kontakt:** Auf der Gast 40, 26316 Dangast, Tel. 04451 911422, www.dangast.de

483wn-gg

⑩⑧ Sperrwerk, Dangast

GPS 53.44561, 8.10926
Wiese (bei Regen matschig) in schöner und ruhiger Lage. **Lage/Anfahrt:** am Ortsanfang links in die Sielstraße abbiegen, bis zum Platz fahren; **Platzanzahl:** 30; **Untergrund:** Wiese; **Service:** Strom (3 Anschlüsse), Trinkwasser; **Preise:** 10 €/Fahrz., Strom 2 €, Kurtaxe 2,20 €/Pers.; **Geöffnet:** Mitte April–Mitte Okt.; **Kontakt:** Sielstraße, 26316 Varel, Tel. 044517963

⑩⑨ Reisemobilplatz Germer, Bockhorn

GPS 53.38552, 8.00855
Nett angelegter Platz mit Büschen in einem Industriegebiet, jedoch von Wiesen umgeben, relativ ruhig, sehr freundliche Betreiber, WC, Dusche, Waschmaschine, Gasflaschentausch, Waschbox für Wohnmobile bis 2,90 m Höhe. **Lage/Anfahrt:** von der B437 in Höhe Bockhorn nach links (Westerstede) abbiegen, Platz ist ausgeschildert; **Platzanzahl:** 30; **Untergrund:** Wiese; **Service:** Strom, Trinkwasser, Abwasser, Chemie-WC; **Sicherheit:** umzäunt, beleuchtet, bewacht; **Preise:** 7 €/Fahrz. inkl. Ver- und Entsorgung, Strom 0,75 €/1 kWh, Dusche 2 €; **Geöffnet:** ganzjährig; **Kontakt:** Am Geeschendamm, 26345 Bockhorn, Tel. 04453 979039 oder 04453 7973

Gastronomie

› **edo Restaurant,** Edo-Wiemken-Str. 4, Tel. 04451 3532, https://edo-dangast.de. Frische, moderne Speisen im alten Reetdachhaus.

› **Altes Kurhaus,** An der Rennweide 46, Tel. 04451 4409, http://kurhausdangast.de, geöffnet: Fr.–So. 9–19 Uhr. Ein Besuch im Kurhaus ist Kult. Es gibt eine kleine Auswahl an gutbürgerlichen Gerichten; unbedingt versuchen sollte man den legendären Rhabarberkuchen.

Wanderung von Dangast nach Varel

Länge: *15 km,* ***Start:*** *Quellbad Dangast Moorhausen – über den Deich zum Hafen in Varel – Zentrum Varel mit Windmühle – Bahnhof Varel. Rückfahrt von dort zwischen 9 und 18 Uhr jede Stunde.*

Parken

P 39 Parkplatz Strand, GPS 53.45020, 8.12684, Womo nur von 8–19 Uhr erlaubt, kostenlos

Für die Weiterfahrt geht es zunächst zurück bis kurz vor Varel und dann hält man sich Richtung Autobahn, diese überquerend erreicht man **Bockhorn** mit einem guten Stellplatz.

Über die K102 führt die Route 7 nach **Zetel,** einem netten Marktflecken mit vielen Einkaufsmöglichkeiten. Eine Zeitreise zurück in die 1950er-Jahre – vielleicht in die eigene Schulzeit – kann man im **Schulmuseum** erleben (www.schulmuseum.de, geöffnet 21. April–31. Oktober Sa., So, Feiertage 14–17 Uhr).

Parken

P **40 Parkplatz Schulmuseum,** GPS 53.41364, 7.92143, Wehdestr. 97, in schöner Lage, ohne Strom und VE, Übernachtung möglich

P **41 Naturfreibad Südenburg,** GPS 53.41855, 7.98478, kostenlos ohne VE, Übernachtung möglich

110 Campingplatz am Königssee, Zetel-Astederfeld

GPS 53.35562, 7.92810

Gepflegter Platz direkt am Sandstrand des Sees mit guter Sanitärausstattung, Waschmaschine, Trockner, Brötchenservice, Kiosk. Einige Dauercamper. **Lage/Anfahrt:** ausgeschildert; **Platzanzahl:** 100; **Untergrund:** Wiese; **Service:** Strom, Trinkwasser, Abwasser, Chemie-WC, WLAN; **Preise:** 26,60 €/Fahrz. inkl. 2 Pers. und Strom, Hund 2,90 €, Dusche 0,70 €; **Geöffnet:** März–Okt.; **Kontakt:** Tarburger Landstraße 30, 26340 Zetel-Astederfeld, Tel. 04452 1706, www.campingplatz-am-koenigssee.de

111 Markthamm, Zetel

GPS 53.41670, 7.96957

Markierte Plätze auf dem Marktplatz, tagsüber laut, sehr zentrumsnah, Stromwertmarken bei der Star-Tankstelle am Platz. **Lage/Anfahrt:** in Zetel Richtung Neunburg, dann ausgeschildert; **Platzanzahl:** 40; **Untergrund:** Rasengitter; **Service:** Strom (6 Anschlüsse), VE-Kläranage bei GPS 53.42348, 7.97910; **Sicherheit:** beleuchtet; **Preise:** kostenlos, Strom 1 €/kWh; **Geöffnet:** frei zugänglich; **Kontakt:** Markthamm, Neuenburgerstraße, 26340 Neuenburg.

NEUENBURG

(21 km – km 105)

In Neuenburg stand zwischen 1462 und 1596 die von Graf Gerhard errichtete **Trutzburg** zum Schutz gegen die Ostfriesen. Graf Johann ließ sie 1596 in ein Schloss umbauen. Auch Graf Anton Günther hielt hier von 1603 bis 1667 Hof und züchtete im Gestüt die berühmten Oldenburger Pferde. Später wurde das Schloss Sitz des Landgerichts, einer Ackerbauschule und eines Lehrerinnenseminars. Seit 1964 ist es im Besitz der Gemeinde und wird als Kindergarten und für die Stadtverwaltung genutzt. Ein sehr schönes **Naturfreibad** mit Sandstrand befindet sich am Driefeler Esch am Ortsrand Richtung Driefel.

Die Hauptsehenswürdigkeit ist jedoch der **Neuenburger Urwald,** den man bei der auf S. 184 beschriebenen Rundwanderung erkunden kann.

Erlebenswertes

› **Naturbadepark Südliches Friesland Zetel,** GPS 53.41806, 7.98332, geöffnet: Juni–Mitte Sept. täg. 10–20 Uhr, Eintritt: 2/1 €

Parken

P **42 Am Urwaldhof,** GPS 53.39269, 7.96494, offizieller Stellplatz auf einem Wanderparkplatz, Übernachtung möglich, kostenlos

P **43 Am Schlosspark,** GPS 53.38710, 7.95152, offizieller Stellplatz im Zentrum, Übernachtung möglich, kostenlos

Von Neuenburg geht es auf der B437 durch die markante Wallheckenlandschaft Richtung Friedeburg. Eine Wallheckenlandschaft ist typisch für die Region. Auf einem sandigen oder seltener steinigen Wall werden einzelne Bäume und viel Strauchwerk zum Schutz des Ackerbodens vor Winderosion, zur Grenzmarkierung und als Lebensraum für viele Tierarten gepflanzt.

An der B437 ist die **Rutteler Windmühle** nicht zu übersehen. Seit 1865 ragt die Ga-

Sage vom Neuenburger Urwald

Der Tod wollte das **Grafenpaar von Neuenburg** holen. Der schlaue Graf verhandelte mit ihm und bat um einen Aufschub. Er wollte noch einmal sein Land bestellen und abernten, dann könne der Tod kommen und ihn und seine Frau holen. Nach einem Jahr kam der Tod und wollte das Grafenpaar abholen, der Graf hatte aber Eichen gepflanzt und so musste der Tod noch unzählige Jahre warten. So entstand der Neuenburger Urwald.

Wanderung durch den Neuenburger Urwald

Gehzeit: 2:30 Std.
Start: Parkplatz Am Schlosspark (s. S. 183)

Der 24 ha große **Neuenburger Urwald** ist seit dem 17. Jh. nicht mehr forstwirtschaftlich genutzt worden. Es finden sich in ihm 500–600 Jahre alte Eichen, 200–300 Jahre alte Hainbuchen und 300–400 Jahre alte Rotbuchen. Im Unterholz gedeihen bis zu 10 m hohe Stechpalmen. Das schon vor hundert Jahren beliebte **Ausflugsziel** wurde 1938 als Naturschutzgebiet ausgewiesen.

Vom Startpunkt geht es zuerst vorbei am alten Bahnhof zum **Schloss,** dessen Ursprung auf das 15. Jh. zurückgeht. Heute sind in dem dreiflügeligen Bau ein Kindergarten und Räume der Stadtverwaltung untergebracht. Auf der Schlosszufahrt geht es links zur Straße, dort kurz links und direkt rechts neben dem Kleinmöbelladen Bredehorn auf einen kurzen Fußweg, der in die Anliegerstraße Quellental mündet. Ihr folgt man bis zur Landstraße, dort geht es kurz links und unmittelbar hinter dem Friedhof rechts in das Hilge Holt, das heilige Gehölz, mit einem Denkmal für die Gefallenen der beiden Weltkriege.

Links des Denkmals verlässt der Weg das Hilge Holt und führt rechts in den Wald hinein. Rechter Hand passiert man das Forstamt. Nach wenigen hundert Metern trifft man auf einen Querweg, der mit „Rundwanderung Urwaldhof" bezeichnet ist. Auf ihm nach links in das Naturschutzgebiet Neuenburger Urwald. An der ersten Wegkreuzung hält man sich geradeaus und an der zweiten nach links bis zur Jagdhütte. 20 m vor der Jagdhütte steht eine 800 Jahre alte Eiche. An ihr geht es zunächst geradeaus weiter bis zu einer Gabelung. Dort wandert man nach links, dem Hinweis „Skenpad" folgend. Nach knapp einem Kilometer kommt man in Hörweite der Bundesstraße 437. Man geht auf dem Waldweg bis zur Straße und weiter auf dem parallel zur Straße verlaufenden Geh- und Radweg nach rechts.

Nach einem weiteren Kilometer erreicht man das gemütliche Restaurant und Café **Urwaldhof** (montags Ruhetag). Sowohl das Innere des alten Friesenhauses als auch der Biergarten laden zu einer Pause ein. Kurz hinter dem Urwaldhof erreicht man das Ortsschild von Neuenburg und marschiert bis zur Ortsmitte und dem Parkplatz am Schloss.

105wn-gg

lerieholländermühle mit 25 m Höhe über die Friesische Wehde. Sie treibt heute noch mit Windkraft die Mahlsteine an. Im Mühlenladen gibt es Naturprodukte zu kaufen. Bei der Einkehr im Mühlencafé im roten Backsteinhaus genießt man die selbstgebackenen Kuchen in gemütlichem Ambiente.

Gastronomie

› **Rutteler Mühle,** Friedeburger Str. 2, 26340 Zetel-Ruttel, Tel. 04452 333, https://ruttelermuehle.de, Öffnungszeiten: Laden Di.-Fr. 9-12.30 und 14-18 Uhr, Sa. 9-12.30 Uhr, Café Di.-So. 14-18 Uhr, Nov.-März Mi.-So. 14-18 Uhr.

Kurz hinter der Mühle kommt man durch Marx. Hier direkt an der Straße steht die aus Granit erbaute **St.-Markus-Kirche,** deren Turm schiefer als der Schiefe Turm von Pisa sein soll.

FRIEDEBURG

(20 km - km 125)

Die Friedeburg, von der die Stadt ihren Namen hat, steht nicht mehr. Nur noch ein Modell an der Straße nach Wiesmoor veranschaulicht die Ausmaße der geschleiften Grenzfestung.

Die freundlichen Damen von der Touristeninformation sind im schönsten Haus von Friedeburg untergebracht. Das denkmalgeschützte **Gulfhaus** hat einen Bauerngarten mit den dafür typischen, mit Buchsbaum eingefassten Beeten und Pflanzen.

Gleich neben der Touristeninformation findet man **friesische Spezialitäten im Ladengeschäft von Heiko Blume.** Wunderschöne friesische Teeservice werden hier hergestellt, aber auch der berühmte Moorgeist mit 13 Kräutern. Er hat 56 % Alkoholgehalt und wird vor dem Genuss angezündet und mit einer beigefügten kleinen Kupferpfanne gelöscht. Ein Spaß sicherlich auch für die Lieben zu Hause. Diverse Teesorten, Kandiszucker mit verschiedenen Geschmacksrichtungen, Marmeladen – Heiko Blume versendet auch über Internetbestellung.

EXTRAINFO

Fahrrad-Knotenpunktsystem

Das gesamte Radwegenetz der Gemeinde Friedeburg ist nach dem Knotenpunktsystem ausgeschildert. Man plant die Route von Knotenpunkt zu Knotenpunkt. Kartenmaterial dazu gibt es in der Tourist-Information. Eine einfach Möglichkeit für individuelle Touren.

Ein wunderschönes, naturnah gestaltetes **Freibad** mit Sandstrand erfüllt den Wunsch nach Erfrischung von Mai bis September (je nach Witterung).

In 7 km von Russland nach Amerika, so etwas gibt es nur in Friedeburg (siehe die auf S. 186 beschriebene Wanderung).

Information

› **Tourist-Information Friedeburg,** Friedeburger Hauptstr. 60, 26446 Friedeburg, Tel. 04465 1415, www.urlaub-friedeburg.de, geöffnet: 16. Aug.-14. Juni Mo.-Mi. 7.30-13 und 14-16 Uhr, Do. bis 17 Uhr, Fr. 7.30-13 Uhr, 15. Juni-15. Aug. Mo.-Fr. 9-13 und 14-17 Uhr, Sa. 9-12 Uhr

Gastronomie

› **Oltmanns Gasthof,** Friedeburger Hauptstr. 79, Tel. 0170 8133 912, www.landhotel-oltmanns.de, geschl: Mo. Im historischen, liebvoll eingerichteten Gastraum oder im idyllischen Garten isst man sehr gut und wird aufmerksam bedient.

Einkaufen

› **Friesische Spezialitäten Heiko Blume,** Wieseder Str. 3, Tel. 94600, www.heiko-blume.de, geöffnet: Mo.-Fr. 7.30-16 Uhr. Alles hier in Friedeburg hergestellt: Porzellan, großes Sortiment an Spirituosen, Tee – und alles günstig. Ideal für Mitbringsel!

Ver- und Entsorgung

› **Kläranlage,** GPS 53.45066, 7.84351, Im Tief 3. Am Ortsausgangsschild von Friedeburg Richtung Sande nach links zur Kläranlage, geöffnet: frei zugänglich, Ver- und Entsorgung 1 € (winterfest).

Wanderung von Russland nach Amerika

Länge: *7 km*
Start: *Wohnmobilstellplatz* 112

Es handelt sich hier nicht um einen Ostfriesenwitz, sondern um eine durchaus ernst gemeinte Rundwanderung durch die Friedeburger Stadtteile Russland und Amerika. Man startet zu dieser zumindest dem Namen nach recht außergewöhnlichen Tour am Wohnmobilstellplatz, indem man den Schützenweg entlanggeht bis zur Einmündung in den Strooter Weg. Diesem folgt man nach links, überquert die nächste größere Kreuzung und ist bereits im Russlandweg. Auf diesem ein kurzes Stück und man steht vor der Ortstafel von ***Russland.***

Nun geht es ein Stück zurück, bis der Russlandweg in den Mickenbarger Weg einmündet. Diesem folgt man 200 m nach links und geht dann rechts in den Geescheweg bis zur Einmündung in den Hohen Weg. Hier wendet man sich nach links. Der Hohe Weg geht über in den Friedeburger Weg, dem man bis zur Kreuzung mit der Heseler Straße folgt. Hier läuft man kurz nach links in die Heseler Straße und nach 50 m rechts in den Alten Postweg. Die Wanderung setzt sich vom Alten Postweg über den Schlagbaumweg fort und zwar so lange, bis man weiter westlich wieder auf die Heseler Straße stößt.

Auf ihr sind es nur noch wenige Meter bis nach ***Amerika.*** *Auf dem Freizeitgelände Amerika mit Grillhütte und Feuerstelle bietet sich eine Rast an. Mit frischen Kräften folgt man der Heseler Straße nach rechts und anschließend dem Mickenbarger Weg. Links in den Strooter Weg, dann nochmals links und man befindet sich wieder im Schützenweg und bald darauf vor seiner Wohnmobiltür.*

Unterwegs fragt man sich natürlich, wie wohl die seltsamen Ortsbezeichnungen entstanden sind. Der Name Russland geht entweder auf die kargen Böden – wie in Russland – zurück oder auf die hier vor 150 Jahren siedelnden Köhler „Russer". Das Gebiet von Amerika war im 19. Jahrhundert noch nicht urbar gemacht und nur äußerst schwer zu bewirtschaften. Damals nahmen viele Menschen große Anstrengungen auf sich, um nach Amerika auszuwandern. Diejenigen, die blieben, sagten: „Wir haben hier unser Amerika".

Wer will, kann sich in der Touristeninformation bescheinigen lassen, dass er zu Fuß von Russland nach Amerika gewandert ist.

486wn-gg

112 Schützenweg, Friedeburg

GPS 53.45505, 7.83328

Großer Platz bei der Schule, zentrumsnah, nachts ruhig, Dusche und WC im Sommer beim Naturfreibad. **Lage/Anfahrt:** von der Friedeburger Hauptstraße bei der Fußgängerampel und der Bushaltestelle nach links und geradeaus bis zum Platz; **Platzanzahl:** 10; **Untergrund:** Rasengitter, Wiese; **Service:** Strom (Trinkwasser, Abwasser, Chemie-WC, bei der Kläranlage: GPS 53.45066, 7.84351); **Preise:** 5 €, Strom 1 €/8 Std.; **Max. Stand:** 3 Nächte; **Geöffnet:** frei zugänglich; **Kontakt:** Schützenweg, 26446 Friedeburg, Tel. 04465 1415, www.friedeburg.de

ABSTECHER NACH WIESMOOR

(hin und zurück 18 km)

Ein wirklich lohnender Abstecher führt nach Wiesmoor. Die Stadt ist noch sehr jung, gerade etwas mehr als hundert Jahre ist sie alt. Anfang des letzten Jahrhunderts wurde durch den Anstieg der Bevölkerung der Bedarf an Agrarflächen immer höher und deshalb begann man 1906 damit, das größte Moor Ostfrieslands, das Wiesmoor, zu entwässern. Die so entstandenen Kanäle wurden schiffbar gemacht, um Kunstdünger und Schlick zur Bodenverbesserung anzuliefern. Die Nutzung des zunächst von Hand abgebauten Torfs in einem Kraftwerk zur Stromgewinnung gelang 1909. Bald siedelten sich die ersten Arbeiter in der Nähe des Kraftwerkes an und so entstand langsam die Stadt Wiesmoor. Gleichzeitig mit dem Anfang des industriellen Torfabbaus durch Maschinen begann der zweckmäßige Transport mit Lorenbahnen zum Werk. Ab 1925 diente die Abwärme des Kraftwerkes zur Beheizung von Tomaten-, Melonen- und Gurken-Gewächshäusern. Nach dem Zweiten Weltkrieg verlor das Torfkraftwerk wegen mangelnder Effizienz an Bedeutung und so wurde es 1964 stillgelegt und später abgerissen. Die Gemüsekulturen wichen dem Blumenanbau und so ist Wiesmoor heute berühmt für seine vielfältigen Blumenarrangements. In der großen **Blumenhalle** und im **Gartenpark** erlebt der Besucher eine wahre Farbenexplosion. 10.000 Pflanzen- und Gehölzarten sind fantasievoll dekoriert und eine Wasserorgel sorgt für die stimmungsvolle Untermalung. Immer am ersten Septemberwochenende veranstaltet Wiesmoor ein riesiges Blumenfest, bei dem man ob der Blumenfülle aus dem Staunen nicht herauskommt. Auch ist hier eine pfiffig gestaltete Erlebnisgolfanlage entstanden, auf der jedermann das ganze Jahr auf lustige Art dem Golfsport frönen kann.

1986 gründete sich der Verein zur Erhaltung moorkundlichen Heimatgutes. Die Ehrenamtlichen versetzten ein Haus und das Backhaus aus der Region auf ein Grundstück in Wiesmoor und so entstand das **Torf- und Siedlungsmuseum.** Später kamen noch die Scheune, die Remise, das Kolonistenhaus, eine alte Dorfschule, eine Sägerei und zwei Schiffe dazu. Seit 2011 steht der Neubau am Eingang. Ins Innere wurde eine typische Dorfwirtschaft von 1921 und ein historischer Tante-Emma-Laden umgesiedelt. In der Gastwirtschaft wird original Friesentee mit Sahne, Kluntje und Rosinenbrot aus dem Steinbackofen angeboten. Eine Einladung, die man sich nicht entgehen lassen sollte! Lecker! Das Kolonistenhaus ist eingerichtet wie es Anfang des letzten Jahrhunderts hier in Wiesmoor üblich war. Es gab nur einen Wohn-/Schlafraum und einen Wirtschaftsteil im hinteren Bereich, in dem Heu und Stroh und im Winter die Tiere untergebracht waren. Im anderen Kolonistenhaus sieht es so aus, als ob die Bewohner gleich wieder zurückkämen. Im großen Wohnzimmer steht ein wunderschöner Herd und in einem Nebenraum ist eine Schusterwerkstatt wieder zum Leben erweckt worden. Im Schulhaus von 1913 wurden alle Kinder in einem Raum unterrichtet. Hier hängen die Kinderschürzen am Haken, die Schiefertafeln im Regal und die

Torf- und Siedlungsmuseum in Wiesmoor

106wn-gg

Lederranzen an der Schulbank. Im Außengelände haben die alten Maschinen zum Torfabbau eine Heimat gefunden. Der Törfzug, eine umgebaute alte Lorenbahn, transportiert heute von Ostern bis Mitte Oktober Besucher von der Blumenhalle zum Museum und zurück.

Das **Ottermeer,** ein herrlicher Badesee mit Sandstrand und sehr angenehmem Campingplatz (113), darf bei der Aufzählung der Sehenswürdigkeiten nicht vergessen werden!

Sehenswertes

› **Torf- und Siedlungsmuseum,** Resedaweg 18, www.torf-und-siedlungsmuseum.de, Tel. 04944 912253, geöffnet: Ostern–Mitte Okt. 10–18 Uhr, Eintritt: 2/0,50 €, Bahnfahrt: 1 € hin- und zurück

› **Blumenreich Wiesmoor,** Dahlienstr. 26, Tel. 04944 91980, geöffnet: Mitte März–Mitte Okt. tägl. 10–17 Uhr, für Öffnungszeiten in der übrigen Zeit siehe Website, Eintritt: 7/1 € (Kinder 6–12 Jahre). Hunde dürfen mit.

Erlebenswertes für die ganze Familie

› **Erlebnisgolfanlage,** bei der Blumenhalle, geöffnet: 1. Sonntag im März–Mitte Okt. tägl. 10–17 Uhr, Mitte Okt.–1. Samstag im März Mo.–Fr. 10–16 Uhr, Sa./So. 11–17 Uhr, Eintritt: 8/6,50/19 €

Information

› **Wiesmoor Touristik GmbH,** Dahlienstr. 26, 26639 Wiesmoor, www.wiesmoor.de, Tel. 04944 91980, geöffnet: Mo.–Do. 9–16 Uhr, Fr. 9–13 Uhr

487wn-gg

(113) Campingpark Ottermeer, Wiesmoor

GPS 53.41541, 7.71073

Separate Plätze auf einem Campingplatz in sehr schöner, ruhiger Lage direkt am See. Gute Sanitärausstattung, Waschmaschine, Trockner. **Lage/Anfahrt:** ausgeschildert; **Platzanzahl:** 26; **Untergrund:** Rasengitter, Wiese; **Service:** Strom, Trinkwasser, Abwasser, Chemie-WC, WLAN; **Preise:** 15 €, Strom/Wasser/Müll 2,50 €, Hund 2 €; **Geöffnet:** ganzjährig; **Kontakt:** Am Ottermeer 52, 26639 Wiesmoor, Tel. 04944 949893, www.wiesmoorcamping.de

488wn-gg

(114) Markt, Wiesmoor

GPS 53.41249, 7.73508

Stellplätze auf dem Marktplatz in lauter, sehr zentraler Lage. Gebührenpflichtiges WC in der Nähe. **Lage/Anfahrt:** von der Hauptstraße links zum Marktplatz fahren; **Platzanzahl:** 4; **Service:** Strom; **Preise:** 7 €/Fahrz. inkl. Strom; **Geöffnet:** frei zugänglich; **Kontakt:** Narzissenstraße, 26639 Wiesmoor

Gastronomie

› **Hotel zur Post,** Am Rathaus 6, Tel. 04944 91060, www.hotelzurpost-wiesmoor.de, Di.–So. 8–24 Uhr. Im gemütlichen Restaurant, im Wintergarten oder auf der Terrasse werden regionale und saisonale Gaumenfreuden serviert. Im Angebot sind auch vegetarische Gerichte, nachmittags hausgemachte Kuchen.

Zurück in Friedeburg fährt man auf der B436 in Richtung Sande. Bei der Fahrt kommt man an einer der größten **Kavernenanlagen** der Welt (Infos unter www.storag-etzel.de) bei Etzel vorbei. In einem Salzstock wird seit den 1970er-Jahren Erdöl und Erdgas zur Versorgungssicherheit Deutschlands gelagert.

Zwischen Horsten und Sande bietet sich ein Besuch im **Hofcafé Horster Grashaus** an. Ob man hausgemachtes Schwarzbrot, Kekse, Molkereiprodukte, Eier, Marmeladen oder Liköre kaufen möchte oder lieber im ehemaligen Bullenstall einen zarten Windbeutel vernascht, man ist hier auf jeden Fall am richtigen Platz.

Gastronomie/Einkaufen

› **Hofcafé Horster Grashaus,** 26446 Horsten, an der B436, ausgeschildert zwischen Horsten und Sande, Tel. 0177 7385620, www.horster-grashaus.de, Laden: 10–17, Café: Fr.–Di. 10–17 Uhr, Nov.–März nur Fr./Sa./So.

Weiter auf der B436 kann man kurz von Neustadtgödens zum Parkplatz (GPS 53.48642, 7.96712) beim **Schloss Gödens** fahren. Das bezaubernde zweiflügelige Wasserschloss im Stil der holländischen Renaissance wird noch immer von den Nachfahren des Erbauers bewohnt und ist nicht zu besichtigen. Im weitläufigen Schlossgarten ist Lustwandeln, allerdings ohne Hund, von Montag bis Freitag 8–17.30 Uhr gestattet.

181wn-gg

Das Wasserschloss Gödens ist nur von außen zu besichtigen

Neustadtgödens, das zum 8800 Einwohner-Ort **Sande** gehört, muss man unbedingt einen Besuch abstatten. Dieses Kleinod mit seinem intakten Kern hat sich sauber herausgeputzt und wartet darauf, entdeckt zu werden.

Beginnen sollte man im Museum im **Landrichterhaus.** Hier, wo 150 Jahre lang der Landrichter die niedere Gerichtsbarkeit ausübte, wird heute die Geschichte des durch seine religiöse Toleranz bekannten Neustadtgödens erzählt. Gegründet 1544 konnten hier, begünstigt durch die weltoffene Haltung der Herren von Gödens, Katholiken, Lutheraner, Reformierte, Mennoniten und Juden friedlich miteinander leben. In diesem Klima gedieh der Ort und es siedelten sich Leinenweber, andere Handwerker und Kaufleute in der Herrlichkeit (Herrschaftsgebiet) Neustadtgöden an. Bei einem Stadtrundgang wird dies durch die beschrifteten Zunftfahnen an den Häusern sehr schön deutlich. So kann man nachvollziehen, welcher Handwerker in welchem Haus seinem Gewerbe nachging.

Sehenswertes

› **Museum im Landrichterhaus,** Brückstr. 19, www.neustadtgoedens.de, Tel. 04422 4199, geöffnet:

Mai–1. Nov. Di.–Sa. 14–17 Uhr, So. 11–17 Uhr, Eintritt: frei. Die Geschichte des Dorfes anschaulich dargestellt

Parken

P 44 **Parkplatz Historischer Ortskern,** GPS 53.47631, 7.98923, Am Deich, 26452 Neustadtgödens. Der ausgewiesene Stellplatz bei der Kirche, GPS 53.47872, 7.98962, hat eine enge Anfahrt und ist nur für Fahrzeuge bis 6 m Länge geeignet.

Etwas außerhalb von Sande, bei der Paddel- und Pedalstation, hat die Gemeinde einen sehr schönen Stellplatz für Wohnmobile angelegt. Ganz in der Nähe steht der **Turm des Lustschlosses Altmarienhausen** von 1577. Nach dem kleinen Spaziergang auf dem Rundweg kehrt man im gemütlichen Marienstübchen zu Kaffee und Kuchen ein. Der **Sander See,** vom Stellplatz auf der anderen Straßenseite gelegen, ist ein Naherholungsgebiet mit Badestrand und Kiosk – wunderbar an heißen Sommertagen.

Ver- und Entsorgung

› **FreizeitMobile von der Kammer GmbH,** GPS 53.49043, 8.02316, Huntestr. 1, 26452 Sande, in Sande auf der B436 Richtung Zetel, nach 450 m rechts zur Firma von der Kammer, Tel. 04422 506870, www.freizeitmobile-sande.de, geöffnet: frei zugänglich, Benutzung: kostenlos.

Von Sande aus ist man auf der B210 rasch in Wilhelmshaven.

WILHELMSHAVEN

(25 km – km 150)

Die Stadt Wilhelmshaven wurde 1869 durch König Wilhelm I. von Preußen, den späteren deutschen Kaiser, als Marinestandort gegründet. Die Verbundenheit der Stadt mit der Marine hat sich über beide Weltkriege erhalten. Heute ist Wilhemshaven der größte **Marinestandort** Deutschlands und seit der Stationierungsentscheidung von 2011 auch größter Bundeswehrstandort.

Neben der Bundeswehr beherrscht der Ölhafen die Stadt. Ein ehrgeiziges Projekt, der **JadeWeserPort,** ging 2012 in Betrieb. Deutschlands einziger tidenunabhängiger Tiefwasserhafen kann mit 1750 m Kailänge und Platz für die größten Frachtschiffe der Weltmeere bis 16,50 m Tiefgang aufwarten. Beim Bau wurde der Port für einen Jahresumschlag von 2,7 Mio. TEU (Twenty-foot Equivalent Unit = Maßeinheit für Kapazität von Containerschiffen) konzipiert, 2019 lag er mit 359.181 TEU noch deutlich hinter den Erwartungen zurück. Im **Infocenter** haben Besucher die Möglichkeit, sich interaktiv über die Containerschifffahrt und ihre weltweiten Transportketten sowie über den Hafen selbst zu informieren.

Weitere lohnende Besichtigungsziele gruppieren sich um den Großen Hafen und den Verbindungshafen, die sogenannte **Maritime Meile** Wilhelmshavens. Am Bontekai liegen einige sehenswerte Museumsschiffe.

489wn-pg

115 Altmarienhausen, Sande

GPS 53.51204, 8.01102

Plätze in schöner, ruhiger Lage. Dusche, WC gegen Gebühr in der Paddelstation. **Lage/Anfahrt:** ausgeschildert; **Platzanzahl:** 20; **Untergrund:** Schotter; **Service:** Strom, Trinkwasser, Abwasser, Chemie-WC; **Preise:** 8 €/Fahrz., Strom 1 €/kWh; **Geöffnet:** frei zugänglich; **Kontakt:** 26452 Sande, Alt-Marienhausen

182wn-gg

In unmittelbarer Nähe erzählt das **Küstenmuseum** von den Anfängen der Küstenbesiedlung und von ostfriesischen Häuptlingen. Wie wird ein Deich gebaut? Wie lebte man früher in Wilhelmshaven? Wie prägte die Marine die Stadt? Wie entsteht der JadeWeserPort? All diese Fragen werden sehr unterhaltsam unter Anwendung neuester museumspädagogischer Konzepte beantwortet.

Nicht weniger interessant sind die Museen jenseits der **Kaiser-Wilhelm-Brücke** am Südstrand. Im **Aquarium** tummeln sich mehr als 250 Arten von Meeresbewohnern in Großaquarien und Spezialbecken und das angeschlossene **Urzeitmuseum** zeigt zahlreiche Fossilien. Ein lustiges Erlebnis für Groß und Klein ist die Fütterung der Seehunde und Pinguine.

Für das Frühjahr 2021 ist die Eröffnung des mit Filmen, interaktiven Medien, Mitmach-Exponaten und Spielen völlig neu gestalteten **Wattenmeer-Besucherzentrums** geplant. Der Rundgang gliedert sich von unten nach oben, beginnend mit der Walausstellung – im Mittelpunkt steht das 14 m lange Originalskelett eines Pottwals –, über den Lebensraum unter Wasser, den Lebensraum Wattenmeer und bis hinauf in die Welt der Zugvögel. Geblieben ist der Original-Krabbenkutter „Daggi“, auf dem Jung und Alt ganz direkt viel über das Leben und Arbeiten an Bord erfahren können.

Mancher mag vielleicht denken: Mit Marine habe ich nichts am Hut! Trotzdem sei besonders das **Deutsche Marinemuseum** empfohlen. Unter dem Motto „Menschen-Zeiten-Schiffe“ stellt es in drei Ausstellungsräumen nicht nur die Geschichte der Deutschen Marine von 1848 bis heute dar, sondern legt besonderen Wert auf den Menschen, egal in welcher Funktion und in welchem Dienstgrad er tätig war. Flaggschiff im Außengelände ist der für Besucher zugängliche Lenkwaffenzerstörer, das größte deutsche Museumskriegsschiff: die Mölders. Klaustrophobische Gefühle können beim Gang durch das Unterseeboot U10 aufkommen. Die S71 Gepard, mit 42 Knoten eines der schnellsten Boote der deutschen Marine, gehört seit 2016 zu den Exponaten. Es kann wie das Minenjagdboot Weilheim besichtigt werden. Neben der Technik steht auch hier wieder der Mensch im Mittelpunkt. In Videoinstallationen lassen ehemalige Besatzungsmitglieder Besucher an dem beschwerlichen Alltag auf See teilhaben.

An schönen warmen Tagen lockt der 700 m lange **Südstrand** die Badelustigen an. Nach einem erfrischenden Bad in der Nordsee gönnt man sich ein leckeres Fischgericht oder einen

Im Marinemuseum in Wilhelmshaven kann man ausgediente Schiffe besichtigen

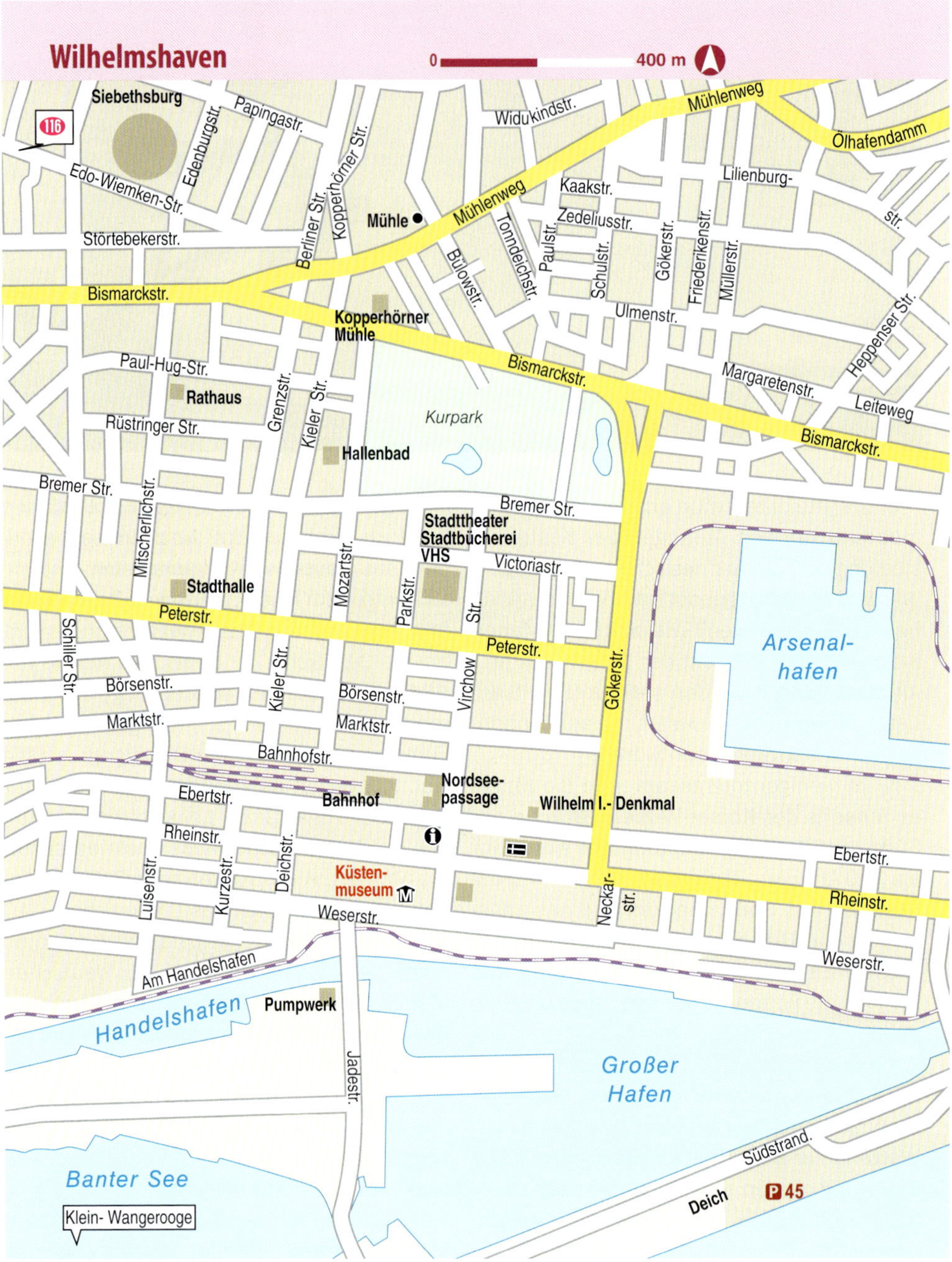

Kaffee und frische Waffeln in einem der vielen Lokale an der Südstrandpromenade. Eine sehr gute Alternative zur Nordsee ist bei kühlen Temperaturen oder rauer See das **Erlebnisbad mit Sauna-Paradies Nautimo.**

Sehenswertes

› **JadeWeserPort-Infocenter,** Am Tiefen Fahrwasser 11, www.jadeweserport-infocenter.de, Tel. 04421 7719091, geöffnet: April–Okt. Di.–So. 10–18 Uhr, Eintritt: 4/2,50 €, mit Hafenbustour 10/8 €

- **Küstenmuseum,** Weserstr. 58, Tel. 04421 400940, www.kuestenmuseum.de, geöffnet: Febr.-Nov. Di.-So. 11-17 Uhr, Eintritt: 5/2,50/14 €
- **Aquarium mit Urzeitmuseum,** Südstrand 123, Tel. 04421 5066444, www.aquarium-wilhelmshaven.de, geöffnet: 10-18 Uhr, Eintritt: 14/10/35 €. Keine Hunde!
- **Deutsches Marinemuseum,** Südstrand 125, Tel. 04421 400840, www.marinemuseum.de, geöffnet: April-Okt. tägl. 10-18 Uhr, Nov.-März tägl. 10-17 Uhr, Eintritt: 12,50/7/30 €, historische Hafenrundfahrt (April-Okt.) 8,50/4/18 €, Kombi Museum und Hafenrundfahrt 18,50/9/40 €. Keine Hunde!
- **Wattenmeer Besucherzentrum,** Südstrand 110 b, Tel. 04421 910733, www.wattenmeer-besucher zentrum.de, geöffnet: April-Okt. 10-17 Uhr, Juli/Aug. bis 18 Uhr, Nov.-März Di.-So. 10-17 Uhr, Eintritt: s. Website. Hunde erlaubt!

Erlebenswertes für die ganze Familie

- **Nautimo,** Friedenstr. 99, Tel. 04421 773550, https://nautimo.de, geöffnet: Mo./Mi./Fr. 6-8 Uhr, Mo.-Fr. 10-20.45 Uhr, Sa./So. 9-20.45 Uhr, Tageskarte: Schwimmbad 9/6,50/23 €, Sauna Erw. 19/12 €. Erlebnisbad mit Sauna-Paradies, Riesenrutsche, Wellness- und Erlebnisbecken, Kletterwand.
- **Hafenrundfahrten,** Südstrand Helgolandkai, Tel. 04464 94950, www.reederei-warrings.de, Hafenrundfahrt und große Rundfahrt mit Jade-Weser-Port

Information

- **Tourist-Information Wilhelmshaven,** Ebertstraße 110, 26382 Wilhelmshaven, Tel. 04421 913000, www.wilhelmshaven-touristik.de, geöffnet: Mo.-Fr. 10-17, Sa. 10-14 Uhr
- **TouristCard,** 24 Std. 5 €, Familie 8 €, 72 Std. 12/15 €. Mit dieser Karte gibt es Rabatt bei zahlreichen Attraktionen und man kann kostenlos den öffentlichen Nahverkehr nutzen. Verkaufsstellen unter www.wilhelmshaven-touristik.de.

Gastronomie

- **Seglerheim am Nassauhafen,** Schleusenstr. 23, Tel. 04421 43143, www.seglerheim-wilhelmshaven.de, geöffnet: Do.-Di. 11-22 Uhr. Direkt am Helgolandkai gelegenes, gemütliches Lokal mit großer Fischkarte, in der Nähe vom Stellplatz 117. Nassauhafen-Fischteller probieren!
- **Seestern,** Südstrand 116, Tel. 04421 94100, https://hoteldelphin.de. Gutes Fisch- und Fleischrestaurant mit aufmerksamem Service direkt an der Flaniermeile. Lecker: Labskaus!

Parken

P 45 Fliegerdeich, GPS 53.51053, 8.12843. Mit schönem Panoramablick auf den Jadebusen, gebührenpflichtig. Übernachtung möglich.

Im Aquarium: Auge in Auge mit dem Hai

116 Nautimo, Wilhelmshaven

GPS 53.53633, 8.09946

Platz bei einem Freizeitbad mit Saunaerlebniswelt, ruhige Lage, Strandkörbe, ins Zentrum 1,5 km mit Buslinie 2, Brötchenservice, Dusche und WC im Bad. **Lage/Anfahrt:** mit „Nautimo" ausgeschildert; **Platzanzahl:** 26; **Untergrund:** Schotter, Pflaster; **Service:** Strom, Trinkwasser, Abwasser, Chemie-WC, WLAN; **Sicherheit:** beleuchtet; **Preise:** 10 €/Fahrz., Strom 0,60 €/kWh, Wasser 1 €/100 l, 1 €/30 Min. Duschen; **Geöffnet:** ganzjährig; **Kontakt:** Friedenstr. 99, 26386 Wilhelmshaven, Tel. 04421 773550, www.nautimo.de

117 Schleuseninsel, Wilhelmshaven

GPS 53.51494, 8.15254

Nett angelegter Platz direkt am Deich zum Jadebusen, 400 m zum Süddeich mit Museen, sehr schöne und sehr ruhige Lage. Dusche und WC in 100 m Entfernung. Reservierung möglich. **Lage/Anfahrt:** zunächst Richtung Helgolandkai/Südstrand, dann über die Deichbrücke und der Straße bis zu den Museen folgen. Weiter geradeaus bis zum Hinweisschild, nach rechts zum Platz. **Platzanzahl:** 24; **Untergrund:** Schotter; **Service:** Strom, Trinkwasser, Abwasser, Chemie-WC; **Sicherheit:** umzäunt, beleuchtet, bewacht; **Preise:** 10 €/Fahrz., Strom 3 €, Wasser 0,50 €/50 l, Sanitär für 2 Pers. 3 €; **Geöffnet:** ganzjährig; **Kontakt:** Schleusenstr. 37, 26382 Wilhelmshaven, www.wohnmobilstellplatz-wilhelmshaven.de

ROUTE 8

DAS NIEDERSÄCHSISCHE WATTENMEER MIT SEINEN BESUCHENSWERTEN STÄDTCHEN IM HINTERLAND

113wn-gg

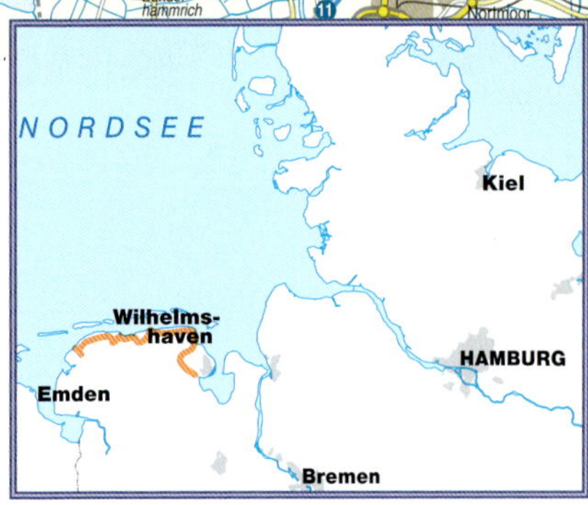

⊠ *Vorseite: Der Krabbenkutterhafen von Neuharlingersiel (s. S. 209)*

Strecke:
Wilhemshaven (s. S. 190) – **Schortens** (12 km, s. S. 198) – **Accum** (2 km, s. S. 198) – **Jever** (6 km, s. S. 198) – **Hooksiel** (13,5 km, s. S. 202) – **Harlesiel/Carolinensiel** (24 km, s. S. 206) – **Neuharlingersiel** (8 km, s. S. 209) – **Esens** (9 km, s. S. 211) – **Dornum** (18 km, s. S. 216) – **Norddeich** (23,5 km, s. S. 217) – **Norden** (5 km, s. S. 219)

Streckenlänge:
ca. 121 km

539wn-gg

ROUTENÜBERSICHT

Grasgrün ist die Küste entlang des Niedersächsischen Wattenmeeres und nur wenn der Mensch künstlich nachgeholfen hat, ist sie sandig. Eine Ausnahme bildet der Ort Schillig. Hier gibt es durch strömungsbedingte Sandablagerungen einen herrlichen Dünenstrand. Die Sieldörfer entlang der Küste haben ihren Namenszusatz „Siel" von den unerlässlichen Entwässerungskanälen, den Sielen. Einen idyllischen Hafen, in dem noch richtig Betrieb ist, findet man in Neuharlingersiel. Fischkutter fahren ein, Netze werden getrocknet, Möwen ziehen kreischend ihre Kreise und mittendrin flanieren Touristen, wahrlich eine malerische Kulisse. In Carolinensiel ist der alte Sielhafen nur noch Museumshafen. Hier legen keine Fischerboote mehr an, nur die Museumsschiffe schaukeln an ihren Ankerketten fotogen vor den stilvollen Hafengebäuden. Immer wieder sollte man die Küste für einen Besuch der schmucken Städtchen im Binnenland verlassen. Esens, Dornum, Jever und auch Norden sind nicht nur an regnerischen Tagen, wenn das Meer nicht lockt, ein lohnendes Ziel. Besichtigen, bummeln, einkaufen, genießen: im Hinterland der Küste zu jeder Jahreszeit und bei jedem Wetter eine vielversprechende Alternative.

⌃ Plattbodenschiffe im Hafen von Carolinensiel (s. S. 206)

SCHORTENS
(12 km - km 12)

Die als Schnellstraße ausgebaute B210 führt an Schortens vorbei nach Jever. In Schortens stand im Mittelalter ein Chorherrenstift, von dessen Kirchturm noch die mächtigen Grundmauern zu finden sind. Umgeben von uralten Bäumen in einem **Landschaftsgarten** mit idyllischem Klostergarten ist hier eine beinahe mystische Oase der Ruhe (Ginsterweg 10 GPS 53.53537, 7.92480, Parken nur für Fahrzeuge bis 7 m Länge).

Anschließend kann man noch einen kleinen Umweg zur **Accumer Mühle** und zur **Kafferösterei** mit Fairhandelshaus machen. Im bewachsenen Hexenhäuschen Mercado Mundial steht im Café eine alte funktionstüchtige Trommel-Röstmaschine. Verschiedene frisch geröstete Kaffeesorten stehen zum Verkauf oder direkt im Café zum Genuss bereit. Im gut sortierten Fairhandelskaufhaus kann man herrlich stöbern und im Bioladen die Vorräte fürs Womo auffüllen. Wer jetzt am liebsten nicht mehr weiter will, ist eingeladen, im angrenzenden Garten im Wohnmobil zu übernachten. Kostenlos!

Einkaufen/Gastronomie

› **Mercado Mundial mit Kaffeerösterei,** Accumer Str. 5, 26419 Schortens/Grafschaft, Tel. 04423 98049, www.fair-nuenftig.de, geöffnet: Di.-Sa. 10-12.30 Uhr, Di.-Fr. 14.30-18 Uhr

P 46 **Park- und Übernachtungsmöglichkeit Mercado Mundial,** GPS 53.55275, 7.97570, Birkenstraße

▷ *Die Spiegeltürme des Friesischen Brauhauses*

ACCUM
(2 km - km 14)

Noch 2 km weiter ereicht man Accum, an dessen Ortsende sich die historische **Accumer Windmühle** befindet. Die Galerieholländermühle stammt aus dem Jahre 1746 und ist auch heute noch voll funktionsfähig. An den Backtagen am 3. Samstag eines jeden Monats wird sie in Betrieb genommen und aus dem frischen Korn schmackhaftes Brot gebacken.

Sehenswertes

› **Accumer Mühle,** An der Mühle, 26419 Accum, Tel. 0172 2827908, geöffnet: an jedem dritten Sonntag im Monat ist Backtag und das Café geöffnet

Wieder auf der B210 zurück sind es nur noch 6 km bis nach Jever.

JEVER
(6 km - km 20)

Mittelzentrum mit Sitz der Verwaltung des Landkreises Friesland, Stadt der kurzen Wege, Heimat des friesisch-herben Jever-Bieres, Marienstadt: all das ist Jever und noch viel mehr, wie man bei einem Besuch feststellen wird.

Vom Stellplatz 118 wird man durch Hinweisschilder (Zentrum) zum Elisabethufer geleitet. Und da stehen sie! Silbern, hoch, glänzend: Die Türme des **Friesischen Brauhauses.** Wem jetzt die Kehle trocken wird oder wer gerne etwas über die Historie und die heutige Produktion des kühlen Nasses erfahren möchte, hat sich hoffentlich schon vorher angemeldet (s. S. 201). Bei einer Führung besucht man das Museum, die modernen Produktionsanlagen (nicht am Wochenende) und erhält zu guter Letzt zwei Gläser Bier nach Wahl. Start ist immer beim **Jever Shop,** hier kann man sich auch mit Fanartikeln eindecken.

Anschließend bummelt man über die Neue Straße (Fußgängerzone), bis zwischen Hausnummer 8 und 10 der schmale Blaufärbergang zu einer weiteren Sehenswürdigkeit führt: der **BLAU DRUCK,** die lebendige Museumswerkstatt, die man nicht versäumen sollte. Hier werden traditionell mit 600 verschiedenen Modeln aus vier Jahrhunderten Stoffe bedruckt und anschließend mit Indigo gefärbt (s. S. 200). Der Inhaber Georg Stark lässt sich dabei gerne von den Besuchern über die Schulter sehen. Eine ausführliche Handwerkervorführung von 45 Minuten Länge findet jeden Mittwoch um 15 Uhr statt. Wer selbst noch alte Leinentücher besitzt, kann sie hier mit den historischen Mustern bedrucken lassen.

Moin, Moin

„Moin, Moin" grüßt der Friese den ganzen Tag und erntet erstaunte Blicke der Gäste. „Moin" bedeutet keineswegs Morgen, sondern kommt von „Mooi" was im Niederdeutschen für schön steht. Ausführlich wäre also „'n mooien Dag wünsch ik di" richtig. Da der Ostfriese aber nicht gerne mehr als unbedingt nötig redet, wurde daraus ganz kurz „Moin, Moin". In der Gegend um Jever sagt man sogar nur einmal „Moin", denn wer will schon als geschwätzig gelten!

Am Ende der Neuen Straße stellt der **Sagenbrunnen** mit Bronzefiguren die verschiedenen Sagen und Mythen des Jeverlandes nach. Bereits hier blitzt das **Schloss** mit seiner markanten Zwiebelhaube zwischen den Bäumen hervor. **Maria von Jever** ließ die ehemalige Burg in eine Vierflügelanlage umbauen. Im Innern sind prächtige Räume (Gobelin- und Audienzsaal) sowie die Ausstellungen von kostbaren Kleidungsstücken und Fayencen zu bewundern. Ein interessanter Film informiert über die Nutzung und das Aussehen des Schlosses um 1720. Hat man den gesehen, sollte man anschließend noch durch den im englischen Stil angelegten Garten lustwandeln.

Täglich um 11, 12, 15, 16, 17 und 18 Uhr ertönt das **Glockenspiel** am direkt beim Zugang zum Schloss gelegenen Hof Oldenburg. Während des melodiösen Musikstücks er-

114wn-gg

115wn-gg

scheinen Jevers bedeutendste historische Persönlichkeiten in einem Figurenspiel und erweisen dem Betrachter ihre Reverenz.

Auf der Schlossstraße steht das **Fräulein-Marien-Denkmal,** errichtet für die letzte friesische Regentin. Die Tochter von Edo Wiemken dem Jüngeren verstarb 1575 ohne Nachkommen und vermachte das Jeverland Oldenburg. Fräulein Maria, wie sie liebevoll genannt wurde, hat sich um das Jeverland sehr verdient gemacht und war im Volke überaus beliebt, weshalb Jever auch Marienstadt genannt wird.

Über die Schlossstraße geht es hinauf zum alten **Rathaus** mit der wunderschönen Renaissancefassade, das 1609–1621 errichtet wurde. Vorbei am **Ratspütt,** einem Brunnen, erbaut 1620/1621, geht man in die moderne Stadtkirche. Hinter dem Portal rechts steht das **Edo-Wiemken-Denkmal,** das Fräulein Maria 1561–1564 zu Ehren ihres Vaters errichten ließ. Das im niederländischen Renaissancestil erbaute Grabmal war früher hinter einer Mauer verborgen und hat so die Kirchenbrände von 1728 und 1959 unbeschadet überstanden. Die Jever-Elle, eine für jeden Bürger zugängliche Maßeinheit, hing früher an der Kirchentür. So konnte jedermann seine Waren nachmessen.

Jetzt sollte man sich was Gutes tun und in die **„Leidenschaften“** einkehren. Ob man Tee, Kaffee oder selbstgebackenen Kuchen genießt oder allerlei Accessoires, Schmuck und Wohndekor aussucht, im gemütlichen Salon am Kirchplatz fühlt man sich wohl.

Über die Wangerstraße und dann links am Elisabethufer entlang geht es wieder zurück zum Stellplatz. Alles von der Drehleiter über historische Feuerwehrautos bis zu technischem Rettungsgerät, ebenso die Meldetechnik vom Brandhorn bis zur digitalen Technik, zeigt das **Feuerwehrmuseum** beim Bahnhof.

Blaudruck

Früher weitverbreitet, gibt es heute nur noch wenige Künstler, die sich auf die Herstellung von ***Blaudruckstoffen*** *verstehen. In Birnbaumholz schnitten speziell ausgebildete Formstecher feine Musterteile. Die auf diese Modelle aufgetragene klebrige Masse (Papp) aus Gummiarabicum, weißer Tabakpfeifenerde und anderen geheimen Zutaten bewirkt, dass die Muster keine Farbe annehmen. Beim anschließenden Blaufärben spannt man den Stoff auf einen eisernen Kronreifen und taucht diesen bis zu zehnmal in den Färbebottich mit Indigo. Wenn der aufgetragene Papp ausgewaschen ist, erstrahlen die weiß gebliebenen Blumen und Ornamente auf blauem Grund.*

Hier wohnte Fräulein Maria, bis sie der Sage nach plötzlich verschwand

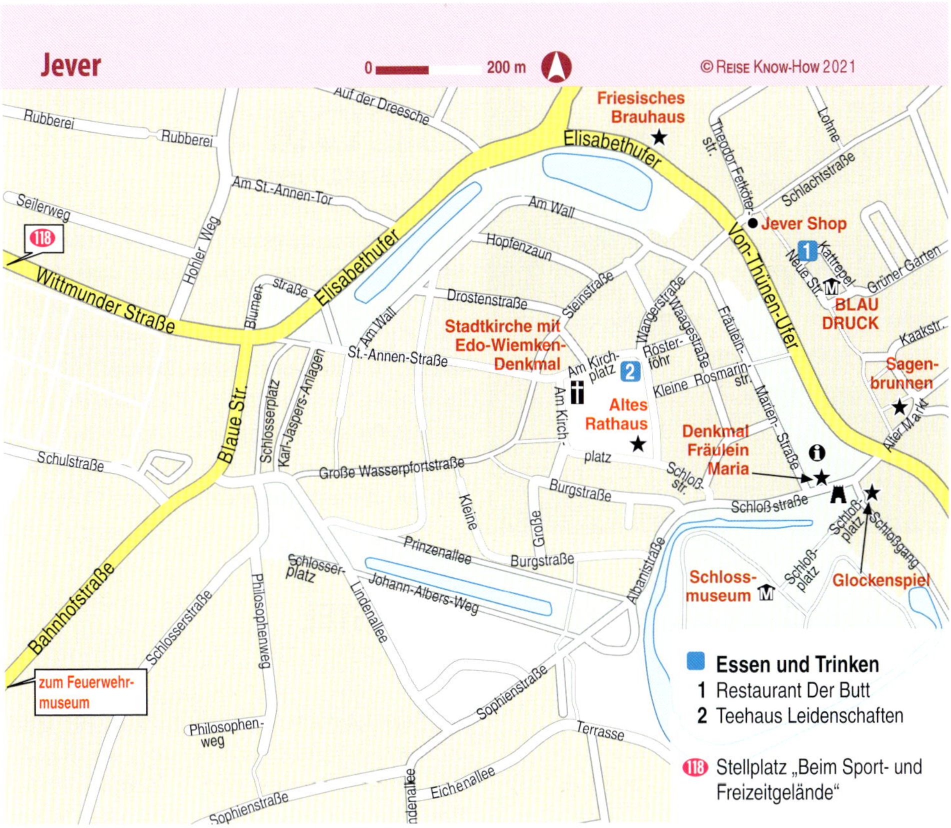

Sehenswertes

- **Jever-Brauereibesichtigung,** Treffpunkt Jever Shop, Schlachtstr. 2, Tel. 04461 13711, www.jever.de, Mo.-Fr. Führungen, Sa. nur Museum, Eintritt: 9,50/3,50 € inkl. 2 Gläser Bier und einer Laugenbrezel. Eine Besichtigung der Brauerei ist nur nach vorheriger Anmeldung unter www.jever.de/die-brauerei/brauerei-besichtigung möglich. Die Dauer der Tour ist zwei Stunden bzw. am Wochenende ohne Produktion 1 Std. 30 Minuten.
- **Schlossmuseum,** Schlossplatz 1, www.schlossmuseum.de, Tel. 04461 969350, geöffnet: Di.-So. 10-18 Uhr, 15. Mai-Okt. tägl., Turmaufstieg Ostern-Okt. 11-17 Uhr, Eintritt: 6/3 €, Kinder bis 13 Jahre frei. Prachtvolle Räume, kostbare Kleidung und Jevers Bedeutung als regionales Handelszentrum
- **Feuerwehrmuseum,** Florianstr. 1, beim Bahnhof, Tel. 04461 918484, www.feuerwehrmuseum-jever.de, geöffnet: März-Okt. Di.-So. 14-17 Uhr, Eintritt: 4/3 €

Erlebenswertes für die ganze Familie

- **BLAU DRUCK,** Im Kattrepel, Tel. 04461 71388, www.blaudruckerei.de, geöffnet: Mo.-Fr. 11-17 Uhr, Sa. 10-14 Uhr, eine Vorführung findet jeden Mittwoch um 15 Uhr statt, Gebühr: 6 €. Mit historischen, bis zu 300 Jahre alten Druckstöcken werden nach traditioneller Art wunderbare Stoffdrucke

Geführte Radtouren rund um Jever

Start: *Am Schloss*
Länge: *Halbtagestour 30–50 km, Tagestour 60–80 km.*

Von Mai bis September starten immer mittwochs geführte Radtouren durch den Landkreis Friesland und seine Umgebung. Anmelden kann man sich unter Tel. 04461 5527 oder unter der Mobiltelefonnummer 0160 95156939.

492wn-gg

118 Beim Sport- und Freizeitgelände, Jever

GPS 53.57586, 7.89053

Plätze auf einem gemischten Parkplatz, relativ ruhige Lage (Straße), zentrumsnah, Einkauf in der Nähe. Bezahlung beim Fitness-Park, Jahnstr. 6. **Lage/Anfahrt:** in Jever Richtung Wittmund und von der B210 beim Aldi nach rechts abbiegen, ausgeschildert; **Platzanzahl:** 24; **Untergrund:** Pflaster; **Service:** Strom, Trinkwasser, Abwasser, Chemie-WC; **Sicherheit:** beleuchtet; **Preise:** 8 €/Fahrz., inkl. einer Wertmarke für Strom- oder Wasserbezug, **Max. Stand:** 3 Tage; **Geöffnet:** frei zugänglich; **Kontakt:** Jahnstr. 26441 Jever

gefertigt. Man kann dabei täglich dem Meister über die Schulter blicken.

Information

- **Jever Marketing,** Alter Markt 18, 26441 Jever, Tel. 04461 939261, www.stadt-jever.de, geöffnet: Mo.–Fr. 9.30–16.30, Mai–Mitte Okt. auch Sa. 9–13 Uhr

Gastronomie

- **Leidenschaften Teesalon und Lädchen mit Teekontor,** Kirchplatz 25, www.teehaus-jever.de, geöffnet: 11–18 Uhr, So. ab 14 Uhr, Mi. Ruhetag. Eine riesige Auswahl an Teesorten im Ausschank, Terrasse am Kirchplatz.
- **Der Butt,** Kattrepel 2, Tel. 04461 9187892, https://der-butt-fischrestaurant.de, geöffnet: tägl. 11–14.30 Uhr Mittagstisch, abends ab 17.30 Uhr. Große und sehr gute Fischauswahl.

Man verlässt Jever in Richtung Hohenkirchen im Wangerland. Die beliebte Ferienregion **Wangerland** ist ein Zusammenschluss der Nordseebäder Horumersiel, Schillig, Hooksiel sowie der Erholungsorte Minsen und Hohenkirchen. Begleitet von grasenden schwarz-weißen Kühen auf saftigen Weiden fährt man bis zur Abzweigung nach Hooksiel.

HOOKSIEL

(13,5 km – km 33,5)

Hooksiel ist noch recht ursprünglich mit einer schönen Fußgängerzone. In dem heute unter Denkmalschutz stehenden **Hafen** mit den **Packhäusern** aus dem 19. Jh. wurden Waren für die Region und vor allem für die Residenzstadt Jever umgeschlagen. Der „hohe Stuhl" am Hafenrand war für den Hafenmeister vorgesehen, aus luftiger Höhe konnte er so den Schiffsverkehr beobachten. In den alten Fischerhäusern an der Langen Straße sorgen viele Cafés und Restaurants gut für das leibliche Wohl der Gäste. Besonders markant ist das ehemalige **Rathaus** mit dem Zwiebelturm.

Durch die letzte und größte deutsche Landgewinnung entstand bei Hooksiel ein großes Freizeitgelände mit Wanderwegen, Pferderennbahn und dem **Hookmeer,** einem 70 ha großen Binnensee. Auf ihm kann man segeln, surfen oder auf der Wasserskianlage sein Glück versuchen.

Die Hauptattraktion von Hooksiel ist allerdings der 4 km lange **Sandstrand,** aufgeteilt in FKK-Bereich, Hunde- und Familienstrand. Wenn das Meer weg oder das Wetter zu kühl für das Bad in der Nordsee ist, kann man sich im **Hallenwellenbad** ins Meerwasser stürzen. Eine Wasserleitung sorgt immer für frisches Salzwasser direkt aus dem Meer.

Erlebenswertes für die ganze Familie

› **Meerwasserwellenbad,** Zum Hallenbad 2, Tel. 04425 958030, geöffnet: Mo.-Do. 10-21 Uhr, Fr. 10-18 Uhr, Sa. 10-19 Uhr, So. 9-18 Uhr, Eintritt: 10/6/30 €, mit Sauna 20/13,40/44,50 €. Erlebnisbecken mit Geysiren, Wasserspiele, Wärmebänke.

› **Kinderspielhaus Seepferdchen,** Hohe Weg 1 (Gästehaus Hooksiel), geöffnet: Mo.-Fr., Kernzeit 9-12.30 Uhr, in den Ferien länger. Mit der Nordseecard Betreuung kostenlos, Kurse gebührenpflichtig.

Information

› **Wangerland Touristik,** Hohe Weg 1, 26434 Hooksiel, Tel. 04425 95800, www.wangerland.de, geöffnet: April-Okt. Mo.-Fr. 8.30-17, Sa. 9-12, So. 10-12, Nov.-März Mo.-Fr. 8.30-17 Uhr

119 An der Ostdüne, Hooksiel

GPS 53.64048, 8.04178

Riesiger Platz in sehr schöner Lage am Meer, Dusche, WC, in der Hochsaison oft überfüllt und Lärmbelästigung durch Musikscheune. Auch für große Wohnmobile, Einfahrt erst ab 16 Uhr!. **Lage/Anfahrt:** am Ortsanfang von Hooksiel gleich links, ausgeschildert; **Platzanzahl:** 75; **Untergrund:** Schotter; **Service:** Strom, Trinkwasser, Abwasser, Chemie-WC; **Sicherheit:** umzäunt, beleuchtet, bewacht; **Preise:** 12 €/Fahrz., 4 €/Pers. inkl. Strom und VE, Kurtaxe 3 €/Pers., Hund 3 €; **Geöffnet:** April- Mitte Okt.; **Kontakt:** Straat över't Diek, 26434 Hooksiel, Tel. 04425 958080, www.campingplatz-hooksiel.de

493wn-gg

120 Am Hallenwellenbad, Hooksiel

GPS 53.63400, 8.03534

Plätze auf dem Parkplatz des Hallenbads, WC, Dusche im Bad, zentral, nachts ruhig. **Lage/Anfahrt:** am Ortsanfang ausgeschildert; **Platzanzahl:** 25; **Untergrund:** Pflaster; **Service:** Strom, Trinkwasser (im Winter an der Kasse nachfragen), Abwasser, Chemie-WC; **Sicherheit:** beleuchtet; **Preise:** 12 €/Fahrz., 4 €/Pers., Kurtaxe 1,15-3 €/Pers., Strom 0,50 €/kWh, Wasser 1 €; **Geöffnet:** ganzjährig; **Kontakt:** Zum Hallenbad, 26434 Hooksiel

185wn-gg

116wn-gg

Gastronomie

› **Zum Schwarzen Bären,** Lange Str. 15, Tel. 04425 95810, www.zum-schwarzen-baeren.de, geschl.: Mi. Eine 200 Jahre alte Traditionsgaststätte. Große Auswahl an vorzüglichen Gerichten in gehobenem Ambiente.

Einkaufen

› **Wochenmarkt,** Nee Straat, geöffnet: Fr. 14–17 Uhr

Eine Fahrt mit schöner Aussicht führt gleich hinter Hooksiel nach rechts über Crildumersiel nach Horumersiel. Zunächst geht es an Viehweiden entlang bis zum Deich und dann in Einbahnstraßenregelung auf der Deichkrone weiter.

Links das Wangertief und rechts die Nordsee, so rollt das Wohnmobil zum Stellplatz Am Yachthafen (121) in Horumersiel. Der Stellplatz ist zum gleichen Preis durch ebenfalls hier parkende Pkws allerdings nicht so ruhig wie der in Hooksiel. Gut ist man auf dem vor dem Campingplatz liegenden Stellplatz (122) in Schillig, direkt am schönen Dünenstrand, untergebracht.

Horumersiel/Schillig ist ein typischer Badeort an der Nordseeküste. Bereits vor etwa 150 Jahren, als das Baden noch streng nach Männlein und Weiblein getrennt war und man „angezogen" baden ging, hieß man hier schon Gäste willkommen. Der kilometerlange **Gras- und Sandstrand** ist auch heute zu jeder Jahreszeit beliebt. Ob baden, Drachen fliegen lassen, spazieren gehen, Muscheln sammeln oder durchs Watt matschen, Langeweile kommt nicht auf. Und wenn doch, steht die Friesland Therme mit drei Becken, die mit Meerwasser gefüllt sind, als Erlebnisbad zur Verfügung.

Am weitläufigen Dünen- und Grünstrand von Schillig

Erlebenswertes für die ganze Familie

› **Friesland Therme,** Zum Hafen 3 A, Tel. 04426 987222, Bad: Di. 12–19, Mi.–Fr. 10–19, Sa., So. 10–17 Uhr, Sauna: Mo., Mi. 8–20, Di. 12–20, Do.–Fr. 10–20, Sa., So. 10–17 Uhr, Eintritt: 10/6/30 €, mit Sauna 20/13,40/44,50 €.

› **Seefahrten mit der Jens Albrechts,** Hafen Horumersiel und vom Außenhafen Hooksiel, www.seetouristik-nordsee.de, Tel. 04425 9909144, geöffnet: April–Mitte Nov. Diverse Törns wie Marinehafen Wilhelmshaven, Ostfrieslandkreuzfahrt, Netzfangfahrt, 2-Insel-Fahrt

Information

› **Wangerland Touristik,** 26434 Horumersiel, Zum Hafen 3, Tel. 04426 9870, www.wangerland.de, geöffnet: Mo.–Fr. 8.30–17 Uhr, April–Okt. auch Sa. 10–15 Uhr und So. 10–12 Uhr

121 Am Yachthafen, Horumersiel

GPS 53.68306, 8.02210

Markierte Plätze auf einem großen Parkplatz, auch für Pkws, mit schönem Blick aufs Meer, Dusche, WC, Restaurant, Stromanschlüsse oft nicht ausreichend! **Lage/Anfahrt:** von Crildumersiel gleich vor dem Ort nach rechts zum Platz; **Platzanzahl:** 22; **Untergrund:** Pflaster; **Service:** Strom, Trinkwasser, Abwasser, Chemie-WC; **Sicherheit:** beleuchtet; **Preise:** 12 €/Fahrz. inkl. Strom, VE, Dusche, 5 €/Erw., 3 €/Kind, Kurtaxe 1,15–3 €, Hund 3 €, Wasser 1 €; **Geöffnet:** ganzjährig; **Kontakt:** Zum Hafen, 26434 Horumersiel, Tel. 04426 9870, www.wangerland.de

494wn-gg

122 Am Campingplatz, Schillig

GPS 53.70063, 8.02386

Separate Plätze in schöner und relativ ruhiger Lage, zum großen Parkplatz durch einen Erdwall getrennt, direkt am Sandstrand (auch Hundestrand). **Lage/Anfahrt:** von Horumersiel Richtung Schillig Campingplatz ausgeschildert; **Platzanzahl:** 80; **Untergrund:** Wiese, Schotter; **Service:** Strom, Trinkwasser, Abwasser, Chemie-WC, WLAN; **Sicherheit:** umzäunt, beleuchtet; **Preise:** 12 €/Fahrz., 4 €/Pers. inkl. Strom, Dusche, VE, Kurtaxe 1,15–3 €/Pers., Hund 3 €, **Geöffnet:** ganzjährig; **Kontakt:** Jadestraße, 26434 Schillig, Tel. 04426 987170

127wn-gg

Auf der Störtebekerstraße entlang der Küste folgt nun das ebenfalls zum Wangerland gehörende, ländlich ruhige Dorf **Minsen.** Die **St. Severinus und Jacobus Kirche** thront auf einer hohen Wurt und stammt aus dem 13. Jahrhundert. Der Backsteinglockenturm steht 12 m neben der Südseite der Kirche und wirkt mit seiner geringen Höhe und dem Satteldach gar nicht wie ein Kirchturm. Sehenswert ist auch der Altar des Gotteshauses, er stammt aus Groß-Partwitz, einem Dorf in der Lausitz, das dem Braunkohleabbau weichen musste. Er wurde 1998 hier in Minsen aufgestellt.

Lohnenswert ist der Besuch des gut aufbereiteten **Nordseehaus Wangerland,** ein Informationszentrum über den Nationalpark und seine Bewohner. Ob die Entdeckerdüne, eine Miniaturlandschaft zum Biosphärenreservat „Niedersächsisches Wattenmeer", die interaktive Infobar zum Thema „Erneuerbare Energien" oder die Aquarien mit Plattfischarten wie Scholle, Seezunge, Flunder und Kliesche – hier wird der Wissensdurst der Besucher gestillt.

Parken

P 47 **Parkplatz Kirche,** GPS 53.70453, 7.96750, 26434 Wangerland/Minsen. Im Ort den Hinweisschildern folgen. Nur für Womos bis 7 m Länge.

Sehenswertes

› **Nordseehaus Wangerland,** Kirchstr. 9, geöffnet: Mo.-Fr. 10-17, Sa., So. 14-17 Uhr, Eintritt: frei

Immer den Straßenschildern nach Carolinensiel folgend, kann man in Friedrich-Augustengroden nach Javenloch und Neu Augustengroden abbiegen. Denn dort, etwas versteckt zwischen den Deichen, befindet sich das **Bauernhofcafé Schild's mit Hofladen.** Man sitzt hier im gemütlichen Biergarten oder im Wintergarten direkt am Deich. Im Hofladen kann man sich mit Brot, Käse, Wurst, Strickwaren, Marmeladen oder auch Fertiggerichten eindecken: Alles stammt aus eigener Herstellung.

Gastronomie

› **Schild's Bauernhofcafé und Hofladen,** Elisabethengroden 3, 26434 Wangerland, Tel. 04464 393, https://schilds-hofladen.de, geöffnet: 10-19 Uhr. Warme Gerichte, Kaffee und Kuchen, Hofladen. Ab 18 Uhr mittwochs Spanferkel, freitags Fisch- und samstags Schnitzelbüfett.

123 Am Wangermeer, Wangerland

GPS 53.66482, 7.92744

Plätze am Badesee, tagsüber bei schönem Wetter viel los, Läden, Pizzeria im Dorf, Radwegenetz. **Lage/Anfahrt:** von der Küstenstraße nach Hohenkirchen abbiegen, ausgeschildert; **Platzanzahl:** 8; **Untergrund:** Wiese; **Service:** Strom, Trinkwasser, Abwasser, Chemie-WC; **Preise:** 10 €/Fahrz., Strom 0,50 €/kWh, Wasser 1 €; **Geöffnet:** ganzjährig; **Kontakt:** Bismarckstraße, 26434 Wangerland

HARLESIEL/CAROLINENSIEL

(24 km – km 57,5)

Carolinensiel und Harlesiel sind durch den Fluss Harle miteinander verbunden. In **Harlesiel** legen die Fähren nach Wangerooge ab und am langgezogenen Strandbad mit Spielplatz, Campingplätzen und dem Wohnmobilstellplatz 124 pulsiert das Strandleben.

Entweder mit dem Fahrrad an der Harle entlang oder viel romantischer mit dem **Raddampfer Concordia II** auf der Harle kommt man ins bezaubernde **Carolinensiel.** Unterwegs am ehemaligen Kutterhafen **Friedrichsschleuse** schippert die Concordia gemächlich unter der sehenswerten Zugbrücke hindurch. Endpunkt der Schiffspartie ist der **historische Museumshafen** mit den interessanten Plattbodenschiffen und den pittoresken Häusern. 1729 angelegt und durch die Friedrichsschleuse vor Sturmfluten geschützt, entwickelte sich der Hafen zu einem bedeutenden Umschlagplatz. Landwirtschaftliche Produkte wurden exportiert, importiert wurden Kohle, Holz, Wolle und

117wn-gg

Kolonialwaren. In seiner Blütezeit Mitte des 19. Jh. gab es bis zu 1500 Schiffsbewegungen jährlich. Der inzwischen verschlickte und verschüttete Hafen wurde 1987 ausgebaggert und als Museumshafen rekonstruiert. Die vier Museumshäuser: **Groot Hus (Land und See), Kapitänshaus (Leben an Land), alte Pastorei (Schiffbau und Handwerk)** und **Rettungsstation an der Friedrichschleuse** erzählen die verschiedenen Aspekte des „Hafens voller Geschichten".

Schon von außen ist die efeuberankte **Schifferkirche** auf dem alten Seedeich sehenswert, mit ihrer schlichten Innenausstattung mit der barocken Altarkanzel ist sie ein imposanter Zeitzeuge aus dem 18. Jh. und die einzige Kirche an der Nordseeküste, die auf einem Deich steht.

Im **Phänomania** im alten Bahnhof sind die experimentierfreudigen Besucher genau richtig. Hier werden Naturgesetze anhand von 80 Experimenten bei Mitmachstationen verständlich. Kein verstaubtes Museum, sondern eines, in dem man selbst aktiv wird. So machen Physik und Technik allen Spaß.

Wer lieber sauniert, schwimmt oder entspannt, sucht am besten das **Kurzentrum Cliner Quelle** auf.

Fisch gebraten, geräuchert, als Salat, in der Suppe, auf dem Brötchen: alles frisch und mit Raffinesse zubereitet gibt es bei der **Küsten-Räucherei Albrecht.** Das Selbstbedienungsrestaurant ist ein beliebter Treffpunkt für hungrige Gäste.

Sehenswertes

› **Phänomania,** Bahnhof Carolinensiel 3, www.phaenomania.de, Tel. 04464 942494, geöffnet: Mitte März–Okt. und in den Weihnachtsferien tägl. 10–18 Uhr, Eintritt: 9,50/5,50–7,50 €, Familien 15 % Erm.

› **Deutsches Sielhafen Museum,** Pumphusen 3, Tel. 04464 86930, www.deutsches-sielhafenmuseum.de, geöffnet: Mitte März–Anf. Nov. tägl. 10–18 Uhr,

Ein ganz besonderes Erlebnis ist die Fahrt mit dem Raddampfer Concordia II

Museumsrundweg
Länge: *7 km*
Start: *Am Museumshafen*

Alter Ortskern – entlang der Harle – Friedrichsschleuse – Strand Harlesiel – über die goldene Linie zurück zum Museumshafen. Rundweg zu den historisch und architektonisch bedeutsamen Gebäuden und Plätzen von Carolinensiel, Friedrichschleuse und Harlesiel. Schautafeln informieren über die Orts- und Regionalgeschichte, den Deichbau, die Fischerei und den Nordseetourismus.

Eintritt: 7 €, Kinder bis 16 Jahre frei. Museumshafen und vier Museumshäuser. Friedrichschleuse Mo.–Fr. 8–16 Uhr.

Erlebenswertes für die ganze Familie

- **Raddampfer Concordia II,** Pendelverkehr zwischen Museumshafen Carolinensiel und Außenhafen Harlesiel, www.reederei-albrecht.de, Tel. 04464 9429741, März–Okt. Einfache Fahrt 4/2 €, Hin- und Rückfahrt 7/3,50 €. Eine geruhsame Fahrt auf dem idyllischen Binnentief.
- **Kurzentrum Cliner Quelle,** Nordseestraße, www.carolinensiel.de, Tel. 04464 949318, geöffnet: siehe Tourist-Information Carolinensiel, Eintritt: 2 Std. 6/4,50/14 €.

495wn-gg

124 Am Campingplatz, Harlesiel

GPS 53.70709, 7.80493
Plätze vor dem Campingplatz auf einem großen Parkplatz, Dusche, WC, zum Strand 400 m. **Lage/Anfahrt:** in Carolinensiel gut ausgeschildert; **Platzanzahl:** 93; **Untergrund:** Pflaster; **Service:** Strom, Trinkwasser, Abwasser, Chemie-WC; **Sicherheit:** umzäunt, beleuchtet; **Preise:** 13,50 €/Fahrz., Kurtaxe 2,50 €/Pers., Strom 3,50 €, Hund 2,50 €; **Geöffnet:** ganzjährig; **Kontakt:** Schwerinsgroden 1, 26409 Carolinensiel-Harlesiel, Tel. 04464 949398

496wn-gg

125 An der Mole, Harlesiel

GPS 53.71018, 7.80948
Plätze an der Mole mit Blick aufs Meer und den Hafen, Dusche, WC, Strand 200 m. **Lage/Anfahrt:** im Ort ausgeschildert; **Platzanzahl:** 56; **Untergrund:** Pflaster; Service: Strom, Trinkwasser, Abwasser, Chemie-WC; **Preise:** 13,50 €/Fahrz., Strom 3,50 €, Hund 2,50 €, Kurtaxe 2,50 €; **Geöffnet:** Mitte März–Okt.; **Kontakt:** Am Harlesiel, 26409 Harlesiel

Information

› **Tourist-Information Carolinensiel,** Nordseestr. 1, 26409 Carolinensiel, Tel. 04464 94930, www.carolinensiel.de, geöffnet: Mo.–Fr. 9–16, Sa., So. 10–13 Uhr

Gastronomie

› **Küsten-Räucherei Albrecht,** Friedrichsschleuse 17, Tel. 04464 384, www.fisch-albrecht.de, geöffnet: März–Dez. tägl. 9–20 Uhr. Nach Brand Wiedereröffnung Mitte 2021 geplant. Bis dahin eingeschränktes Angebot.

Einkaufen

› **Hofladen Bauer Jan-Wilhelm,** Werdumer Altengroden 7, 26427 Altharlingersiel, GPS 53.67797, 7.75560, www.bauer-jan-wilhelm.de, geöffnet: Mo.–Sa. 9–13 und Mo.–Fr. 15–18 Uhr. Eier, Kartoffeln, Erdbeeren, hausgemachte Wurst, Honig, Marmelade, Käse.

126 Cliner Quelle, Harlesiel

GPS 53.69645, 7.80515

Plätze auf dem Parkplatz des Bades, tagsüber unruhig durch Pkws. WC, Dusche im Bad. **Lage/Anfahrt:** ausgeschildert; **Platzanzahl:** 5; **Untergrund:** Pflaster; **Service:** Strom; **Preise:** 10 €/Fahrz., Strom 3,50 €, Kurtaxe 2,50 €; **Geöffnet:** ganzjährig; **Kontakt:** Am Kurzentrum, 26409 Harlesiel

118wn-gg

Eine Silbermöwe bei der Pause

NEUHARLINGERSIEL

(8 km – km 65,5)

Jährlich kommen bis zu 110.000 Gäste in das beliebte Seebad. Das Herzstück ist der malerische **Hafen,** in dem auch heute noch die Krabbenkutter liegen und die Netze zum Trocknen hängen. Dazwischen flanieren die Touristen, nachdem sie den Tag am feinen Sandstrand verbracht haben. Eine fotogene Kulisse. Besonders die beiden Fischer aus Metall, die hier so gemütlich am Hafenrand sitzen, werden täglich unzählige Male vor die Linse genommen.

Wie kommen die detailgetreuen Schiffe wie z. B. die Titanic nur in die Flasche? Gern gibt das fachkundige Personal des **Buddelschiffmuseums** darauf Antwort. Das Museum zeigt über 100 verschiedene Wunderwerke in von 0,7 bis 60 l fassenden Flaschen.

Wer vom Hafen aus über das Siel und dann weiter geradeaus geht, erreicht den einstigen **Herrensitz Sielhof** aus dem 18. Jh. Er ist umgeben von einem schattigen Park mit einem abwechslungsreichen Abenteuerspielplatz. Ob man ausruhen oder lieber auf den Spielgeräten toben will, jeder findet hier sein Plätzchen. Entspannung im Meerwasserbad und Sauna oder Leistungssteigerung beim Fitnesstraining im Badewerk – man hat die Wahl.

Information

› **Tourist-Information Neuharlingersiel,** Edo-Edzards-Str. 1, 26427 Neuharlingersiel, Tel. 04974 18812, www.neuharlingersiel.de, geöffnet: 15. März–Oktober Mo.–Fr. 8–18 Uhr, Sa./So. 10–15 Uhr, November–14. März Mo.–Fr. 9–17 Uhr

Sehenswertes

› **Buddelschiff Museum,** Am Hafen West 7, Tel. 04974 224, www.buddelschiffmuseum.de, geöffnet: eine Woche vor Ostern–Okt. tägl. 10–13 und 13.30–17 Uhr, Eintritt: 2/1 €. 100 originalgetreue Modelle.

Erlebenswertes für die ganze Familie

› **Badewerk,** Edo-Edzards-Str. 1, 26427 Neuharlingersiel, Tel. 04974 18860, www.badewerk.de, geöffnet: Mo., Mi., Fr. 10–21 Uhr, Di., Do. 10–20, Sa., So. 10–18 Uhr, Sauna Mo., Di., Do., Fr. 10–21, Mi., Sa. bis 22, So. bis 20 Uhr, Eintritt: 10/6 €, inkl. Sauna 24 €. Meerwasserhallenbad, Sauna, Fitness.

Parken

P 48 **Tagesparkplatz Neuharlingersiel,** GPS 53.70149, 7.70374, gebührenpflichtig. Nur für Womos bis 6 m Länge, in der Hauptsaison oft überfüllt.

497wn-gg

127 Am Gulfhof, Wittmund

GPS 53.64213, 7.78381

Plätze bei einem historischen Hof in schöner, ruhiger Lage. Wer etwas Abstand vom Rummel an der Küste braucht oder einen Hund hat, ist hier richtig. Fahrzeuge bis 10 m. **Lage/Anfahrt:** von der B461 Richtung Wittmund hinter Altfunnixersiel rechts Richtung Westerdeich abbiegen, ausgeschildert; **Platzanzahl:** 8; **Untergrund:** Wiese; **Service:** Strom, Trinkwasser, Abwasser, Chemie-WC; **Preise:** 9 €/Fahrz. inkl. Strom und Wasser; **Geöffnet:** April–Okt.; **Kontakt:** Funnixer Riege 11, 26409 Wittmund, Tel. 0176 73463586

498wn-gg

128 Ostanleger, Neuharlingersiel

GPS 53.70196, 7.70783

Separate Plätze am Rande eines riesigen Parkplatzes, vordere Reihe mit Meerblick, zentrumsnah, WC. **Lage/Anfahrt:** Richtung Tagesparkplätze Spiekeroog, ausgeschildert; **Platzanzahl:** 23; **Untergrund:** Schotter; **Service:** Strom, Trinkwasser (winterfest), Abwasser, Chemie-WC; **Preise:** 15 €/Fahrz., Kurtaxe 1,15–3 €, Strom 0,60 €/kWh, Ver- und Entsorgung je 1 €; **Geöffnet:** frei zugänglich; **Kontakt:** Am Hafen Ost, 26427 Neuharlingersiel

129 Ganzjahres-Campingplatz Neuharlingersiel

GPS 53.69559, 7.69023

Platz mit modernen Sanitärgebäuden in sehr schöner, ruhiger Lage mit Strandzugang, zentrumsnah. Für Hundebesitzer nur 5 Plätze gleich hinter der Schranke, sonst Hundeverbot. **Lage/Anfahrt:** in Neuharlingersiel ausgeschildert; **Platzanzahl:** 20 Wohnmobilplätze, insgesamt 1200 Parzellen; **Untergrund:** Schotterrasen, Wiese; **Service:** Strom, Trinkwasser (winterfest), Abwasser, Chemie-WC, WLAN; **Sicherheit:** umzäunt, beleuchtet, bewacht; **Preise:** 12,90–26 €/Fahrz., 5,50–6,70 €/Pers., Kurtaxe 1–3 €, Strom 3 €; Stellplatz 18,50–21 € inkl. 2 Pers.; **Geöffnet:** ganzjährig; **Kontakt:** Alt Addenhausen 4, 26427 Neuharlingersiel, Tel. 04974 188900, www.neuharlingersiel.de

499wn-nf

Nun geht es wieder mal ins Landesinnere und zwar nach Esens.

ESENS

(9 km – km 74,5)

Die Kleinstadt ist der ideale Ort, wenn es an der Küste in der Hochsaison zu voll wird. Hier findet man einen zentral gelegenen Stellplatz 130 und wer Lust hat, macht eine entspannende Wanderung in den **Schafhauser Wald.** Im schattigen Forst oder entlang des Benser Tiefs wandert man genüsslich durch das Naturschutzgebiet. Eine freundliche Atmosphäre strahlt der **Marktplatz** aus mit Tidebrunnen, der die Gezeiten der Nordsee anzeigt, dem repräsentativen **Rathaus** und den liebevoll gepflegten Häusern. Die dreischiffige **St.-Magnus-Kirche** ist der größte Sakralbau in Ostfriesland. Hier wurde in einem spätgotischen Steinsarkophag 1402 der Häuptling Siebet Attena bestattet. Er war das erste Ober-

528wn-gg

Die gemütliche Kleinstadt Esens

Wanderung zum Schafhauser Wald

Dauer: *2:30 Std.*

Charakter: *Sehr schöne, ruhige Wanderung ins Naturschutzgebiet Benser Tief.*

Vom Stellplatz (130) *führt zwischen Bauhof und Schützenhaus ein Fußweg südlich zur Kreuzung Am Bahnhof und Auricher Straße. Beim großen Lidl-Hinweisschild überquert man die Kreuzung und wandert nun an der vielbefahrenen Auricher Straße stadtauswärts. Über die nächste Kreuzung (Dornumer Straße) läuft man geradeaus hinweg und dann gleich die nächste Straße nach rechts (Schafhauser Weg). Auf diesem geht es in den* ***Schafhauser Wald*** *hinein. Am mitten im Wald liegenden* ***Internatsgymnasium*** *geradeaus vorbei spaziert man bis Wanderzeichen (rotes und blaues Dreieck) nach links weisen. Diesen Zeichen folgend und sofort wieder nach rechts auf den schmalen Weg wechselnd, gelangt man auf einen Trimm-Dich-Pfad. An einigen etwas heruntergekommenen Turngeräten vorbei hält man sich immer geradeaus (markiert teilweise mit einer vier auf einem Dreieck), bis man auf ein asphaltiertes Sträßchen stößt. Rechts gehend und bei der nächsten Kreuzung nach links (Flachsweg) kommt man bei einem Bauernhof aus dem Wald heraus.*

Auf dem Flachsweg durchstreift man Wiesen und Äcker, überquert einen kleinen Wasserlauf und gelangt schließlich ans ***Benser Tief,*** *einen breiten Wasserlauf. Vor der Brücke nach rechts auf dem schmalen Wiesenpfad, immer mit schönem Blick auf das Benser Tief, wandert man an einer weiteren Brücke vorbei.*

Der Wiesenweg führt weiter geradeaus ins ***Naturschutzgebiet Benser Tief.*** *Links das Tief und rechts Moorgebiete mit im Wasser stehenden Bäumen folgt man der Biegung des Wasserlaufes bis zur Brücke.*

Nun rechts in den Wald und bald kommt man auf das vom Hinweg bekannte Waldsträßchen. Am Gymnasium vorbei geht es dann zurück bis zum Wohnmobilstellplatz.

120wn-gg

haupt des Harlingerlandes. Auf der Deckplatte liegt die Figur eines geharnischten Mannes, das Bärenwappenschild der Attenafamilie zu seinen Füßen. 113 Stufen steigt man hinauf im Turm von St. Magnus und bekommt als Belohnung eine herrliche Sicht bis zum Meer.

Überall fallen die unterschiedlich bemalten Bären im Stadtbild auf. Sie erinnern an einen Tanzbär, der im 16. Jh. die Stadt Esens bei einer Belagerung gerettet haben soll.

Sehenswertes

› **Kirche St.-Magnus,** Kirchplatz, www.turmmuseum-esens.de, geöffnet: Kirche Di.–Fr. 9–16 Uhr, Fr. 10–15 Uhr, Turm mit Museum April–Okt.. Di./Do.15–17 Uhr, So. 11–12 Uhr, Eintritt: frei

Information

› **Tourist-Information Esens,** Goldenort 2, 26427 Esens, Tel. 04971 9170, www.esens.de, geöffnet: Mo.–Fr. 9.30–12.30, 13.30–18, Sa. 9.30–13 Uhr

130 Schützenplatz, Esens

GPS 53.63944, 7.60979

Teil eines großen Platzes mit Wiese beim Bauhof und Schützenhaus, ruhige Lage, bei Großveranstaltungen gesperrt. **Lage/Anfahrt:** in Esens ausgeschildert; **Platzanzahl:** 10; **Untergrund:** Asphalt; **Service:** Strom, Trinkwasser, Abwasser, Chemie-WC; **Preise:** 4,40 €/Fahrz. inkl. VE, Strom 1 €/kWh, Kurtaxe 1–2,80 €/Pers.; **Geöffnet:** frei zugänglich; **Kontakt:** Auricher Straße 47, 26409 Wittmund

131 Dorfplatz, Blomberg

GPS 53.57705, 7.55731

Sehr schön angelegter Platz am Ortsrand, relativ ruhig (Straße angrenzend), oft von Dauercampern belegt. **Lage/Anfahrt:** in Esens Richtung Aurich, nach ca. 5 km rechts nach Blomberg; **Platzanzahl:** 10; **Untergrund:** Schotterrasen; **Service:** Strom, Trinkwasser, Abwasser, Chemie-WC; **Sicherheit:** beleuchtet; **Preise:** kostenlos, Strom 0,50 €/kWh, Ver- und Entsorgung je 1 €; **Geöffnet:** frei zugänglich. **Kontakt:** Ulmenring, 26487 Blomberg. Zu denselben Bedingungen 5 Plätze auf dem Schützenplatz in Westerholt, hier VE winterfest (GPS 53.58921, 7.45323).

Gastronomie

› **Plietsch,** Bahnhofstr. 18, Tel. 04971 9248282, https://plietsch-esens.de, geöffnet: 7.30–1 Uhr. Zutaten überwiegend aus regionaler Produktion, auch vegan. Ganz in der Nähe des Stellplatzes.

Einkaufen

› **Wochenmarkt,** Kirchplatz, Mi./Sa. 7–12 Uhr

Parken

P 49 **Herdetor,** GPS 53.64659, 7.60785, Womos 8–22 Uhr

Von Esens geht es jetzt wieder ans Meer nach **Bensersiel.** Der weite Sandstrand, die Nordseetherme mit Sauna, der Familiencampingplatz und die Möglichkeit, einen Tagesausflug nach Langeoog zu machen, sprechen für dieses Ziel.

Erlebenswertes für die ganze Familie

› **Nordseetherme Bensersiel,** Am Strand 8, Tel. 04971 917220, geöffnet: Mo.–Mi., Fr. 10–21, Do. 11–21, Sa., So. 10–20 Uhr, Eintritt: 14/7/29,50 €

502wn-eb

⑬② Strand- und Familiencamping, Bensersiel

GPS 53.67511, 7.56587

Camping in sehr schöner, ruhiger Lage direkt am Meer. Sehr gute Sanitärausstattung, Kinder- und Mietbadezimmer, Freibad, Abenteuerspielplatz, Indoor-Spielpark, freundliche Betreiber, Hundeverbot. **Lage/ Anfahrt:** ausgeschildert; **Platzanzahl:** 32 für Womos; **Untergrund:** Wiese; **Ver-/Entsorgung:** Strom, Trinkwasser, Abwasser, Chemie-WC; **Preise:** 9.30–12 €/ Fahrz., direkt am Strand zuzüglich 3 €, 4.10–5.30 €/ Pers., Strom 3,10 €; **Geöffnet:** Ende März–Mitte Okt.; **Kontakt:** Am Strand 8, 26427 Bensersiel, www.bensersiel.de/camping

Parken

P 50 Strandparkplatz Bensersiel, GPS 53.67452, 7.56879, gebührenpflichtig

Der nächste Nordseebadeort ist **Westeraccumersiel,** ein Teil von Dornumersiel. In dem freundlichen, kleinen Dorf wurde ein Stellplatz ⑬③ für Reisemobile angelegt. Ein guter Grund, hier zu übernachten. Ganz in der Nähe gibt es Restaurants und ein Eiscafé an einem netten Platz mit Strandkörben. Hier kann der Tag gemütlich ausklingen.

119wn-gg

Dornumersiel schließt sich direkt an Westeraccumersiel an. Auch hier fällt die sympathische Bebauung mit niedrigen Häusern auf. Dornumersiel hatte im vergangenen Jahrhundert einen **Hafen,** von dem Schiffe nach ganz Europa, Nordafrika und Südamerika ausliefen. Heute legen hier nur noch kleine Fischkutter an. Bei schönen Spaziergängen rund um den Speichersee **Mahlbusen** oder am Strand entlang kann man herrlich entspannen und die gute Nordseeluft genießen.

Information

› **Tourismus Dornumersiel,** Hafenstr. 3, 26553 Dornumersiel, Tel. 04933 91110, www.dornum.de, geöffnet: Mo.–Fr. 9–13, 14–17, Sa./So. 10–14, Juli/Aug. Mo.–Fr. 9–17, Sa./So. 9–13, 14–17, Nov.–Mitte März Mo.–Fr. 10–13 Uhr

Einkaufen

› **Fischfeinkost Rinjes,** Im Hafen, www.fisch-rinjes.de, geöffnet: Mo.–Sa. 10.30–19 Uhr, Fischverkauf und Fischimbiss (ab 11 Uhr)

Parken

P 51 Parkplatz Osthafen, GPS 53.67999, 7.48641. Wohnmobile dürfen von 8 bis 22 Uhr parken, gebührenpflichtig.

133 Schöpfwerkstraße, Westeraccumersiel

GPS 53.67236, 7.48101
Im hinteren Teil eines Parkplatzes auch für Pkws in schöner und relativ ruhiger Lage, Picknicktische, Restaurant 150 m, Strand 500 m. Freier Eintritt ins Meerwasserfreibad Dornumersiel und zum Strand. Bezahlung nur mit Karte. **Lage/Anfahrt:** am Ortsanfang von Westeraccumersiel nach rechts, ausgeschildert; **Platzanzahl:** 10; **Untergrund:** Pflaster; **Service:** Strom; **Sicherheit:** beleuchtet; **Preise:** 12 €/Fahrz. inkl. Kurtaxe, Strom 1 €/8 Std.; **Geöffnet:** frei zugänglich; **Kontakt:** 26553 Dornum, Schöpfwerkstraße

503wn-gg

134 Nordseeblick, Dornumersiel

GPS 53.67887, 7.47831
Plätze beim Freibad in schöner, ruhiger Lage mit Dusche, WC. Nur Kartenzahlung. **Lage/Anfahrt:** Richtung Campingplatz, nach Touristinfo links über den Deich, ausgeschildert; **Platzanzahl:** 38; **Untergrund:** Rasengitter; **Service:** Strom, Trinkwasser, Abwasser, Chemie-WC, WLAN; **Preise:** 19 €/Fahrz., Strom 1 €/kWh, Wasser 2 €, Dusche 0,25 €/Min.; **Geöffnet:** Mitte März–Oktober; **Kontakt:** Zum Schwimmbad, 26553 Dornumersiel

504wn-gg

P 52 Parkplatz Westhafen Strand, GPS 53.68060, 7.48523. Wohnmobile dürfen von 8 bis 22 Uhr parken, gebührenpflichtig.

135 Campingplatz am Nordseestrand, Dornumersiel

GPS 53.67786, 7.48182
Campingplatz in sehr schöner, ruhiger Lage direkt am Strand. Gute Sanitärausstattung, Kinderbad, Brötchenservice, Restaurant, beheiztes Freibad, Kitespot. Separate Hundeplätze. **Lage/Anfahrt:** ausgeschildert; **Platzanzahl:** 200; **Untergrund:** Schotter; **Ver-/Entsorgung:** Strom, Trinkwasser, Abwasser, Chemie-WC, WLAN; **Preise:** 19–23,75 € inkl. 2 Pers., Strom 0,70 €/kWh, Hund 5 €, Kurtaxe 2,60 €; **Geöffnet:** Apr.–Sept.; **Kontakt:** Hafenstr. 7, 26553 Dornumersiel, www.campingplatz-am-nordseestrand.de

Zur Weiterfahrt verlässt man mal wieder die Küste und fährt ins verträumte Dornum.

Ein gemütliches Plätzchen in Westeraccumersiel

DORNUM

(18 km – km 92,5)

Dornum wirkt im Zentrum, als wenn es erst aus einem Dornröschenschlaf geweckt werden müsste – vielleicht ein Grund, warum das Fernsehen hier schon Serien gedreht hat. Märchhaft leicht fällt den Schülern und Schülerinnen sicher das Lernen im prächtigen **Wasserschloss.** Zunächst als Norderburg im 14. Jahrhundert von Olde Hero von Dornum errichtet, wurde sie zwischen 1698 und 1707 zu einem Barockschloss umgebaut. Da der Schulbetrieb nicht gestört werden soll, kann man das Schloss erst ab 13.15 Uhr und auch nur von außen besichtigen.

Nach dem Dreißigjährigen Krieg hatten sich in der Herrlichkeit (Herrschaftsgebiet) Dornum die ersten Juden niedergelassen. Unter der liberalen Führung des Fürsten Haro Joachim von Closter konnten Kaufleute und Handwerker jüdischen Glaubens hier arbeiten und leben. Die erste **Synagoge** wurde 1730 in Dornum erwähnt. Das Gebäude, das heute als einzige noch erhaltene Synagoge Ostfrieslands in Dornum steht, ist von 1841. Ganz in der Nähe am Ende der Marktstraße findet man den kleinen jüdischen Friedhof.

Mit der Beningaburg hat Dornum noch eine richtige **Häuptlingsburg** zu bieten. In der zweiten Hälfte des 14. Jahrhunderts wurde sie von Hero Attena errichtet. Erst Anfang des 16. Jahrhunderts kam sie durch Heirat an das Geschlecht der Beninga. Die Wohnkultur wie zu Großmutters Zeiten mit offener Feuerstelle, Wohnraum und Schuhmacherwerkstatt wird in **Oma Freeses-Huus** wieder lebendig.

Noch einen Schatz gilt es in Dornum zu entdecken! In der **St.-Bartholomäus-Kirche** steht eine weltbekannte Orgel von Gerhard von Holy. Obwohl sie 300 Jahre alt ist, ist ihr Klang betörend. Weitere Schmuckstücke sind die prächtige Kanzel (1660) und der Altar (1683), beides Werke der Bildhauerfamilie Kröpelin aus Esens. Aus wertvollem belgischem Blaustein ist das Grabmal des Häuptlings Gerhard II., der hier 1594 verstarb. Die Krypta mit acht Särgen der Herrschaftsfamilie steht Besuchern ebenfalls offen.

Boßeln

Boßeln, was ist das denn? So fragen die Urlauber, wenn sie am Straßenrand ein Warnschild entdecken oder wenn plötzlich eine Menschenansammlung auf der Straße steht. Dabei bedeutet Boßel ganz einfach nur Kugel, doch dahinter verbirgt sich ein im Norden teilweise auch „Klootscheeten" genannter, weit verbreiteter Mannschaftssport. Er soll in kriegerischen Zeiten zur Ertüchtigung der Soldaten gedient haben. Von 5 bis 15 Spielern wird Boßeln auf kleineren Landstraßen oder auf Wiesen ausgetragen. Ziel ist es, eine Gummi- oder Holzkugel von 8–12 cm Durchmesser im vollen Lauf möglichst mit einer eleganten Drehung weit die Straße entlang zu schleudern (scheeten). Gewinner ist die Mannschaft, die mit zehn Würfen die weiteste Strecke zurückgelegt hat. Am Ende steht die Einkehr in ein Gasthaus zum Grünkohlessen. Hier wird dann der Sieg oder die Niederlage kräftig mit Schnaps begossen.

122wn-gg

Sehenswertes

› **Jüdische Synagoge,** Kirchstraße, 26553 Dornum, geöffnet: Fr./Sa./So. 15–18 Uhr, Eintritt: frei. Diese Synagoge entging der Zerstörung während der Pogromnacht vom November 1938.

› **St. Bartholomäus-Kirche,** Kirchstraße, Tel. 04933 91110, www.nachtorgel.de, geöffnet: Ostern–Okt. Mo.–Fr. 11–12 und 14–17, So. 11–12 Uhr, Konzerte: Juli/Aug. jeden Fr. um 21 Uhr, Onlinetickets

› **Oma Freeses-Huus,** Beningalohne, geöffnet: Pfingsten–Sept. Di./Do./So. 15–17 Uhr, Eintritt: frei

Parken

P **53 Schützenplatz,** GPS 53.64817, 7.42431, kostenlos, Wohnmobile nur 8–22 Uhr

Über die L7 und die Störtebekerstraße erreicht man **Neßmersiel,** ein kleiner Küstenbadeort mit großem Sandstrand, separatem Hundestrand und Spielplätzen. Spielplätze nicht nur für Kinder, sondern auch für Hunde. Für Vierbeiner und Herrchen wurde ein Fun-Agility-Park am Strand aufgebaut. Vom Hafen startet die Fähre nach Baltrum, eine der Ostfriesischen Inseln.

Parken

P **54 Strandparkplatz Neßmersiel,** GPS 53.68393, 7.35915

Erlebenswertes für die ganze Familie

› **Wattführung Familie Eilers,** www.wattwanderung-eilers.de, Anmeldung unter Tel. 04933 2681 oder 0175 9343242 erforderlich. Von Neßmersiel Wanderung nach Baltrum.

Wieder auf der L5 geht es immer an der Küste entlang zum nächsten Ziel.

NORDDEICH

(23,5 km – km 116)

Schon auf der Anfahrt nach Norddeich kommt man zur ersten Sehenswürdigkeit, zum **Waloseum.** In dem Gebäude, in welchem bis 1998 die Sendestation des legendären Norddeich-Radios residierte, wird heute alles über Wale erzählt. Wie tief taucht ein Pottwal? Wie kommt ein Wal ins Wattenmeer? Im Mittelpunkt der Ausstellung steht das präparierte Skelett eines 15 Meter langen Pottwal-Bullen, der 2003 vor Norderney gestrandet ist.

Verwaiste Seehunde und Kegelrobben werden in der **Seehundstation** großgezogen und auf die Auswilderung vorbereitet. Durch Schaufenster kann man sie beobachten, wenn sie in den Becken ihre Runden drehen oder mit großen Kulleraugen erstaunt in die Welt blicken. Eine Ausstellung informiert interaktiv über das Leben der Robben.

Eine große Attraktion in Norddeich ist das Erlebnisbad **OceanWave.** Vom 15 m hohen roten Leuchtturm führt eine 101 m lange Rutsche hinein ins kühle Nass. Großes Wellenbecken mit Nordseewasser, Erlebnisbecken mit Grotte, Wasserfall, Strömungskanal, Flachbecken mit 32 °C Wassertemperatur, Saunalandschaft. Direkt daneben wurde ein Stellplatz eingerichtet, sodass einem gemütlichen Bade- und Saunatag nichts mehr im Wege steht. Bei so vielen Angeboten soll allerdings auch der schöne Strand mit Freibad und separatem Hundestrand nicht unerwähnt bleiben. Wer die Ostfriesische Insel **Norderney** besuchen will, kann am Norddeicher Hafen auf die Fähre umsteigen.

123wn-gg

Das Waloseum in Norddeich

Information

› **Touristinformation,** Dörperweg 22, 26506 Norddeich, Tel. 04931 986200, www.norddeich.de, geöffnet: Mo.-Fr. 9-17 Uhr, Sa. 10-15.30 Uhr

Erlebenswertes für die ganze Familie

› **Seehundstation,** Dörper Weg 24, 26506 Norddeich, Tel. 04931 8919, www.seehundstation-norddeich.de, geöffnet: tägl. 9-17 Uhr, Fütterung 11 und 15 Uhr, Eintritt: 10/6/29 €. Kombikarte mit Waloseum: 17/10/49 €

› **Waloseum,** Osterlooger Weg 3, Tel. 04931 8919, www.seehundstation-norddeich.de, geöffnet: Ostern-Okt. tägl. 9-17 Uhr, Eintritt: siehe Seehundstation.

› **OceanWave,** Dörper Weg 23, Tel. 04931 986300, www.ocean-wave.de, geöffnet: Bad/Sauna Mo.-Fr. 10-21/22 Uhr, Sa./So. 10-20/21 Uhr, Eintritt: 2 Std. 7,50/5,50 €, Sauna 3 Std. 13 €/Kinder bis 1 m 1,10 €. Riesenrutsche, Wasserfall, Strömungskanal, Warmbecken, Dampfbecken, großer Saunabereich.

505wn-gg

136 Ocean Wave, Norddeich

GPS 53.60995, 7.15689

Stellplätze auf separatem Teil des Parkplatzes Ocean Wave, WC gegen Gebühr, sehr gut besucht, zu wenig Stromanschlüsse, enge Stellplätze. **Lage/Anfahrt:** in Norddeich den Hinweisschildern Ocean Wave folgen; **Platzanzahl:** 50; **Untergrund:** Pflaster; **Service:** Strom, Trinkwasser, Abwasser, Chemie-WC; **Sicherheit:** beleuchtet; **Preise:** 11 €/Fahrz. inkl. 2 Pers. und Ver- und Entsorgung, Strom 1 €/2 kWh, Kurtaxe 1,20-2,50 €/Pers., Dusche 1 €; **Geöffnet:** ganzjährig; **Kontakt:** Dörper Weg 23, 26506 Norddeich, www.ocean-wave.de

506wn-gg

137 Womopark, Norddeich

GPS 53.60182, 7.13493

Platz in schöner, ruhiger Lage hinterm Deich, WC, Dusche, Brötchenservice, Gasservice, Waschmaschine und Trockner. **Lage/Anfahrt:** durch Norddeich hindurch Richtung Norden am Ortsende links, ausgeschildert; **Platzanzahl:** 40; **Untergrund:** Schotter; **Service:** Strom, Trinkwasser, Abwasser, Chemie-WC, WLAN; **Sicherheit:** umzäunt, beleuchtet; **Preise:** 13 €/Fahrz., inkl. 2 Pers., Kurtaxe 2,50 €/Pers., Strom 1 €/2 kWh, Wasser 1 €/100 l, Dusche 1 €, Hund 1 €; **Geöffnet:** Mitte Februar-Oktober; **Kontakt:** Deichstr. 24, 26506 Norddeich, Tel. 04931 9186478, www.womopark-norddeich.de

Die Ostfriesischen Inseln

Die sieben Ostfriesischen Inseln sind für Wohnmobilfahrer nur im Rahmen eines Tagesausfluges interessant, da die meisten Inseln autofrei sind. Jeder Besucher favorisiert eine andere der sehr unterschiedlichen Inseln als sein persönliches Lieblingseiland.

***Baltrum** hat nur 500 Einwohner, aber mit 18.000 Vögeln die größte Lachmöwenkolonie Deutschlands. Wenn man nach 30-minütiger Fährfahrt ab Hafen Neßmersiel ankommt, kann man entweder einen Spaziergang vom Naturparkhaus aus machen oder das alte Zollhaus, in dem die Geschichte der Insel erzählt wird, besuchen.*

*2:30 Std. dauert die Fahrt mit der Fähre von Emden nach **Borkum,** dem nordwestlichsten Punkt Deutschlands. Mit der Inselbahn lässt sich bequem die Insel erkunden. Sehenswert sind der alte Leuchtturm mit Teestube, das Naturschutzgebiet Greune Stee und der Zaun aus teilweise bis zu 2 m hohen Walknochen am Haus Wilhelm-Bakker-Str. 3.*

*Auf die autofreie Insel **Juist** (Fähre ab Norddeich, Dauer 1:30 Std.) nimmt man am besten Fahrräder mit. Die Sandbank Kalfamer, ein Seevögelbrutgebiet, kann man während einer Führung besuchen, ebenso im Nationalparkhaus ein 9 m langes Skelett eines Zwergwals. Süße Stärkung nach der Besichtigung findet man in der Strandstr. 10 bei Günter Thomas.*

*Nach **Langeoog** fährt die Fähre in 45 Min. ab Bensersiel. Wer mag, radelt zum Osterhook und beobachtet dort Seehunde oder besucht auf dem Dünenfriedhof das Grab der Sängerin und Schauspielerin Lale Andersen. Nur mit Produkten regionaler Biobauern wird im Seekrug an der Höhenpromenade 1 vorzüglich gekocht.*

***Norderney,** zu erreichen von Norddeich in 1 Std., gibt sich etwas mondäner als die übrigen Inseln. 1840 wurde im klassizistischen Stil das Kurhaus erbaut, heute ist das Gebäude Sitz der Touristeninformation, von Läden, einem Café und der Spielbank. Lohnenswert ist der Besuch des Bademuseums, des Wasserturms und der Milchbar (Damenpfad 33) mit schöner 270°-Panoramaaussicht aufs Meer.*

*Das grüne **Spiekeroog** (Fähre von Neuharlingersiel in 45 Min.) gilt auch heute noch als Geheimtipp. Im Umweltzentrum Wittbülten erfährt man viel über Flora und Fauna und kann anschließend Spiekeroog auf markierten Wanderwegen erkundigen. Mit einem leckeren Eis in der Bunten Kuh am Noorderloog 2 kann ein Ausflug gemütlich ausklingen.*

***Wangerooge** erreicht man von Harlesiel in 45 Min. Besuchenswert sind der Alte Leuchtturm mit traumhafter Aussicht, der Westturm – das Wahrzeichen von Wangerooge – und die malerische Nikolaikirche am Dorfplatz. Ein Muss für Schleckermäuler ist das Café Pudding an der Strandpromenade.*

NORDEN

(5 km – km 121)

Die 25.000 Einwohner von Norden leben in der nordwestlichsten Stadt des deutschen Festlandes und auch in einer der ältesten Ostfrieslands. Ob der 5 ha große, baumbestandene **Marktplatz** von Norden nun der größte seiner Art in Deutschland oder gar Europa ist, darüber scheiden sich die Geister. Egal welche Superlative man ihm zugesteht, besuchenswert ist er allemal. Am turbulentesten geht es auf ihm zu, wenn am Montag- und Samstagvormittag Markt abgehalten wird. In der übrigen Zeit beherrscht die am Marktplatz stehende **Ludgerikirche** das Interesse der Touristen. Sowohl ihre Architektur als auch ihre innere Gestaltung sind außergewöhnlich. Das große, von einem Holztonnengewölbe überzogene Langhaus aus der Mitte des 13. Jh. geht hinter dem Altar in ein Querschiff aus dem frühen 14. Jh. über, dem sich ein Chor aus dem 15. Jh. anschließt. Der Wechsel der Baustile vermittelt das Gefühl, als ob hier zwei Kirchen

Literaturtipp

*Die „**Ostfriesen-Krimis**" von **Klaus-Peter Wolf** wie „Ostfriesenschwur", „Ostfriesentod", „Mord am Deich" etc. bieten spannungsreiche Handlung mit viel Lokalkolorit. Die Kommissarin Ann Kathrin Klaasen ermittelt in Norden und Ostfriesland.*

zusammengebaut wurden. In der Kirchenmitte schwebt die wunderschöne Orgel des großen Orgelbaumeisters **Arp Schnitger** aus dem Jahr 1687. Sie ist Ostfrieslands größte und bedeutendste Orgel.

Am Rande des Marktplatzes steht das **Alte Rathaus** mit seiner prächtigen Backsteinfassade. In ihm tagt seit über tausend Jahren die Theelacht, die älteste bäuerliche Genossenschaft in Europa. Bis zum heutigen Tag dürfen in den zweimal im Jahr stattfindenden Versammlungen nur männliche Mitglieder teilnehmen. Ebenfalls im Alten Rathaus befindet sich ein Teil des **Ostfriesischen Teemuseums.** Weitere Abteilungen sind in einem benachbarten ehemaligen Kaufmannshaus untergebracht. Hier erfährt man alles zum Thema Tee, angefangen von den verschiedenen Anbaugebieten, über seine Verarbeitung, seine Verpackung und Vermarktung. Darüber hinaus zeigt das Museum ausgewählte Themen zur Stadtgeschichte. Handwerkerstuben, Ladeneinrichtungen und Büros entführen in das Alltagsleben vergangener Tage. Auch die Geschichte der Firma Doornkaat und der ehemaligen Norder Eisenhütte werden dargestellt.

Vom Markt über die verkehrsberuhigte Osterstraße gelangt man zu dem etwas versteckten **Museum Norddeich-Radio.** Zwischen 1907 und 1998 war Nordeich-Radio, am Anfang mit Morsezeichen, später mit Sprechfunk, die Verbindung der Seeleute mit der Heimat. Ehemalige Mitarbeiter betreuen heute das interessante Museum. Der von der Osterstraße rechts abzweigende Neue Weg (Fußgängerzone) führt zum Norder Tief. Bereits beim Bummel entlang der vielen Geschäfte, Restaurants und Cafés sieht man am Ende der Fußgängerzone die Flügel zweier benachbarter Windmühlen. Es handelt sich hierbei um die im Privatbesitz befindliche **Deichmühle** und die **Gnurremühle.** Eine dritte, voll funktionsfähige Mühle von 1867 ist die **Westgastermühle.** Man passiert sie bereits bei der Anfahrt von Nordendeich nach Norden. Die Besonderheit des dreistöckigen Galerieholländers besteht darin, dass er fest mit dem Wohnhaus und der Diele verbunden ist.

Sehenswertes

- **Ostfriesisches Teemuseum,** Am Markt 36, www.teemuseum.de, Tel. 04931 12100, geöffnet: März Di.-So. 10-17, Apr.-Okt. tägl. 10-17, Nov.-Febr. Mi./Sa. 11-16, Teezeremonie Di./Mi./Sa. 14, Fr. 11 Uhr, Eintritt: 6/2/12 €. Brave Hunde dürfen mit.
- **Ludgeri-Kirche,** Am Markt, geöffnet: April-Okt. Mo. 10-14.30, Di.-Sa. 10-17, Nov.-März Mo./Sa. 10-12.30, Di.-Fr. 10-12.30 und 15-17 Uhr
- **Museum Norddeich-Radio,** Osterstr. 11 a, Tel. 04931 9733081, www.norddeich-radio.de, geöffnet: Mai-Okt. Di.-Fr. 16-18, Sa. 11-17 Uhr. Eintritt: 3 €

Gastronomie

- **ten Cate,** Osterstr. 153, Tel. 04931 2420, www.cafe-ten-cate.de, geöffnet: Mo.-Sa. 8-18 Uhr, So. 9-18 Uhr. Traditonscafé und Konditorei. Spezialität: Ostfriesischer Rosinenstuten und hausgemachte Marzipanseehunde. Hier geht auch Kommissarin Ann Kathrin Klaasen (s. Literaturtipp) gerne hin.

Einkaufen

- **Westgaster Mühle,** Alleestr. 65, Tel. 04931 14527, www.westgaster-muehle.de, geöffnet: Mi., Do. 11-17, Fr.-So. 14-17 Uhr. Mi.-Do. auch Mittagstisch. Do. Brot aus dem Steinbackofen, in der gemütlichen Teestube gibt es hausgemachten Kuchen. Mühlenführungen: Juni-Okt. Do. 15 Uhr.
- **Wochenmarkt,** Am Markt, Sa., Mo. 7-13 Uhr

Parken

P 55 **Parkplatz,** GPS 53.59077, 7.21141, Heringstraße/Ecke Dammstraße, gebührenpflichtig für Reisemobile bis 6 m Länge.

Norden, Zentrum

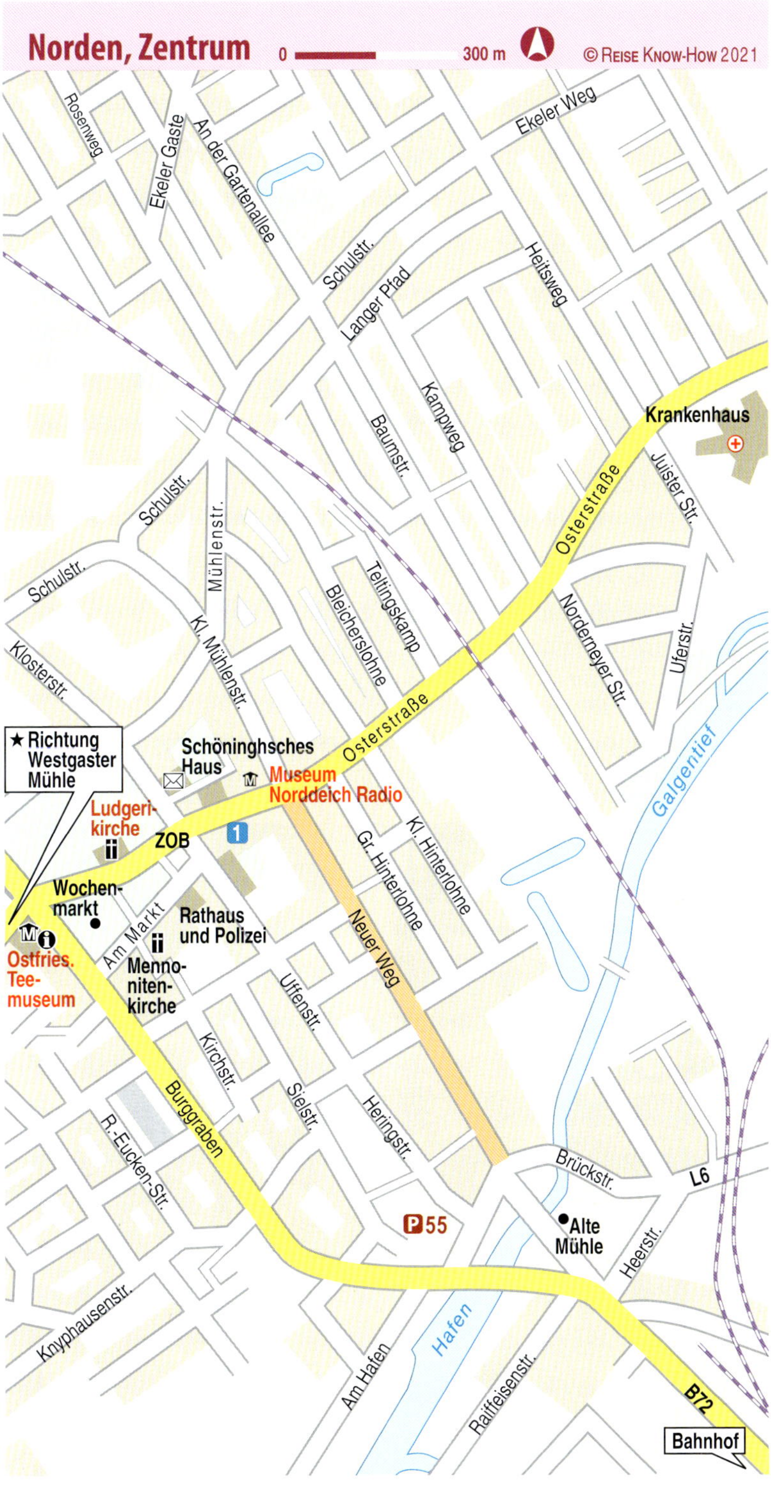

Essen und Trinken
1 Café ten Cate

Parken
55 Parkplatz Norden

Fußgängerzone

Tee

Der Teestrauch gehört zur Gattung der ***Kamelien.*** Seine Blätter sind immergrün, gezahnt und lederartig. Er bildet, um sich vor Insekten zu schützen, ***Koffein.*** Da die Insekten besonders die feinen jungen Blätter an den Spitzen mögen, enthalten diese mehr Koffein als der übrige Strauch. Bei der Ernte des Tees werden die Blattspitzen und die nächsten zwei Reihen geerntet. Diese werden getrocknet, früher ausgebreitet an der Luft, heute maschinell. Dann wird der Tee ***gerollt*** und anschließend ***fermentiert.*** Dieser Vorgang bricht die Zellwände des Blattes auf und der Zellsaft verbindet sich mit dem Sauerstoff der Luft. Der Gärungs- und Oxidationsprozess beginnt, verbunden mit der Entwicklung der ***ätherischen Öle.*** Diese bestimmen das Aroma und den Duft des Tees. Nach der ***Oxidation*** ist der Tee kupferrot. Für die Trocknung läuft der Tee auf einem Laufband durch den Trockenapparat, anfangs bei 80 °C, nach 20 Minuten bei 40 °C, der Tee hat nun eine Restfeuchtigkeit von 6 %. Danach wird der Tee nach Größe in die vier Grundbezeichnungen ***Blatt, Broken, Fannings*** und ***Dust*** sortiert. Broken sind Blätter, die zerkleinert sind, der Tee ist dadurch ergiebiger. Fannings ist die Sortierung, die für Teebeutel genommen wird. Dust, die kleinste Aussiebung, enthält besonders viel Gerbsäure.

Bei ***grünem Tee*** entfällt die Fermentation, die Blätter werden schnell mit Wasserdampf erhitzt und somit die pflanzeneigenen Enzyme zerstört. So behält der Tee die grüne Farbe und einen hohen Anteil an Gerbstoffen.

„Tee ist das Getränk der Weisen, der Schweigsamen und Ausgewogenen, der Empfindsamen und Geduldigen, der Trank der Menschen, die leise über sich selbst lächeln und mit lächelnder Ironie über die Unvollkommenheit des Lebens hinwegsehen können." Kakuzo Okakura (japanischer Kunstwissenschaftler)

⊡ *Eine echte ostfriesische Teezeremonie erlebt man in Büntings Teemuseum in Leer*

125wn-gg

ROUTE 9

MOOR, WINDMÜHLEN, LEUCHTTÜRME, KÜSTEN-DÖRFER IM STÖRTEBEKER- UND RHEIDERLAND SOWIE AUF DER KRUMMHÖRN

130wn-gg

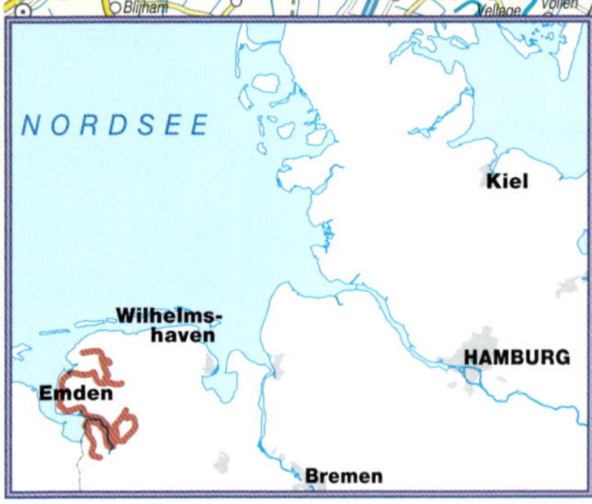

Strecke:

Norden (s. S. 219) – **Abstecher zum Ewigen Meer** (14 km, s. S. 227) – **Aurich** (32 km, s. S. 230) – **Greetsiel** (34 km, s. S. 237) – **Emden** (34 km, s. S. 243) – **Leer** (29 km, s. S. 248) – **Rundfahrt nach Hesel und zum Timmeler Meer** (45 km, s. S. 252) – **Ditzum** (23 km, s. S. 256) – **Weener** (25 km, s. S. 260)

Streckenlänge:

ohne Abstecher ca. 177 km,
mit Abstecher ca. 236 km

‹ *Vorseite: Mühlenromantik im Störtebekerland*

ROUTENÜBERSICHT

Im reizvollen Störtebekerland im nordwestlichen Ostfriesland mit weiten Feldern, Mooren und Kanälen liegt der Beginn dieser Route. Hier begibt man sich in liebevoll gestalteten Freilichtmuseen auf eine Zeitreise in die Vergangenheit der Region als Fehngebiet (Moorkolonie). Sehr viel lebhafter geht es in Aurich, der heimlichen Hauptstadt Ostfrieslands, und im kulturell hochkarätigen Emden zu. Eine ganz besonders anziehende Atmosphäre hat Leer. Ob beim Museen erkunden, durch die malerischen Fußgängerzonen bummeln, auf der Leda oder Ems schippern, Leer erfreut das Herz der Touristen. Greetsiel mit den Zwillingsmühlen, das Fischerdorf Ditzum und Weener mit seinem alten Hafen sind ganz bezaubernde Küstendörfer, in denen für Wohnmobilisten ideale Bedingungen herrschen. Das flache Rheiderland, wo man „mittwochs schon sieht, wer am Sonntag zu Besuch kommt", gilt als Geheimtipp für Ruhe suchende und naturverbundene Urlauber. Auf dem Fahrrad oder zu Fuß sollte man, geführt von den unten beschriebenen Touren, die Landschaft zwischen Norden und Weener und ihre freundliche Bewohner näher kennenlernen.

Rysum ist ein kleines, idyllisches Rundwarftendorf (s. S. 242)

131wn-gg

STÖRTEBEKERLAND

Route 9 beginnt mit einer Fahrt durchs Störtebekerland mit seiner abwechslungsreichen Wiesen-, Wälder-, Moor- und Geestlandschaft und den vielen Windmühlen.

Man verlässt Norden in Richtung Hage und biegt noch vor dem Ort nach rechts zum **Schloss Lütetsburg** ab. Das Wasserschloss ist seit 1508 fortlaufend im Besitz der Grafen von Inn- und Knyphausen und auch heute ihr Stammsitz. Aus diesem Grund ist das Schloss nicht zur Besichtigung freigegeben, dafür kann man sich im herrlichen Schlosspark stundenlang vergnügen. Der englische Landschaftspark mit Kanälen und Alleen gilt mit seiner Ästhetik als hochrangiges Gartenkunstwerk. 30 ha mit 150 Baum- und Straucharten wollen erwandert werden, besonders wenn von Mai bis Juni die Rhododendren und die Azaleen Teile des Parks in ein Blütenmeer verwandeln.

Sehenswertes

› **Schlosspark Lütetsburg,** Landstr. 39, 26524 Lütetsburg, GPS 53.60119, 7.26155, Tel. 04931 4254, www.schlosspark-luetetsburg.com, geöffnet: Mai–Sept. 8–21 Uhr, Okt.–April 10–17 Uhr, Eintritt: 2 €, Parkgebühr 1 €

507wn-gg

138 Wichterweg, Hage

GPS 53.60509, 7.32005

Schöner Platz in ruhiger Lage, Kurbad 200 m. Stellgebühr nur mit Münzen zu bezahlen, Spaziergang um den See im Kurgarten. **Lage/Anfahrt:** in Hage durch die 20-km/h-Zone Richtung Berum und dort ausgeschildert; **Platzanzahl:** 12; **Untergrund:** Rasengitter; **Service:** Strom, Trinkwasser (winterfest), Abwasser, Chemie-WC, WLAN; **Sicherheit:** beleuchtet; **Preise:** 9 €, zuzügl. Kurtaxe 1,80 €/Pers, Strom 1 €/2 kWh, Wasser 0,50 €/50 l; **Geöffnet:** ganzjährig; **Kontakt:** Wichterweg, 26524 Hage

Störtebekerland

Diese Region zwischen Großheide, Hage und Marienhafe war bis Mitte des 16. Jh. geprägt von bis zu 8000 Jahre alten, riesigen Moorgebieten. Erst 1765 begann die Besiedlung durch ein Urbarmachungsedikt von König Friedrich II. Sie erwies sich aber als sehr schwierig, da es an geeigneten ***Entwässerungsanlagen*** *fehlte. Die* ***Kolonisten*** *(erste Siedler) waren bitterarm und mussten sich mit Sodhütten (einfache Behausungen aus Torfstücken) oder Plaggenhütten (ausgestochene Stücke aus der obersten Torfschicht) als Behausung begnügen. Später erbaute Häuser bestanden aus einem Gerüst aus Stangenhölzern, die mit in Lehm getränkten Seilen umwunden waren. Unergiebige Ackerböden, hohe Pachtzinsen, drückende Raumnot und Seuchen machten so manche Hoffnung auf ein besseres Leben zunichte. Erst durch einen 13 km langen Kanal durch unwegsames Gelände kam die Entwässerung des Gebietes voran. Es entstanden* ***Fehengesellschaften*** *oder* ***Kompanien,*** *das sind Zusammenschlüsse der einzelnen Parzellenpächter. Einige der* ***Fehntjer,*** *wie die Torfbewohner auch genannt wurden, waren als Transportunternehmer tätig. Auf großen Kähnen, die von einem Mann mit einem über die Brust laufenden Seil gezogen und von einem weiteren Mann mit einer langen Stange vom Ufer her geschoben und in der Kanalmitte gehalten wurden, kam der Torf zum Hafen von Norden. Die Fahrt dauerte sechs Stunden.*

Über Hage geht es nach Großheide und weiter 2,5 km nach Berumerfehn. Kurz vor Berumerfehn liegt ein Abstecher zum Ewigen Meer nahe.

ABSTECHER ZUM EWIGEN MEER

(Hin und zurück 14 km)

Man folgt der Straße Richtung Aurich und wer jetzt das Reisemobil durchchecken lassen muss oder auch nur einen schönen Stellplatz mit Ver- und Entsorgung und einem schönen Sanitärgebäude sucht, sollte nach 1,3 km zum Auto- und Caravanhaus Dehne (139) in Großheide abbiegen.

Kurz hinter Ostermoordorf geht die Fahrt an der schön restaurierten **Südcoldine-Windmühle** (1901 erbaut, 1975 stillgelegt) vorbei. Am Ortsanfang von Eversmeer fährt man immer den Hinweisschildern zum Parkplatz am Ewigen Meer (GPS 53.55500, 7.42873) nach, hier startet der interessante Rundweg (s. S. 228).

Anschließend geht es auf demselben Weg von Eversmeer wieder zurück in den Ort Berumerfehn.

Die Einwohner von **Berumerfehn** haben in der ehemaligen Dorfschule das kleine **Wald- und Moormuseum** eingerichtet. Man merkt beim Besuch, dass es den Menschen wichtig ist, die Geschichte der Moorbesiedlung zu erzählen und sie der Nachwelt zu überliefern. Daneben wurde auch eine kleine naturkundliche Sammlung von präparierten Vögeln und Nagern des Naturraumes Hochmoor vorgestellt. Ein lohnenswerter Besuch, den man noch mit einer Bootsfahrt auf der Mittelwieke, dem ehemaligen Transportkanal für die Torfkähne, krönen kann. Entweder mit eigener Muskelkraft oder mit dem restaurierten **Torfkahn Selika** schippert man durch die herrliche Landschaft.

Die **Fehntjer Coffje Stuv** lädt mit einer großen Auswahl an Kuchen und Torten zu einem gemütlichen Ausklang ein.

Das Eingangsportal zur Lütetsburg

Wanderung zum Ewigen Meer bei Eversmeer

***Dauer:** 0:40 Std.*

*In Eversmeer reizt Deutschlands größter **Hochmoorsee,** das **Ewige Meer,** zu einer kleinen Rundwanderung. Vom Parkplatz geht es zuerst an Gehegen und Käfigen mit allerlei Hühnern, Schafen und Ziegen vorbei, bis man nach ca. 100 m zum Ausgangspunkt der Rundtour gelangt. Verlaufen kann man sich nicht, denn egal ob man sich für links- oder rechtsherum entscheidet, der 1,8 km lange **Holzbohlenweg** führt schnurstracks über die einzigartige Moorvegetation an das Ufer des Ewigen Meeres. Auf zahlreichen Schautafeln erfährt man viel Wissenswertes über das Hochmoor, seine Flora und Fauna. Einige Aussichtsplattformen und zahlreiche Ruhebänke verführen zum Verweilen und Genießen dieser wunderschönen Landschaft.*

Sehenswertes

› **Wald- und Moormuseum,** Kirchweg 1a, 26532 Großheide/Berumerfehn, Tel. 04936 8202, 6510, geöffnet: Mi./Sa./So. 10–18 Uhr, Mitte Juni–Mitte Sept. tägl. 10–18 Uhr, Eintritt frei.

Erlebenswertes für die ganze Familie

› **Bootsfahrt auf der Mittelwieke,** Abfahrt beim Kompaniehaus. Paddel- und Tretbootverleih oder von Juni–September immer samstags um 15 Uhr eine Fahrt mit dem ehemaligen Torfkahn Selika, Tel. 04936 1040.

Gastronomie

› **Fehntjer Coffje Stuv,** beim Bootsverleih, Tel. 04936 913614, geöffnet: Mi.–Fr. ab 14 Uhr, Sa./So. ab 12 Uhr. Gemütliche Stube, hausgemachte Kuchen.

Parken

S 56 **Parkplatz des Wald- und Moormuseums,** GPS 53.56031, 7.34722. Der Parkplatz wird als Stellplatz ausgewiesen. Hinweis: häufig Lärmbelästigung durch jugendliche Autorowdys.

132wn-gg

139 Auto- und Caravanhaus AC Dehne, Großheide

GPS 53.56296, 7.35995
Schöne Stellplätze hinter dem Autohaus, ruhige Lage, Sanitärgebäude mit guter Ausstattung. **Lage/Anfahrt:** ausgeschildert; **Platzanzahl:** 10; **Untergrund:** Wiese; **Service:** Strom, Trinkwasser, Abwasser, Chemie-WC; **Sicherheit:** umzäunt, beleuchtet; **Preise:** 6 €, für Kunden kostenlos, Strom 2 €, Sanitär 2 €/Pers.; **Geöffnet:** ganzjährig; **Kontakt:** Reeno Dehne, Dorfstr. 86–87, 26532 Großheide, Tel. 04936 7134, www.autohaus-dehne.de

508wn-gg

Von Berumerfehn sind es nur vier Kilometer Umweg zum schönen Badeplatz Kieselbucht mit offiziellen Womostellplätzen.

Parken

P 57 Kieselbucht, GPS 53.58764, 7.36565, Großheide, bei einem schönen Badesee mit Sandstrand, Übernachtung möglich, kostenlos

Weiter geht die Route durch schöne Landschaft nach Moorhusen. Hier muss man unbedingt das gut ausgeschilderte **Dörpmuseum Münkeboe** besuchen.

Auf dem Gelände bei einer alten Windmühle entstand ein typisches regionales Dorf mit allem, was früher dazugehörte. Eine Schmiedewerkstatt, eine Stellmacherei, ein Kolonistenhaus, ein Dorfkrug, ein Laden, eine Bäckerei, eine Gattersäge, eine Schule und ein Spritzenhaus wurden an verschiedenen Orten in der gesamten Region abgebaut und auf dem Museumsgelände in neu errichteten

133wn-gg

Im Dörpmuseum – gleich beginnt der Unterricht!

Am Ufer des Ewigen Meeres

Häusern wieder eingerichtet. Alles ganz liebevoll bis ins kleinste Detail: so liegt die Brille auf der aufgeschlagenen Bibel, das Werkzeug am Arbeitsplatz, die Tafel auf der Schülerbank. In der großen Remise stehen Landmaschinen, die die Entwicklung im bäuerlichen Maschinenpark verdeutlichen. Da Anfassen ausdrücklich erlaubt ist, kann man selbst spüren, wie viel Kraft man z. B. braucht, um den Schmiedehammer auf dem Amboss „singen" zu lassen. Besonders lebendig wird es am Handwerkertag, wenn die Fachleute kommen und sich von den Besuchern bei der Arbeit über die Schulter schauen lassen. Das Dörpmuseum muss man gesehen haben!

Sehenswertes

› **Dörpmuseum Münkeboe,** Mühlenstr. 3A, 26624 Südbrookmerland, Tel. 04942 646, www.dörpmuseum-münkeboe.de, geöffnet: Ostern–Okt. Di.–So. 10–17.30 Uhr, Eintritt: 3,50/1,50 €. Ein liebevoll gestaltetes Freilichtmuseum. Hunde dürfen mit.

Weiter geht es nach Moordorf und dort gleich am Ortsanfang nach links zum Moormuseum.

Das sehenswerte **Moormuseum** erstreckt sich auf einem drei Hektar großen Moorgelände zwischen Moordorf und Victorbur. Das 1984 eröffnete Museum nennt sich auch selbst „Das Museum der Armut". Die ersten Siedler, die sich nach dem preußischen Urbarmachungsedikt von 1767 in der damaligen Wildnis niederließen, lebten in einfachsten Verhältnissen. „Den ersten de dot, den tweden de not, den dreden dat brot" verdeutlicht, dass erst in der dritten Generation ein bescheidenes Auskommen erwirtschaftet wurde. Das Freilichtmuseum veranschaulicht in stilecht nachgebauten Lehmhütten, die hier noch in den 1920er-Jahren regulär gebaut wurden, das einfache Leben der Moorstecher. Ein 10-minütiger Film entführt die Zuschauer in das Leben im Moordorf um 1920. Schon etwas komfortabler waren die später errichteten Landarbeiterhäuser aus Backstein. Natürlich werden auch sämtliche Arbeitsvorgänge der Torfgewinnung und -verarbeitung ausführlich erklärt. Ein Bohlenweg führt den Besucher durch das Hochmoor. Auch das leibliche Wohl kommt nicht zu kurz. In der Teestube Kluntjehus wird zu einer ostfriesischen Teezeremonie frisch gebackener Kuchen serviert oder man deckt sich im Teeshop mit Teespezialitäten, Teegeschirr und Sanddornprodukten ein.

Sehenswertes

› **Moormuseum Moordorf,** Victorburer Moor 7a, 26624 Südbrookmerland, Tel. 04942 2734, www.moormuseum-moordorf.de, geöffnet: Frühlingsanfang–Okt. tägl. 10–18, Nov. Mo.–Fr. 9–13 Uhr, Eintritt: 4/2/9 €. Hunde müssen auf dem schattigen Hundeparkplatz bleiben.

Nun verlässt man auf der B72 kurz das Störtebekerland, um nach 6 km das schöne Aurich zu besuchen.

AURICH

(32 km - km 32)

Aurich ist im 12. Jh. durch eine Kirchenstiftung, die dem heiligen Lambert gewidmet war, entstanden und war von 1945 bis 1978 Hauptstadt des niedersächsischen Regierungsbezirks Aurich. In dem bis 2005 existierenden Regierungsbezirk Weser-Ems hatte Aurich nur noch den Status einer Außenstelle der Verwaltung. Aurich nennt sich selbst allerdings gerne die heimliche Hauptstadt Ostfrieslands.

Die Häuptlingsfamilie Cirksena errichtete hier um 1447 eine Burg. Diese und große Teile der Stadt wurden zu Beginn des 16. Jh. während der Sächsischen Fehde durch ein Feuer zerstört und mussten abgetragen

☐ *Das Gebäude der Ostfriesischen Landschaft*

134wn-gg

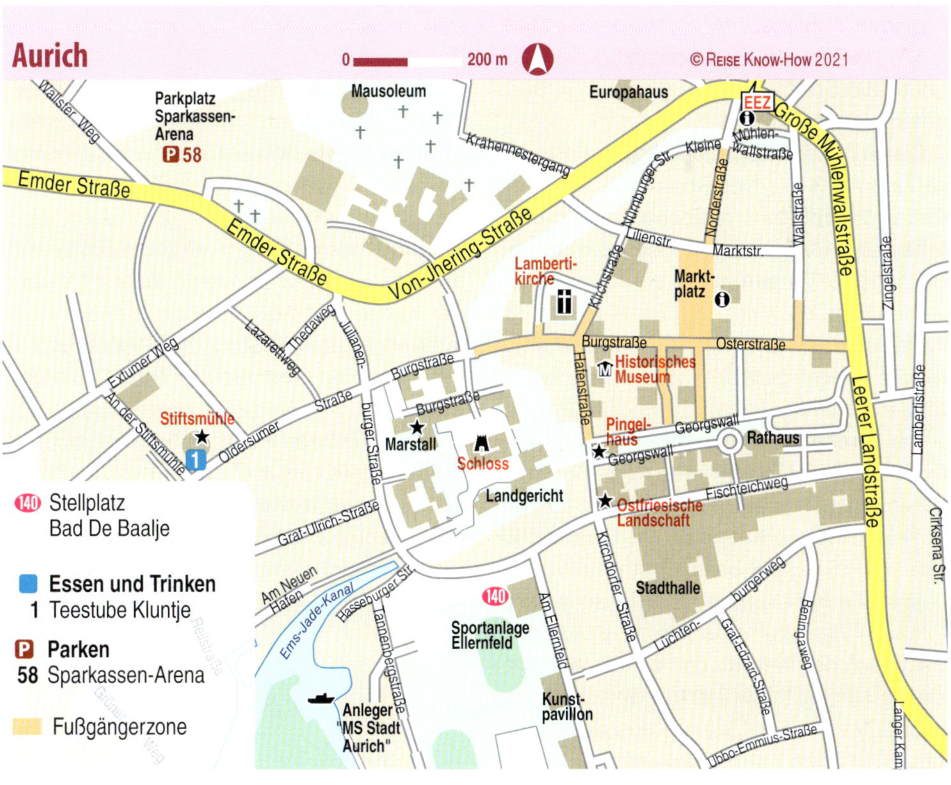
Aurich
0
200 m
© Reise Know-How 2021
Parkplatz Sparkassen-Arena
P 58
Mausoleum
Europahaus
EEZ
Große Mühlenwallstraße
Krähennestergang
Kleine Mühlenwallstraße
Emder Straße
Von-Jhering-Straße
Nürnburger Str.
Norderstraße
Wallstraße
Lilienstr.
Marktstr.
Zingelstraße
Lamberti-kirche
Kirchstraße
Markt-platz
Burgstraße
Osterstraße
Lazarettweg
Thedaweg
Julianen-burger Straße
Extumer Weg
Historisches Museum
Hafenstraße
Lambertistraße
Leerer Landstraße
Stiftsmühle
An der Stiftsmühle
Oldersumer Straße
Marstall
Schloss
Pingel-haus
Georgswall
Rathaus
Landgericht
Ostfriesische Landschaft
Fischteichweg
Cirksena Str.
Graf-Ulrich-Straße
Kirchdorfer Straße
Stadthalle
Am Neuen Hafen
Ems-Jade-Kanal
Hasseburger Str.
Sportanlage Ellernfeld
Am Ellernfeld
Luchtenburgerweg
Graf-Edzard-Straße
Benngaweg
Tannenbergstraße
Anleger "MS Stadt Aurich"
Kunst-pavillon
Ubbo-Emmius-Straße
Langer Kamp
Reilstraße
Grüner Weg
140 Stellplatz Bad De Baalje
Essen und Trinken
1 Teestube Kluntje
P Parken
58 Sparkassen-Arena
Fußgängerzone

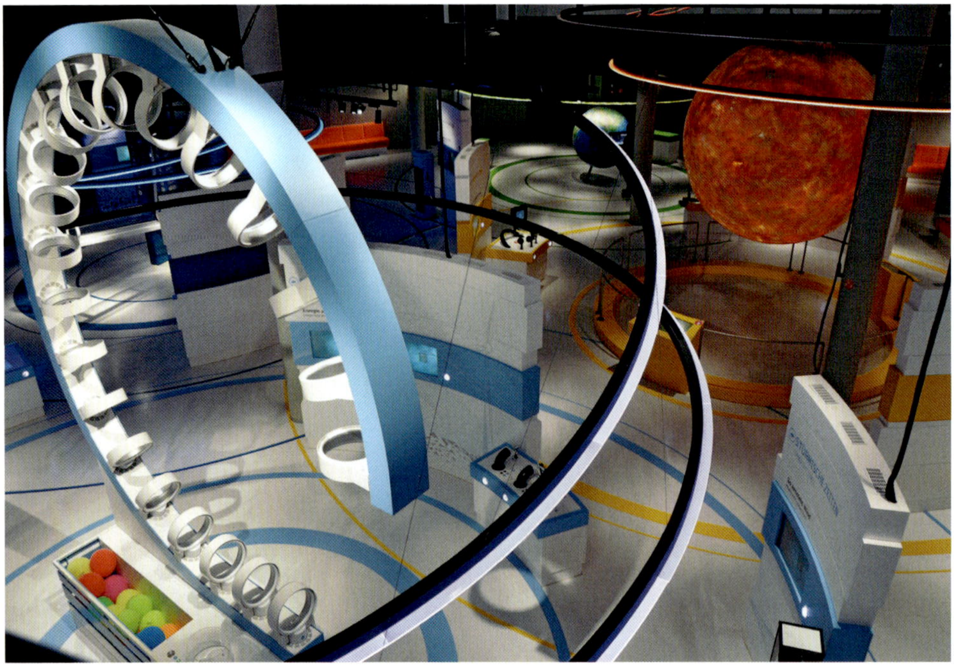

203wn-gg

werden. In dem anstelle der Burg um 1852 erbauten **Schloss** und im Marstallgebäude (1587) mit seinem schönen Arkadengang ist heute die Stadtverwaltung mit ihren Büros untergekommen.

Gleich hinter dem Schloss steht das imposante, im Stil der Neu-Renaissance erbaute **Gebäude der Ostfriesischen Landschaft** (ehemaliges regionales Ständeparlament). Das niedrige **Pingelhaus** in derselben Straße verdeutlicht, dass der Auricher Hafen einmal bis zu diesem Hafenwärterhaus reichte. Die Glocke (Pingel) begrüßte damals die einfahrenden Schiffe.

Der **Lambertshof** ist umgeben von einigen malerischen Häusern wie dem Hansteinschen Haus und der Gastätte „Ewige Lampe". In seiner Mitte erhebt sich die **Lambertikirche** von 1832. Sie besitzt mit dem von der Lukas-Gilde Antwerpen 1505 geschaffenen Ihlower Flügelaltar eine Rarität. Er kam aus dem nach der Reformation zerstörten Zisterzienserkloster Ihlow hierher. Sehr fein ausgearbeitet sind die Szenen aus dem Leben Jesu. Der 35 m hohe **Glockenturm,** im Kern aus dem 14. Jh. datiert, steht einige Meter neben der Kirche und ist das Wahrzeichen von Aurich.

An der geschäftigen Fußgängerzone findet man im ehemaligen Kanzleigebäude das **Historische Museum** von Aurich. Von der frühen Besiedlung der Geest über die friesische Freiheit zum Residenzschloss der Grafen, über die Blütezeit der Bürger zur Garnison im Kaiserreich, von den schweren Zeiten während der Kriege bis in die 1950er-Jahre wird hier die Geschichte der Stadt, der Region und ihrer Menschen lebendig gemacht. Die **Stiftsmühle** gehört seit 1858 zum Stadtbild von Aurich. Mit ihrer Höhe von 30 m und fünf Stockwerken ragt sie auch heute noch aus dem Häusermeer hervor. Der Name Stiftsmühle kommt daher, dass die Mühle 1931 abgebrochen werden sollte, aber das Sethe-

⌃ *Faszinierende Welt im EEZ*

sche Fräuleinstift (eine Stiftung für unverheiratet gebliebene Beamtentöchter) kaufte und rettete somit die Mühle. Seitdem trägt sie den Namen Stiftsmühle. Auf den fünf Böden zeigt der Heimatverein eine Ausstellung über die Mühlentechnik und die Entwicklung der Windmühlen in Ostfriesland.

Ein absolutes Muss ist der anschließende Besuch von **Kluntje,** einer heimeligen **Teestube** im alten Müllerhaus. Die wohlige Atmosphäre wie zu Großmutters Zeiten, der warmherzige Empfang, der vorzügliche hausgemachte Kuchen und der köstliche ostfriesische Tee geben einem das Gefühl, bei Freunden einzukehren.

Die faszinierende Welt der Energie steht im **EEZ (Energie-, Bildungs- und Erlebniszentrum)** zur spielerischen Erkundung gegen Eintritt offen. Ausgerüstet mit einem Spielstecker löst man Aufgaben in miteinander vernetzten Exponaten innerhalb von sieben Aktionskreisen und kann so seine persönliche Energiewende einleiten. Die 360°-Kino-Projektion vermittelt Augen und Ohren sehr beeindruckend die grandiosen Kräfte der Natur. Ohne Eintritt zu bezahlen, kommt man in die Gondel einer Windenergieanlage und hinauf auf den Energieturm mit seinem weiten Panorama.

Auricher Mühlenfahrradtour

Länge: *32 km;* ***Verlauf:*** *Stiftsmühle in Aurich – Haxtumer Mühle – Meints Mühle – Sandhorster Mühle – Außenmühle Vosberg – zurück zur Stiftsmühle. Gemütliche Tour zu den fünf Mühlen der Stadt und zum Abschluss Einkehr in der Teestube Kluntje.*

3 km weiter in **Tannenhausen** liegt das „Rimini Ostfrieslands", ein Badesee mit Sandstrand und einer Wakeboardanlage.

Sehenswertes

- **Lambertikirche,** Lambertshof, www.aurich-lamberti.de, geöffnet: Mai–Sept. Mo.–Sa. 11–12, 15.30–16.30 Uhr
- **Historisches Museum,** Burgstr. 25, Tel. 04941 123600, www.museum-aurich.de, geöffnet: Di.–So. 11–17 Uhr, Eintritt: 3,50/2/7 €
- **Stiftsmühle,** Oldersumer Str. 28, Tel. 04941 994290, geöffnet: Ostern–Okt. Do.–So. 12–16 Uhr, Eintritt: 3,50/1,50/7 €, Führungen Di./Fr. 15 Uhr. Ostfrieslands größte windbetriebene Kornmühle.

Erlebenswertes für die ganze Familie

- **De Baalje** (140), Am Ellernfeld 2, www.debaalje.de, geöffnet: Mo.–Fr. 6.30–20, Sa./So. 8–20 Uhr,

(140) Bad de Baalje, Aurich

GPS 53.46547, 7.47668

Separate Plätze auf dem großen Parkplatz, zentrumsnah, Dusche, WC im Bad. Nachts kommt es immer wieder zu Lärmbelästigung durch Fußgänger. **Lage/ Anfahrt:** in Aurich ausgeschildert; **Platzanzahl:** 20; **Untergrund:** Schotter; **Service:** Strom, Trinkwasser (winterfest), Abwasser, Chemie-WC; **Sicherheit:** beleuchtet; **Preise:** 10 €/Fahrz., Strom 1 €/kWh, Ver- und Entsorgung je 1 €, Dusche 1,50 €; **Geöffnet:** ganzjährig; **Kontakt:** Am Ellernfeld 2, 26603 Aurich, Tel. 04941 124000

509wn-gg

Sauna 10–22 Uhr, Mo. nur Damen, Eintritt: 5,50–7,50/3,50/17–21 €

› **EEZ,** Osterbusch 2, 26607 Aurich, GPS 53.49637, 7.49367, Tel. 04941 698460, www.eez.aurich.de, geöffnet: Mo.–Fr. 9–17 Uhr, Sa./So. 10–18 Uhr, Eintritt. 10/8,50/32 €.

› **Badesee Tannenhausen,** Parken GPS 53.52161, 7.47906 oder GPS 53.52081, 7.47329

Information

› **Verkehrsverein Aurich,** Norderstr. 32, 26603 Aurich, www.aurich-tourismus.de, Tel. 04941 4464, geöffnet: Mo.–Fr. 8–18 Uhr, Sa. 9–13 Uhr. Freies WLAN auf dem Marktplatz.

Gastronomie

› **Teestube Kluntje,** Oldersumer Str. 28, Tel. 04941 6055588, geöffnet: Do.–So. 14–17 Uhr.

Parken

P 58 **Parkplatz Sparkassen-Arena,** GPS 53.47142, 7.47102, Emder Straße, kostenlos. Bei Veranstaltungen kann es sehr voll werden, 300 m ins Zentrum.

Auf der B72/B210 verlässt man Aurich, um vorbei an Südbrokmerland nach **Marienhafe** zu gelangen. Die dortige **Kirche St. Marien** mit dem **Störtebekerturm** ist der Grund, warum sich die Region nach dem „kühnsten Piraten aller Zeiten“ Störtebekerland nennt. Hier in diesem Turm soll Störtebeker von 1396 bis 1402 im Winter Unterschlupf durch den damaligen Häuptling des Brookmerlandes, Widzel tom Brook, gewährt worden sein. Da die Piraten mit ihren Booten im Winter nicht auf See sein konnten, waren sie auf die Unterstützung des Häuptlings angewiesen. Im Gegenzug halfen sie ihm bei Streitigkeiten mit den anderen Häuptlingen. Angeblich soll Störtebeker 1399 die Tochter des Häuptlings geheiratet haben. Über 37 m geht es im Turm hinauf bis zur Terrasse, von der man einen

Dieser Kirchturm diente angeblich Störtebeker als Winterquartier

Panoramablick bis weit ins Störtebekerland hat. Im ersten Stock ist ein kleines Museum zur Erinnerung an Klaus Störtebeker untergebracht.

Die Marienkirche wurde zunächst als dreischiffige Kreuzbasilika erbaut, 1829 mussten dann wegen Baufälligkeit große Teile und die obersten zwei Stockwerke des Turmes abgerissen werden. Im schlichten Innern der Kirche sind die Kanzel von 1669 und die Holy-Orgel von 1715 erwähnenswert.

Auf dem Marktplatz steht seit 1992 Klaus Störtebeker als Bronzeplastik. Stattliche 2,40 m groß, wurde er vom Künstler Karl-Ludwig Böke geschaffen.

Für die „süße" Versuchung steht die urgemütliche, altertümliche **Störtebeker-Teestube** mit ausgezeichneten Torten den Schleckermäulchen offen. Unbedingt lohnend sind die verschiedenen Teesorten, für die es zu jeder spezielle Zuckersorten gibt.

Sehenswertes

› **Marienkirche,** Am Markt, Tel. 04934 374, geöffnet: Kirche: Di.-So. 14-17 Uhr. Störtebekerturm und Kirchenmuseum: April-Sept. Di.-Sa. 11-13 und 14-17, So. 14-17, Okt. Di.-So. 14-17 Uhr, Eintritt: 2/1/4 €.

Information

› **Touristinformation Brookmerland,** Am Markt 11, 26529 Marienhafe, Tel. 04934 81224, www.stoertebekerland.de, geöffnet: Mo.-Fr. 8.30-12.30, Mo., Di auch 14.30-16, Do. auch 14-17.30 Uhr

141 Am Sportplatz, Rechtsupweg

GPS 53.52635, 7.32484

Schön angelegter Platz in ruhiger Lage an einem kleinen Park. **Lage/Anfahrt:** in Rechtsupweg ausgeschildert; **Platzanzahl:** 4; **Untergrund:** Schotter; **Service:** Strom, Trinkwasser; **Sicherheit:** beleuchtet; **Preise:** kostenlos, Strom 1 €/1,75 kWh, Wasser 1 €/90 l; **Geöffnet:** frei zugänglich; **Kontakt:** Poststraße, 26529 Rechtsupweg

142 Tjücher Moortun, Marienhafe

GPS 53.52911, 7.28143

Plätze in toller und ruhiger Lage an einem kleinen See (Badeverbot); Hunde an der Leine erlaubt; Spazierweg rund um den See. **Lage/Anfahrt:** in Kolhörnstraße einbiegen, dann ausgeschildert; **Platzanzahl:** 5; **Untergrund:** Schotter; **Service:** Strom, Trinkwasser (winterfest), Abwasser, Chemie-WC; **Sicherheit:** beleuchtet; **Preise:** 8 €/Fahrz., Strom 1 €/1,75 kWh, Wasser 1 €/100 l; **Geöffnet:** ganzjährig; **Kontakt:** Tjücher Moortun, 26529 Marienhafe

Klaus Störtebeker

Überall an der Küste stößt man auf den Namen des bekannten und von vielen Geschichten umrankten ***Piraten Klaus Störtebeker.*** *Es gibt jedoch wenig gesicherte Erkenntnisse über ihn. Störtebeker wurde vermutlich um 1360 in Wismar als Klaus von Alkum geboren. Der Name Störtebeker („Stürz den Becher") soll nach unterschiedlichen Quellen entweder auf seine Trinkfestigkeit oder auf sein Wappen mit einem Trinkhorn zurückgehen.*

Anfang 1389 herrschte Dänemark beinahe über ganz Schweden. Nur noch Stockholm mit seinen hanseatischen Kaufleuten leistete Widerstand. Einer der ***Freibeuter,*** *die mit einem* ***Kaperbrief*** *versehen waren und die Blockade der Dänen durchbrechen sollten, war Klaus Störtebeker. Die Freibeuter versorgten die Stadt mit Lebensmitteln (schwedisch: „Vitalien"), daher ihr Name* ***„Vitalienbrüder".*** *Nach dem Friedensschluss der Kontrahenten war der Kaperbrief der Vitalienbrüder ungültig und sie suchten ein neues Betätigungsfeld. Dies fanden sie bei Überfällen auf die mit wertvoller Ladung segelnden Hanseschiffe in der Nordsee. An der Nordsee siedelten die Friesen, die mit der Hanse in ständigem Streit lebten. Sie empfingen die Piraten mit offenen Armen und boten ihnen Unterschlupf. Die Freibeuter nannten sich nun* ***„Likedeeler",*** *was so viel wie Gleichteiler bedeutet. Sie verbündeten sich mit dem friesischen Häuptling* ***Keno ten Broke*** *und führten die Flotten aus England, Dänemark und der Hanse an der Nase herum. So stiegen sie zu wahren Volkshelden und zum Angstgegner ihrer Feinde auf.*

Ihr Ende kam im April 1401, als sie nach einer erbitterten Schlacht um Helgoland gefangen genommen und nach Hamburg gebracht wurden. Angeblich brachte erst Verrat die Freibeuter zu Fall. So soll ein Gefolgsmann der Hanse als Fischer verkleidet flüssiges Blei in das Ruder von Störtebekers Schiff gegossen haben.

Zum Tode durch Enthaupten verurteilt, erzwang Klaus Störtebeker die Zusage des Bürgermeisters, dass alle Kameraden begnadigt werden sollen, an denen er „kopflos" vorbeilaufen kann. Elf Männer soll er so noch vor dem Tode gerettet haben. Die Köpfe der getöteten Piraten wurden zur Abschreckung für eventuelle Nachahmer auf Pfähle gespießt.

136wn-gg

143 Womohafen Großes Meer, Südbrookmerland

GPS 53.44449, 7.30812

Separate Plätze bei einem Campingplatz in schöner und ruhiger Lage, See 100 m, gute Sanitärausstattung, Waschmaschine, Trockner, Sauna, Kiosk mit Brötchenverkauf, Hundestrand, Bootsverleih, Spazierwege. **Lage/Anfahrt:** von der B72 auf die B210 abbiegen, über Schöpfwerkstraße und Bedekaspel zum Platz; **Platzanzahl:** 30; **Untergrund:** Pflaster; **Service:** Strom, Trinkwasser (winterfest), Abwasser, Chemie-WC, WLAN; **Sicherheit:** beleuchtet; **Preise:** 15 €/Fahrz., Strom 1 €/2 kWh, Dusche/WC mit Chipkarte gegen Gebühr, Ver- und Entsorgung je 0,50 €; **Geöffnet:** ganzjährig; **Kontakt:** Am Gästehafen, 26624 Südbrookmerland, Tel. 04942 5666, www.grossesmeer.de

511wm-gg

Gastronomie

- **Störtebeker-Teestube,** Am Markt 27, Tel. 04934 496650, www.ostfriesland-teestube.de, geöffnet: Mi. 11–17.30, Do.–So. 9.30-17.30 Uhr

Vom Störtebekerland geht es nun auf die **Krummhörn.** Zur Gemeinde Krummhörn gehören neben **Greetsiel** noch 18 Warfendörfer.

Granat bzw. Krabben

__Garnelen__ – auch als Krabben oder Granat bezeichnet – können bis zu 9 cm lang werden und leben auf dem Meeresgrund. Sie haben sich mit ihrer milchig-grauen Färbung dem Meeresboden farblich angepasst. Schön rot werden sie erst durchs Kochen, das nach dem Fang sofort auf dem Kutter geschieht. Gut gekühlt kommen sie dann in den Greetsieler Hafen, wo man sie direkt vom Kutter kaufen kann. __Granat__ oder __Nordseekrabben__ sind besonders eiweißreich und haben wenig Fett. Serviert auf ostfriesischem Schwarzbrot oder als Krabben-Rührei sind sie eine besondere Delikatesse.

GREETSIEL

(34 km – km 66)

Das Fischerdorf Greetsiel hat Charme und das Flair, das man sich von einem ostfriesischen Urlaubsort wünscht. Allerdings ist die Schönheit des Sielhafenortes schon sehr bekannt und so wird man im Sommer von den Menschenmengen regelrecht durch die autofreien Straßen im Ortskern geschoben. Wer hier übernachtet, sollte deshalb die Morgen- und Abendstunden zu einem stimmungsvollen Bummel nutzen. Eine traumhafte Kulisse bieten die historischen bunten **Giebelhäuser** aus dem 17. Jh. entlang der Siel- und Mühlenstraße. 650 Jahre alt ist der **Hafen** mit seiner bemerkenswerten und sehr aktiven Kutterflotte. Er wurde durch die Schleuse Leysiel 1991 tidenunabhängig. Ein malerischer Anblick, wenn sich die bis zu 25 bunten Fischerboote im Blau des Hafenwassers spiegeln. Wenig Romantik, sondern harte, gefährliche Arbeit bedeutet es dagegen für die Fischer, hinaus zum Fischfang zu fahren. Der Urlauber hingegen macht es sich gemütlich in den

137wn-gg

vielen Teestuben, Eisdielen und Restaurants und genießt das Dolce Vita.

Noch mehr Entspannung und Wellness bietet die **Greetsieler Oase** mit Saunalandschaft, 30 °C-Schwimmbad, Luftsprudelliege, Dampfbad und Kinderbecken.

Ein ausgedehntes Kanalnetz durchzieht die Krummhörn. Auf heimatkundliche Exkursion gehen die **Ausflugsboote Hein Luc und Uschi.** Unterwegs erfährt man viel Wissenswertes über Natur und Kultur der Krummhörn.

Mit dem Rad durch die Warfendörfer

Länge: *64 km;* ***Verlauf:*** *Greetsiel – Pilsum – Neu Etum – Manslagt – Westerburg – Krummhörn – Kloster Blauhaus – Campen – Loquard – Rysum – Campener Leuchtturm – am Deich entlang zum Pilsumer Leuchtturm – Greetsiel. Alle Sehenswürdigkeiten und die schöne Natur mit dem Fahrrad erfahren.*

Das Wahrzeichen von Greetsiel sind die beiden **Zwillingsmühlen** am Ortsrand. Es sind zweistöckige Galerieholländer. Die rote Mühle Schoof wurde 1921 und die grüne Mühle 1856 erbaut. Die Mühle Schoof kann man besichtigen und sich vom Müller genau erklären lassen, wie sie funktioniert.

In einem historischen Gulfhof findet man das **Nationalparkhaus.** Unter dem Motto „Buten & Binnen" zeigt es eine Ausstellung zum Thema „Natur vor und hinter dem Deich" und führt spannende Touren unter fachkundiger Führung durch.

Sehenswertes

› **Mühle Schoof,** Mühlenstr. 2, www.muehle-schoof.de, Laden: Apr.–Okt. tägl. 7.30–17.30, Nov.–März Mo., Mi.–Fr. 7.30–17, Sa. 7.30–13 Uhr, Café: Apr.–Okt. tägl. 11–18.30 Uhr. Mühlenbesichtigung siehe Website.

Puppenstubenort Greetsiel

Eine Fahrradtour dorthin, wo vor 200 Jahren noch Meer war

Länge: *ca. 25 km*
Start: *Stellplatz Reisemobil-Hafen, Greetsiel* 144

Die Tour führt vom Stellplatz an der Mühlenstraße an den Windmühlen vorbei und dann hinter der zweiten Mühle nach rechts in die Okko-Tom-Brook-Straße. Weiter geht es über die Greetsieler Straße nach links auf dem Radweg Richtung Norden bis zu dessen Ende.

Nun hält man sich links über eine Sielbrücke zum ***Landschaftsschutzgebiet Leybucht.*** *Bevor man sich nach rechts auf den Radweg begibt, sollte man auf die Deichkrone hinaufgehen. Nirgendwo sonst gibt es an der niedersächsischen Wattküste so ausgedehnte* ***Salzwiesen*** *wie hier in der Leybucht. Im August verwandeln Tausende von Strandastern die Wiesen in ein wahres Blütenmeer. Im Herbst kommen große Scharen von Zugvögeln aus Skandinavien, um hier auf ihrem Weg in die Überwinterungsgebiete Afrikas Rast zu machen. Die Salzwiesen sind deshalb absolute Ruhezonen und dürfen nicht betreten werden.*

Anschließend radelt man rechts von einem Siel begleitet unterhalb des Deiches. Hunderte von Schafen weiden auf den Grasflächen links und rechts des Radweges. Man fährt ca. 5 km, bis ein auffälliges blaues Schild mit der Aufschrift „Paddel- und Pedalstation" nach rechts weist. Diesem Hinweis folgend, überquert man das Siel auf einer Klappbrücke. Dahinter folgt man der Beschilderung „Greetsiel und Leybuchtpolder" nach rechts. Nach wenigen Minuten zweigt links die Hohe Plate ab. Entlang der Allee geht es ca. 1 km, bis nach rechts die Karl-Wenholt-Straße nach ***Leybuchtpolder*** *führt. Vorbei an schmucken Einfamilienhäusern, später an einzelnen Bauernhöfen, fährt man immer geradeaus, bis ein Radweg nach links in Richtung* ***Grimersum*** *abgeht. Zwischen schier endlos scheinenden Feldern hält man sich immer in Richtung Grimersum. Um 1800 war hier noch das Meer, erst durch fortwährende Eindeichung entstanden an der Leybucht immer mehr Polder.*

Am ***Bauerhof Neemann mit Hofkäserei*** *folgt man nicht mehr dem hier nach links abzweigenden Radweg, sondern nimmt den befestigten Feldweg geradeaus. Auf ihm erreicht man die Straße von Greetsiel nach* ***Eilsum.*** *Hier unbedingt ein kurzes Stück nach links fahren, um sich das alte Warfendorf Eilsum mit seiner für Ostfriesland einzigartigen* ***Chorturmkirche*** *aus dem 13. Jh. anzusehen.*

Wieder zurück auf der Greetsieler Straße geht es ca. 5 km nach Greetsiel. Schon auf halber Strecke weisen die beiden Mühlen Greetsiels den Weg zurück.

144 Reisemobil-Hafen, Greetsiel

GPS 53.49825, 7.10468

Separate Plätze auf dem großen Parkplatz bei den Zwillingsmühlen, häufig überfüllt, zentrumsnah, laut durch angrenzende Straße. **Lage/Anfahrt:** in Greetsiel ausgeschildert; **Platzanzahl:** 50; **Untergrund:** Schotter; **Service:** Strom, Trinkwasser (winterfest), Abwasser, Chemie-WC; **Sicherheit:** beleuchtet; **Preise:** 12 €/Fahrz., Strom 1 €/8 Std., VE 2 €; **Geöffnet:** ganzjährig; **Kontakt:** Mühlenstraße, 26736 Krummhörn-Greetsiel, Tel. 04926 91880

190wn-gg

- **Nationalparkhaus,** Zur Hauener Hooge 11, Tel. 04926 2041, geöffnet: April–Okt. Mo.–Fr. 10–18 Uhr, Sa./So. 10–17, Uhr, Nov.–März Di.–So. 11–16.30 Uhr, Eintritt: 5 €

Erlebenswertes für die ganze Familie

- **Oase Greetsiel,** Zur Hauener Hooge 11, Tel. 04926 918830, geöffnet: Mo. 15–18 Uhr, Di./Do./Fr. 15–21 Uhr, Mi. 13–19 Uhr, Sa./So. 10–18 Uhr, Eintritt: 6 € (mit Kurkarte 5,40 €), Sauna Mo.–Fr. 14–21.30 Uhr (Mi. Damensauna), Sa., So. 10–18 Uhr, 12,50 € bzw. 11,30 €, Kinder die Hälfte
- **Bootsverleih Dreessen,** Abfahrt bei den Zwillingsmühlen, Tel. 4923 409. www.abenteuer-am-wasser.de, geöffnet: April–Okt. Abfahrten täglich Hein Luc 11, 12.30, 14, 15.15, 16.30 Uhr, Uschi 11.30, 13, 14.30, 15.45 Uhr, Fahrt: 10/5 €. Einstündige Fahrt auf den Kanälen mit Erklärungen.

Information

- **Tourist-Info Krummhörn,** Zur Hauener Hooge 11, 26736 Krummhörn-Greetsiel, Tel. 04926 91880, www.greetsiel.de, geöffnet: Mo.–Fr. 9–19.30 Uhr, Sa./So. 10–16.30 Uhr

Gastronomie

- **Moin, Moin,** Mühlenstr. 22, Tel. 04926 763, https://the-skulls.de/restaurant-moin-moin. Besonders die Fischplatte mit einer Auswahl verschiedener Sorten ist sehr zu empfehlen.

Einkaufen

- **Fischfeinkost de Beer,** An den Darren 1, Tel. 04926 920117, www.debeer.de, geöffnet: 9–18 Uhr, Nov.–März 9–17 Uhr. Ausgezeichneter Fisch direkt vom eigenen Kutter, auch zum Gleich-Essen im Fischlokal.

Parken

P 59 Parkplatz bei den Zwillingsmühlen, GPS 53.49747, 7.10309, Mühlenstraße, gebührenpflichtig. Vor dem Stellplatz können Wohnmobile bis zu 6 Stunden parken.

Auf dem Weg von Greetsiel nach Pewsum kommt man am berühmten **Leuchtturm von Pilsum** vorbei. In ganz Deutschland bekannt wurde der gelb-rot-geringelte Turm durch den Film von Otto Waalkes „Otto – der Außerfriesische“ und als Hauptdarsteller Lükko Leuchtturm in einer Kinderbuchreihe.

Der Turm wurde 1888 als sogenanntes Sektorenfeuer erbaut und 1889 in Betrieb genommen. Das Leuchtfeuer bestand aus einer 1,60 m hohen Petroleumdochtlampe, die 1904 gegen eine Petroleumglühlampe ausgetauscht wurde. Durch die Verlegung des Fahrwassers verlor der Leuchtturm seine Bedeutung und wurde 1919 außer Betrieb genommen. Heute sind Trauungen im Turm sehr beliebt, jährlich „trauen“ sich hier ca. 200 Paare. Neuester Gag: Das zweite Eheversprechen für verheiratete Paare.

Einkaufen

- **Käsehof Rozenburg,** Tjücherweg 1, 26736 Pilsum, www.kaesehofladen.de, Tel. 04926 307, geöffnet: April–Oktober Mo.–Fr. 10–12 und 14.30–18 Uhr, Sa. 9.30–12 und 14.30–17 Uhr, So. 15–17 Uhr, November–März nur Mo./Do./Fr./Sa. Große Auswahl an traditionell hergestelltem Käse von eigenen Kühen und Ziegen. Führungen 15. Juni–15. September Di./Do. 15 Uhr, Preis: 2,50/1,50 €.

Parken

P 60 Parkplatz Leuchtturm Pilsum, GPS 53.50068, 7.05105. Gebührenpflichtig, Wohnmobile dürfen nur von 10 bis 18 Uhr parken.

Vorbei am netten Warfendorf Pilsum fährt man über Manslagt und Groothusen nach **Pewsum.** Pewsum ist der größte Ort der Krummhörn und hat mit der Manningaburg einen echten Häuptlingssitz aus dem 15. Jh. in seinem Zentrum. Die von der Familie Manninga im Jahre 1458 errichtete Wasserburg wurde im Stil der holländischen Renaissance umgebaut. Eine Übersicht über Häuptlingssitze und Burgstellen in Ostfriesland zeigt das angegliederte Museum.

Eine dreistöckige **Galerieholländermühle** steht ebenfalls in Pewsum. 23 m hoch mit 22 m langen Flügel, hatte sie zunächst Segelgatter-, die 1898 durch Jalousieflügel ersetzt wurden. Die Mühle war bis 1959 in Betrieb, heute befasst sich darin das **Heimatmuseum** mit der Geschichte des ostfriesischen Landlebens.

Sehenswertes

› **Alte Mühle Pewsum,** Möhlenhörn 1, GPS 53.43488, 7.08916, geöffnet: Mai–Okt. Di./Do. 10–12.30 und 15–17 Uhr, Sa./So. 15–17 Uhr, Eintritt: 2/1/4,50 €. Mühlenwesen.

› **Manningaburg,** Am Marktplatz, geöffnet: siehe Mühle

Auf der Weiterfahrt kommt man nach **Upleward,** das sich rühmt, den einzigen Trockenstrand der Küste zu haben. Trockenstrand, was ist das? Ganz einfach: Da der Strand immer wieder vom Meer weggespült wurde, hat man ihn kurzerhand hinter den Deich verlegt. So muss man zum Schwimmen oder Kiten über den Deich gehen (geöffnet: Mai–Okt.).

Parken

P 61 **Trockenstrand und Kitespot Upleward,** GPS 53.41878, 7.01438, gebührenpflichtig, Womos nur 8–22 Uhr.

145 Camping am Deich, Upleward

GPS 53.42087, 7.01490

Campingplatz in sehr schöner und sehr ruhiger Lage direkt am „Trockenstrand“, sehr gute Sanitärausstattung, Wellness-Oase mit Sauna und Massagen, Waschmaschine, Trockner, Geschirrspüler, Minimarkt mit Frühstücksservice, Restaurant. **Lage/Anfahrt:** in Upleward den Hinweisschildern „Trockenstrand“ folgen, ausgeschildert; **Platzanzahl:** 290; **Untergrund:** Wiese; **Service:** Strom, Trinkwasser, Abwasser, Chemie-WC, WLAN; **Sicherheit:** umzäunt, beleuchtet, bewacht;

138wn-gg

› Der Leuchtturm in Pilsum (s. S. 240) – „außerfriesisches“ Wahrzeichen

Preise: 29–47 € inkl. 2 Pers.,Strom, Wasser, Hund 5 €, Kurtaxe 1,40 €, Miet-Badezimmer 9–15 €; **Geöffnet:** Mitte März–Okt.; **Kontakt:** Erbsenbinderstr. 3, 26736 Krummhörn-Upleward, Tel. 04923 525, www.camping-am-deich.de

Bereits bei der Anfahrt fällt die dreibeinige, rot-weiß gestrichene Stahlbein-Konstruktion des **Campener Leuchtturms** auf. Nach vier Jahren Bauzeit im Jahr 1892 fertiggestellt, ist er mit 65 m der höchste Leuchtturm Deutschlands. Wer die 306 Stufen erklommen hat, wird mit einer grandiosen Aussicht auf die Küste der Krummhörn belohnt. Das Leuchtfeuer ist auch heute noch Orientierung für die Schifffahrt auf der Ems.

Sehenswertes

› **Campener Leuchtturm,** geöffnet: April–Okt. Do.–Di. 11–17 Uhr, Juli/Aug. tägl., Eintritt: 4/3 €. GPS 53.40474, 7.01759.

In Campen sollte man nicht versäumen, das **Ostfriesische Landwirtschaftsmuseum** zu besuchen. „Erleben Sie die technische Revolution in der Landwirtschaft Ostfrieslands zwischen 1850–1950" – so lautet das Motto dieses Museums. Eine Gruppe mit vielen jungen Einwohnern Campens hat sich aktiv im Verein für das Museum engagiert. Besonders für Kinder ist der Besuch ein eindrucksvolles Erlebnis, denn sie dürfen überall Hand anlegen. Ob im Kuhstall beim Melken oder beim Leben im Landarbeiterhaus: überall sind Mitmachstationen aufgebaut. Einen Besuch wert ist auch die Ortskirche aus dem 13. Jh. mit dem mit üppigen Malereien versehenen Gewölbe.

Sehenswertes

› **Ostfriesisches Landwirtschaftsmuseum Campen,** Krummhörner Straße, 26736 Krummhörn, GPS 53.40156, 7.04920, geöffnet: Osterferien Niedersachsen, Mai–15. Okt. Di.–Fr. 10–17, Sa./So. 10–13 Uhr, Eintritt: 3/1,50/8 €, Kombi mit Leuchtturm 6/3,50 €. Nach museumspädagogischen Gesichtspunkten errichtetes Museum.

Weiter geht es in das ganz entzückende Warfendorf **Rysum.** Leider sind die Parkplätze im Ort sehr knapp und so kann es für große Wohnmobile schwierig werden, einen zu finden. Das wunderschöne Rundwarfendorf liegt 6 m über dem Meeresspiegel und hat einen Durchmesser von 400 m. An der höchsten Stelle steht die schlichte **Dorfkirche** mit der ältesten bespielbaren Orgel Nordeuropas (1457), die heute noch im Originalzustand erhalten ist. Anscheinend haben sich die Rysumer damals wegen der Orgel hoch verschuldet, denn die Chronik berichtet, dass sie zum Schuldenabbau ihre fetten Rinder nach Groningen zum Verkauf brachten. Bemerkenswert ist außerdem die Kanzel von 1584.

1895 fand die Einweihung der damals noch zweistöckigen **Windmühle** statt. 1917 brannte sie nach einem Blitzschlag ab und wurde 1921 dreistöckig wieder aufgebaut. Das betriebstechnische Aus kam 1964. Ihren zunehmenden Verfall stoppte ein Interessenverein und so kann man seit 1995 die voll funktionsfähige Mühlentechnik und die herrliche Aussicht von der Galerie bewundern.

Sehenswertes

› **Rysumer Mühle,** Mühlenlohne, geöffnet: Mai–Sept. tägl. 14–17 Uhr, Eintritt: frei, Café Sa. 14–18 Uhr

› **Dorfkirche Rysum,** Kirchplatz, geöffnet: Ostern–Okt. tägl. 10–17 Uhr. Älteste bespielbare Orgel Nordeuropas.

Parken

P **62 Parkplatz Rysum,** GPS 53.38091, 7.03419, Äußere Ringstraße. Nur drei Plätze mit Pkw-Länge.

Vorbei an Wybelsum rollt das Womo auf der L2 nach Emden.

◁ *Ostfriesisches Landwirtschaftsmuseum in Campen*

EMDEN

(34 km – km 100)

Emden war bereits im Mittelalter ein wichtiger Handelshafen und entwickelte sich im 16. Jahrhundert zu einer der bedeutendsten Reedereistädte Europas. Durch den Bau der Nesserlander Schleuse Ende des 19. Jahrhunderts und der großen Seeschleuse (1907–1913) wurde der Emdener Binnenhafen tidenunabhängig. Eine der größten Heringsfangflotten Europas war bis 1969 hier beheimatet. Nur wenig ist von der großen Vergangenheit Emdens übrig geblieben. Die Seestadt war die im Zweiten Weltkrieg am großflächigsten zerstörte Stadt Europas. Heute gruppieren sich moderne Wohn- und Geschäftshäuser um den Binnenhafen. Durch die Ansiedlung des VW-Werkes hat sich Emden zum drittgrößten Kraftfahrzeugverladehafen Europas entwickelt.

Zu einem Stadtspaziergang geht man vom Stellplatz 147 vor bis zur Brücke über den Delft und gelangt über die Faldernstraße nach wenigen Minuten ins Herz der Stadt. Unterwegs liegt der **Seenotrettungskreuzer Georg Breusing** vor Anker. Er hat im Laufe seiner Dienstzeit 1672 Seeleuten das Leben gerettet. Das **Feuerschiff Deutsche Bucht,** das normalerweise ebenfalls dort zu sehen ist, wird noch bis Sommer 2021 grundlegend saniert.

Am **Ratsdelft** kann man sich entscheiden: Stadtbesichtigung zu Fuß oder **Hafenrundfahrt.** Das Rundfahrtboot gleitet vom Rathausdelft durch die Kanäle zu den Docks und bis zu den Autoverladeterminals der Firma EVAG. Eine aufschlussreiche Tour!

Direkt am Ratsdelft steht das **Emdener Rathaus.** Das Glockenspiel im Rathausturm ertönt täglich zwischen 9 und 19 Uhr alle zwei Stunden.

Durch die Passage in der Mitte des Rathauses hindurch erreicht man linker Hand das **Ostfriesische Landesmuseum.** Es stellt eine große Sammlung zur Frühgeschichte Ostfrieslands, historische Stadtpläne, Land- und Seekarten, ein Münzarchiv sowie wertvolle Exemplare der Gold- und Silberschmiedekunst aus. Die größte städtische Waffensammlung Deutschlands (16./17. Jahrhundert) ist in der Rüstkammer zu sehen.

Zurück am Ratsdelft scheint an der Ecke zu der Großen Straße aus der Wand im ersten Stock ein Elefant auszubrechen. Bei dem Elefanten handelt es sich um den Ottifanten, bei dem Gebäude um das **Otto Huus,** ein museales Schmunzelkabinett des berühmtesten Emdener Sohnes: Otto Waalkes. In dem Haus werden u. a. Ausschnitte aus Filmen, Sketchen und Fernsehauftritten des ostfriesischen Komikers gezeigt. Natürlich kann man sich auch mit allerlei Otto-Fanartikeln, CDs und DVDs eindecken.

141wn-gg

Geht man nun ein Stück in die Große Straße (Fußgängerzone) und wendet sich dann nach links in die Holzsägerstraße, steht man vor einem wesentlich ernsthafteren Museum als dem vorigen. Das **Bunkermuseum** befindet sich in einem der 31 heute noch vorhandenen Luftschutzbunker Emdens. Es zeigt eindringlich die Grauen des Naziregimes und des Zweiten Weltkriegs.

Die Holzsägerstraße geht über in die Emsstraße, die an ihrem Ende auf die Pelzerstraße trifft. Man wendet sich hier nach links und steht vor den beiden ältesten erhalten gebliebenen Häusern Emdens, den **Pelzerhäusern.** Sie vermitteln den Eindruck des flämisch-niederländischen Stils zur Blütezeit der Stadt im 16. Jahrhundert, als Handel und Wirtschaft florierten. Hausnummer 12 besitzt im oberen Teil der Fassade noch den Giebel von vor 1600, Nummer 11 wurde ab 1570 am früheren Lauf der Ems erbaut. Das Landesmuseum nutzt die Räume für Sonderausstellungen.

Der Stadtspaziergang führt zurück in die Große Straße und folgt der Fußgängerzone über den Neuen Markt in die Pottgießerstraße. Sie mündet in die Agterum-Straße. Bei der Einmündung überquert man auf einer Brücke den Wasserlauf des Hinteren Tiefs und steht vor der **Emdener Kunsthalle.** Die hochkarätige Sammlung der Klassischen Moderne bis hin zu zeitgenössischer Kunst einschließlich Foto- und Videografie verdankt die Stadt Emden dem Gründer der Illustrierten Stern, Henri Nannen und dessen Ehefrau Eske. Eine umfangreiche Schenkung des Galeristen Otto van de Loo ergänzt die Ausstellung.

Nach dem Besuch der Emdener Kunsthalle kann man sich – je nach Wetterlage – entscheiden, ob man noch einen ausgiebigen Rundgang entlang des Emdener Stadtwalls machen will oder auf kurzem Wege zu seinem Wohnmobil zurückkehrt. Für die letzte-

◁ *Der Ottifant schaut aus der Wand*

re Variante geht es von der Kunsthalle die Agterum-Straße nach links und dann rechts in die Neutorstraße. Auf ihr gelangt man zurück zum Ratsdelft. Von hier auf bekannten Wegen zurück zum Stellplatz.

Ein schöner Spaziergang mit einer Länge von etwas mehr als drei Kilometern führt von der Kunsthalle nach rechts in die Abdenastraße bis zum markanten **Wasserturm.** Hier überquert man wiederum das Wasser des Hinteren Tiefs. Nun geht es im Halbrund um die Stadt immer den **Wallanlagen** entlang. Die Anfang des 17. Jh. mit 10 Zwingern angelegte Wallanlage ist heute ein Grüngürtel um die Innenstadt mit schönen Spazier- und Radwegen. Man passiert die **Vrouw Johanna Mühle** (keine Besichtigung möglich) und die Kesselschleuse. Am Ende des Stadtwalls führt die Route über die Lienbahnstraße zurück zum Wohnmobilstellplatz.

Sehenswertes

› **Seenotkreuzer Georg Breusing,** Georg-Breusing-Promenade, Tel. 04921 20541, www.georg-breusing.de, geöffnet: April–Okt. tägl. 11–17 Uhr, Eintritt: 2,20/0,60 €. Maritimes Denkmal.

› **Feuerschiff Deutsche Bucht,** Georg-Breusing-Promenade, Tel. 04921 23285, www.amrumbank.de. Das Schiff wird noch bis Sommer 2021 in der Werft saniert.

› **Ostfriesisches Landesmuseum,** Neutorstr. 7–9, Rathaus am Delft, Tel. 04921 872058, www.landesmuseum-emden.de, geöffnet: Di.–So. 10–17 Uhr, Eintritt: 8 €, Kinder bis 15 Jahre frei, Familien 16 €. Kunst- und kunsthistorische Sammlung, Rüstkammer, Moorleiche und der Silberschatz von Emden.

› **Otto Huus,** Große Str. 1, Tel. 04921 22121, geöffnet: Mai–Dez. Mo.–Fr. 11–17, Sa. 11–14, So. 11–15 Uhr, Eintritt: 2/1 €

› **Bunkermuseum,** Holzsägerstr. 6, Tel. 04921 32225, www.bunkermuseum.de, geöffnet: Di.–So.

13–16 Uhr, Eintritt: 5/2,50 €. Emden im Nationalsozialismus.

- **Kunsthalle Emden,** Hinter dem Rahmen 13, Tel. 04921 975050, www.kunsthalle-emden.de, geöffnet: Di.–Fr. 10–17 Uhr, Sa./So. 11–17 Uhr, Eintritt: 9 €, Kinder bis 15 Jahre frei, kostenlose Audioguides. Kunst des 20. Jh. bis zur Gegenwart.

Erlebenswertes für die ganze Familie

- **Hafenrundfahrten,** Am Rathausplatz, Tel. 04921 97400, www.emden-touristik.de, April–Okt. tägl. 11, 12, 13, 14, 15, 16 Uhr, Preis 8/3,50/18 €
- **FriesenTherme,** Theaterstr. 2, 26721 Emden, Tel. 04921 39600, www.friesentherme-emden.de, geöffnet: Mo. 10–15 Uhr, Di.–So. 10–21 Uhr, Sauna tägl. 10–22 Uhr, Eintritt: Bad 6/4/14 €, Sauna 19,20/14,50 €. Größtes Bade- und Saunaparadies Ostfrieslands.
- **Werksbesichtigung VW-Werk Emden,** Termine und Anmeldung unter Tel. 04921 86 2390 oder über besucherdienst.emden@volkswagen.de. Besichtigung der Werksproduktion.

Information

- **Tourist-Information Emden,** Alter Markt 2a, 26721 Emden, www.emden-touristik.de, Tel. 04921 97400, geöffnet: 25.10.–Ende März, Mo.–Fr. 9–17, Sa. 10–13, Apr.–Okt. Mo.–Fr. 10–18, Sa. 10–14 Uhr

Gastronomie

- **Restaurant Welvaart Emden,** Große Straße 24, Tel. 04921 4500460. Beliebtes Lokal mit hochgelobter Küche und freundlichem Service.
- **Herrentor-Grill,** Kranstraße 75, Tel. 04921 28341. Empfehlenswerter Imbiss der etwas anderen Art.

146 Friesentherme, Emden

GPS 53.37492, 7.20119

Plätze am Rand eines riesigen Parkplatzes bei Bad und Schulen, ins Zentrum 1,5 km. **Lage/Anfahrt:** Den Hinweisschildern Friesentherme folgen; **Platzanzahl:** 6; **Untergrund:** Rasengitter; **Preise:** kostenlos, Strom 1 €/2 kWh; **Geöffnet:** frei zugänglich; **Kontakt:** Theaterstr. 2, 26721 Emden

Zur Weiterfahrt verlässt man Emden in Richtung **Oldersum** und fährt an der Ems entlang, bis hinter Petkum ein Schild nach rechts zum **Emssperrwerk** (GPS 53.32295, 7.30700) zeigt.

Das seit 2002 bei Gandersum bestehende Emssperrwerk ist eines der modernsten Sperrwerke in Europa. Mit einer Länge von 476 Metern erfüllt das grandiose Bauwerk zwei wichtige Aufgaben. Zum einen verbes-

512wn-gg

147 Alter Binnenhafen, Emden

GPS 53.36326, 7.20807

Schöne Aussicht von der ersten Reihe direkt auf den Hafen, laut durch Eisenbahn und Straße, zentrumsnah, Dusche, WC, Waschmaschine, Trockner. **Lage/Anfahrt:** auf der L2 durchs Zentrum und dann ausgeschildert; **Platzanzahl:** 40; **Untergrund:** Pflaster; **Service:** Strom, Trinkwasser (winterfest), Abwasser, Chemie-WC, WLAN; **Sicherheit:** beleuchtet; **Preise:** 10 €/Fahrz., Strom 0,50 €/kWh, Wasser 0,50 €/100 l, Entsorgung 0,50 €, WC 0,50 €, Dusche 1 €; **Geöffnet:** ganzjährig; **Kontakt:** Am Eisenbahndock, 26723 Emden, Tel. 01805 180182, www.ag-ems.de

142wn-gg

sert es den Sturmflutschutz an der Ems und im Leda-Jümme-Gebiet erheblich, so musste es von Dezember 2005 bis März 2008 siebenmal wegen Sturmfluten geschlossen werden. Zum anderen kann das Sperrwerk die Ems zwischen Papenburg und Emden in relativ kurzer Zeit anstauen und ermöglicht somit die Überführung von Schiffen mit einem Tiefgang bis zu 8,50 Metern bei einer Breite von maximal 38 und einer Länge von bis zu 300 Metern. Damit können die bei der Meyer Werft in Papenburg gebauten Ozeanriesen nach Emden zur Endfertigung gebracht werden, bevor sie die Weltmeere erobern. Die Gesamtstauzeit darf dabei pro Jahr nur 104 Stunden betragen. Eine Besichtigung des Emssperrwerks ist nur noch für Gruppen möglich.

Gleich hinter Oldersum in **Rorichum** kann man im Gasthof „Bei Cassi" einkehren, übernachten und ver- und entsorgen.

Gastronomie

S 63 **Bei Cassi,** Deichlandstr. 10, 26802 Moormerland-Rorichum (GPS 53.31993, 7.35402), Tel. 04924 2006, www.bei-cassi.de, geöffnet: Apr.-Okt. Di.-So. 11.30-21 Uhr. Auf dem gemischten Parkplatz hinter dem Lokal kann man im Womo für 5 €/Fahrz. übernachten, Strom 2 €, V/E je 1 €.

Hochwasserschutz und Industrieförderung: das Emssperrwerk

Nun sind es auf der K1, K2 und anschließend der B70 noch 16 km bis Leer.

LEER

(29 km – km 129)

Eine ganz entzückende kleine Stadt mit einer gelungenen Mischung aus historischen Gebäuden der Altstadt und moderner Architektur am Freizeithafen ist Leer. Es macht Spaß, durch die Fußgängerzone mit den vielen tradtionsreichen Geschäften, Cafés und Teestuben oder entlang der Promenade zu bummeln. Umgeben von zwei Flüssen – der Leda und der Ems – erlangte Leer schon in frühester Zeit große Bedeutung als Handelsplatz. Der tidenunabhängige Hafen ist Anlaufstelle für Schiffe aus der ganzen Welt.

Vom sehr zentral gelegenen Stellplatz Große Bleiche 148 kommt man über den schmalen Patersgang zur Kirchstraße, die in die Rathausstraße übergeht. Vorbei an malerischen Giebelhäusern mit Backsteinfassaden im Stil des niederländischen Frühbarocks, fällt besonders das **Haus Samson** (Nr. 18) auf.

187wn-gg

EXTRATIPP

Gallimarkt

Das größte Fest in Leer findet immer vom zweiten Mittwoch bis zum zweiten Sonntag im Oktober auf der Großen Bleiche statt. Der seit 1508 abgehaltene Gallimarkt ist das größte Volksfest in Ostfriesland. Viehmarkt, zahlreiche Fahrgeschäfte, Lampionfahrt auf dem Handelshafen, Feuerwerk und ein Heimatspiel runden das umfangreiche Programm ab.

Das wahrscheinlich hübscheste Haus Leers wurde 1570 erbaut. Im Erdgeschoss betreibt Familie Wolf seit 1800 eine renommierte Weinhandlung mit erlesenen Tropfen. In den oberen Etagen vermittelt ein Museum einen Einblick in die Wohnkultur des 18. und 19. Jh. Am Ende, wenn sich die Rathausstraße zum Hafen hin öffnet, steht das **Rathaus.** Üppig geschmückt im deutsch-niederländischen Renaissancestil wurde es 1894 erbaut. Während der Bürozeiten sollte man die Gelegenheit nutzen, einen Blick ins Treppenhaus auf die aufwendigen Decken- und Wandmalereien zu werfen.

In einem wunderschönen Barockgebäude von 1714, in dem ehemals die **Waage** untergebracht war, residiert heute das „Historisches Restaurant zur Waage“. Hier, wo früher die verkauften, ein- bzw. ausgeführten Güter gewogen wurden, speist man heute gut – im Sommer auch auf der Terrasse mit schönem Blick auf den Hafen. Vom Schipper-Klottje, einer Unterabteilung des Heimatvereins, werden die **Museumsschiffe** im Hafen betreut und instand gehalten. Die Traditionsschiffe ankern an der Stelle, an der einst die Schiffe aus dem Fehngebiet angelegt haben.

Ebenfalls vom Heimatverein wurde das unbedingt sehenswerte **Heimatmuseum** in zwei Handelshäusern in der Neuen Straße eingerichtet. Auf einer Fläche von 1000 m²

Niederländischer Frühbarock in der Rathausstraße

liegt der Schwerpunkt der Ausstellung auf der Wohnkultur der Bürger, Bauern und Arbeiter. Ein Prunkzimmer mit Wirtschaftsschränken, Eichentruhe, Standuhr, Lehnstuhl, Barometer und Gemälden steht im Gegensatz zu einer Weberküche mit gemauertem Kamin, Tellerbord und Spinnrad. Nicht nur die Wohnungen der Menschen werden gezeigt, auch was man damals in den entsprechenden Kreisen getragen hat, erfährt der Besucher. Eine Weberstube wurde ebenso wie ein Kolonialwarenladen vollständig in das Museum verbracht. Es gibt hier sehr viel zu sehen und man sollte genügend Zeit einplanen.

Nun schlendert man zurück zum Hafen, legt vielleicht eine Pause in der **Ostfriesischen Teestube** ein oder unternimmt eine **Hafenrundfahrt.** Anschließend leitet der Stadtspaziergang über die direkt an der Leda entlangführenden Uferpromenade am historischen Dampfschiff Prinz Heinrich von 1909 vorbei bis zur Touristeninformation. Hier sitzen viele Besucher und Anwohner auf den Stufen zur Leda und genießen die beschauliche Ruhe. Am schmalen Wasserband eines Brunnenauslaufes entlang erreicht man die **Fußgängerzone Mühlenstraße.** Man wendet sich nach links und spaziert auf der attraktiven Einkaufsmeile bis zur Brunnenstraße.

Im Haus Brunnenstraße 37 wurde 1806 der erste Laden der **Firma Bünting** eröffnet. Sie handelte damals außer mit Tee auch mit Tabak und Kolonialwaren. Im Haus Nr. 33 befindet sich das Teemuseum, im bunt bemalten Haus daneben ist der große Bünting-Teeladen mit kleiner Teestube eingerichtet. Alles über Anbau, Teeherstellung, Transport, Teekultur und auch über die Firma Bünting selbst erfährt der Besucher im interessant gestalteten Museum. Wer an einem Dienstag in Leer ist, sollte nicht versäumen, an einer sehr stilvoll servierten Teezeremonie teilzunehmen. Nebenbei kann man alles erfragen, was man schon immer über Tee wissen wollte. Im Teeladen gibt es den berühmten Büntingtee in verschiedenen Mischungen, hier kann man sich für zu Hause eindecken.

In einer 1200 m² großen Halle am Ortsrand sind die Sehenswürdigkeiten Ostfrieslands

⊡ *Stelldichein historischer Schiffe im Hafen von Leer*

Friesische Teezeremonie

Ostfriesland ohne Tee ist einfach nicht denkbar. Da das Wasser in früheren Zeiten oftmals unangenehm schmeckte, wurde in Ostfriesland schon immer sehr viel Tee getrunken. Dieser war allerdings sehr teuer und so war es ein dünnes Gebräu, das damals bei der Bevölkerung in die Tasse kam. Wenn Besuch empfangen wurde, durfte es dagegen gerne ein Löffel Tee mehr sein, denn man wollte zeigen, dass man nicht geizig ist. Die Ostfriesen lieben dunklen, kräftigen Tee und eine typische ***Ostfriesenmischung*** *besteht aus ca. 70 % Assam-, Darjeeling- und Ceylontee, insgesamt sind bis zu 20 verschiedene Sorten enthalten. Ungefähr 2,5 kg Tee werden durchschnittlich pro Kopf in Ostfriesland verbraucht. Serviert wird der Tee in einer (Silber-)Kanne, die von einem Stövchen erwärmt wird. Zunächst wird der* ***Kluntje*** *(weißer Kandiszucker) in die dünnwandige Tasse gegeben und mit heißem Tee aufgefüllt. Knisternd beginnt der Zucker sich aufzulösen. Mit einem silbernen Speziallöffel wird die* ***kalte Sahne*** *gegen den Uhrzeigersinn am Rand in die Tasse gegeben (um die Zeit anzuhalten), damit sich echte* ***Wulkjes*** *(Wolken) bilden, die dann über dem Tee schweben. Jetzt nicht umrühren, denn sonst wird man sofort als „Teebanause" entlarvt! Man genießt ihn in drei Schichten: Zuerst die kalte Sahne, dann den heißen, herben Tee und ganz zum Schluss den süßen Rest. Dazu gibt es* ***Rosinenstuten*** *mit Butter. Ein Gedicht!*

Drei Tassen sind ***Ostfriesenrecht*** *heißt es im Volksmund! Deshalb trinkt man, wenn man bei Fremden eingeladen ist, nicht mehr als drei Tassen, man will ja nicht als gierig erscheinen.*

im **Miniaturland** im Maßstab 1:87 zu sehen. Bewegung erhalten die Szenen durch fahrende Züge und Autos und sogar eine Schiffsüberführung auf der Ems wird nachgestellt.

Sehenswertes

- **Haus Samson,** Rathausstr. 18, Tel. 0491 925230, www.wein-wolff.de, geöffnet: Mo.-Fr. 9-17.30 Uhr, Eintritt: 2 €/0,50 €
- **Heimatmuseum Leer,** Neue Str. 12-14, Tel. 0491 2019, www.heimatmuseum-leer.de, geöffnet: Apr.-Dez. Di.-So. 11-17, Jan.-März Di.-Fr. 11-17 Uhr, Eintritt: 3/1/7 €
- **Bünting Teemuseum,** Brunnenstr. 33, 26789 Leer, www.buenting-teemuseum.de, Tel. 0491 9922044, geöffnet: Di.-Sa. 10-18 Uhr, April-Okt. auch So. 14-17 Uhr, Jan.-März Mo. geschl., Di. 15 Uhr echt ostfriesische Teezeremonie (12 €). Eintritt: 3 €, Kinder frei.
- **Leeraner Miniaturland,** Konrad-Zuse-Str. 1, www.leeraner-miniaturland.de, geöffnet: Di.-So. 11-17 Uhr, Eintritt: 15/8/38 €, Hundeverbot

Erlebenswertes für die ganze Familie

- **Hafenrundfahrt Grachtenboot Koralle,** Rathausstr. 4a, Tel. 0491 5982, www.schiffsausfluege-in-ostfriesland.de, geöffnet: April-Mitte Okt. tägl. 13 und 14 Uhr, Sa. auch 12 Uhr, Fahrt: 10/5 €

Information

- **Touristinformation Leer,** Ledastr. 10, 26789 Leer, Tel. 0491 91969670, www.touristik-leer.de, geöffnet: Nov.-15. März Mo.-Fr. 9-13 und 14-17, 16. März-Mai/Sept./Okt. auch Sa. 10-13 Uhr, Juni/Aug. Mo.-Fr. 9-13 und 14-18, Sa. 10-13 und 14-17 Uhr

Gastronomie

- **Schiffsrestaurant Spiekeroog III,** Dr.-vom-Bruch-Brücke 1, Tel. 0491 99751855, www.spiekeroogiii.de. Egal, ob man Fisch oder Fleisch bevorzugt, an Bord dieses Schiffs wird man in sehr schönem Ambiente und mit Panoramablick ausgesprochen gut umsorgt.
- **Ostfriesische Teestube am Hafen,** Rathausstr. 4a, Tel. 0491 4541358, geöffnet: tägl. 11-18 Uhr. Sehr gemütliche Teestube mit netter Terrasse zum Hafen.

Einkaufen

- **Altstadtbäckerei und Café Aits,** Brunnenstr. 38, geöffnet: Mo.-Fr. 6.30-18.30 Uhr, Sa. 6.30-15.30 Uhr. Echten Rosinenstuten, wunderbares Spritzge-

bäck und vieles mehr gibt es in der Traditionsbäckerei zum Mitnehmen oder zum Verzehr im Café.

Einkaufen
1 Altstadtbäckerei und Café Aits

148 Stellplatz Große Bleiche P9, Leer

Essen und Trinken
2 Ostfriesische Teestube am Hafen
3 Schiffsrestaurant Spiekeroog III

Fußgängerzone

Parken

P 64 Am Plytje-Bad, GPS 53.23907, 7.44986, Hajo-Unken-Straße, kostenlos, Übernachtung möglich, tagsüber laut durch Straße

148 Große Bleiche P9, Leer

GPS 53.22624, 7.44759
Wohnmobile müssen längs entlang der Zufahrtsstraße parken, eng, laut durch an- und abfahrende Pkws. WC 250 m. **Lage/Anfahrt:** in Leer Richtung Altstadt und dann ausgeschildert; **Platzanzahl:** 6; **Service:** Strom, Trinkwasser (winterfest), Abwasser, Chemie-WC; **Sicherheit:** beleuchtet; **Preise:** kostenlos, Strom 1 €/2 kWh, Ver- und Entsorgung je 1 €; **Max. Stand:** 3 Nächte; **Geöffnet:** frei zugänglich; **Kontakt:** Große Bleiche, 26789 Leer.

513wn-gg

0145wn-gg

RUNDFAHRT NACH HESEL UND ZUM TIMMELER MEER

(Rundfahrt 45 km)

Durch wunderschöne Fehnlandschaft geht diese Rundfahrt zunächst nach Hesel und dann zum Timmeler Meer.

Der Name „Fehn“ kommt aus dem Niederländischen und bedeutet Moor. Bei einigen Ortschaften ist der Charakter einer Fehnkolonie noch erhalten. Man fährt entlang der Kanäle, Wieken genannt, und Schleusen, sieht Klappbrücken und Windmühlen.

Auf der B436 Richtung Aurich verlässt man Leer. Bei Logabirum gibt es bei der Windmühle einen Übernachtungsplatz 149. Weiter auf der B436 sind es 8 km bis nach **Hesel.**

Die sympathische Samtgemeinde Hesel ist unbedingt einen Besuch wert. Zunächst sei der wunderschön angelegte, gepflegte Reisemobilplatz 150 erwähnt, dann die reizvolle Vielfalt der Natur, der idyllische Heseler Wald, das gute Radwandernetz und nicht zu vergessen: die freundlichen Menschen. Überall schallt dem Gast ein freundliches „Moin“ entgegen, man fühlt sich richtig wohl in Hesel. Zutreffender als das Motto Hesels: „Als Fremde kommen – als Freunde gehen“ kann man es nicht beschreiben. Der Schaukasten am Stellplatz wurde vom Team der Tourist-Information sehr gut mit allem Wissenswerten ausgestattet. Wer noch Fragen hat, wendet sich an die Touristeninformation in der stilvollen Villa Popken und wird freundlich und kompetent beraten.

Besonders ans Herz zu legen ist der Spaziergang durch das größte zusammenhängende Waldgebiet Ostfrieslands, den **Heseler Wald.** Ob man die Spuren der Wüstung Klos-

⌃ *Auf der Fahrt durch das Fehngebiet*

Wanderung in den Heseler Wald

Dauer 2 Std.

Geruhsame Wanderung zum Abenteuerspielplatz, Baumlehrpfad, Silbersee und zum verwunschenen Kloster Barthe. Orientierung manchmal etwas schwierig.

Vom Stellplatz (150) *geht es bis zur Tourist-Information und dann auf der Oldenburger Straße, bis kurz vor der DRK-Station der schmale Fußweg Karl's Padd nach rechts abbiegt. Auf ihm kommt man in eine Wohnsiedlung, nun gleich nach links, dann nach rechts und gleich wieder nach links erreicht man den Waldrand des 600 ha großen Waldgebietes. Immer am Waldrand, mit Rhododendren und Farn, entlang, bis der Weg eine Rechtskurve macht. Hier bleibt man geradeaus und spaziert auf dem schmalen Pfad in den Wald hinein. Diesem gut sichtbaren Pfad mit seinen Windungen nach rechts folgen, bis man auf einen breiten Querweg stößt, auf diesem dann nach links abbiegen. Bei der nächsten Kreuzung mit einem breiten Weg nach links und nach 200 m den ersten Weg nach rechts nehmen. Nun orientiert man sich am Hinweis „Spielplatz" und kommt bald, von Kinderstimmen geführt, zum tollen* ***Abenteuerspielplatz*** *mitten im Wald. Mit dem Seilbahnende im Rücken geht es geradeaus in den Wald, bis man auf die breite Forststraße kommt, die nach rechts zum* ***Forsthaus*** *führt. Vor dem Forsthaus wurden Picknickbänke und eine Grillhütte aufgestellt und ein* ***Waldlehrpfad*** *angelegt. Auf dem einen Kilometer langen Baumlehrpfad erhält man einen Überblick über die 100 wichtigsten Waldbäume. Weiter auf der Erkundungstour durch den* ***Heseler Wald*** *geht man auf dem Zufahrtsweg zum Forthaus zurück bis zur Straße, überquert diese vorsichtig und erreicht den kleinen* ***Silbersee.*** *Ein kurzer Spaziergang entlang dem rechten Ufer und am Ende nach rechts zum breiten Waldweg. Nun Vorsicht bei der nächsten Wegkreuzung! Man wendet sich nach links und sofort wieder nach rechts auf den kleinen Pfad (beschildert „Wüstung Klein Barthe"). An Brombeerbüschen vorbei gelangt man in lichten Buchenwald und folgt den Schildern „Klosterstätte" bergauf und wieder bergab zum ehemaligen* ***Kloster Barthe.*** *Ganz idyllisch mitten im Wald lag das zwischen 1170 und 1180 erbaute Kloster der Prämonstratenser. Die Gemeinde Hesel hat wunderbar die Grundmauern des ehemals vierflügligen Klosters und der Kirche mit Büschen nachgepflanzt und die Stelle des Altars durch einen großen Stein markiert. Ergänzt durch Infotafeln bekommt man so einen guten Eindruck von den Gebäuden, deren Zweck und der Geschichte des Klosters. Ein romantischer Ort, an dem man gerne verweilt.*

Zurück geht es auf dem schmalen Pfad bis zur Wegkreuzung und nun nach rechts immer geradeaus (beschildert „Hesel"). Kurz vor der Straße und dem Waldparkplatz wendet man sich nach links zum ersten breiten Weg (nicht zum Waldsportpfad). Auf ihm geradeaus bis zur Oldenburger Straße, diese überqueren und auf der anderen Seite geradeaus wieder in den Wald. Auf dem Weg marschiert man bis kurz vor den Waldrand, dort wendet man sich nach rechts und wandert auf dem vom Hinweg bekannten Weg zurück zum Stellplatz.

ter Barthe im verwunschenen hügeligen Wald sucht, den Baumlehrpfad erkundet oder mit den Kindern auf dem tollen Abenteuerspielplatz Sieben Bergen tobt, hier findet jeder das Richtige für sich. Die archäologischen Reste des Klosters Barthe sind in einer kleinen Ausstellung in der Villa Popken während der Öffnungszeiten der Tourist-Information kostenlos zu besichtigen.

Etwas außerhalb, gut auf dem Radweg zu erreichen, liegt **Gut Stikelkamp,** einst Vorwerk eines Johanniterklosters. Das Wohnhaus wurde um 1400 gebaut. Inmitten eines 59 ha großen Waldes locken 5 km Wanderwege und ein schöner Rast- und Spielplatz sowie seltene Pflanzen wie ein 180 Jahre alter Tulpenbaum. Akazien, Zypressen und Zedern laden zum Verweilen ein.

Fahrradtour durchs Fehngebiet/ Wanderung Gut Stikelkamp

Länge: *ca. 20 km (Fahrradtour), 8 km hin und zurück (Wanderung)*
Start: *am Stellplatz* **150** *in Hesel*

Vom Stellplatz fährt man nach links auf dem Ostfrieslandwanderweg, der hier auf einer ehemaligen Eisenbahntrasse verläuft, zum ersten Etappenziel in 4 km Entfernung, dem ***Gut Stikelkamp*** *(s. S. 255). Bis hierher ist der Weg auch eine schöne Wanderstrecke, auf der man zurück wieder nach Hesel gelangt. Nun 500 m zurückradeln bis zum Ende des Waldes. Exakt am Waldende führt nun die weitere Route nach links mit der Ortschaft* ***Bagband*** *als nächstem Ziel (ausgeschildert). Zunächst am Waldrand entlang, dann im Wald und später durch schöne Wiesen- und Felderlandschaft des Fehngebiets rollt man ohne Anstrengung bis zur Einmündung des Radwegs in die Auricher Landstraße. Hier steht die* ***Bagbander Windmühle*** *aus dem Jahr 1812. Bis zum Jahr 1982 tat die Mühle ihren Dienst. Zu besichtigen ist sie nur an Sonntagen zwischen Ostern und Ende September. Angeschlossen an die Mühle ist der Bagbander Mühlenhof. Das Restaurant/Café ist Mittwoch bis Samstag ab 11 Uhr, an Sonntagen ab 9 Uhr geöffnet. Von der Mühle verläuft der Radweg zuerst rechts der Auricher Landstraße, bevor er nach ca. 500 m rechts nach Bagband abzweigt. Schräg gegenüber der Kirche trifft man auf die* ***ostfriesische Landbrauerei.*** *Sie ist Mi.–So. 11–22 Uhr geöffnet. Das naturtrübe „Landbier Dunkel" ist eine Spezialität des Brauhauses, das stolz ist auf seine handwerkliche Brautradition. Wer mag, kann sich ein deftiges Gericht zu einem Glas Bier schmecken lassen. Derart gestärkt setzt man die Fehntour hinter der Kirche fort, indem man der Radwegbeschilderung nach Timmel folgt. Kurz nach dem Ortsschild von Timmel gelangt man an eine Querstraße, dieser folgt man 500 m nach links zur Ortsmitte. Hier fährt man noch mal nach links und dann immer geradeaus bis zum Campingplatz am* ***Timmeler Meer.*** *Das Timmeler Meer ist ein Binnensee, der mit dem Meer durch einen Zugang zur Ems und einen Anschluss an den Ems-Jade-Kanal verbunden ist. Wenn man am Hafenbecken des idyllischen Sportboothafens ca. 150 m entlangfährt, kommt man links zur Badestelle mit sehr ansprechendem Sandstrand und einer Strandsauna.*

Für die Weiterfahrt geht es erst einmal zurück bis zur Ortsmitte. Nach der Touristeninformation biegt man rechts ab Richtung Bagband. Nachdem man ca. 1,2 km dem schon von der Anfahrt nach Timmel bekannten Radweg gefolgt ist, weisen die Radwegschilder kurz nach Überquerung eines kleinen Kanals nach rechts auf den Neuefehner Weg in Richtung Hesel. Bald darauf geht es links in den Meedeweg. In ***Stiekelkamperfehn*** *radelt man zuerst nach links ein kurzes Stück der Straße entlang, bis ein weißes Schild nach links in den Wald zum Gut Stikelkamp weist. Dort angekommen fährt man nach rechts und erreicht auf dem vom Beginn der Rundtour bekannten Weg nach 15 Min. den Wohnmobilstellplatz von Hesel. Weitere Touren mit Knotenpunkten unter www.urlaubsregion-hesel.de.*

Nahe der B72 Richtung Filsum wurde der **Wasserpark Hasselt** rund um ein Biotop angelegt. Nicht nur anhand von Infotafeln, sondern ganz aktiv erfährt man, wie kostbar Trinkwasser schon immer war und besonders heute ist. Auch für ein Picknick ist der Platz sehr schön.

Etwas ganz Praktisches hat sich die Touristeninformation mit der Radwegmarkierung einfallen lassen. Radfahrer brauchen unterwegs keine Karte mehr, sondern orientieren sich an den mit Nummern gekennzeichneten **Knotenpunkten.** Die dazu angepasste Radwanderkarte inklusive einer Einweisung in das System bekommt man bei der Touristeninformation.

Wer ein Fahrrad leihen oder sein eigenes Rad reparieren lassen will, geht zu Eisenwaren Oltmanns in die Auricher Straße 5 (Tel. 04950 2018).

149 Mühle Logabirum, Leer

GPS 53.24734, 7.51560

Stellplätze bei der Windmühle von Logabirum, schöne und ruhige Lage, Dusche, WC, Wiese bei Regen sehr feucht. Keine Hunde! **Lage/Anfahrt:** von der Straße nach Aurich (B436) nach Logabirum und dort zur Mühle abbiegen; **Platzanzahl:** 4; **Untergrund:** Wiese; **Service:** Strom, Trinkwasser, Abwasser; **Preise:** 12 €/Fahrz. inkl. Strom und Ver- und Entsorgung, Dusche 2,50 €; **Geöffnet:** ganzjährig; **Kontakt:** Logabirumer Str. 55, 26789 Leer, Tel. 049199239955

514wn-gg

Erlebenswertes für die ganze Familie

- **Wasserpark Hasselt,** Werkstr. 1, Tel. 04950 93800, www.wmuhesel.de, Hesel in Richtung Cloppenburg auf der B72 verlassen, nach 3,3 km rechts und den Schildern „Wasserpark" folgen, geöffnet: ganzjährig, Eintritt: frei. Auf Wegen rund um ein Biotop erfährt man auf Schautafeln viel zum Thema Wasser.
- **Gut Stikelkamp,** Gutsweg 1, 26835 Hesel-Neukamperfehn, Tel. 04946 320, Führungen finden ab 5 Pers. nach telefonischer Anmeldung statt. Hochbäuerliche Wohnkultur.

Information

- **Tourist-Information Hesel,** Leeraner Straße 1, 26835 Hesel, Tel. 04950 937080, www.urlaubsregion-hesel.de geöffnet: Mo.–Do. 9–12 und 14–17 Uhr, Fr. 9–12 Uhr. Freundliche, hilfsbereite und kompetente Beratung.

Weiter auf der Fehnroute verlässt man Hesel auf der Stikelkamper Straße in Richtung Jheringsfehn. Fehntjer-Land heißt die Landschaft um Großfehn, hier enstand 1633 aus dem Moorgebiet die erste Fehnlandschaft. Vorbei

150 Kirchstraße, Hesel

GPS 53.30456, 7.59128

Sehr schön angelegter Platz, parzelliert mit Blumenrabatten, zentrumsnah, schöne und ruhige Lage. Dusche 1 € im Schwimmbad. **Lage/Anfahrt:** in Hesel von der B437 bei der Gaststätte Meta nach rechts in die Kirchstraße abbiegen, ausgeschildert; **Platzanzahl:** 12; **Untergrund:** Pflaster; **Service:** Strom, Trinkwasser (winterfest), Abwasser, Chemie-WC; **Sicherheit:** beleuchtet; **Preise:** kostenlos, Strom 2 €/6 Std.; **Geöffnet:** frei zugänglich; **Kontakt:** Kirchstraße, 26835 Hesel

515wn-gg

am **Gut Stikelkamp** (s. S. 255) fährt man über Neukamperfehn, Jheringsfehn und dann auf der L14 zum **Timmeler Meer.** In Ostfriesland heißt die Nordsee „See“ und die Binnenseen „Meer“, daher auch der Name Timmeler Meer für den schönen Badesee mit Strand.

Gastronomie

› **Ostfriesen-Bräu,** Voerstad 8, 26629 Großefehn, GPS 53.35010, 7.61136, www.ostfriesenbraeu.de. Gute Hausbrauerei mit Gaststätte, Di. und im Winter zusätzlich Mi. Ruhetag. Übernachtung nach Einkehr auf dem Parkplatz möglich.

151 Am Hafen, Timmel

GPS 53.36308, 7.51330
Plätze direkt an der lauten Straße vor dem Campingplatz, Fußgänger überqueren Platz, 200 m zum Badestrand **Lage/Anfahrt:** in Timmel gleich an Ortsanfang nach rechts, ausgeschildert; **Platzanzahl:** 5; **Untergrund:** Pflaster; **Service:** Strom, Trinkwasser, Abwasser, Chemie-WC; **Preise:** 15 €/Fahrz., Strom 1 €/kWh, Wasser 1 €, Dusche 1 €; **Geöffnet:** ganzjährig; **Kontakt:** Campingplatz Timmeler Meer, Zur Mühle 13, 26629 Großefehn-Timmel, Tel. 04945 919711

152 Ferienhof Welsch, Timmel

GPS 53.36462, 7.52892
Plätze in schöner und ruhiger Lage am Ortsrand, Pferde- und Ziegenkoppeln angrenzend, Pool, Sauna, Waschmaschine, Trockner, Fahrrad, Reiten gegen Gebühr. **Lage/Anfahrt:** am Ortsende von Timmel, ausgeschildert; **Platzanzahl:** 8; **Untergrund:** Wiese; **Service:** Strom, Trinkwasser (winterfest), Abwasser, Chemie-WC, WLAN; **Sicherheit:** umzäunt; **Preise:** 6 €/Fahrz., Strom 0,50 €/kWh, Wasser 1 €/100 l; **Geöffnet:** ganzjährig; **Kontakt:** Welsch, Ulbarger Str. 17, 26629 Timmel, Tel. 04945 912900, www.fewo-welsch.de

Man vollendet die Rundfahrt, indem man zunächst ein Stück zurück auf der L14 und dann auf dieser weiter bis Neermoor und dort auf der B70 nach Leer fährt.

Ab Leer hält man sich auf der B436 in Richtung Weener, verlässt sie jedoch gleich Richtung Bingum, nachdem die Ems hinter Leerort überquert ist. Ganz flach ist das meist unterhalb des Meeresspiegels liegende Rheiderland zwischen Ems und der niederländischen Grenze. Die grenzenlose Weite der Deich- und Polderlandschaft trug jahrhundertelang den Namen „Endje van de Welt“. Gar nicht am Ende der Welt fühlt man sich als Reisemobilist, für den hier gut gesorgt wird.

Parken

P 65 Badesee, GPS 53.22715, 7.39081, Jemgum. Offizieller Stellplatz (Übernachtung) an einem kleinen Badesee mit Sandstrand, laut durch Autobahn, Dusche, WC, Kiosk, gebührenpflichtig.

Diese Region ist besonders von Oktober bis März ein Eldorado zur Vogelbeobachtung. Wiedehopf, Silber- und Graureiher sowie Tausende Gänse bevölkern die Wiesen entlang der Straße. Immer an der Ems entlang vorbei an Jemgum erreicht man das ganz entzückende Fischerdorf Ditzum am Unterlauf der Ems.

DITZUM

(23 km – km 152)

Dass Ditzum ein ganz besonderes Flair hat, bestätigt auch die schon mehrfach erfolgte Auszeichnung zum schönsten Dorf an der Ems. Die Tradition des Fischfangs lebt hier fort und frischen Fisch gibt es direkt vom Kutter zu kaufen. Seit ihrer Einweihung im Jahre 1926 verbindet die Emsfähre Ditzum mit Petkum. Sie ist die letzte ständige Fähre über den Fluß.

Vom Stellplatz 153 schlendert man unterhalb des Deiches bis zum Hafen von Ditzum.

Das „Endje van de Welt“, wie Ditzum im Volksmund genannt wird

148wn-gg

Über die malerische **Sielbrücke Karktilke** beginnt der Bummel durch das blitzblank herausgeputzte Dorf. Durch die Gassen mit den roten Backsteinhäusern kommt man zum Glockenturm der Dorfkirche, der eher einem Leucht- als einem Kirchturm ähnelt. Dahinter recken sich die Flügel der **Galerieholländermühle** in den Himmel, auch sie wurde liebevoll restauriert. Besonders schön ist ein Gang durch Ditzum, wenn im Abendlicht die Backsteinfassaden und -straßenpflaster in einem warmen Rot leuchten.

Eine kleine Besonderheit im Rheiderland ist das **Buddelschiffmuseum** gleich beim Ankerplatz. Es gilt mit 600 in 30 Vitrinen ausgestellten Buddelschiffen als das größte der Welt.

Information

› **Touristeninformation,** Am Hafen, 26844 Ditzum, Tel. 04902 912000, www.jemgum.de

153 Am Deich, Ditzum

GPS 53.31546, 7.28654

Plätze in schöner und ruhiger Lage, von Wiesen umgeben, WC, Brötchenservice, Gasflaschentausch, 300 m zum Hafen und Ort. **Lage/Anfahrt:** am Ortsanfang ausgeschildert; **Platzanzahl:** 45; **Service:** Strom, Trinkwasser (winterfest), Abwasser, Chemie-WC, WLAN; **Sicherheit:** beleuchtet; **Preise:** 10 €/Fahrzeug, Strom 1 €/2 kWh, Wasser 1 €, Kurtaxe 1–1,50 €; **Geöffnet:** frei zugänglich; **Kontakt:** An't Spittland 3, 26844 Ditzum

516wn-gg

517wn-gg

154 Ankerplatz, Ditzum

GPS 53.31512, 7.27626

Parzellierte Plätze mit Rasenanteil bei einem Lebensmittelmarkt auf separatem Platzteil, nachts relativ ruhig, zentrumsnah, Dusche, WC, Infrarotwärmekabine, Waschmaschine, Trockner, Spüle. **Lage/Anfahrt:** auf der Umgehungsstraße bis zum Markt, ausgeschildert; **Platzanzahl:** 15; **Untergrund:** Schotter/Wiese; **Service:** Strom, Trinkwasser (winterfest), Abwasser, Chemie-WC, WLAN; **Sicherheit:** beleuchtet; **Preise:** 10 €/Fahrzeug, Strom 1 €/2 kWh, Wasser 1 €, Kurtaxe 1–1,50 €; **Geöffnet:** frei zugänglich; **Kontakt:** Pogumer Str. 1, 26844 Ditzum

Sehenswertes

› **Mühle Ditzum,** geöffnet: Karfreitag–Anf. Okt. Fr.–So. 14–18 Uhr, Eintritt: 1 €

Gastronomie

› **Altes Haus am Siel,** Sielstr. 23, Tel. 04902 658, geschl.: Mo. Große Portionen in gemütlicher Atmosphäre.

Einkaufen

› **Krabben- und Fischhandlung Jan Bruhns,** Am Hafen 3, www.ditzumer-krabben.de, geöffnet: April–Dez. Di.–Sa. 9–19.30, Küche Di.–So. 11–19.30 Uhr. Krabben, Frischfisch, Räucherfisch und Fischbrötchen auch im Imbiss.

Picknick- und Badeplatz Bohrinsel

D 66 **Picknick- und Badeplatz Bohrinsel,** GPS 53.29351, 7.22984, in Ditzumerhammrich meerwärts abbiegen, schmale Zufahrt, tolle Aussicht. Parkverbot 22–6 Uhr.

Weiter geht es ins kleine **Ditzumerverlaat** mit seinem ruhigen Stellplatz 155. Von hier startet der sehr schöne, 2 km lange Wanderweg zur **Wasserschöpfmühle Wynhamsterkolk.** Ein **Kolk** ist ein durch einströmendes Wasser bei einer Deichüberflutung entstandener See. Für die Entwässerung der **Hammriche** (feuchte Wiesen, die von einem Netz von Kanälen durchzogen sind) war die windbetriebene Wasserschöpfmühle zuständig. Der Wynhamsterkolk liegt 2,60 m unter Normalnull und ist somit eine der tiefsten Stellen Deutschlands.

Ein lohnender Umweg führt von Ditzumerverlaat Richtung Bunderneuland und nach 5 km rechts zum **Kiekkaaste**. Auf niederländischem Gebiet spaziert man über einen Bohlenweg ganz bequem durch das Schilf bis zum Vogelbeobachtungsturm.

Parken

P 67 **Kiekkaaste,** Kanalpolder, 26831 Bunde, parken bei GPS 53.23263, 7.21194, frei zugänglich. Von hier aus kommt man zu Fuß zum Vogelbeobachtungsturm. Übernachtung möglich.

Vorbei an Weiden, stattlichen Gulfhöfen (regionale Bauernhöfe in Holzständerbauweise) und Wasserläufen kommt man rasch nach Bunde. Kurz vor der Stadt steht in Bunderhee das älteste nicht-sakrale ostfriesische Gebäude: das Steinhaus Bunderhee. Das Wohnhaus mit seinen trutzigen Mauern stammt von 1400, der Wehrturm aus dem späten 13. Jh. (Parken bei GPS 53.19892, 7.28365).

⑮⑤ Störtebekerplatz, Ditzumerverlaat

GPS 53.26049, 7.26769
Plätze in sehr schöner und ruhiger Lage am Ortsrand, von Wiesen umgeben und an einem Wasserlauf. Es gibt einen Lebensmittelladen. **Lage/Anfahrt:** am Ortsende von Ditzumerverlaat nach links, ausgeschildert; **Platzanzahl:** 10; **Untergrund:** Pflaster; **Service:** Strom, Trinkwasser (winterfest), Abwasser, Chemie-WC; **Sicherheit:** beleuchtet; **Preise:** 3 €/Fahrz., Strom 1 €/10 Std., Wasser 0,50 €; **Geöffnet:** frei zugänglich; **Kontakt:** Denkmalstraße, 26831 Bunde-Ditzumerverlaat

518wn-gg

Der Reisemobilstellplatz von **Bunde** wird gerne auch von den Nachbarn aus den Niederlanden genutzt; kein Wunder, bezeichnet sich Bunde doch als „Brücke zum Nachbarn".

Die **Bunder Mühle** ist mit 38 m Höhe die größte Galerieholländermühle im Landkreis Leer. 1869 als zweigeschossige Mühle von einem Müllergesellen erbaut, wurde sie nach einem verheerenden Brand 1911 als viergeschossiger Galerieholländer wieder aufgebaut. Von oben bietet sich eine wunderschöne Aussicht bis zum Emdener Hafen, nach Papenburg und nach Holland. Das **Museum zur Dollart- und Deichbaugeschichte** in der Rheiderlandstraße 3 öffnet Mi. von 15 bis 17 Uhr.

Sehenswertes

› **Bunder Windmühle,** Weener Str. 34, Tel. 04953 910896 oder 0170 3460326, geöffnet: immer wenn sich das Windrad dreht, Eintritt: 1/0,50 €.

Von Bunde fährt man auf der B436 nur 5,5 km bis zum Endpunkt der Route 9 nach Weener.

⑮⑥ Friedhofsweg, Bunde

GPS 53.18491, 7.26692
Stellplätze in schöner und ruhiger Lage, zentrumsnah. **Lage/Anfahrt:** in Bunde Richtung Kirche fahren, ausgeschildert; **Platzanzahl:** 20; **Untergrund:** Rasengitter; **Service:** Strom, Trinkwasser (winterfest), Abwasser, Chemie-WC; **Sicherheit:** beleuchtet; **Preise:** 3 €/Fahrz., Strom 0,60 €/1 kWh, Wasser 0,50 €; **Geöffnet:** frei zugänglich; **Kontakt:** Friedhofsweg, 26831 Bunde. Ausweichplatz Mölelandbad (GPS 53.18654, 7.27491), 3 € ohne Strom und VE.

519wn-gg

150wn-gg

WEENER

(25 km – km 177)

Zum Abschluss der Reise entlang der deutschen Nordseeküste gilt es, ein ganz besonders interessantes Dorf zu besuchen: Weener an der Ems. Reisemobile herzlich willkommen, heißt es hier. Direkt am alten Hafen und am Yachthafen wurden siebzig Stellplätze mit Strom für Reisemobile angelegt.

Im alten **Hafenbecken** herrschte ab dem 16. Jh. reges Treiben: Mit Torfsoden beladene Boote aus den Moorgebieten legten an und Schiffe mit Weizen, Bohnen, Dachpfannen u. v. m. wurden von hier Richtung England verschifft. Schaukelnde alte Kähne, historische Wohnhäuser, Kontore und Speicher machen den reizvollen Charme des Hafens aus. Besonders Nr. 6, das Haus des Bäckermeisters Johann Janssen, strahlt nach liebevoller Renovierung in altem Glanz. Durch die Norderstraße spazierend, kommt man zur Kreuzung Neue Straße. Unterwegs sind das Haus Nr. 61, das zweitälteste Haus des Ortes von 1702, und die Villa im niederländisch-klassizistischen Stil (Nr. 63) beachtenswert.

Wenn man in die Neue Straße einbiegt, fällt sofort die **Villa Bärchen** mit ihrer von Pilastern und Zinnen gekrönten Fassade auf. 1865 erbaut, diente sie in der Nazizeit als Heim für Mädchen im Arbeitsdienst, nach dem Krieg wurden hier vom Unternehmer Max Bärchen Mützen hergestellt. Bald erreicht man das im ehemaligen Armenhaus angesiedelte **Heimatmuseum,** ein dreiflügeliger Backsteinbau. Seine Schätze sind: eine Schmiede-, Töpfer-. Böttcher-, Uhrmacher- und Stellmacherwerkstatt, ebenfalls die typische Wohnküche und der kostbare Holtgaster Altar aus der Spätgotik.

Nun geht es links durch die Marktstraße bis zur Hindenburgstraße. Hier steht die

Fahrradtour von Weener nach Stapelmoor

Länge: *19 km*
Start: *am Stellplatz Alter Hafen* 158

Vom Stellplatz immer am Hafen entlang geht es anschließend auf der Schöpfwerkstraße bis zur ***Schleuse.*** *Auf dem schmalen Steg das Wasser überquerend und geradeaus auf der Dollard-Route kommt man in der Nähe des Stellplatzes Yachthafen* 157 *vorbei. Hier kann man von diesem Platz zur Fahrradtour stoßen.*

Bei der Einmündung in eine Straße geht es links unter der Eisenbahn hindurch und dann beim Bauhof nach links durch das Gatter auf den Weg unterhalb des Deiches. Von hier ab geht es immer auf der ***Dollard-Route*** *unterhalb des Emsdeiches entlang an Viehweiden, Poldern und zuletzt großen Gewächshäusern.*

Durch ***Halte*** *hindurch und am* ***Hotel Reiherhorst*** *(Einkehrmöglichkeit) vorbei kommt man radelnd nach* ***Vellage.*** *Immer noch auf der Dollard-Route geht es hier 100 m nach dem Schild „47,5" nach rechts Richtung* ***Diele*** *und* ***Weener.***

Auf dem Radweg entlang der Straße fährt man durch Diele hindurch und erreicht ***Stapelmoor.*** *Kurz hinter der Bäckerei und in Sichtweite der Kirche nicht wie die Dollard-Route nach links Richtung* ***Stapelmoorheide*** *(Heidjer Straße), sondern immer weiter geradeaus bis nach Weener fahren. Dort hinterm Lidl nach rechts in die Rathausstraße und über die Norderstraße zum Hafen fahren.*

ehemalige **Waage,** in der bis 1941 Händler ihre Waren wiegen ließen. Die **Memmingaburg,** der einstige Herrschaftsitz der Familien Crumminga und Memminga, wurde 1575 erstmals erwähnt. An der nächsten Ecke, etwas zurückgesetzt, findet man den **Kaake-Bogen,** ein im Rokokostil erbautes Tor. Gegenüber stehen das **Rathaus** von 1861 und der **Glockenturm** von 1738. Der Schatz im Innern der Georgskirche ist eine originale Arp-Schnitger-Orgel von 1710. Auf der Norderstraße Richtung Hafen kommt man an der **Löwenapotheke,** der ältesten Apotheke des Rheiderlandes, vorbei zum **Organeum.** Hinter diesem Namen verbirgt sich eine Sammlung von Originalinstrumenten und Repliken von historischen Orgeln, untergebracht in einer großbürgerlichen, neugotischen Villa.

Das **Frone-Haus** (Norderstraße Nr. 19) ist das älteste Haus in Weener. Wie gerne würde man seiner Geschichte, die 1560 begann, lauschen. Immer geradeaus auf der Norderstraße ist man rasch wieder am alten Hafen angelangt.

Das Hafenbecken von Weener

Sehenswertes

› **Heimatmuseum Rheiderland,** Neue Str. 26, Tel. 04951 1828, geöffnet: März–Okt. Di./Sa./So. 15–18 Uhr, Eintritt: 4/1 €. Ausstellung zur Kultur und Wirtschaft des Rheiderlandes.

› **Organeum,** Norderstr. 18, Tel. 04951 912203, geöffnet: Di.–Fr. 10–12 und Di.–Do. 15–17 Uhr, Eintritt frei, Mai–Okt. Mi. 15 Uhr Führung. Bedeutende Sammlung historischer Tasteninstrumente.

Information

› **Tourist-Information Weener,** Osterstr. 1, 26826 Weener, Tel. 04951 305500, www.weener.de, geöffnet: Mo. 8–18, Di., Do. 8–13 und 14–16.30 Uhr, Mi., Fr. 8–13 Uhr

Gastronomie

› **Eiscafé Venezia,** Westerstr. 30, Tel. 04951 511, geöffnet: Febr.–Okt. Mo.–Fr. 12–21 Uhr, Sa./So. 14–21 Uhr. Echt italienisches Eis in vielen Sorten, alles aus frischen Produkten und selbstgemacht, das schmeckt man!

520wn-gg

157 Am Yachthafen, Weener

GPS 53.16560, 7.36468

Separater Parkplatz für Wohnmobile am Yachthafen, schöne und ruhige Lage, nicht für Mobile über 8 m Länge geeignet. Dusche. **Lage/Anfahrt:** von der B436 Richtung Papenburg und Weener-Stadtmitte abbiegen, bei der Felta-Tankstelle nach links in die Rathausstraße und beim Rathaus nach rechts in die Süderstraße, auf ihr 700 m, dann nach links abbiegen, hier ausgeschildert; **Platzanzahl:** 24; **Untergrund:** Pflaster; **Service:** Strom, Trinkwasser, Abwasser, Chemie-WC; **Sicherheit:** beleuchtet; **Preise:** 8 €/Fahrz., Strom 3 €, Wasser 1 €/100 l, Dusche 2 €/Tag; **Geöffnet:** April–Sept.; **Kontakt:** Frank Klaaßen und Heiner Düring, Am Marina-Park, 26826 Weener, Tel. 04951 1691 und 0176 20540650

156wn-gg

158 Am Alten Hafen, Weener

GPS 53.16895, 7.36160

Sehr schöne Lage direkt am Hafen, vor dem Hafenbecken rechts abbiegen zum Stellplatz, viele Pkws und Fußgängerverkehr, nur für Wohnmobile bis 6 m Länge. Dusche, WC, Waschmaschine, Trockner. **Lage/Anfahrt:** in Richtung Weener-Altstadt fahren, der Platz ist dann ausgeschildert; **Platzanzahl:** 50; **Untergrund:** Asphalt; **Service:** Strom, Trinkwasser (winterfest), Abwasser, Chemie-WC; **Sicherheit:** beleuchtet; **Preise:** 8 €/Fahrzeug, Strom 3 €/Tag, Wasser 1 €/100 l, Dusche 1 €; **Geöffnet:** ganzjährig; **Kontakt:** Frank Klaaßen und Heiner Düring, Paltrockstraße, 26826 Weener, Tel. 04951 1691 und 0176 20540650

ANHANG

005wn-gg

PRAKTISCHE REISETIPPS

INFORMATIONEN

Alle touristisch interessanten Orte haben eigene Touristeninformationen und sind mit einer Website im Internet präsent. Die Adressen hierzu finden Sie bei den einzelnen Ortskapiteln. Hier die zentralen Informationsstellen, die übergeordnete Infos bereithalten:

- **Nordsee-Tourismus-Service,** Zingel 5, 25813 Husum, www.nordseetourismus.de, Tel. 04841 897575. Offizielles Portal für die Nordseeküste von Schleswig-Holstein
- **Die Nordsee Niedersachsen,** Postfach 2106, 26414 Schortens, www.die-nordsee.de, Tel. 44219560991. Infos zur niedersächsischen Nordseeküste

INTERNET

- **www.deutsche-nordsee.info** – zentrales Internetportal für die gesamte Nordseeküste
- **www.friesland-touristik.de** – Informationen über den Tourismus des Landkreises Friesland
- **www.ostfriesland.de** – Infos zu Wellness, Urlaub mit dem Hund, Radfahren, Reiten, Kulinarisches, Familien, Camping
- **www.musa-ostfriesland.de** – Museen und Sammlungen in Ostfriesland
- **www.nordfrieslandtourismus.de** – regionale Seite von Nordfriesland
- **www.tz-eiderstedt.de** – regionale Seite Eiderstedt
- **www.echt-dithmarschen.de** – regionale Seite von Dithmarschen
- **www.tourismus-altesland.de** – regionale Seite Altes Land
- **www.radeln-altesland.de** – viel Wissenswertes und Tourenvorschläge zum Radeln im Alten Land

LANDKARTEN

- Falk-Regionalkarte Hamburg, Schleswig-Holstein
- LGLN-Regionalkarten Niedersachsen
- LGLN-Radkarten Niedersachsen
- Das Landesamt für Vermessung und Geoinformation Schleswig-Holstein hat verschiedene Wanderkarten im Maßstab 1 : 50.000 im Angebot.
- Fahrradkarten ADFC-Regionalkarten Schleswig-Holstein

PANNE/UNFALL

Bei einer Panne gelten folgende **Vorsichtsmaßnahmen:** Wohnmobil auf den Standstreifen oder an den äußersten Rand der Straße fahren, Warnblinkanlage einschalten, Warnweste anziehen, Warndreieck aufstellen, Insassen aussteigen lassen und an einer sicheren Stelle, möglichst hinter einer Leitplanke, auf den Pannendienst warten. Kinder und Hunde immer gut beaufsichtigen. Wenn eine Reparatur vor Ort nicht möglich ist und das Wohnmobil abgeschleppt werden muss, finden Sie im internationalen Kundendienstverzeichnis Ihres Fahrzeugherstellers die örtlichen Vertragswerkstätten.

- **Polizei:** Tel. 110
- **Rettungsleitstelle:** Tel. 112
- **ADAC-Notruf Deutschland:** 0180 2222222, Mobil 222222
- **AvD (Automobilclub von Deutschland):** Tel. 0800 9909909
- **ACE (Autoclub EUROPA):** Tel. 0711 530343536
- **Zentraler Notruf der Autoversicherer:** Tel. 0800 2502600
- **ÖAMTC-Schutzbrief Nothilfe:** +43 (0) 12512000
- **ACS-Notruf Schweiz:** +41 (0) 442833377

Selbstverständlich ist ein Pannendienst aber auch über den **Mobilitätsservice der verschiedenen Wohnmobilmarken** möglich. In solchen Fällen gilt die in den Fahrzeugunterlagen angegebene Telefonnummer.

CARAVAN-SERVICE

Die folgenden Caravan-Händler und Servicepunkte befinden sich innerhalb oder im Nahbereich der vorgeschlagenen Routen:

- **Raudzus,** Bredstedter Str. 2–8, 25813 Husum, Tel. 04841 89890, www.raudzus.de, Vertragspartner von Fiat, Iveco und MAN
- **Gutbier,** Industriestraße 31, 25813 Husum, Tel. 04841 96090, www.wohnwagen-gutbier.de, Campingzubehör, mobiler Werkstattservice
- **Wohnmobil Arena,** Hauptstr. 18, 25704 Bargenstedt, Tel. 04832 601280, www.wohnmobilarena.de, Reparatur, Zubehör, Gasflaschentausch
- **KARABAG,** Stresemannstr. 116, 22529 Hamburg, Tel. 040 548878125, www.karabag.de, Reparatur aller Marken, Zubehörverkauf
- **KARABAG,** Wandsbeker Chaussee, 22089 Hamburg, Tel. 040 548878705, www.karabag.de, Reparatur aller Marken, Zubehörverkauf
- **Freizeitmarkt Pusch,** Husumer Str./Ecke Marktplatz bei der Essotankstelle, 25746 Heide, Tel. 0481 73118, www.freizeitmarkt-pusch.de, Service, Zubehör, Ersatzteile, Gasflaschentausch
- **Osterkamp,** Tjüchkampstr. 6, 26605 Aurich, Tel. 04941 4147, www.osterkamp-aurich.de, Reparatur aller Fabrikate, Gasflaschentausch, Zubehör, Ersatzteile, hat auch einen Stellplatz für Kunden
- **Caravan Center Moormerland,** Wankelstr. 14, 26802 Moormerland, Tel. 04954 6888, www.caravan-center-moormerland.de, Reparatur, Ersatzteile
- **FreizeitMobile von der Kammer GmbH,** Huntestr. 1, 26452 Sande, Tel. 04422 991050, www.freizeitmobile-sande.de, Reparatur, Zubehör, Gasflaschentausch
- **ReWo,** Loggerstr. 14, 26386 Wilhelmshaven, Tel. 04421 69455, geöffnet: Mo.–Fr. 9–18.30 Uhr, Sa. 9–13 Uhr, Reparatur aller Marken und Service, Zubehör, Gasflaschentausch
- **Caravan erleben,** Seilerstr. 1, 26427 Esens, Tel. 04971 4148, Mobil-Service Tel. 0172 9898322, http://caravan-erleben.de, Zubehör, Ersatzteile und Vorzeltreparaturen
- **Auto- und Caravanhaus AC Dehne,** 26532 Großheide, GPS 53.56316, 7.36147, www.autohaus-dehne.de, Werkstatt geöffnet: 7.30–12.30 und 13.30–17.30 Uhr, Reparatur aller Marken, Zubehör
- **Autofit-Kruse,** Hansestr. 3, 26529 Upgant-Schott, www.autofit-kruse.de, Wohnmobilzubehör, Gas

PREISE

Stellplätze entlang der Küste sind meist kostenpflichtig, nur im Hinterland locken die Gemeinden die Reisemobiltouristen mit kostenlosen Übernachtungsmöglichkeiten. Bei Stromentnahme und der Ver- und Entsorgung ist beinahe durchgängig eine Gebühr zu entrichten. Strom wird entweder nach kWh oder nach Entnahmedauer, ganz selten als Pauschale berechnet. Im Tourguide bezieht sich die Stromgebühr, wenn keine anderen Angaben gemacht sind, auf eine Entnahmedauer von 24 Stunden. Einige Stellplätze haben eine relativ niedrige Stellplatzgebühr, verlangen jedoch noch Kurtaxe pro Person, Gebühr für Ver- und Entsorgung und für Müllentsorgung, sodass der Gesamtbetrag bei bis zu 20 € liegen kann.

Eintrittsgebühren zu den Museen und besonders zu den Attraktionen wie Klimahaus in Bremerhaven, Dungeon und Miniatur Wunderland in Hamburg haben es in sich. Es gibt zwar meist Familienkarten, die etwas günstiger als die Einzeltarife sind, dennoch können sie ein Loch in die Reisekasse reißen. Wer jedoch rechtzeitig eine gute Auswahl trifft, erfährt alles Wissenswerte, ohne sich allzu sehr in Unkosten stürzen zu müssen. Besonders die zahlreichen Nationalparkhäuser bieten viel Information und das häufig auch noch kostenlos.

Die deftige Küche der Küste liegt bei **Restaurantbesuchen** preislich im moderaten Bereich. Eine preiswerte Alternative sind die vielen Fischimbisse mit einfachem Speiseraum, oft auch mit Bestuhlung im Freien.

Eine **Kur- oder Strandabgabe** zur Finanzierung von öffentlichen Einrichtungen wird in einigen Touristenhochburgen verlangt. Sie erscheint im Vergleich zu den Stellplatzgebühren manchmal relativ hoch, dafür findet man immer einen gepflegten Strand vor und bekommt ermäßigten oder freien Eintritt zu vielen Attraktionen. Zwischen Butjadingen und Pewsum heißt die Kurkarte Nordsee-Service-Card.

REISEZEIT

Milde Winter, mäßig warme Sommer, wenig Regen, häufige Winde und viel Sonnenschein machen diese Region zu einem Ganzjahresreiseziel. Besonders die Weihnachtszeit entwickelt sich immer mehr zu einer Hauptreisezeit. Badetemperatur hat die Nordsee, außer für Hartgesottene, allerdings nur im Hochsommer. Eine wohlige Alternative zum Meer bieten die vielen Wellnessoasen und Freizeitbäder. Die gesunde, staubfreie, jodhaltige Luft tut besonders Allergikern das ganze Jahr über gut. Von Januar bis Ostern ist es einsam an der Küste. Mit warmer Kleidung, einem winterfesten Wohnmobil und der Einkehr in eine gemütliche Teestube wird es sicherlich eine unvergessliche Tour für Ruhesuchende. Wanderungen und Radtouren entschleunigen den stressgeplagten Touristen und sind bei entsprechender Kleidung immer möglich.

Sehr viel wurde in den letzten Jahren investiert, um Kindern auch bei Regenwetter die Möglichkeit zum Toben und Spielen zu bieten. Indoorspielplätze sind die Alternative für die Kids.

Durch die ständige Brise ändert sich die Wetterlage meist innerhalb von wenigen Stunden, sodass man auch an einem regnerischen Morgen auf einen sonnigen Nachmittag hoffen kann. Lang anhaltender Dauerregen ist eher selten.

Hamburg und Bremen sind zu jeder Jahreszeit auf Besucher vorbereitet. Offene Museen, beheizte Schiffe und wenig Trubel lassen die Wintermonate zu einem Tipp für Freunde dieser Großstädte werden.

Von April bis Ende Oktober haben alle Museen, Touristeninformationen und Stellplätze geöffnet. In den übrigen Monaten ist die Ver- und Entsorgung auf einigen Stellplätzen, besonders wenn sie im Gebiet mit Sturmflutgefahr liegen, außer Betrieb. Die Stellplätze hinterm Deich sind überwiegend mit beheizten Ver- und Entsorgungsanlagen ausgestattet. Touristeninformationen haben von November bis März meist eingeschränkte Öffnungszeiten.

Wenn sich die Nordsee von ihrer eisigen Seite zeigt …

Liebe Leserin, lieber Leser,

ein unabhängiger Verlag für unabhängig Reisende – das sind wir, der Reise Know-How Verlag aus Bielefeld, eines der letzten Familienunternehmen in der Branche. Obwohl wir zu den größten Reiseführerverlagen Deutschlands gehören, ist der familiäre Umgang miteinander in allen Bereichen des Verlagslebens zu spüren: In der Geschäftsführung in zweiter Generation, in einer wertschätzenden Arbeitsatmosphäre, in der Nähe zu unseren frei arbeitenden Autorinnen und Autoren, im engen Austausch mit unseren Leserinnen und Lesern – und auch in der Zusammenarbeit mit Druckereien in Deutschland, in denen wir ausschließlich und regional unsere Bücher produzieren. Die sollen schließlich erst mit Ihnen auf große Reise gehen.

Alles, was wir in unsere Bücher und Landkarten stecken, soll Ihnen eines ermöglichen: Auf Ihre ganz eigene, individuelle Weise die Welt zu entdecken. Wir wünschen Ihnen viel Freude und unvergessliche Erlebnisse mit diesem Wohnmobil-Tourguide.

Es grüßen herzlich
Peter Rump & Wayan Rump

Das ist
noch nicht alles!
Mehr Reise Know-How gibt es hier:
www.reise-know-how.de
Reiseführer | CityTrip | InselTrip | Wohnmobil-Tourguide | Kauderwelsch

Zugspitze, Foto: Aneta Niemitz

REGISTER

H

I

J

K

L

M

IMPRESSUM

Gaby Gölz

Die schönsten Routen an der DEUTSCHEN NORDSEEKÜSTE

4., neu bearbeitete und aktualisierte Auflage 2021

Printed in Germany

ISBN 978-3-8317-3486-3

Druck und Bindung: mediaprint solutions GmbH, Paderborn

Herausgeber: Klaus Werner
Layout: amundo media GmbH (Inhalt), Wayan Rump (Umschlag)
Lektorat: amundo media GmbH
Routenkarten: Ingenieurbüro B. Spachmüller
Ortspläne: Ingenieurbüro B. Spachmüller, amundo media GmbH, der Verlag
Kontakt: Osnabrücker Str. 79, 33649 Bielefeld, info@reise-know-how.de

Bildnachweis
Umschlagbilder: Gaby Gölz
Soweit ihre Namen nicht vollständig am Bild vermerkt sind, stehen die Kürzel an den Abbildungen für die folgenden Fotografen, Firmen und Einrichtungen. Gaby Gölz: gg | Sandra Nichelmann: sn | Periklis Grentzelos: pg| Hanse Camping Bremen: hcb | Seehundstation Friedrichskoog e. V.: sf | Tourismus-Zentrale St. Peter-Ording: tzs | Camping Juliusplate: cj | Neuharlingersiel e.V./Falconcrest: nf | Camping Nordsee: cn | Camping Buchholz: cpb | Esens-Bensersiel Tourismus GmbH: eb | Stade Marketing und Tourismus: st | stock.adobe.com: as

DIE AUTORIN

0166wn-gg

Nach Berufsausbildung, Heirat und der Begleitung ihrer Kinder in die Selbstständigkeit erfüllte sich **Gaby Gölz** einen lang gehegten Wunsch und gründete ihre eigene Videoproduktionsfirma, die gh-kellerfilm Videoproduktion (www.gh-kellerfilm.de).

Schon bald verband sie ihr technisches und künstlerisches Know-how mit ihrer Leidenschaft, dem Reisen. Dabei entstanden unter anderem Filme über Nepal, Südamerika, Südafrika, aber auch über so unbekannte Flecken dieser Erde wie den westafrikanischen Inselstaat Sao Tomé e Principe. An Wohnmobilvideos erschienen unter ihrer Regie „Norwegen – eine Winterreise" und „Abenteuer Marokko".

Seit einigen Jahren ist Gaby Gölz auch als Autorin im Reise Know-How Verlag tätig. Die engagierte Reisejournalistin und -filmerin hat inzwischen mehrere Bücher in der Reihe der Wohnmobil-Tourguides herausgebracht. Bisher sind von ihr neben diesem Band zur Nordseeküste „Die schönsten Routen durch Sizilien", „Die schönsten Routen: Bodensee, Schwarzwald und Schwäbische Alb", „Die schönsten Routen durch die Toskana", „Die schönsten Routen durch die Normandie" und „Die schönsten Routen durch die Niederlande" erschienen. Bei „Womo & weg: Deutschland – Die schönsten Touren zwischen Meer und Mittelgebirge" ist sie als Co-Autorin dabei. Zu den Wohnmobil-Tourguides über Italien und die Normandie gibt es eigens produzierte Begleitvideos, die inhaltlich auf das jeweilige Buch abgestimmt sind und auf einer DVD alle beschriebenen Routen zeigen.

Begleitet wird Gaby Gölz auf ihren zahlreichen Reisen von ihrem Ehemann Hans. Bei Wohnmobilurlauben mit ihren beiden Enkelkindern entwickelte Gaby Gölz rasch eine große Liebe zur Nordsee. Die Schönheit der Landschaft, die zahlreichen Wohnmobilstellplätze und die Gastfreundschaft der Norddeutschen veranlassten sie, mit dem vorliegenden Band möglichst vielen Wohnmobiltouristen Deutschlands Waterkant nahezubringen.

Um das reichhaltige Angebot für Kinder zu testen, hat Gaby Gölz für diesen Band Hannah und David Gölz als Co-Autoren mit auf die Recherchereisen genommen. Vom Probieren diverser Eisspezialitäten über die kindgerechte Aufbereitung der Museen bis zu Wattwanderungen und Bootsfahrten haben Hannah und David ihre Beurteilungen abgegeben. Alles, was sie für gut befunden haben, wurde in diesem Wohnmobil-Tourguide berücksichtigt.

163wn-gg

164wn-gg

ROUTENATLAS

ÜBERSICHT DER STELLPLÄTZE

Die **GPS-Koordinaten der Stell- und Campingplätze im Buch** können auf der Verlags-Homepage www.reise-know-how.de von der Artikelseite dieses Buches unter der Rubrik Datenservice als Waypoint-Liste heruntergeladen werden.

Route 1

Route 2

Route 3

Route 4

Route 5

Route 6

Route 7

Route 8

Route 9

0
1 cm = 3 km
10 km
© Reise Know-How 2021
Rodenäs
Aventoft
Ellhöft
Friedrich-Wilhelm-Lübke-Koog
Neukirchen
Wimmersbüll
Süderlügum
Klanxbüll
Wiedingharde
Humptrup
Westre
Bramstedt
Böxlund
Uphusum
Braderup
Ladelund
Weesby
-Horsbüll
Bosbüll
Lexgaard
Karlum
Emmelsbüll-
Tinningstedt
Holt
Medelby
Südwesthörn
Niebüll
Klixbüll
Achtrup
Lütjenhorn
Osterby
Böking harde
Klockries
Leck
Wallsbüll
Risum-Lindholm
Karrharde
Sprakebüll
Meyn
Nordfriesland
Galmsbüll
Maasbüll
Klintum
Stadum
Schafflund
Dagebüll
Lecker Au
Hörup
Nordhackstedt
Stedesand
-Sande
Holzacker
Enge-
Kleinwiehe
ROUTE 1
Fahretoft
Knorburg
Bargum
Riesbriek
Lindewitt
Wyk auf Föhr
Efkebüll
Soholm
Waygaard
Oland
Langenhorn
Loheide
Goldelund
Schobüll
Oland
Ockholm
Lütjenholm
Goldebek
Sillerup
Norder Goshard e
Nordmarsch-Langeneß
Büttjebüll
Hogelund
Seeland
Dörpum
Gröde-Appelland
Joldelund
Ketelswarft
Sönnebüll
Högel
Gröde
Habel
Bordelum
Stieglund
Kolkerheide
Langeneß
Bredstedt
Löwenstedt
Breklum
Drelsdorf
Süderaue
Reußenköge
Kollund
Sollwitt
Struckum
Norstedt
Nationalpark
Bohmstedt
Haselund
Pellworm
Hamburger Hallig
Spinkebüll
Almdorf
Viöl
Ahrenshöft
Behrendorf
Ockenswarft
Neuwarft
Hattstedtermarsch
Immenstedt
Norder-mitteldeich
Arlewatt
Olderup
Ahrenviöl
Wobbenbüll
Nordstrandischmoor
Süder Gosharde
Pellworm
Hattstedt
Horstedt
Elisabeth-Sophien-Koog
Oster-
Ostersiel
Wester-
Norderhafen
Schobüll
Ohrstedt
Westertilli
Nordstrand
Husum
Schwesing
Osterschütting
Süden
Südernhafen
Ipernstedt
Wittbek
Rödemis
Rosendahl
Norderhever
Mildstedt
Südfall
Nordstrand
Schleswig-
Oldersbek
Simonsberg
Rantrum
Heverstrom
Winnert
Uelvesbüll
Witzwort
Koldenbüttel
Ramstedt
Schwabstedt
Westerhever
Osterhever
Sieversfleth
Osterende
Treene
Friedrichstadt
Hude
Oldenswort
Tetenbüll
1 2 3 4 5 6 7 8 9 10 11 12 13 14 15 16 17 19 20 21 23 25 29 36
5
199
200
201
281

Eiderstedt
Dithmarschen
Westerhever
Osterhever
Sieversfleth
Poppenbüll
Tetenbüll
Oldenswort
Osterende
Witzwort
Koldenbüttel
Ramstedt
Schwabstedt
Friedrichstadt
Treene
Hude
Seeth
Drage
Süderstapel
St. Annen
Lehe
Lunden
Krempel
Schlichting
Groven
Eider
Kotzenbüll
Katharinenheerd
Garding
Tönning
Tümlauer Koog
-Ording
Brösum
Bad St. Peter
Tating
St. Peter-
Böhl
Welt
ROUTE 2
Zennhusen
Purrenstrom
Hemme
Rehm-Flehde-Bargen
Kleve
Hennstedt
Hollingstedt
Glüsing
Strübbel
Stelle-Wittenwurth
Hägen
Linden
Wesselburenerkoog
Schülp
Neuenkirchen
Weddingstedt
Süderheistedt
Wedding-husen
Oesterwurth
Wesseln
Ostrohe
Süderholm
Norddeich
Wesselburen
Süderdeich
Hassenbüttel
Norderwöhrden
Heide
Gaushorn
Reinsbüttel
Hedwigenkoog
Wöhrden
Lieth
Nordhastedt
Westerdeichstrich
Friedrichsgabekoog
Hemmingstedt
Fiel
Odderade
Blauort
Norderpiep
Büsum
Süderpiep
Ketelsbüttel
Christianskoog
Nordermeldorf
Sarzbüttel
Thalingburen
Tensbüttel-Röst
Bargenstedt
Meldorf
Nindorf
ROUTE 3
Elpersbüttel
Farnewinkel
Krumstedt
Nationalpark
Trischen
Eesch
Windbergen
Süderhastedt
Schleswig-Holsteinisches
Busenwurth
Gudendorf
Frestedt
Dieksanderkoog
Barlt
Quickborn
Friedrichskoog
Rathjensdorf
Trennewurth
Sankt Michaelisdonn
Brickeln
Rugenort
Kannemoor
Buchholz
Deutsche
Kronprinzenkoog
Helse
Dingen
Kuden
Volsemenhusen
Theeberg
Bucht
Kaiser-Wilhelm-Koog
Marnerdeich
Marne
Eddelak
Nord-Ostsee-Kanal
Diekhusen-Fahrstedt
Ramhusen
Averlak
Schmedeswurth
Kudensee
Neufeld
Wester-
Osterbelmhusen
Neufelderkoog
Büttel
Brunsbüttel
Wattenmeer
Duhnen
Döse
Stickenbüttel
Cuxhaven
Elbe
Spangen
Berensch
Otterndorf
280
284
286

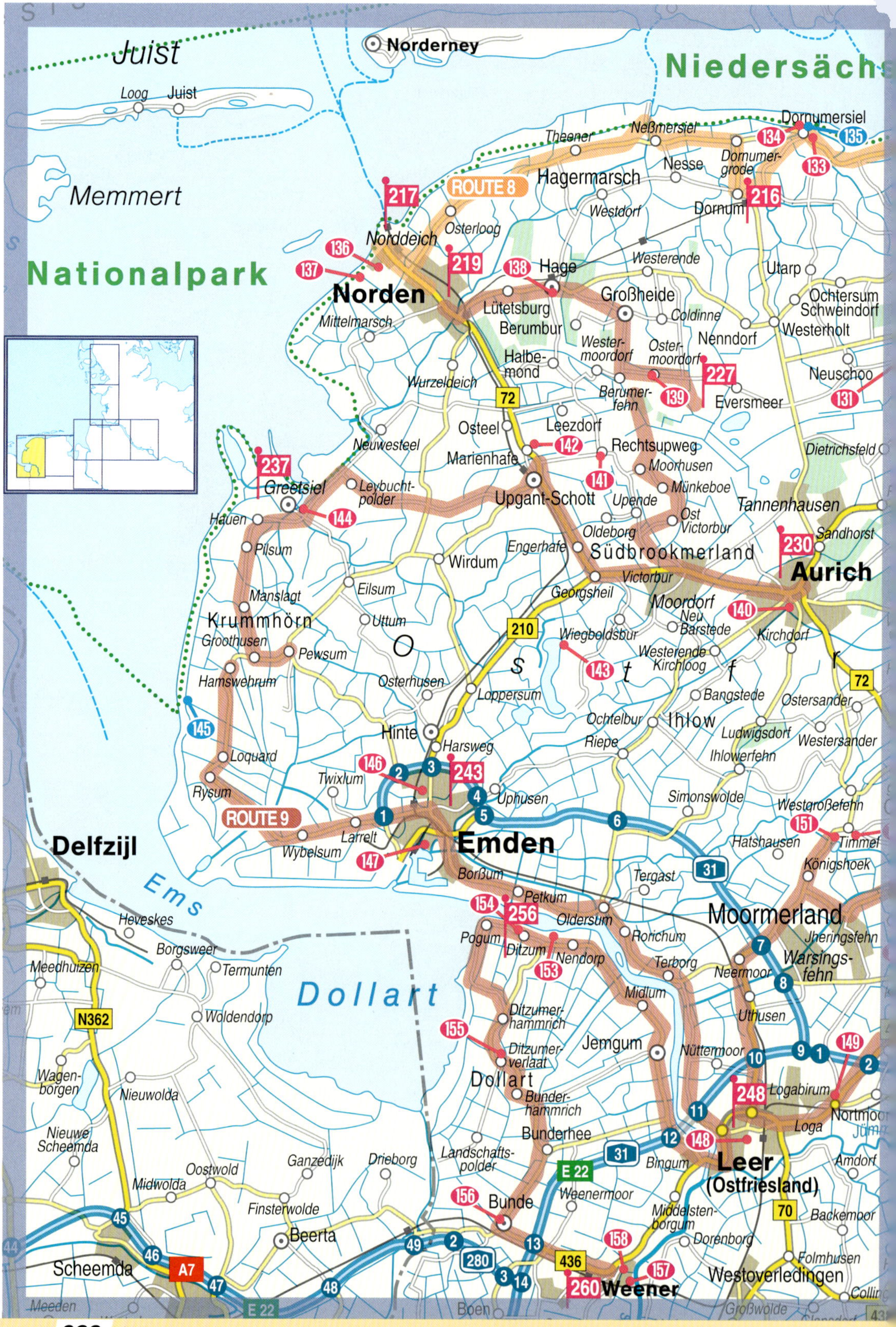
Juist
Loog
Juist
Norderney
Niedersächs
Memmert
Nationalpark
Norddeich
Norden
Osterloog
Hagermarsch
Theener
Neßmersiel
Nesse
Dornumersiel
Dornumer-grode
Dornum
Westdorf
Westerende
Utarp
Ochtersum
Schweindorf
Westerholt
Hage
Großheide
Coldinne
Lütetsburg
Berumbur
Mittelmarsch
Wurzeldeich
Halbe-mond
Wester-moordorf
Oster-moordorf
Nenndorf
Neuschoo
Berumer-fehn
Eversmeer
Osteel
Leezdorf
Marienhafe
Rechtsupweg
Dietrichsfeld
Neuwesteel
Moorhusen
Münkeboe
Greetsiel
Leybucht-polder
Upgant-Schott
Upende
Ost Victorbur
Tannenhausen
Hauen
Oldeborg
Sandhorst
Pilsum
Wirdum
Engerhafe
Südbrookmerland
Aurich
Victorbur
Manslagt
Eilsum
Georgsheil
Moordorf
Krummhörn
Uttum
Neu Barstede
Kirchdorf
Groothusen
Wiegboldsbur
Pewsum
Westerende Kirchloog
Hamswehrum
Osterhusen
O s t f r
Loppersum
Bangstede
Ostersander
Ochtelbur
Ihlow
Ludwigsdorf
Westersander
Hinte
Riepe
Ihlowerfehn
Harsweg
Loquard
Twixlum
Rysum
Uphusen
Simonswolde
Westgroßefehn
ROUTE 8
ROUTE 9
Larrelt
Wybelsum
Emden
Hatshausen
Timmel
Delfzijl
Tergast
Königshoek
Borßum
Ems
Petkum
Heveskes
Oldersum
Moormerland
Pogum
Ditzum
Rorichum
Jheringsfehn
Borgsweer
Nendorp
Meedhuizen
Termunten
Terborg
Neermoor
Warsings-fehn
Dollart
Midlum
N362
Woldendorp
Ditzumer-hammrich
Uthusen
Jemgum
Ditzumer-verlaat
Nüttermoor
Wagen-borgen
Nieuwolda
Dollart
Logabirum
Bunder-hammrich
Nortmoor
Nieuwe Scheemda
Bunderhee
Loga
Landschafts-polder
Bingum
Leer (Ostfriesland)
Ganzedijk
Drieborg
Amdorf
Oostwold
E 22
Midwolda
Weenermoor
Finsterwolde
Bunde
Middelsten-borgum
Backemoor
Beerta
Dorenborg
Folmhusen
Scheemda
A7
Westoverledingen
Weener
Meeden
Boen
Großwolde
Collin
72
210
31
280
436
70

1 cm = 3 km
0
10 km
© Reise Know-How 2021
Mellum
Jade
Jadebusen
Neuharlingersiel
Harlesiel
Friederikensiel
Minsen
Schillig
Horumersiel
Altharlingersiel
Carolinensiel
Mederns
Bensersiel
Esens
Neufunnixsiel
Wangerland
Holtgast
Werdum
Altfunnixsiel
Altgarmssiel
Hohenkirchen
Funnix
Tettens
Oldorf
Hooksiel
ROUTE 8
Stedesdorf
Buttforde
Berdum
Waddewarden
Moorweg
Dunum
Burhafe
Eggelingen
Wiefels
Westrum
Sengwarden
Voslapp
Blomberg
Asel
Sillenstede
Fedderwardergroden
Negenbargen
Wittmund
Jever
Grafschaft
Fedderwarden
Neuengroden
Langefeld
Heidmühle
Accum
Middels-Westerloog
Ardorf
Sandel
Cleverns
Groß Ostiem
Langewerth
Plaggenburg
Leerhafe
Schortens
Rofhausen
Spekendorf
Kollrunge
Rispel
Sandeler Möns
Wilhelmshaven
Pfalzdorf
Sande
Brockzetel
Wiesedermeer
Reepsholt
Cäcilienngroden
Ems-Jade-Kanal
Upschört
Friedeburg
Etzel
Neustadtgödens
Wiesens
Dangast
Wiesede
Horsten
Holtrop
Akelsbarg
Marx
Zetel
Wrisse
Wilhelmsfehn
ROUTE 7
Aurich-Oldendorf
Steinhausen
Wiesmoor
Ostgroßefehn
Jeringhave
Varel
Bockhorn
Mittegroßefehn
Spetzerfehn
Ruttel
Streek
Großefehn
Voßbarg
Hinrichsfehn
Neuenburg
Seghorn
Büppel
Strackholt
Oltmannsfehn
Astederfeld
Obenstrohe
Grabstede
Neuenwege
Bagband
Neukamperfehn
Neufirrel
Neudorf
Ockenhausen
Tarbarg
Altjührden
Firrel
Großoldendorf
Stapel
Beningafehn
Halsbek
Jaderberg
Schwerinsdorf
Remels
Hesel
Selverde
Großsander
Eggeloge
Spohle
Hahn (Oldenburg)
Kleinhesel
Hollriede
Uplengen
Holtland
Lammertsfehn
Jübberde
Linswege
Brinkum
Stallbrüggerfeld
Ihausen
Hüllstede
Lehmden
Hollen
Wiefelstede
Westerstede
Augustfehn
Westerloy
Nuttel
Filsum
Apen
Mansie
Elmendorf
Stickhausen
Lindern
Deepenfurth
Detern
Vreschen-Bokel
Torsholt
Zwischenahner Meer
Aschhauserfeld
Potshausen
Ocholt
Rostrup
Barßel
Godensholt
Holte
Nordloh
Ammerland
E 22

Scharhörn
Nationalpark
Hamburgisches
Wattenmeer
Neuwerk
Bucht
281
Wattenm
Duhnen
Döse
Stickenbüttel
Cuxhaven
Sahlenburg
E
Nationalpark
Großer
Knechtsand
Spangen
Altenbruch
Berensch
Land
Altenwalde
Niedersächsisches
Oxstedt
Nordholz
Lüdingworth
Wursterheide
Westerende
Deichsende
Knill
Nordleda
Spieka
Wanhöden
Wattenmeer
Cappel
Midlum
Osterwanna
Wanna
Westerende
ROUTE 5
E 234
Krempel
Nationalpark
Padingbüttel
Dorum
Holßel
Misselwarden
Neuenwalde
Weser
Mulsum
Niedersächsisches
Wremen
Sievern
Hymendorf
Flögeln
Debstedt
Bad Bederkesa
Wattenmeer
Langen
Imsum
Langwarden
Drangstedt
Großfedder-
warden
Weddewarden
Ruhwarden
Leherheide
Elmlohe
Alfstedt
Tossens
Burhave
Lehe
Marschkamp
Kührstedt
Butjadingen
Spaden
Bremerhaven
Ringstedt
Waddens
Tettens
Schiffdorf
Ifens
Schwee-
warden
Blexen
Altluneberg
Eckwarden
Eckwarderhörne
Sellstedt
Surheide
Phiesewarden
Stollhamm
Nordenham
Wulsdorf
Wehdel
ROUTE 7
Abbehausen
Donnern
Bexhövede
ebusen
Ellwürden
Overwarfe
Heerstedt
Seefeld
Esenshamm
Loxstedt
Wiemsdorf
Sehestedt
Lunestedt
Beverstedt
ROUTE 6
Stadland
Holte
Hollen
Norder-
schweiburg
Büttel
Roden-
kirchen
Stubben
Wellen
285
Schwei
Wittstedt
Bokel
Brunshausen
Kötermoor
Driftsethe
Hellingst
Diekmanns-
hausen
Rechtenfleth
Langenfelde
Holste
Neustadt
Sandstedt
Harrendorf
Hagen
283

1 cm = 3 km
0
10 km
© Reise Know-How 2021
Stadland
Norder-schweiburg
Rodenkirchen
Holte
Büttel
ROUTE 6
Hollen
Stubben
284
27
E 234
Wittstedt
Bokel
Brunshausen
Hellingst
437
Schwei
96
Rechtenfleth
Driftsethe
Langenfelde
Holste
Diekmanns-hausen
Kötermoor
85
140
12
Bramstedt
Axstedt
Oldendorf
Rönnelmoor
163
Sandstedt
ROUTE 7
95
Hagen
im Bremischen
Harrendorf
Neustadt
Golzwarden
Lübberstedt
Jade
Ovelgönne
161
Wohlthöfen
Nordmentz-hausen
Dorfhagen
94
Brake
(Unterweser)
Wersabe
Albstedt
106
Strückhauser Altendorf
Hambergen
Jader-kreuzmoor
Hammelwarder Außendeich
Wulsbüttel
Lehnstedt
Ohlenstedt
13
Rüdershausen
Rechtebe
Uthlede
Heißenbüttel
Lehmder-moor
Oldenbrok
212
Aschwarden
Garlstedt
Hülseberg
Barghorn
Brakland
Spreddig
Oberhammel-warden
Delfshausen
Meerkirchen
Meyenburg
Freißenbüttel
Neuenfelde
Rade
Myhle
Niederhörne
159
Lienen
Metjensande
Lange Heide
211
93
Pennig-büttel
Nordermoor
Schwanewede
Brundorf
Heilshorn
Loy
Elsfleth
Neuenkirchen
14
Osterholz-Scharmbeck
Bardenfleth
Ipwegermoor
Lesumstotel
Settenbeck
91
Scharm-beckstotel
Dalsper
Blumenthal
Wahnbek
Oldenburg
(Oldenburg)
Huntorf
Berne
15
Ritterhude
Neuen-huntorf
Hunte
Ganspe
Vegesack
Wasserhorst
Köterende
92
Hiddig-warden
90
Grohn
Lesum
86
Ritzen-büttel
Lemwerder
Holle
Neuenkoop
17
Burg-Grambke
Osternburg
ROUTE 6
27
89
Wüsting
Wraggenort
Pfahlhausen
Altenesch
Gröpelingen
Hude
(Oldenburg)
18
E 234
Hasenbüren
Walle
Bümmerstede
Schöne-moor
Altmoor-hausen
Deichhausen
BREMEN
Hohenböken
Bookholz-berg
Drengort
Schierbrok
145
88
Kirchkimmen
Hasbergen
Stenum
Ströhlen
Sandkrug
28
E 22
Delmenhorst
Hatterwüsting
Dingstede
75
Huchting
Astrup
Falkenburg
Ganderkesee
Varrel
Arsten
Westerburg
Kirchhatten
Bergedorf
Bürstel
Hoyerswege
439
Stuhr
Hatten
Naturpark
Annenheide
Brinkum
Sandhatten
Adelheide
Groß Macken-stedt
Erichshof
Huntlosen
Barel
1
Leeste
Neerstedt
Heiligenrode
6
Ostrittrum
Brettorf
Hengsterholz
Groß Ippener
Lehmkuhl
Warwe
Melchiors-hausen
Döhlen
59
58
57
56
19
20
21
22
23
16

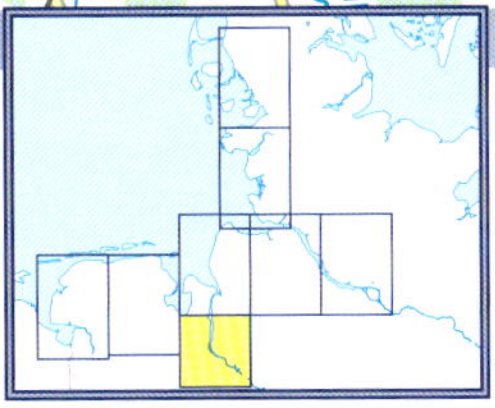

koog
Helse
65
Dingen
Kuden
wisch
moor
Kleve
Kaiser-Wilhelm-Koog
Marnerdeich
Volsemenhusen
Theeberg
Neuendorf b. Wilster
Sachsenbande
Oldendorf
8
281
Eddelak
Ecklak
Diekhusen-Fahrstedt
Ramhusen
Averlak
Hackeboe
Wilster
Bekdorf
ROUTE 3
Schmedeswurth
Kudensee
Landscheide
Heiligenstedten
Neufeld
Oster-belmhusen
Wester-
66
Büttel
5
Nortorf
Stördorf
Wellenkamp
Neufelderkoog
Dammfleth
5
35
36
Brunsbüttel
Beidenfleth
Bahrenfleth
38
St. Margarethen
39
Krempe
heide
meer
431
37
Brokdorf
Krempermoor
Elbe
Wewelsfleth
Stör
Kremper Marsch
Balje
61
Krummendeich
60
Borsfleth
Kremp-dorf
118
71
Hörne
Freiburg (Elbe)
Otterndorf
73
Belum
70
Land
Oederquart
40
Glückstadt
69
Neuhaus (Oste)
108
Landesbrück
Hamelwörden
74
Herzhorn
Geversdorf
Laak
59
Osterbruch
Kehdingbruch
Cadenberge
Dösemoor
58
Engelbrechtsche Wildnis
Neuenkirchen
62
Oste
Wischhafen
56
68
ROUTE 4
72
Bülkau
Altkehdingen
Oberndorf
Neuland
495
57
431
Hadeln
Zollbaum
Dornbusch
Ihlienworth
Kehdingen
Wingst
Dobrock
Altendorf
Kollmar
Hemm
Dornbuscher-moor
Medemstade
Gehrden
Süderbusch
Drochtersen
Steinau
Bovenmoor
Althemmoor
Ritsch
63
Rönndeich
Lauenteil
Osten
Barnkrug
Odisheim
Großen-wörden
Assel
284
64
Drochterser-moor
55
Süderteil
Varrel
Heeßel
Hemmoor
Abbenfleth
Süder-westerseite
Stinstedt
Engelschoff
Am Löhberg
Nordahn
ROUTE 5
Bomberg
Altbachen-bruch
Bütz-flethermoor
Bützfleth
Ihlbeck
Hechthausen
Mittelstenahe
Lamstedt
Götzdorf
Stadermoor
Burweg
Moorausmoor
Ankelohe
Klint
Hammah
Nindorf
Schölisch
73
65
102
54
Kranenburg
495
Himmelpforten
Haddorf
Meckelstedt
Armstorf
Mittelsdorf
Lintig
Hollen
Stade
Brobergen
Oldendorf
Düdenbüttel
Hollnseth
Langenmoor
2
66
Estorf
Wiepen-kathen
Hainmühlen
Heinbockel
Agathenburg
Dornsode
Ostendorf
Großenhain
Hagenah
Hagen
Iselersheim
Alfstedt
Schwinge
Steinbeck
Nieder-Ochtenhausen
Köhlen
Neu Ebersdorf
74
Schwinge
Fredenbeck
Helmste
Ebersdorf
Deinste
Elm
Groß Fredenbeck
Mulsum
Heinschenwalde
67
Oste
Wedel
Frelsdorf
114
Kutenholz
Hipstedt
Oerel
Bremervörde
Groß Aspe
Bargstedt
Barchel
Spreckens
Hesedorf
Sadersdorf
Harsefeld
Oese
Bevern
Byhusen
Brest
Hollenbeck
Minstedt
Malstedt
Farven
Kakerbeck
71
Sandbostel
Deinstedt
Wohlerst
Ahlerstedt
Brillit
Ohrel
Kohlenhausen

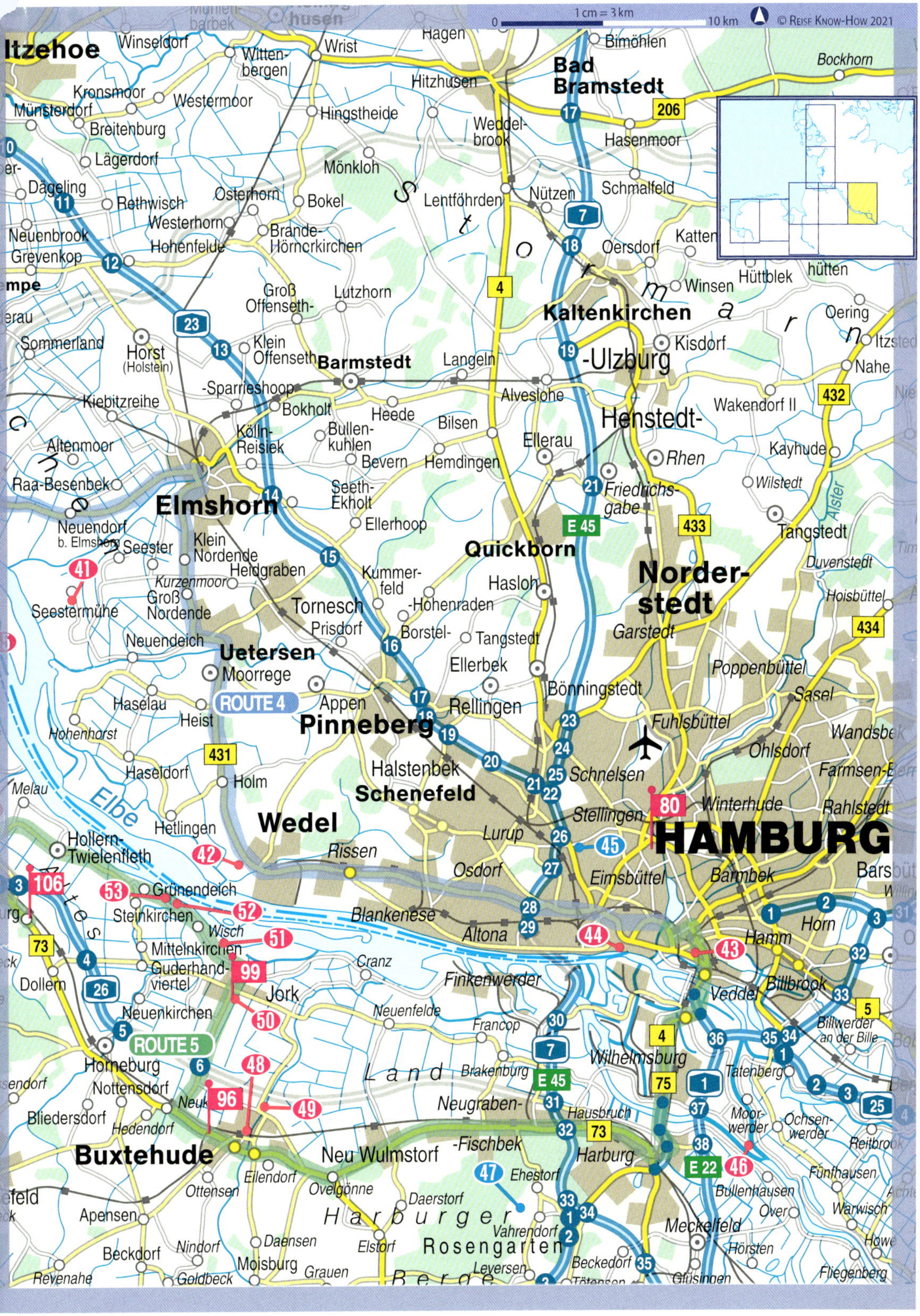
1 cm = 3 km
10 km
© Reise Know-How 2021
Itzehoe
Winseldorf
Witten-bergen
Wrist
Hagen
Bimöhlen
Bad Bramstedt
Bockhorn
Kronsmoor
Westermoor
Münsterdorf
Breitenburg
Hingstheide
Hitzhusen
Weddel-brook
Hasenmoor
206
Lägerdorf
Mönkloh
Dägeling
Rethwisch
Osterhorn
Bokel
Lentföhrden
Nützen
Schmalfeld
Westerhorn
Brande-Hörnerkirchen
Neuenbrook
Hohenfelde
Oersdorf
Katten
Grevenkop
Winsen
Hüttblek
Groß Offenseth-
Lutzhorn
Kaltenkirchen
Oering
Sommerland
Horst (Holstein)
Klein Offenseth
Barmstedt
Langeln
Kisdorf
-Ulzburg
Nahe
-Sparrieshoop
Kiebitzreihe
Bokholt
Heede
Alveslohe
Henstedt-
Wakendorf II
432
Altenmoor
Köln-Reisiek
Bullen-kuhlen
Bilsen
Ellerau
Bevern
Hemdingen
Rhen
Kayhude
Raa-Besenbek
Seeth-Ekholt
Friedrichs-gabe
Wilstedt
Elmshorn
Neuendorf b. Elmshorn
Seester
Klein Nordende
Ellerhoop
E 45
433
Tangstedt
Alster
Quickborn
Heidgraben
Kummer-feld
Hasloh
Norder-stedt
Duvenstedt
41
Kurzenmoor
Groß Nordende
Tornesch
-Hohenraden
Hoisbüttel
Seestermühe
Prisdorf
Borstel-
Tangstedt
Garstedt
434
Neuendeich
Uetersen
Ellerbek
Poppenbüttel
Moorrege
Bönningstedt
Haselau
ROUTE 4
Appen
Rellingen
Sasel
Heist
Pinneberg
Fuhlsbüttel
Wandsbek
Hohenhorst
431
Ohlsdorf
Haseldorf
Halstenbek
Schnelsen
Farmsen-Berne
Holm
Schenefeld
Melau
Elbe
80
Winterhude
Rahlstedt
Hetlingen
Wedel
Stellingen
HAMBURG
Lurup
Hollern-Twielenfleth
42
Rissen
45
Osdorf
Barmbek
106
Eimsbüttel
Grünendeich
53
Steinkirchen
52
Blankenese
Horn
Wisch
Altona
44
51
Mittelnkirchen
43
Hamm
73
Guderhand-viertel
99
Cranz
Dollern
26
Finkenwerder
Veddel
Billbrook
Jork
Neuenfelde
50
Neuenkirchen
Francop
Billwerder an der Bille
ROUTE 5
Wilhelmsburg
Horneburg
Land
Brakenburg
48
E 45
Tatenberg
Nottensdorf
75
Neugraben-
Hausbruch
Bliedersdorf
96
49
Moor-werder
Ochsen-werder
Hedendorf
Reitbrook
-Fischbek
Harburg
E 22
46
Buxtehude
Neu Wulmstorf
Ehestorf
Fünfhausen
Ellendorf
Ovelgönne
Bullenhausen
Ottensen
Daerstorf
Over
Warwisch
Apensen
Harburger
Vahrendorf
Meckelfeld
Daensen
Rosengarten
Hörsten
Beckdorf
Nindorf
Moisburg
Elstorf
Beckedorf
Revenahe
Goldbeck
Grauen
Leversen
Glüsingen
Fliegenberg

Routenübersicht